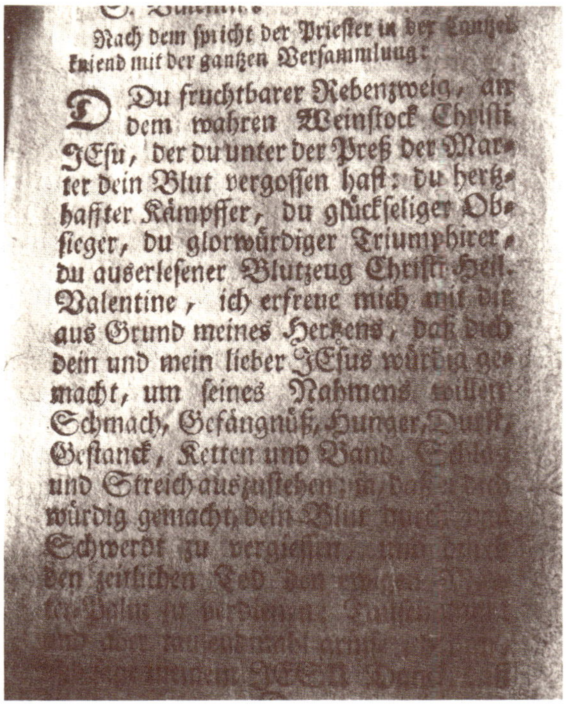
Nach dem spricht der Priester in der Cantzel kniend mit der gantzen Versammlung:

O Du fruchtbarer Rebenzweig, an dem wahren Weinstock Christi JEsu, der du unter der Preß der Marter dein Blut vergossen hast: du hertzhaffter Kämpffer, du glückseliger Obsieger, du glorwürdiger Triumphirer, du auserlesener Blutzeug Christi Heil. Valentine, ich erfreue mich mit dir aus Grund meines Hertzens, daß dich dein und mein lieber JEsus würdig gemacht, um seines Nahmens willen Schmach, Gefängnüß, Hunger, Durst, Gestanck, Ketten und Band, Schläg und Streich auszustehen; ja, daß er dich würdig gemacht, dein Blut durch das Schwerdt zu vergiessen, und durch den zeitlichen Tod den ewigen [illegible]

GESAMTWERK DEUTSCHER WEIN

Winfrid Heinen

Rheingau

und Hessische Bergstrasse

Verlag Heinen

Für dieses Werk ...

... fotografierte überwiegend Armin Faber (Armingo). Ein kleinerer Teil der Aufnahmen kommt von Ingrid und Winfrid Heinen. Mit Archivfotos halfen: siehe Seite 228.

... zeichnete Joachim Kluth die Karikaturen.

... fertigte Ingrid Heinen die Karten.

... gestalteten Winfrid und Ingrid Heinen.

... stellten die Koninklijke Nederlandse Papierfabrieken N. V. Maastricht/Holland das Papier her.

... lithografierte das Repro Studio, Velbert.

... druckte Offset-Gerhard Kaiser, Essen.

... arbeitete Hollmann, Darmstadt, als Buchbinder.

Erstes Erscheinen zur Weinlese 1981

ISBN 3-922369-03-0

Auch für diesen dritten Band gilt, daß er nur durch die Mithilfe von Gemeinden und Weingutsbesitzern, durch zahlreiche mündliche und schriftliche Informationen, reichhaltiges Unterlagen-Material, Hinweise und Erzählungen bei zahlreichen Weinabenden möglich wurde. Das begann schon bei der Weinwanderung unseres Freundeskreises, die zur Vorbereitung jedes Bandes im GESAMTWERK gehört. Dank allen „Offiziellen“ und „Privaten“, Dank für gute Zusammenarbeit und schöne Stunden.

Winfrid Heinen

Ein junger Trieb mit einer Traubendolde, an der links schon die Ansätze zweier Beeren zu erkennen sind.

Dieses Buch, Band 3 im GESAMTWERK DEUTSCHER WEIN, ist zur besseren Übersicht in sechs Teile gegliedert: Allgemeine Angaben (S. 11), Karten (S. 59), Jahrhundertpost (S. 69), Rheingau (S. 101), Hessische Bergstraße (S. 175), Genossenschaftswesen, Forschung und Schule, Wein und Gesundheit, Gedichte und Inhaltsverzeichnisse (S. 197). In allen Teilen haben sich Autor und Fotografen wieder um eine lebendige, dem Thema angemessene Darstellung bemüht – weitab von „Kathederschreibe" und „Postkartensterilität".

Es war immer der Fluß, der das Leben des Rheingaus
bestimmt hat. Er war Grenze und Schutz zu Zeiten des
Gebücks zum Beispiel. Er ist Klimaregler so wie
die Taunusvorberge auf der anderen Seite der Weinberge
vor Wind schützen. Er ist Wasserspender und Verkehrsweg.

Die Römer siedelten hier schon und bauten ihre
„Strata Montana" an den Saum des Odenwaldes.
Daraus wurde folgerichtig die „Hessische Bergstraße"
unserer Zeit, und an den Hängen des Gebirges
wächst unverändert seit zweitausend Jahren der Wein.

Rheingau:

Noch mehr Riesling:

Fritz Allendorf
Präsident des
Rheingauer
Weinbauverbandes

Der Rheingau ist ein ganz spezielles Weinbaugebiet mit 400 Hauptberufs- und 1800 Nebenerwerbswinzern. Letztere sind zu 80 Prozent in Genossenschaften organisiert.
Rund 20 Großbetriebe haben solch berühmte Namen, daß sie Weinkennern in aller Welt bereits beim Lesen das Wasser im Mund zusammenlaufen lassen.
Bei einem augenblicklichen Bestand von 74 Prozent Riesling und 5 Prozent Spätburgunder haben wir einen Rebsortenspiegel, der von vornherein klar sagt: Hier wird der Riesling besonders gehegt und gepflegt. Dieser Anteil beim Riesling wird sicher bald auf 80 Prozent steigen.
Die feinen Rheingauer Rieslingweine, die durch ihre Harmonie von Säure und Restsüße geprägt sind, werden in ihrer Vielfalt und Einmaligkeit schon seit einigen Weintrinkergenerationen im In- und Ausland geliebt und gepriesen. Ich glaube, unsere Rheingauer Weine haben weiterhin eine große Zukunft.
Typisch für die Rheingauer Weinbaubetriebe ist ihre große Individualität. Jeder Betrieb hat seine eigene Handschrift und man merkt dies auch im Glas.
Auch die Öffnung zum Weinfreund ist typisch: Alle Betriebe im Rheingau freuen sich über einen Besuch und sind immer gerne bereit, mit Proben und fachkundigen Gesprächen jedermann von der Qualität ihrer Weine zu überzeugen.
Wenn man davon ausgeht, daß die Weingüter im Durchschnitt mehr als 10 Weine anbieten, so kommt man auf eine Zahl von mindestens 5000 Weinen, unter denen die Verbraucher wählen können. Wer da nicht findet, was er sucht, der kann nicht richtig gesucht haben, denn es gibt ganz bestimmt den Riesling auch für seinen Geschmack.

Vinzenz Antes
Präsident des
Weinbauverbandes
Hessische Bergstraße

Hessische Bergstraße:

Niemals Masse

Die Hessische Bergstraße ist das kleinste deutsche Weinbaugebiet. Der hier erzeugte Wein wird zum großen Teil im Anbaugebiet vermarktet. Deshalb ist der Bekanntheitsgrad der Weine bisher recht gering.
Bergsträsser Weine sind daher bei Kennern so etwas wie gesuchte Raritäten – und Spezialitäten gewissermaßen.
Das hervorragende, milde Klima erlaubt den Anbau auch der spätreifenden und wertvollsten Rebsorten. Der Riesling nimmt bereits mehr als die Hälfte der Rebfläche ein. Er sollte hier noch weiter gefördert werden. Ruländer, Silvaner, Müller-Thurgau, Gewürztraminer und einige Neuzüchtungen dienen zur Abrundung des Sortiments.
Die Lage der Weinberge vorwiegend in Steilhängen schließt Masseneträge aus und begünstigt damit die Erzeugung von qualitativ hochstehenden Weinen.
Es gilt für uns an der Bergstraße, den guten Ruf dieser Weinspezialitäten und ihrer Heimat auch weiterhin durch einen vorbildlichen Weinbau und eine saubere und gepflegte Kellerwirtschaft zu wahren und die jahrhundertealte Tradition fortzusetzen.

Teil I

Aufstieg, Fall und erneuter Aufstieg des Riesling – Rebsortenspiegel – Reiz der Firne – Jahrgänge nach Punkten – ein Winzerjahr – Küferhandwerk – Fisch und Riesling als Idealpartner – Kunst auf dem Etikett – Weinfreude/Festfreude-geschichten – deutsche Anbaugebiete und eine Übersicht zum GESAMT-WERK DEUTSCHER WEIN mit einer fröhlichen Karikatur dazu

Oktoberdunst in den Weinbergen bei Rauenthal und rechts ein Flaschenkeller in Oestrich.

Die Geschichte von dem Zwiebelkauf

Im munter gemachten Ortsprospekt von Oestrich-Winkel ist folgender Rheingauer Dialog in einem Lebensmittelgeschäft wiedergegeben:

„Morje!“
„Morje!“
„Habbe Se Zwibbele do?“
„Morje.“
„Morje?“
„Morje!“
„Morje!“
„Morje!“

Anbauanteile und Trend

König Riesling weit vorn. Silvaner fällt zurück. Spätburgunder-Zuwachs. Ehrenfelser ersetzt den Müller-Thurgau

Grundlegende statistische Erhebungen über den tatsächlichen Bestand an Rebsorten und Rebflächen sind aufwendig und werden deshalb nur selten durchgeführt. Aus den jüngsten vorliegenden Ergebnissen läßt sich eine Tendenz für den Zeitraum des zurückliegenden Jahrzehnts erkennen:

In den beiden hier vorgestellten Anbaugebieten Rheingau und Hessische Bergstraße ist die Rebfläche weiterhin ausgeweitet worden. In beiden Gebieten wurde dabei mehr Riesling angepflanzt, da jedoch gleichzeitig jüngere Sorten starken Zuwachs verzeichnen konnten, ist der Rieslinganteil ein wenig zurückgegangen. Berücksichtigt man jedoch die jüngsten Anbauentscheidungen der Winzer, so darf von einem etwa gleichbleibenden Rieslinganteil gesprochen werden.

In beiden Anbaugebieten ging der Silvaner-Anteil zurück, im Rheingau geradezu sensationell. Auch der große Gewinner der zurückliegenden Jahrzehnte, der Müller-Thurgau, der nach der letzten Erhebung bundesweit noch Rebsorte Nummer eins ist, hat in beiden Anbaugebieten Einbußen erlitten.

Rheingau

Die bestockte Rebfläche des Rheingaus ist von 2837 auf 3164 Hektar gestiegen.

Der Riesling konnte seinen Anteil bei einer Anbauausweitung von 2140 auf 2331 Hektar mit etwa

Mit der Traubendolde – hier im Mai kurz vor der Blüte – beginnt die Weinwerdung . . .

zwei Drittel der Rebfläche nahezu halten. Der prozentual geringe Rückgang von etwas mehr als ein Prozent dürfte durch die aktuellen Anbauentscheidungen inzwischen wieder ausgeglichen sein, so daß weiterhin rund 75 Prozent Riesling im Rheingau angebaut wird.

Der Müller-Thurgau, bisher Spitzenreiter in Zuwachsprozenten, verlor absolut und relativ: Seine Anbaufläche sank von 289 auf 226 Hektar, sein Anteil von 10 auf 7 Prozent.

Der Silvaner ist in noch stärkerem Maße ausgehauen worden. Sein Anteil ist derart gesunken, daß er in der Statistik der „ersten Vier" nicht mehr erscheint. Er fiel innerhalb eines Jahrzehnts von fünf auf weniger als ein Prozent.

Der Spätburgunder, die rote Edelrebe, wird nun auf einer um über 50 Prozent vergrößerten Rebfläche angebaut (96 statt 61 Hektar) und ist heute auf Platz drei der Anbaustatistik.

Der Ehrenfelser, eine im Rheingau (Geisenheim) gezüchtete, verhältnismäßig junge Sorte (Kreuzung aus Riesling und Silvaner) hat in der Region seines Ursprungs einen guten Erfolg erringen können: Mit 70 Hektar Rebfläche und rund 2 Prozent Anteil steht er jetzt auf Platz vier der Anbaustatistik.

Kerner, Bacchus, Ruländer, Traminer, Ortega und Optima sind mit kleineren Anteilen vertreten. Im Weinangebot der Region spielen sie jedoch nur eine Rolle als „Spezialitäten".

Hessische Bergstraße

Die bestockte Rebfläche der Hessischen Bergstraße ist innerhalb von zehn Jahren um über 100 Hektar auf jetzt 406 Hektar gewachsen. Da das gesamte Anbaugebiet damit über eine Rebfläche verfügt, wie sie viele größere Weinbaugemeinden in anderen Anbaugebieten allein besitzen, müssen alle Angaben relativiert werden: Zwangsläufig ist jeder Wein aus diesem Gebiet eine Seltenheit, die mit geringen Anteilen angebauten Rebsorten wie Scheurebe, Kerner oder Traminer müssen vollends als Rarität gelten.

Riesling ist durch den geringeren Anbau im „Bereich Umstadt" ein wenig unter die 50 Prozent-Grenze gefallen. Im dominierenden „Bereich Starkenburg" steht er jetzt jedoch bei etwa 55 Prozent.

Müller-Thurgau ist noch mit 17 (vorher 19) Prozent im Anbau vertreten.

Silvaner hat ebenso zugunsten einiger Neuzüchtungen verloren (9 statt 10 Prozent).

Ruländer erfreut sich bei Winzern und Weinfreunden weiterhin großer Beliebtheit und hat mit jetzt 7 Prozent Anteil gute Chancen, statt des Silvaners auf Platz drei der Anbaustatistik zu kommen.

Kurzbeschreibungen der wichtigsten Rebsorten beider Anbaugebiete

... und endet mit dem Reifeprozeß im Flaschenlager.

Riesling
Der Riesling gilt unumstritten als beste Weißweinsorte Deutschlands und in bezug auf Feinheit und Eleganz auch als beste der Welt. Er erbringt säurebetonte und bei vergleichsweise niedrigen Mostgewichten bereits vollwertige Weine. Er stellt hohe Ansprüche an Boden und Lage und hat nur einen recht niedrigen Ertrag. Die Herkunft der Edelrebe ist bis heute nicht geklärt. Ihre früheste Erwähnung im deutschen Sprachraum ist aus dem 15. Jahrhundert überliefert.

Müller-Thurgau
Eine Züchtung aus dem Jahre 1882. Wegen fehlender genauer Aufzeichnungen wurde in der Fachwelt darüber gestritten, welche Rebsorten die Kreuzungseltern dieser in Deutschland meistverbreiteten Rebsorte sind. Man geht heute aber davon aus, daß es sich um Riesling und Silvaner handelt. Die Rebe bringt zuverlässig gute Erträge und reift in geringen Jahren besser aus als der Riesling. Der reife Müller-Thurgau hat einen milden Muskatton. Er ist ein idealer Verschnittpartner und guter Konsumwein.

Ruländer
Diese alte Standardrebsorte wird auch Grauer Burgunder genannt, und im Sommer sind ihre Reben kaum von denen des Blauen Burgunder und des Weißen Burgunder zu unterscheiden. Der Mann, der in Deutschland den Anstoß zur Verbreitung dieser Sorte gab, war der Kaufmann Ruland aus Speyer. Die nach ihm benannte Rebsorte stellt hohe Lageansprüche. Ihr Wein gehört zu den deutschen Spitzenweinen. Er hat ein sortentypisches, volles Bukett und wird fast durchweg sortenrein ausgebaut.

Kerner
Diese Neuzüchtung gehört jetzt schon in den Kreis der Standardrebsorten. Ihren großen Deutschland-Durchbruch hat sie im vergangenen Jahrzehnt erzielt. Kreuzungseltern waren die Rotweinsorte Trollinger und der Riesling. Der Wein ist frisch und insgesamt rieslingähnlich. Im Durchschnitt gerät er etwas stoffiger als der Müller-Thurgau und hat einen noch feineren Muskatton als dieser. Die Kernerrebe liefert gute Erträge bei einem Mostgewicht, das mindestens zehn Grad Öchsle über dem des Riesling liegt.

Silvaner
Der Silvaner stellt geringere Lageansprüche als der Riesling und garantiert höhere Erträge. Seine Säure liegt niedriger als die Riesling-Säure. Bei unreifen Trauben präsentiert sie sich äußerst grasig. Spät gelesene Silvaner sind dagegen sehr neutrale Weine, die sich ideal als Verschnittpartner eignen. Auch als trockener Wein für jeden Tag hat sich der Silvaner bewährt, und gelegentlich erbringt er auch interessante Weine des Auslese-Bereichs.

Traminer
Die Rebsorte heißt eigentlich Roter Traminer, und die Fachleute gehen heute davon aus, daß der Gewürztraminer mit dem Roten Traminer entweder ganz oder weitgehend identisch ist. Der Traminer erzielt in guten Lagen und mit recht später Reife hohe Mostgewichte. Seine Weine mit viel Spiel und Würze (und ausreichender Säure!) gehören zu den deutschen Spitzengewächsen.

Scheurebe
Eine Kreuzung aus Silvaner und Riesling mit guten Anbauerfolgen in mehreren deutschen Weinbaugebieten. Auch im Rheingau läßt sie hochwertige Weine nach Rieslingart aber mit stärkerem Bukett wachsen. Ihr Vorteil ist dabei, daß sie auch in mittleren Lagen und auf geringeren Böden noch gut gedeiht. Sie hat ein höheres Mostgewicht als der Riesling, hohe Säure und muß spät gelesen werden.

Ehrenfelser
Die Neuzüchtung aus Riesling und Silvaner entstand im Institut für Rebenzüchtung der berühmten Geisenheimer Forschungsanstalt. In den Rheingauer Weinbergen rund um ihren „Geburtsplatz" entfaltet sie die bei der Zucht gewünschten Eigenschaften: Sie erbringt einen rieslingähnlichen Wein, ist aber rund eine Woche früher reif als der Riesling, was in schlechten Jahren ein großer Vorteil sein kann.

Spätburgunder
Der Anbau des „Blauen Spätburgunder" („Pinot Noir"), wie diese alte Rebsorte aus dem Burgund heißt, ist im Rheingau sehr stark auf Assmannshausen konzentriert. Er erbringt auf guten Böden und bei recht später Lese einen vollmundigen, körperreichen Wein, dessen Geschmack ein wenig auch an den der Bittermandel erinnert. Die häufig gebrauchte Charakterisierung „samtig weich" trifft am ehesten für die restsüßen Spätburgunder zu. Auch im Rheingau wird dieser Rotwein als Essensbegleiter jedoch zunehmend trocken ausgebaut.

Des Autors Bitte:

Entdeckt den Reiz der Firne

Auch die Rieslinge von Rheingau und Hessischer Bergstraße werden heute frisch getrunken. Eine Tradition, die Kellermeister zu Höchstleistungen im Bereiten alterungsbeständiger und reifeschöner Weine gebracht hat, ist weitgehend vergessen. Jung, frisch, fruchtig, heißt die Vermarktungsleitlinie.

Nun ist gegen junge Weine grundsätzlich nichts einzuwenden. Viele Rebsorten sind ohnehin nicht für das Altern geeignet, und der Riesling hat als spritziger Jungwein einen besonderen Reiz. Die Reife aber macht noch jeden guten Riesling harmonischer. Es gibt kein „Geschmacksloch" zwischen Säure und Süße, man schmeckt diese beiden Komponenten nicht mehr getrennt, sondern als Geschmacksganzes. Und der Alterungston, die Firne, gibt diesen außerordentlich zuträglichen älteren Weinen ein zusätzliches feines Geschmacksglanzlicht.

Natürlich kommt zum Geschmackserlebnis noch die Freude, einen Wein bei seiner Entwicklung – in Abständen genießend – beobachten zu können. Dazu braucht es allerdings von jeder Sorte eine gewisse Mindestmenge von vielleicht zwölf Flaschen, die in größeren Abständen entkorkt werden. Bei edlen Spitzenweinen genügt auch die Einzelflasche. Da weiß man sicher, daß sie sich viele Jahre gesund und ohne „Umkipp-Gefahr" entwickeln, und es gilt nur, lange genug der Versuchung des Öffnens zu widerstehen. Bei Beerenauslesen und Trockenbeerenauslesen ist das ohnehin dringend anzuraten, denn die sind erst nach genügender Lagerung ihren hohen Preis wert. Noch keiner, der nicht den erstaunlichen Wertunterschied zwischen einer jungen und einer mehr als zehn Jahre alten Beerenauslese begeistert gewürdigt hat.

Nun mögen einige Weinfreunde entgegenhalten, daß nur wenige Weingüter ältere Weine anbieten können. So herum darf man das Problem jedoch nicht angehen: Erstens macht es ja, wie gesagt, Spaß, den eigenen Wein bei der Entwicklung im eigenen Keller zu verfolgen. Zweitens binden Weine im Keller des Erzeugers beim langen Lagern viel Kapital, und das muß sich auf die Preise auswirken. – Ich bin jedoch überzeugt, daß die Weinpreislisten der Erzeuger und Weinhändler in absehbarer Zeit wieder eine größere Jahrgangsvielfalt anbieten werden. Auch das ist ein wichtiger Beitrag zur deutschen Weinkultur, und die Weine der in diesem Buch beschriebenen Anbaugebiete eignen sich gut dafür.

Wenn man unter diesem Gesichtspunkt die nebenstehende Jahrgangsbewertung der beiden Anbaugebiete liest, gilt es einen weiteren Gesichtspunkt zu beachten: Auch schwächere Weinjahrgänge mit niedrigen Bewertungsnoten können im Laufe der Jahre durch Reife und die damit verbundene Veränderung des Säurebildes eine gute Qualität erreichen. Da wird dann aus dem vordergründig und spitz sauren Wein ein kerniger, leichter und durchaus harmonischer Tropfen. Dieser Prozeß kann ein Jahrzehnt in Anspruch nehmen, das Ergebnis lohnt jedoch die lange Wartezeit.

Ein Beispiel für solche Entwicklung war der Riesling des Jahrgangs 1972, wenn er in besten Lagen geerntet wurde. Leider können nur wenige Weintrinker derartige Entwicklungen verfolgen, da die Winzer heute gerade solche einfache Jahrgänge nicht lagern – und für das „Zurückhalten" im eigenen Keller sieht auch der engagierte Weinfreund eher die Auslesen vor, die ja in geringen Jahren nicht vorkommen. Ein Versuch, säureintensive Weine zu altern lohnt sich jedoch auch angesichts der niedrigen Preise – wenn man bedenkt, daß die Jahrgangsspitze möglicherweise ein Riesling-Kabinett oder eine schwache Spätlese ist.

Dazu gleich der Hinweis auf den Jahrgang 1980, der wohl ein gutes Alterungsverhalten zeigen wird. Wählen sie für Ihren Langzeit-Vorrat Weine mit sehr viel Säure! Einerseits ist sie ohnehin Geschmacksträger, zum anderen hält sie den Wein lange lebendig.

Der Weinertrag der letzten drei Jahrhunderte

1660 **kalter Winter, heißer Sommer, sehr guter Wein**
1661 **sehr gut und sehr teuer**
1662 schlechtes Jahr, mäßige Qualität
1663 mittelmäßiger Jahrgang
1664 regnerisch, Herbstfrost, Fehljahr
1665 nasser Sommer, mittlere Qualität
1666 Frühjahrsfrost, gute Qualität und Menge
1667 mittelmäßige Ernte
1668 sehr strenger Winter, nasse Sommermonate, keine besondere Qualität
1669 **heißer und trockener Sommer, sehr gut u. sehr teuer**
1670 **sehr guter Wein und mittelmäßige Quantität**
1671 Frostschäden, mittelmäßig
1672 schlechte Sommermonate, reiche, weniger gute Qualität
1673 gleiche Qualität
1674 Winterschäden, mittelmäßig
1675 Herbstfrostschäden, keine gute Qualität
1676 **Hauptjahr, viel und gut**
1677 mittlere Qualität
1678 **sehr gut und sehr teuer**
1679 naß, viel aber gering
1680 guter Wein
1681 wenig aber besserer Wein
1682 nasses Jahr, weniger gut
1683 mittelmäßig und wenig
1684 **sehr heiß, ausgezeichnete Qualität**
1685 schlechtes Jahr, sauer
1686 **sehr guter Wein**
1687 viel aber weniger gut
1688 mittlere Menge u. Qualität
1689 gut
1690 mittlere Qualität aber viel
1691 sehr wenig, mittelmäßig
1692 kalt und naß, wenig
1693 wenig und nicht zufriedenstellend
1694 nasser Sommer, viel u. gut
1695 wenig und gering
1696 wie 1695
1697 mittlere Qualität
1698 guter Sommer, keine gute Qualität
1699 **Quantität und Qualität sehr gut**
1700 **abermals guter Wein**
1701 gute Qualität
1702 mittlerer Ertrag
1703 mäßig aber gut
1704 wenig aber gut
1705 mittlere Qualität, ziemlich
1706 **ausgezeichneter Wein**
1707 guter Wein
1708 mittlere Qualität
1709 alles erfroren in dem kalten Winter
1710 ähnlich wie 1707
1711 mittelmäßig
1712 **gut u. sehr viel wie selten**
1713 schlechtes Jahr
1714 mittelmäßig
1715 gute Qualität
1716 unreif, sauer
1717 mittlere Güte aber wenig
1718 **besonders guter Wein**
1719 **ausgezeichnete Qualität, sehr kostbar**
1720 mittelmäßig
1721 wenig, sauer
1722 etwas besser als 1721
1723 **kostbar und reiche Ernte**
1724 sehr späte Lese, mäßig
1725 guter Wein
1726 **wenig aber sehr gut**
1727 **besonders gut**
1728 **gute Wiederholung**
1729 **noch besserer Wein**
1730 naß-kaltes Jahr, sauer
1731 mittelmäßige Qualität
1732 Fehljahr
1733 Maifrost, etwas besser
1734 mittelmäßig, wenig
1735 naß, Fehljahr
1736 **sehr gut**
1737 günstig in Qualität u. Ertrag
1738 **kostbar, besser als 1736**
1739 viel, mittlere Qualität
1740 sehr kalter und langer Winter, starke Frostschäden, teilweise wurde nicht gelesen
1741 nicht viel aber doch gut
1742 nicht viel, wenig Reife, doch trinkbar
1743 gute Mittelqualität
1744 guter Wein
1745 schlechte Ernte aber gut
1746 nicht der Beste
1747 ziemlich viel, mittelmäßig
1748 **ausgezeichnet**
1749 Maifröste, wenig aber gut
1750 ziemlich gut
1751 Quantität, mittel
1752 mittelmäßig
1753 **guter Sommer und Herbst, viel und gut**
1754 mittlere Qualität
1755 wie 1754
1756 nasser Sommer, mittelmäßig
1757 nasser Herbst, mittelmäßig
1758 ziemlich gut
1759 **sehr gut**
1760 heiß, viel und gut
1761 mittlere Ernte
1762 **häufig Gewitter, viel und sehr gut**
1763 nasses Jahr, wenig und nicht gut
1764 schlechte Blüte, mittelmäßig
1765 wenig und nicht gut
1766 **sehr viel und delikat**
1767 Fehljahr
1768 mittelmäßig
1769 nicht viel
1770 naßkalt, nicht gut
1771 schöner Herbst, mittelmäßig
1772 viel aber mittelmäßig
1773 ziemlich gut
1774 nicht viel aber gut
1775 **kostbar und sehr gut**
1776 mittelmäßig
1777 ziemlich gut
1778 mittelmäßig
1779 **sehr gut und viel**
1780 guter Wein
1781 **gut und kostbar**
1782 ziemlich aber sauer
1783 **Jahrhundertwein, delikat durch Edelfäule**
1784 wenig aber gut
1785 mittelmäßig
1786 wieder mittelmäßig
1787 ziemlich aber gering
1788 **edel und kostbar**
1789 naß u. kalt, mittlere Güte
1790 mittelmäßig
1791 trockener Sommer, Menge verschieden
1792 wenig und nicht der Beste
1793 nicht viel aber gut
1794 viel und gut, Kriegsschäden
1795 mittelmäßig
1796 mengenmäßig gut, mittlere Güte
1797 mittelmäßig
1798 **sehr gut**
1799 große Winterschäden, Fehljahr
1800 ziemlich gut, teuer
1801 mäßig aber gut
1802 **sehr gut**
1803 leichter Tischwein
1804 sehr viel und gut
1805 kalter Winter, Fehljahr
1806 mittelmäßiger Wein, teuer
1807 **sehr gut aber nicht viel**
1808 mittelmäßig, nasser Herbst
1809 naßkalt, wenig und sauer
1810 wenig, mittlere Güte
1811 **hervorragende Gewächse**
1812 mittelmäßig
1813 wenig aber besser als 1812
1814 sehr wenig und gering
1815 mäßig aber gut

1816 verregneter Sommer, schlecht
1817 wenig, unausgereift
1818 guter, mittelmäßiger Wein
1819 **gut und viel, fast wie 1811**
1820 ungünstiger Sommer, sehr wenig
1821 Fehljahr
1822 **sehr viel und sehr gut**
1823 wenig und sauer
1824 Fehljahr
1825 **gut, sehr zart, ziemlich viel**
1826 geringer als 1825, viel
1827 Kälteschäden, wenig aber gut
1828 mittlere Güte
1829 viel Wein aber gering
1830 Kälteschäden, wenig und nicht gut
1831 ziemlich viel, gut
1832 mittelmäßige Ernte
1833 mittelmäßig, rauh
1834 **annähernde Qualität v. 1811**
1835 **viel, guter, zarter Wein**
1836 ziemlich viel, mittelmäßig
1837 viel aber gering
1838 etwas besser
1839 mehr aber gering
1840 Fehljahr
1841 kalt und naß, mittel
1842 **sehr guter Wein, süß**
1843 wenig und gering
1844 **mittel, große Qualität**
1845 ziemlich viel aber sauer
1846 **ausgezeichneter Jahrgang**
1847 geringer Wein
1848 ziemlich viel, guter Wein
1849 mittlere Qualität
1850 viel aber mäßige Qualität
1851 sehr ungünstig
1852 wenig, mittelmäßig
1853 mittlere Qualität
1854 wenig, mittelgut, teuer
1855 mittlere Güte
1856 wenig und gering
1857 **ausgezeichneter Jahrgang**
1858 **ähnlich wie 1857**
1859 **ebenso**
1860 ziemlich viel aber unreif
1861 **besonders guter Wein, wenig**
1862 **viel und sehr gut**
1863 mittelmäßig
1864 dito
1865 **vorzüglicher Jahrgang**
1866 guter Mittelwein
1867 gering aber viel
1868 **viel und sehr gut**
1869 mittlere Ernte
1870 gut, mittelmäßige Ernte
1871 Kälteschäden, geringer Jahrgang
1872 Fehljahr, fast nichts geerntet
1873 Frühjahrsfröste, sehr wenig
1874 viel und gut
1875 **günstige Witterung, gute Ernte**
1876 mäßiger Ertrag, aber gut
1877 im Herbst Frost, große Ernte, Qualität mäßig
1878 nasses Jahr, wenig und gering
1879 kalter Sommer, schlechte Ernte
1880 Kälteschaden, wenig aber gut
1881 mittelmäßig, nicht viel
1882 kalt, naß, schlechte Ernte
1883 mittelmäßig, viel
1884 wenig aber gut
1885 mittlere Qualität, wenig
1886 **kalte Wintermonate, sehr gut aber sehr wenig**
1887 mäßige Qualität, nicht viel
1888 unreifer Jahrgang
1889 mittelmäßige Ernte
1890 sehr gute Ernte, mittelmäßige Qualität
1891 dito
1892 gut und ziemlich viel
1893 **heiß u. trocken, ausgezeichnete Qualität, viel Edelfäule**
1894 naß, viel Rohfäule, wenig und nicht gut
1895 mittelmäßig und gut
1896 guter Ertrag, Mittelqualität
1897 gut aber wenig
1898 viel Traubenkrankheit, wenig und mittlere Qualität
1899 dito
1900 schlechtes Frühjahr, wenig aber gut
1901 schöner Sommer, mittelmäßige Qualität
1902 Maifröste, wenig und mittelmäßig
1903 starke Fröste im April, viel, mäßige Qualität
1904 **heißer Sommer, sehr gut, reichliche Ernte**
1905 wenig aber gut
1906 starke Peronosporaschäden, geringe Ernte
1907 kalter Sommer, guter Herbst, mittelmäßig
1908 gute Qualität, mittl. Ertrag
1909 regnerischer Sommer, Mittelqualität
1910 regnerischer Sommer und Herbst, Ernte klein
1911 **sehr gutes Wetter, ausgezeichnete Qualität, „Kometenwein"**
1912 sehr viel aber mäßige Qualität
1913 kalter Sommer, wenig und gering
1914 Maifröste, geringe Qualität
1915 **trockener, heißer Sommer sehr gute Qualität**
1916 naß, kleine Ernte u. gering
1917 **Frühjahrsfröste, sehr gute Qualität und reichlich**
1918 verregneter Herbst, mittelgroße Qualität
1919 geringe Ernte und sauer
1920 **sehr gute Qualität und viel**
1921 **hervorragender Jahrgang, hochwert. Spitzengewächse**
1922 kalter Sommer, sehr viel aber weniger gute Qualität
1923 wenig Fruchtansatz, geringe Ernte
1924 viel aber mäßige Qualität
1925 gering
1926 Frühjahrsfröste, regnerischer Herbst, sehr wenig
1927 nasser Sommer, wenig und mäßig
1928 Herbstfrostschäden, mittelmäßige Qualität
1929 große Winterfrostschäden, heißer Sommer, mittelmäßiger Ertrag aber gut
1930 große Quantität mittlerer Güte
1931 nasser Sommer, mittlere Güte, reichlich
1932 gut aber wenig
1933 **ausgezeichneter Jahrgang**
1934 **sonniges Jahr, sehr gut und viel**
1935 gut und viel
1936 reichliche Ernte aber weniger gut
1937 **vorzügliche Qualität**
1938 **gute Ernte, mittlere Güte, dabei vorzügliche Spitzenweine**
1939 mittelmäßig
1940 reiche Ernte, mittelmäßige Qualität
1941 mittelmäßig
1942 mittlere Güte
1943 gut und reichlich
1944 mittelmäßige Ernte
1945 **Maifröste, sehr geringe Ernte durch Kriegsereignisse, Qualität sehr gut**
1946 mittlere Ernte, gut
1947 **reichlich und sehr gut**
1948 viel und mittlere Qualität
1949 **vorzügliche Qualität, mittlerer Ertrag**
1950 mittelmäßig
1951 reichlich aber weniger gut
1952 guter Durchschnittsjahrgang
1953 **sehr guter Jahrgang, hervorragende Spitzengewächse**
1954 reichlich, mäßige Qualität
1955 mittelmäßig
1956 mittlere Qualität
1957 sehr starke Frostschäden, geringer Ertrag, gute Qualität
1958 gut, mittelmäßig
1959 **hervorragender Jahrhundertwein und reichlich**
1960 sehr große Ernte, mittelmäßige Qualität
1961 gut, mittelmäßig
1962 gute Qualität, mittlerer Ertrag
1963 Großer Ertrag, gute Qualität
1964 **Sehr reichlich, überdurchschnittliche Weine**
1965 Wenig, mäßige Qualität
1966 guter Mittel-Wein, mit einigen Spitzenqualitäten
1967 mittlerer Ertrag aber gut
1968 große Ernte, mäßige Qualität
1969 reifer Jahrgang, durchschnittliche Menge
1970 sehr reichlich und gute Qualität
1971 **hervorragend, bester Jahrgang nach 1959, Durchschnittsertrag.**
1972 mittelmässig
1973 sehr guter Ertrag mittlere Qualität
1974 mittlere Güte
1975 grosser Ertrag gute Qualität
1976 **hervorragender Jahrgang, grosse Spitzengewächse**
1977 mittlere Qualität
1978 mittelmässige Qualität, geringe Quantität

Aufzeichnungen über Menge und Güte eines Weinjahrgangs sind wohl so alt wie der Weinbau selbst. Derartige Überlieferungen aus früheren Zeiten sind jedoch weitgehend individuell gefärbt, da sie nicht auf einem Ausmitteln der Angaben und Werte verschiedener Quellen eines Anbaugebietes beruhen, sondern häufig nur auf der Aufzeichnung eines einzigen Weingutes basieren. Diese Angaben können aber, wie sich noch 1980 gezeigt hat, sogar innerhalb eines Anbaugebietes sehr unterschiedlich ausfallen.

In späteren Jahren hat man durch das systematische Ausmitteln mehrerer Quellen allgemeingültigere Werte veröffentlichen können. Das gilt für die Grafiken der nächsten Seiten – und damit auch für die eigene Zusammenstellung einer Jahrgangsbewertung. Interessant ist dabei die Beobachtung, daß sich ein guter Teil der eigentlich schlecht zu bewertenden Weine eines schwachen Jahrgangs auf der Flasche durchaus positiv entwickeln kann und so eigentlich einige Punkte mehr verdient hätte – das gilt dann jedoch eben nur für diese bestimmte, unter guten Bedingungen gut gereifte Partie. Siehe dazu wiederum den nebenstehenden Kommentar!

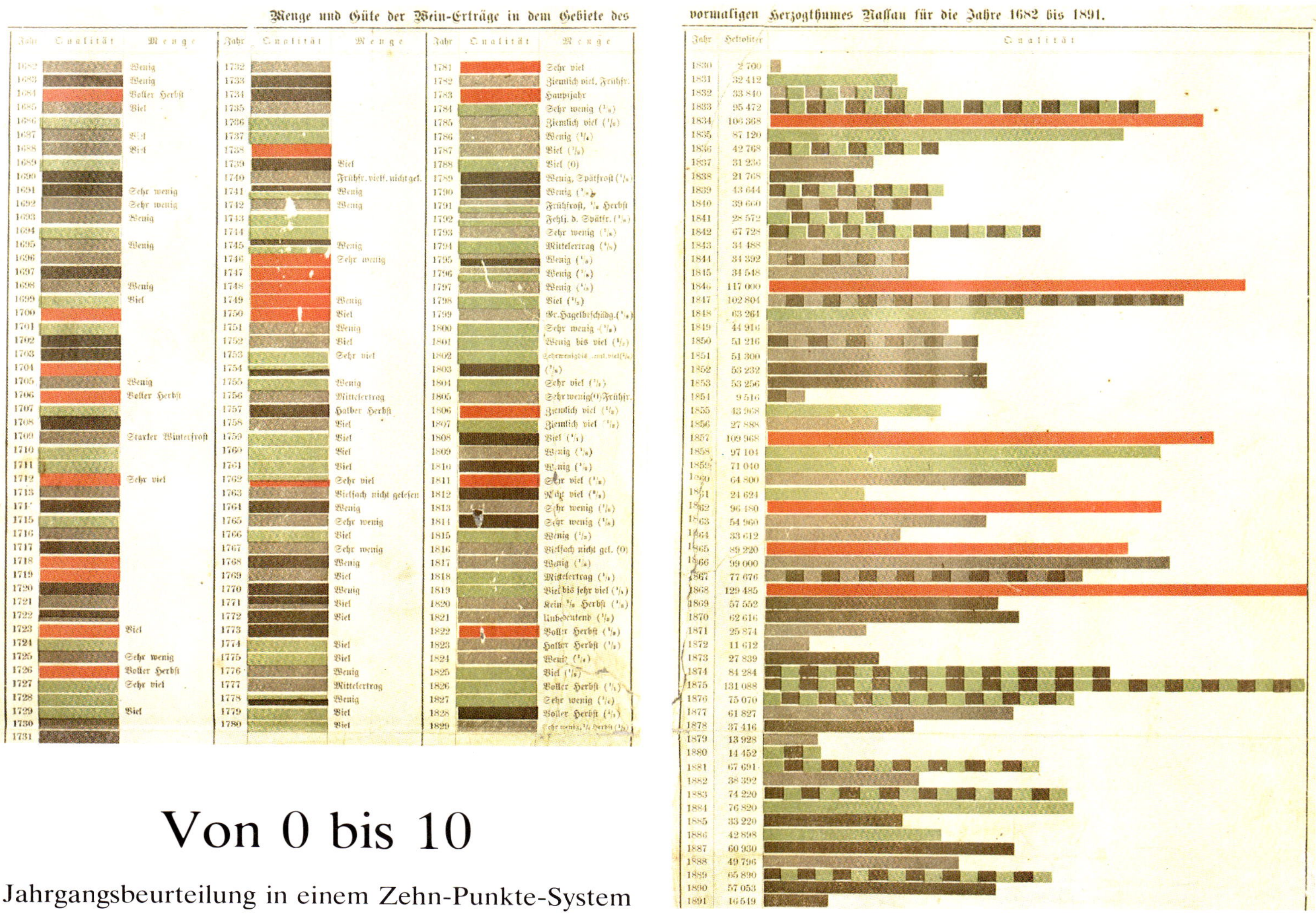

Von 0 bis 10

Jahrgangsbeurteilung in einem Zehn-Punkte-System

Die abgebildete Tabelle mit den wichtigen Analysewerten für Mostgewicht und Säure ist von Josef Staab für die Weine des Schloß Johannisberg (ausschließlich Riesling) zusammengestellt worden. Sie gibt ein Bild der Weinqualitäten auch mit einem Blick auf die Erntemenge. Sie ist weitgehend aussagefähig in bezug auf die Güte des Weins – jedoch nicht absolut. Schon der Anteil der Wein- und Apfelsäuren – hier mit anderen Säuren in einer Gesamtzahl erfaßt – bestimmt entscheidend den Geschmackseindruck. Ähnlich wichtig ist die Menge des zuckerfreien Extrakts im Wein – und dabei wiederum der Glyzerinanteil zum Beispiel. Das alles ließe sich noch chemisch erfassen, aber ob bestimmte Mengen von diesen und jenen Stoffen im Wein schließlich einen harmonischen Gesamteindruck machen, ob sie zum Gebietscharakter passen, ob ein Weinjahrgang schließlich sorten- und gebietstypisch ist, ob bestimmte geschmackliche Eigenheiten eines Jahrgangs als „interessant" oder als „störend" qualifiziert werden, das ist letztlich eine Frage der individuellen Beurteilung.
Rahmen dieser Beurteilung ist das Zehn-Punkte-System der Reihe Gesamtwerk deutscher Wein. Vinzenz Antes (Heppenheim), Fritz Allendorf (Winkel), Gernot Boos (Lorch), Klaus-Peter Kessler (Martinsthal), Graf Matuschka (Winkel), Dr. Franz-Werner Michel (Hochheim), Josef Staab (Johannisberg), Otto Troitsch (Lorch) und Karl Wolf (Johannisberg) haben bei der Zusammenstellung geholfen. Die Bewertung gilt für die Anbaugebiete „Rheingau" und „Hessische Bergstraße". (Differenzierungen bei: „Bemerkung")
Wie sehr man sich auch früher schon um vergleichende Beurteilungen auf diesem Gebiet bemüht hat, zeigt die auf dieser Seite abgebildete Menge-/Güte-Grafik aus dem 1893 in dem vom Kreisausschuß verlegten Band „Der Rheingaukreis in den Jahren 1869–1890". Die Farben stehen für Qualitätsbeurteilungen: rot = „vorzüglich", grün = „gut", braun = „mittelmäßig", grau = „schlecht". Ab 1830 zeigen die Farbbalken bei differenzierterer Beurteilung auch die Menge an.

Nebenstehende Tabelle: Schloß Johannisberg/Riesling

		Mostgewicht Grad Oechsle			Säure g/l		
Jahr	hl/ha	max.	min.	Ø	max.	min.	Ø
80	24,5	78°	48°	65°	24,6	13,1	17,9
79	88	89	63	74	17,4	7,2	12,5
78	59	76	48	60	23,8	13,4	18,3
77	68	80	50	65	23,1	13,0	17,0
76	70	170	73	99	14,6	6,8	9,4
75	82	148	60	80	14,3	7,7	11,4
74	71	76	46	65	21,9	9,0	14,4
73	102	88	60	71	12,2	6,9	10,2
72	76	92	50	70	21,1	12,5	16,2
71	74	182	74	89	14,6	7,7	10,6
70	107	122	54	74	17,4	6,5	12,3
69	91	104	53	72	19,8	8,0	13,3
68	48	95	38	62	25,9	14,5	17,7
67	41	166	40	74	18,6	4,9	13,0
66	75	101	61	80	14,2	6,6	9,2
65	48	93	38	34	27,5	11,2	18,1
64	109	143	59	79	11,8	4,8	8,3
63	72	125	57	75	16,5	7,0	10,8
62	61	93	60	80	19,1	9,0	13,5
61	68	98	60	71	16,9	8,5	10,6
60	106	86	50	70	14,0	8,2	9,6
59	88	113	85	97	10,6	6,2	8,1
58	74	108	53	76	18,3	7,8	12,0
57	38	78	60	69	19,3	10,5	14,3
56	52	70	47	55	16,4	9,2	12,2
55	76	81	56	68	17,5	8,5	14,5
54	84	72	47	61	19,1	7,0	12,9
53	68	153	63	94	12,1	6,5	10,1
52	65	93	56	77	16,0	5,6	11,1
51	54	92	68	84	17,9	9,0	13,5
50	68	109	68	86	14,3	8,8	11,6
49	42	124	84	97	11,8	6,3	8,4
48	70	96	68	85	12,1	6,5	8,8
47	69	155	70	88	13,5	4,7	7,3
46	49	98	63	88	14,5	8,5	10,2
45	25	121	89	108	11,9	8,1	10,0

Jahr	Punkte	Bemerkung
80	0–3	Sehr wenig durch schlechte Blüte. Insbesondere an der hessischen Bergstraße lohnte sich die Lese in vielen Parzellen nicht. Vorwiegend QbA.
79	8	Viel. Idealjahr für den Riesling.
78	4–5	Mittlere Menge, kräftige Säure. In einigen Teilen des Rheingaus auch überdurchschnittliche Weine. Überwiegend QbA und Kabinett.
77	5	In Menge und Qualität ein mittlerer Jahrgang. In einigen Lagen wie auch 78 außerordentlich hohe Säurewerte.
76	9–10	In einigen Lagen (Hochheim z. B.) beste Werte seit 1953. Bei gutem Ertrag hoher Anteil an Auslesen – in trockenen Lagen zum Teil mit sehr geringer Säure.
75	8	Bei gutem Ertrag und hoher Qualität charaktervolle, gebietstypische Weine. Angenehme Säure und gute Lagerfähigkeit.
74	4	An der Bergstraße und in vielen Teilen des Rheingaus geringer Ertrag. Am Johannisberg und in Hochheim Normalernte. Meist „stahlige" QbA-Weine.
73	7/9	An der Bergstraße sehr gutes Ergebnis in Menge und Güte (2. Ziffer). Auch im Rheingau sehr harmonische Weine mit reifer Säure.
72	3–5	Frostschäden besonders im Bereich Lorch insgesamt kleine Menge (Bergstraße besser) und vorwiegend QbA-Weine.
71	9–10	Menge und Güte sehr sehr gut. Edle und zum Teil äußerst langlebige Weine.
70	7–8	Gewaltige Menge und gute Qualität. Viel Kabinett, aber auch Spitzenweine.
69	7	Bei von Lage zu Lage oft recht unterschiedlichen Ergebnissen in Menge und Qualität insgesamt – meist erst nach langer Entwicklung – überdurchschnittliche Weine.
68	4	Geringe Menge, hohe Säure, langlebig.
67	7	Kleine bis mittlere Ernte, gute Spitzenweine Botrytiston (Edelfäule) als Jahrgangston stärker und verbreiteter als später 1976.
66	6–8	Geringe (Bergstraße) bis mittlere Menge. Weine wegen ihrer zum Teil hervorragenden „Feinheit" (angenehme Säuren) besonders gelobt.
65	3	Kleine Menge, geringe Qualität, aber vergleichsweise viele gute Eisweine.
64	8–9	Große Menge und Güte, langlebig.
63	6–8	Mittlere Menge, durch gutes Herbstwetter schließlich noch Spitzenweine.
62	5	Mittelmäßig in Menge und Qualität. Nichts Besonderes im Spät- und Auslesebereich.
61	4–6	Meist mäßig in Menge und Qualität, jedoch durch reife Säuren ein Teil guter Weine mit langer Entwicklung auf der Flasche.
60	5	Riesige Menge (Schwimmbäder zum Teil als „Zwischenlager") mäßige Qualität.
59	8–10	Große Menge und Güte, manchmal jedoch zu wenig Säure (wenig Ausdruck, geringe Lagerfähigkeit).
58	3–6	Überdurchschnittliche Menge, stark schwankende Qualität.
57	5	Geringe Menge und Qualität mit einigen qualitativen Ausnahmen.
56	1–3	Frostschäden (Bergstraße fast ohne Ernte) und fast nur verbesserter Wein.
55	4	Kleine Ernte (einige Weingüter konnten eine Normalernte melden), geringe Qualität.
54	4	Mittlerer bis guter Ertrag bei säurereichen Weinen geringer Qualität.
53	10	Bei durchschnittlicher Menge herausragende Qualität „nobler" Weine, die auch bei Säuren und Lagerfähigkeit keine Wünsche offen ließen.
52	2–6	Kleine Menge. Nach verregnetem Sommer bei vergleichsweise früher Lese doch noch einige gute Spätlesen.
51	5	Kleine bis mittlere Ernte. Meist geringe Qualität, jedoch ein guter Teil „eleganter" Kabinettweine.
50	5–7	Mittlere bis große Menge (Bergstraße) und zum Teil hohe Qualität aus edelfaulen Trauben.
49	10	Kleine bis mittlere Menge hervorragender, langlebiger Weine. Großer Auslese-Anteil.
48	5–6	Mittlere Menge mittlerer Qualität.
47	8	Nach heißem, trockenem Sommer stark schwankende Erträge. Spitzenweine, aber auch brandige und schwere, säurearme und geradezu „plumpe" Weine.
46	5–7	Kleine bis mittlere Menge etwas überdurchschnittlicher Qualität und zum Teil „feiner Säure".
45	8–10	Nach heißem Sommer kriegsbedingt sehr geringe Menge hoher Qualität.

Momentaufnahmen mit der Schreibmaschine

Der Aussiedlerhof liegt am Rande von Martinsthal. Inge und Klaus Kessler wohnen hier mit ihren Kindern Peter, Ruth, Stefan und Martina. Sie leben mit dem Wein und buchstäblich in den Reben. Ihr Betrieb mit acht Hektar Rebland (zum großen Teil Riesling) hat nach den Maßstäben des Rheingaus eine mittlere Größe. Er verdient das Prädikat dynamisch, ein Wort, das auch den Winzer selbst charakterisiert.
Der Autor dieses Buches hat übers Jahr an einigen Tagen in den Weinbergen der Familie mitgearbeitet, in Keller und Kelterhaus geholfen und an ihrem Tisch gegessen. Die textlichen „Momentaufnahmen" dieser Tage sind der Versuch, typische Winzerarbeit unserer Zeit für den Leser des Gesamtwerkes lebendig werden zu lassen. Die Beschreibung beginnt bei der Lese, die Anfang und Ende zugleich ist, Anfang der Weinwerdung und Ende des Rebjahres im Weinberg...

Wie ist das Mostgewicht? Klaus Kessler mit dem Refraktometer, einem optischen Meßgerät, das blitzschnell den Traubenzuckergehalt eines ausgepreßten Mosttropfens angeben kann.

Oktobertag

In den Spuren der Traktorenreifen steht das Regenwasser im schlammigen Boden. Der Himmel hat das Einheitsgrau des schlechten Wetters, das dieses Jahr zumeist bestimmt hat. Wir wissen, was uns im Weinberg erwartet. Gestern sind wir mit dem Refraktometer durch die Weinberge gefahren, in der Tasche dieses kleine Gerät, das durch Lichtbrechung den Öchslegrad des Traubensaftes ermittelt – und im Herzen die ständige Hoffnung, daß sich auf der Skala doch noch ein höherer Wert abzeichnen möge. Man kann da als Begleiter eines enttäuschten Winzers von Weinberg zu Weinberg das Mit-Leiden lernen.
Die Hoffnung war vergebens. Weinberg für Weinberg das gleiche Bild: wenig Trauben und geringe Reife. Selbst die reifsten Beeren, die wir über der Glasscheibe des Meßgerätes auspressen, haben so niedrige Mostgewichte, daß sie keinen Prädikatswein erbringen können, keinen Kabinett, keine Spätlese... Die Hoffnung auf Auslesen haben die meisten Winzer in diesem Jahr schon im September begraben. Da waren die Beeren drei Wochen hinter dem normalen Reifezustand zurück, und niemand glaubte noch, daß die Reben diesen Rückstand aufholen könnten. Und doch gibt es auch jetzt noch Hoffnung. Wenn der Spätherbst noch schön wird... vielleicht, daß wenigstens noch ein Riesling-Kabinett...
Das war gestern, und heute beginnt die Lese gleichsam symbolisch in Grau. Heute gibt es keine fröhlichen Lieder, während wir mit Traktor und Bütt, mit Kleinbus und Thermoskanne, Schnaps zum Wärmen, angezogen in den Weinberg starten. Keine Lieder und keine Scherze, als die Leser mit kälteklammen Händen ihre Scheren greifen. Auch das „klick, klick" der Scheren, sonst die fröhliche Begleitmusik beim Traubenschneiden, klingt wohl matter. Ich trage die Bütt (Hotte, Logel, Kiepe) auf dem Rücken, stehe herum, friere und warte, daß die Leser ihre Eimer voller Trauben dort hineinschütten. Ich stehe und friere, und es dauert lange, bis ich zum erstenmal mit dem vollen Gefäß auf dem Rücken zum Entleeren, die Leiter am Traktoranhänger hinaufsteige, und die Trauben über meinen Kopf hinweg in die große Edelstahlwanne purzeln.
Im vergangenen Jahr wäre ich in diesem gleichen Müller-Thurgau-Wingert atemlos gelaufen, um das Tempo der Leser mithalten zu können. Damals wurden soviel Trauben geerntet, daß daraus weit über 2000 Liter Most entstanden. Heute wissen wir nach der ersten Lese-Stunde, daß wir noch vor Mittag in einen anderen Wingert fahren müssen, weil hier nichts mehr zu holen ist. Der Behang ist so gering, daß eine der Leserinnen scherzt: „Wir kommen hier in den Rebzeilen voran, wie der Armin Harry in seiner besten Zeit."
Zwei weitere Kostproben dieser Art von Humor aus den ersten dreieinhalb Stunden des ersten Lesetages: „Voriges Jahr haben wir beim Lesen wohl mehr übersehen, als wir in diesem Jahr insgesamt lesen konnten." Und: „Das gibt in diesem Jahr keinen Leselohn, das gibt Finderlohn!"
Nach dreieinhalb Stunden mühsamen Traubensuchens ist der Wingert gelesen. Die Traubenausbeute reicht gerade für 300 Liter Most. Viele „Geiztrauben" mit unreifen, harten Beeren haben wir auf dem Boden des Weinbergs zurückgelassen. „Ein Jahr wie dieses zeigt uns unsere Grenzen", sagt der Winzer, und seine Mutter kommentiert bedrückt: „Einen solch schlechten Herbst habe ich noch nicht erlebt."

Feierabend auf der Terrasse: Inge und Klaus Kessler. Die Mutter des Winzers hilft nicht nur bei der Weinlese (links), sondern auch übers Jahr in Haus und Betrieb.

Unten: Doppelseite aus einem im Jahre 1690 erschienenen Weinbaubuch.

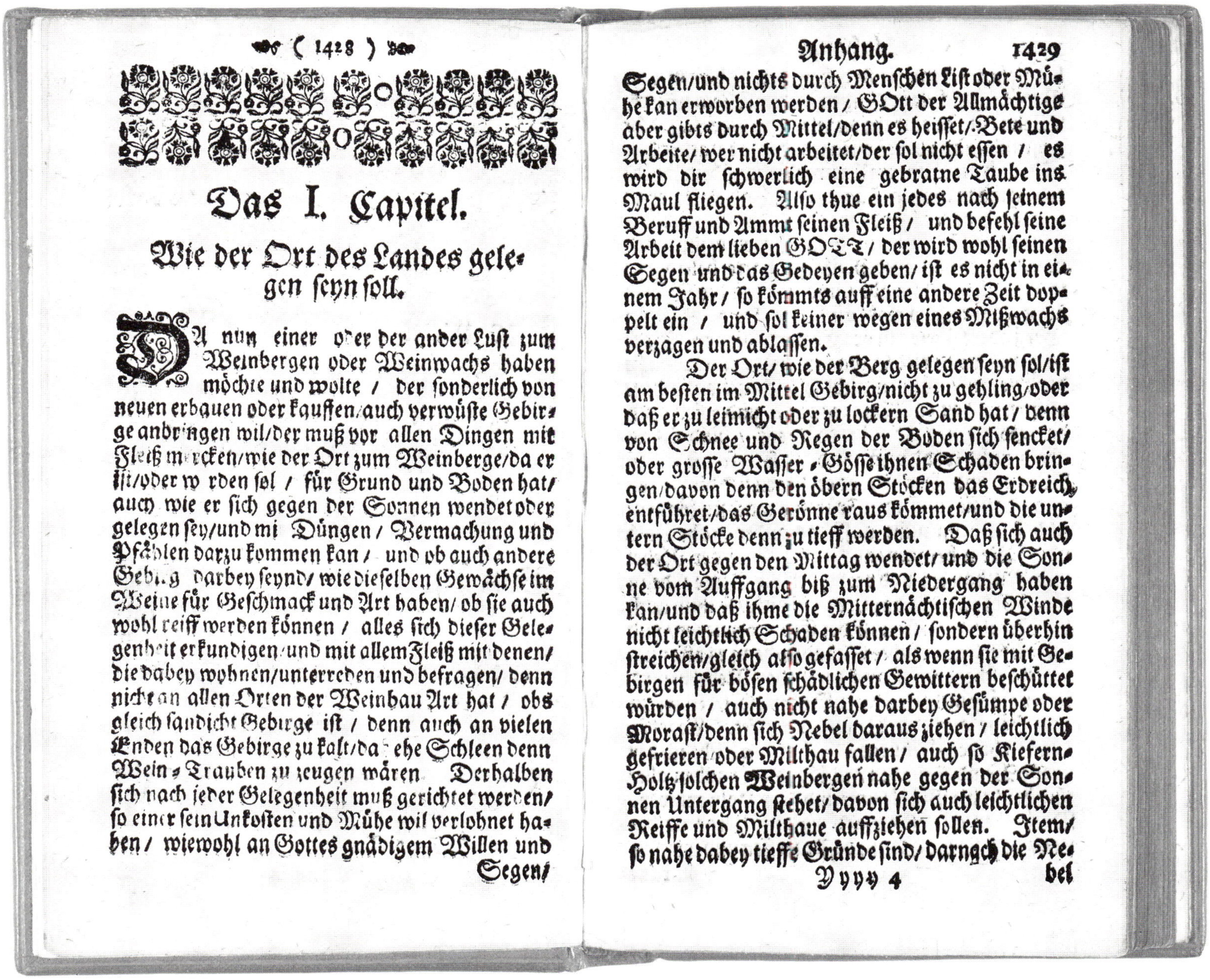

(1428)

Das I. Capitel.

Wie der Ort des Landes gelegen seyn soll.

DA nun einer oder der ander Lust zum Weinbergen oder Weinwachs haben möchte und wolte / der sonderlich von neuen erbauen oder kauffen/auch verwüste Gebirge anbringen wil/der muß vor allen Dingen mit Fleiß mercken/wie der Ort zum Weinberge/da er ist/oder werden sol / für Grund und Boden hat/ auch wie er sich gegen der Sonnen wendet oder gelegen sey/und mit Düngen / Vermachung und Pfählen darzu kommen kan / und ob auch andere Gebirg darbey seynd/ wie dieselben Gewächse im Weine für Geschmack und Art haben/ ob sie auch wohl reiff werden können / alles sich dieser Gelegenheit erkundigen/und mit allem Fleiß mit denen/ die dabey wohnen/unterreden und befragen/ denn nicht an allen Orten der Weinbau Art hat / obs gleich sandicht Gebirge ist / denn auch an vielen Enden das Gebirge zu kalt/da ehe Schleen denn Wein-Trauben zu zeugen wären. Derhalben sich nach jeder Gelegenheit muß gerichtet werden/ so einer sein Unkosten und Mühe wil verlohnet haben/ wiewohl an Gottes gnädigem Willen und Segen/

Anhang. 1429

Segen/und nichts durch Menschen List oder Mühe kan erworben werden / GOtt der Allmächtige aber gibts durch Mittel/denn es heisset/ Bete und Arbeite/ wer nicht arbeitet/der sol nicht essen / es wird dir schwerlich eine gebratne Taube ins Maul fliegen. Also thue ein jedes nach seinem Beruff und Ammt seinen Fleiß / und befehl seine Arbeit dem lieben GOTT / der wird wohl seinen Segen und das Gedeyen geben/ ist es nicht in einem Jahr / so kömmts auff eine andere Zeit doppelt ein / und sol keiner wegen eines Mißwachs verzagen und ablassen.

Der Ort/ wie der Berg gelegen seyn sol/ist am besten im Mittel Gebirg/nicht zu gehling/oder daß er zu leimicht oder zu lockern Sand hat / denn von Schnee und Regen der Boden sich sencket/ oder grosse Wasser-Gösse ihnen Schaden bringen/davon denn den öbern Stöcken das Erdreich entführet/das Gerönne raus kömmet/und die untern Stöcke denn zu tieff werden. Daß sich auch der Ort gegen den Mittag wendet/ und die Sonne vom Auffgang biß zum Niedergang haben kan/und daß ihme die Mitternächtischen Winde nicht leichtlich Schaden können / sondern überhin streichen/gleich also gefasset / als wenn sie mit Gebirgen für bösen schädlichen Gewittern beschüttet würden / auch nicht nahe darbey Gesümpe oder Morast/denn sich Nebel daraus ziehen / leichtlich gefrieren oder Milthau fallen / auch so Kiefern-Holtz solchen Weinbergen nahe gegen der Sonnen Untergang stehet/ davon sich auch leichtlichen Reiffe und Milthaue auffziehen sollen. Item/ so nahe dabey tieffe Gründe sind/ darnach die Ne-

Yyyy 4 bel

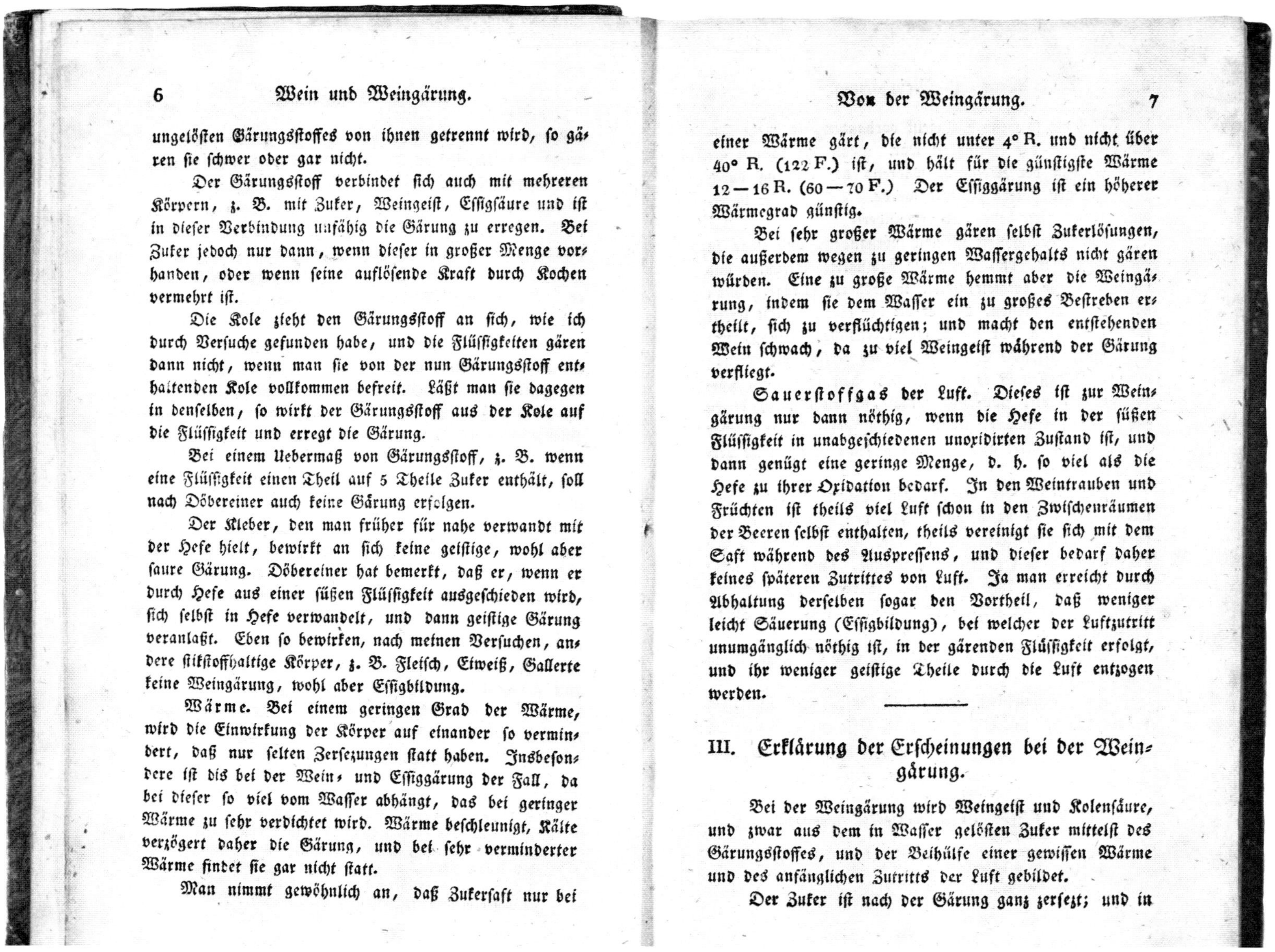

6 Wein und Weingärung.

ungelösten Gärungsstoffes von ihnen getrennt wird, so gären sie schwer oder gar nicht.

Der Gärungsstoff verbindet sich auch mit mehreren Körpern, z. B. mit Zuker, Weingeist, Essigsäure und ist in dieser Verbindung unfähig die Gärung zu erregen. Bei Zuker jedoch nur dann, wenn dieser in großer Menge vorhanden, oder wenn seine auflösende Kraft durch Kochen vermehrt ist.

Die Kole zieht den Gärungsstoff an sich, wie ich durch Versuche gefunden habe, und die Flüssigkeiten gären dann nicht, wenn man sie von der nun Gärungsstoff enthaltenden Kole vollkommen befreit. Läßt man sie dagegen in denselben, so wirkt der Gärungsstoff aus der Kole auf die Flüssigkeit und erregt die Gärung.

Bei einem Uebermaß von Gärungsstoff, z. B. wenn eine Flüssigkeit einen Theil auf 5 Theile Zuker enthält, soll nach Döbereiner auch keine Gärung erfolgen.

Der Kleber, den man früher für nahe verwandt mit der Hefe hielt, bewirkt an sich keine geistige, wohl aber saure Gärung. Döbereiner hat bemerkt, daß er, wenn er durch Hefe aus einer süßen Flüssigkeit ausgeschieden wird, sich selbst in Hefe verwandelt, und dann geistige Gärung veranlaßt. Eben so bewirken, nach meinen Versuchen, andere stikstoffhaltige Körper, z. B. Fleisch, Eiweiß, Gallerte keine Weingärung, wohl aber Essigbildung.

Wärme. Bei einem geringen Grad der Wärme, wird die Einwirkung der Körper auf einander so vermindert, daß nur selten Zersezungen statt haben. Insbesondere ist dis bei der Wein- und Essiggärung der Fall, da bei dieser so viel vom Wasser abhängt, das bei geringer Wärme zu sehr verdichtet wird. Wärme beschleunigt, Kälte verzögert daher die Gärung, und bei sehr verminderter Wärme findet sie gar nicht statt.

Man nimmt gewöhnlich an, daß Zukersaft nur bei

Von der Weingärung. 7

einer Wärme gärt, die nicht unter 4° R. und nicht über 40° R. (122 F.) ist, und hält für die günstigste Wärme 12 — 16 R. (60 — 70 F.) Der Essiggärung ist ein höherer Wärmegrad günstig.

Bei sehr großer Wärme gären selbst Zukerlösungen, die außerdem wegen zu geringen Wassergehalts nicht gären würden. Eine zu große Wärme hemmt aber die Weingärung, indem sie dem Wasser ein zu großes Bestreben ertheilt, sich zu verflüchtigen; und macht den entstehenden Wein schwach, da zu viel Weingeist während der Gärung verfliegt.

Sauerstoffgas der Luft. Dieses ist zur Weingärung nur dann nöthig, wenn die Hefe in der süßen Flüssigkeit in unabgeschiedenen unoxidirten Zustand ist, und dann genügt eine geringe Menge, d. h. so viel als die Hefe zu ihrer Oxidation bedarf. In den Weintrauben und Früchten ist theils viel Luft schon in den Zwischenräumen der Beeren selbst enthalten, theils vereinigt sie sich mit dem Saft während des Auspressens, und dieser bedarf daher keines späteren Zutrittes von Luft. Ja man erreicht durch Abhaltung derselben sogar den Vortheil, daß weniger leicht Säuerung (Essigbildung), bei welcher der Luftzutritt unumgänglich nöthig ist, in der gärenden Flüssigkeit erfolgt, und ihr weniger geistige Theile durch die Luft entzogen werden.

III. Erklärung der Erscheinungen bei der Weingärung.

Bei der Weingärung wird Weingeist und Kolensäure, und zwar aus dem in Wasser gelösten Zuker mittelst des Gärungsstoffes, und der Beihülfe einer gewissen Wärme und des anfänglichen Zutritts der Luft gebildet.

Der Zuker ist nach der Gärung ganz zersezt; und in

Johann Karl Leuchs schrieb 1829 ein „ausführliches Handbuch zur Bereitung, Wartung, Pflege und Kenntnis der natürlichen und künstlichen Weine" unter dem Titel „Vollständige Weinkunde oder der europäische Kellermeister". Hier ist eine Doppelseite daraus.

Nachmittags ernten wir in einem anderen Weinberg vergleichsweise mehr Trauben, aber insgesamt liegt der Ertrag bei einem Drittel eines Normaljahres, und als die Lese vier Wochen später abgeschlossen wird, ist das Gesamtergebnis nur um einige Prozentpunkte besser als an diesem ersten Lesetag. – Nein, verzweifelt sind die Kesslers nicht. Sie haben aus guten Jahren noch genügend Wein im Keller, um weiterhin ihre Kunden beliefern zu können. Wenn aber 1981 noch einmal so schlecht werden sollte, dann ist auch hier die Winzerexistenz gefährdet. Bei einigen Winzern im Rheingau genügte bereits der Jahrgang 1980, um das Konkursgespenst ins Haus zu bringen.

Es ist ein Zufall, daß ich ausgerechnet in diesem Herbst dabei war, in einem Herbst, der in der Weinromantik keinen Platz hat, der aber zum Winzerleben gehört – heute wie in den vergangenen Jahrhunderten. Daran haben auch moderne Methoden in Weinberg und Keller, daran haben bis heute auch die gelegentlich durchaus segenbringenden, frühreifen Neuzüchtungen nichts ändern können.

Dezembertag

Wenn man sich in kalten Kelterhallen schnell bewegt, friert man nicht. Maschinen, die ein bestimmtes Arbeitstempo vorgeben oder Menschen, denen man zuarbeitet, die aus langer Erfahrung mit ihrer Arbeit ebenfalls ein gutes Arbeitstempo vorgeben, die zwingen dazu, daß man sich schnell bewegt. – Es ist Anfang Dezember, und draußen liegt Schnee in Martinsthal und im ganzen Rheingau. Hier drinnen läuft eine Flaschenwaschmaschine. Das sind einfach fünf Paare gegenläufiger Bürstenrollen in einem Wasserbecken. Ich werfe volle Weinflaschen auf diese Rollen. Eine Verwandte der Kesslers nimmt sie herunter, zieht sie durch eine Membrane, die das Wasser abstreift und stellt sie auf den Packtisch. Sie macht das ungeheuer schnell, und ich muß an die Frauen denken, die in südlichen Ländern Orangen mit Spezialmessern in einem Zehntel der Zeit schälen, die ich dafür benötige.

Die Flaschen liegen in einem offenen Behälter nach Containerart und sind kalt. Meine Hände sind naß von der Spülmaschine und kalt dazu. Zuerst muß ich mich in den Container hineinrecken, später hineinbücken. Bücken, drehen, auflegen, bücken, drehen... manchmal wird über Stunden hinweg so gymnastisch gearbeitet.

Natürlich ist das nicht rationell, Flaschen, die schon vor der Abfüllung auf anderem Wege gründlich gereinigt worden sind – oder auch Neuflaschen – kurz vor dem Etikettieren noch einmal zu reinigen. Aber im Weinbau gibt es eben so ungeheuer viele „Aber", so viele Faktoren, die zu beachten sind, wie beim Wein selbst. In diesem Fall ist es das Lagerproblem.

Gute Rheingauer Rieslinge wollen gut lagern um zu reifen. Wenn man sie beim Abfüllen etikettiert und dann in den Keller legt, werden die Etiketten unansehnlich. Sie faulen sogar mit der Zeit weg. Das ist ja auch der Grund, warum die meisten alten Flaschen bei den Winzern keine Etiketten tragen. Natürlich könnte man die Flaschen gleich nach dem Etikettieren in Kartons verpacken und die Kartons in einer Lagerhalle stapeln. Das erfordert große und kühle Hallen. Wärme mag der Wein nicht, etikettiert oder unetikettiert. Hier lagern die Weine also im Keller, und die Flaschen kommen erst zum Etikettieren wieder in die Halle, werden gewaschen und dann... Ich kenne noch Winzer, die Etikett um Etikett einzeln mit der Hand auf die Flaschen pappen. Und es gibt viele andere, die ihre Flaschen durch Bürstenpaare drücken, auf denen die Etiketten und Halsschleißen an die Flaschenform geklebt werden. Vorher wurden sie durch eine Art Riesen-Stempel mit Klebstoff versehen. Das sieht sehr nach mittelalterlicher Handarbeit aus, ist auch mittelalterlich, verbraucht aber neben der menschlichen keine Energie und läßt erstaunliche Stundenleistungen zu. Hier geht es noch schneller, hier steht ein Maschinchen.

Dieser Typ Etikettiermaschine ist für mittlere Weinbaubetriebe ausgelegt. Ich glaube nicht, daß Erfinder oder Hersteller daran gedacht haben, eine Maschine für Zuschauer zu bauen. Sie haben es aber geschafft, publikumswirksam zu konstruieren: mit einem Gabelarm aus Messing, der sich über eine Leimrolle bewegt, Etikett und Halsschleife greift, zur Flasche

Der erste Rebschnitt des neuen Jahres – hier in den Weinbergen der Gemarkung Johannisberg – wird gelegentlich noch im Schnee durchgeführt. Es gilt, das für die neuen Triebe nicht brauchbare Holz zu entfernen.

Aushauen eines alten Weinbergs, dessen Ertrag wegen Überalterung der Reben zurückgeht (meist nach 20 bis 30 Jahren), und Arbeiten in einem Weinberg (Rebpfähle auf dem Traktoranhänger). Beides im Wiesbadener Vorort Mainz-Kastel.

bringt, seine Fracht dort aufstreift und dann zu weiterem Tun wieder zur Rolle schwenkt. Die Flaschen fahren unterdessen ruckweise Karussell. Bei ihrem nächsten Halt umfassen Gummigreifer weich ihren Hals und ihren Bauch und drücken so die Papierteile der „Ausstattung" vollends an. Nun nicht länger anonym, sondern repräsentativ von ihrem Inhalt kündend, verlassen sie das Karussell, genauer: Sie werden ab- und der Menschenhand zugeschoben, die sie von der Maschine hebt.
Wir etikettieren viele hundert Flaschen und sprechen davon, wie nun die Vorräte im Keller abnehmen, da die neue Ernte so gering ausgefallen ist. Gut, daß man in den Vorjahren den jetzt dringend benötigten Wein nicht an den Handel verkauft hat. Was dort unten aus den Jahren 77 bis 79 noch liegt, muß helfen, die Lücke nach dem Mißjahr 1980 zu überbrücken.
Wir etikettieren jetzt 79er, der vor kurzer Zeit erst gefüllt wurde. Zusammen mit den beiden „Azubis" Volker und Johannes lade ich Steigen (die typischen Holzkisten für

Oben: Ein Anbaugerät zur Bodenlockerung an einem Schmalspurtraktor.
Unten: Mechanischer Rebschnitt durch ein Anbaugerät an einem Schmalspurtraktor.

Wein) in den Kleinbus. Abends fährt der Winzer damit zu Kunden nach Wiesbaden und Umgebung. – Wenn sich einer der an diesem Tag belieferten Weinfreunde darüber ärgern sollte, daß vor allem die rechte untere Ecke des Etiketts nicht gut angeklebt ist: Wir hatten Schwierigkeiten mit unserer hübschen Maschine, und vielleicht habe ich beim Nacharbeiten von Hand einiges übersehen.

Januartag

Die Reben sind kahl, die Weinberge grau, grau-braun oder auch weiß, über der Landschaft liegt ein wenig Melancholie. Früher war das die rechte Zeit für die Winzerfamilie, das Arbeitsleben etwas ruhiger ablaufen zu lassen. Das war die Zeit, als die Begriffe Rationalisierung und Betriebswirtschaft noch nicht zum Winzerbetrieb gehörten – und die modernen Arbeitsmaschinen noch nicht entwickelt waren.
Bei Kesslers gibt es zwei große Traktoren. Beide werden für Transporte eingesetzt, einer ist zusätzlich mit Ladeeinrichtungen versehen. Beide haben eine Zapfwelle für den Antrieb von Zusatzgeräten. Das attraktivste darunter ist sicherlich der Maischewagen, der 4000 Liter faßt und die Beeren mit einer besonderen Einrichtung schon im Weinberg entrappen kann.
Mit dem Schmalspurtraktor fährt Klaus Kessler Dünger und Mist in die Rebzeilen. Auch zur Schädlingsbekämpfung rollt er in den Weinberg. Dazu wird mit Sprühmittelfaß und „Riesenventilator" (zur Verteilung des Sprühnebels) auch die Schmalspurraupe eingesetzt. Diese Raupenketten-Fahrzeuge im Kleinformat können den angehängten Pflug oder das Gerät zur Bodenlockerung auch durch den Boden eines steilen Hanges ziehen, in dem der Traktor versagt. Der Stalldungstreuer für die breiteren Rebzeilen, der Kleintransporter für den Weintransport zu Kunden, der Gabelstapler für die Arbeit im Kelterhaus, der Hochdruckreiniger für die Fässer und Tanks, die pneumatische Schere für die Rebschnitte im Weinberg, der Festbrennstoffkessel für das selbstgeschlagene Holz, der die Ölheizung entlasten soll... Im Kessler-Betrieb gibt es viele Maschinen, viele Geräte, viel „Mechanis", die instandgehalten werden muß. Der Betrieb wird unrentabel, wenn die Maschinen und Geräte für jede kleine Reparatur gleich in die Werkstatt müssen. Die Winzer haben das Wissen um die Tierhaltung durch Mechanikerkönnen ersetzt – zwangsläufig. Auch Klaus Kessler hat auf diesem Gebiet inzwischen gute Erfahrung, und der Januar ist ein Monat, in dem man den Maschinenpark auf das neue Jahr vorbereiten kann.

Apriltag

Inge Kessler sitzt über der Buchhaltung. Das Kassenbuch muß zum Monatsende abgeschlossen, die Steuerunterlage des vergangenen Jahres bald aufbereitet sein. Später holt sie die Kinder Peter und Ruth zu Fuß vom fünfhundert Meter entfernten Kindergarten ab. Anschließend wird das Mittagessen gekocht, Stefan und Martina kommen mit dem Schulbus von der Schule, der Vormittag ist vorüber, man sitzt zu acht am Mittagstisch. Die beiden Auszubildenden des Betriebes sind auch dabei – gut, daß heute die Schwiegermutter mitgeholfen hat.
Die beiden Frauen sprechen über die anstehenden Gartenarbeiten.

Inge Kessler baut ihr „Grünzeug" biologisch-dynamisch an. Die Gartensaison beginnt. Auch die Saison für die zwei eigenen Rinder hat begonnen. Die Kesslers kaufen im Frühjahr zwei Rinder, lassen sie während des Sommers auf der Weide laufen und schlachten dann im Spätherbst. Das Fleisch von eineinhalb Rindern reicht in der Tiefkühltruhe übers Jahr. Die vierte Rinderhälfte erhält ein Mann aus dem Dorf, der für diese Menge gerade Bedarf hat und als Leistung dafür die Betreuung des Viehs übernimmt. „Ranger" nennen sie ihn nun im Dorf – alltägliche Viehaltung ist in wenigen Jahrzehnten zur Ausnahme und damit zu etwas Ungewöhnlichem geworden.

Das alte und überflüssige Rebholz wurde schon in den Vormonaten abgeschnitten, nun gilt es die stehengebliebenen Reben, aus denen die jungen Triebe für den diesjährigen Ertrag sprießen werden, an den Drähten zu befestigen. Gerten heißt diese Arbeit. Zwei Reben werden je Rebstock zu Bögen gebogen und so am Draht festgebunden. 35000 Rebstöcke stehen auf Kesslers Weinbergen. 70000 Bögen sind das – und bei drei bis vier Bindungen pro Bogen rund 250000 Bindungen insgesamt!

Junitag

Die lange geplante Gutsschänke wird Wirklichkeit. Hinter dem Weingut ist eine Baugrube ausgehoben, die Grundmauern zeigen schon das Rechteck des späteren Innenraums, die Kesslers diskutieren über Einrichtung, Geschirr und Speisenangebote. Wir sitzen auf der Terrasse (Blick auf die Baustelle) und testen Inge Kesslers Prachtidee der „Tunkes" in der Praxis. Es geht da um Cremiges auf Quark-, Schichtkäse, Sauerrahm- und Sahnebasis mit Kräutern und Gewürzen, das an langen Weinabenden mit krossen Brötchen fröhliche Trinker wenig belastet, hervorragend zu frischen Rieslingschoppen paßt und von Zubereitung zu Zubereitung viel Abwechslung bietet. Der Test ist gelungen, wir genießen einen schönen Juniabend.

Der „gemütliche Teil" konnte erst spät um 21 Uhr beginnen. Klaus Kessler mußte das günstige Wetter nutzen und mit der Raupe in den Weinberg fahren. In zweieinhalb Stunden schaffte er die komplette Spritzarbeit (Schädlingsbekämpfung) von eineinhalb Hektar Rebfläche. Schade um den Lärm, den die Raupe in die schöne und eigentlich stille Abendlandschaft Martinsthals trägt, aber der Zeitgewinn ist natürlich gewaltig und der wirtschaftliche Vorteil für das Weingut bemerkenswert. (Schafft leise Raupen!) Am nächsten Morgen wird gepflügt – mit der gleichen Raupe, aber mit anderem Anbaugerät, das an ihrem Heck angebracht ist. Und die Raupe steht auch schon startbereit auf ihrem Transportanhänger hinter einem Traktor. Damit wird sie morgen früh in den Weinberg gefahren. „Das sind Vorbereitungsarbeiten, die ich immer gern am Abend erledige", sagt Klaus Kessler, „am Morgen geht man die Arbeit mit einem ganz anderen Schwung an, wenn man sofort starten kann."

Augusttag

Hinter der Raupe hängt jetzt nicht nur der Pflug, sondern auch das Gerät zum Gipfeln der Reben. Mit dieser Kombination ist wohl auch einer der Rationalisierungsgipfel im Weinberg erreicht: Während der Boden am Raupenheck gelokkert wird, schneidet die „Gipfelmaschine" seitlich die Gipfeltriebe der Reben ab – und das in lockerer Fahrt durch die Zeilen. Dieses Gipfeln wird in den Monaten Juli bis September je nach Rebwuchs mehrfach durchgeführt, um zu vermeiden, daß die Kraft der Reben allzusehr ins Laub schießt – statt in die Trauben, wo sie für Winzer und Weinfreund vonnöten ist.

Das Raupenfahren mit solchen Geräten ist eine handwerkliche Kunst. Wer sie nicht beherrscht, macht schnell Kleinholz in den Rebzeilen. Sorgfalt ist heute genauso wichtig wie seit eh und je im Weinberg – nur kann man jetzt bei größeren Bearbeitungsgeschwindigkeiten auch größeren Schaden anrichten.

Im Hause Kessler bereitet sich die Familie auf die Eröffnung ihrer Gutsschänke vor. Auch die nächste Lese steht mit ersten Vorarbeiten ins Haus. Bis zu ihrem Beginn muß die Werkstatt und Kelterhalle aufgeräumt sein, die Holzfässer sind abzubürsten, der Schimmelpilz muß verschwinden, Faßöl zur Erhaltung des Holzes angewendet werden. Die Schläuche werden mit Gummibällen gereinigt, das Labor vorbereitet... Man erwartet in diesem Jahr einen besseren Herbst als im vergangenen. „Herbst" steht hier nicht für die Wetterlage oder Jahreszeit, sondern für das Leseergebnis. Und da sind die Aussichten nicht schlecht.

Johann Baptist Heckler war Kellermeister und Domäneninspektor auf Schloß Johannisberg. Seine Erfahrungen, die er auch beim Betreiben eines eigenen Weingutes in Eltville sammelte, legte er in einem 1844 erschienenen Buch nieder. Es hatte den etwas umständlichen Titel „Der Rheingauer Weinbau aus selbst eigener Erfahrung nach der Naturlehre systematisch beschrieben, nebst Anhang über Weinbehandlung, Gebrechen der Weine und deren Verbesserung".

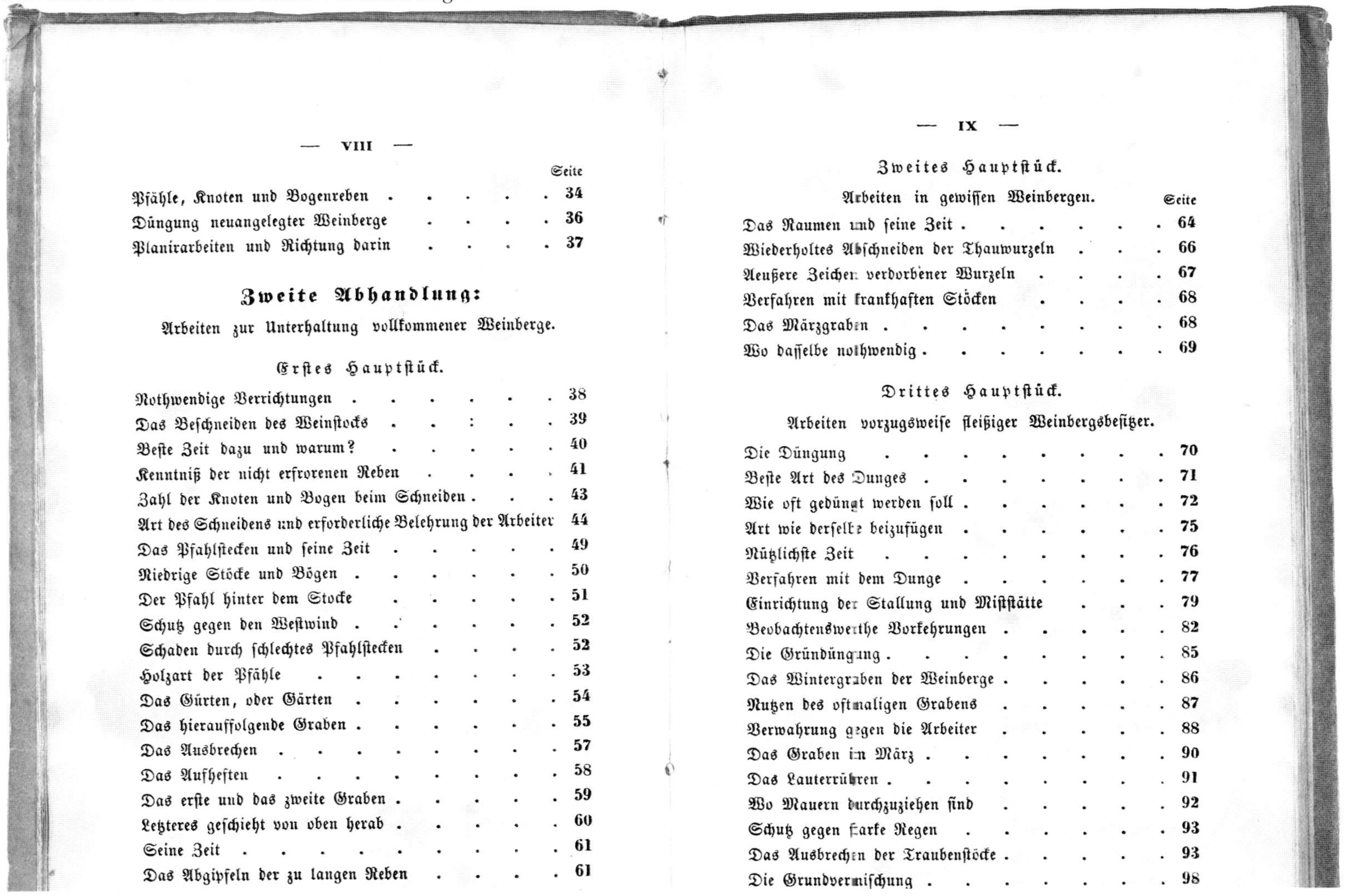

— VIII —

Zweite Abhandlung:

Arbeiten zur Unterhaltung vollkommener Weinberge.

Erstes Hauptstück.

— IX —

Zweites Hauptstück.

Arbeiten in gewissen Weinbergen.

Drittes Hauptstück.

Arbeiten vorzugsweise fleißiger Weinbergsbesitzer.

Holzfässer – Faßküfer

„Sie ist der gute Geist im Keller;
Was wär' der Küfer ohne Faß?
Sei's Gerstensaft, sei's Muskateller,
eines Fasses bedarf das edle Naß!
Drum soll sie blühen immerdar
und leben noch viel tausend Jahr!"

Das Lied wurde 1925 zusammen mit 141 anderen veröffentlicht, die alle nur ein Thema hatten: die Küferei. Damals erhielt dieses bedeutende Gewerbe viele Aufträge, Beton-, Kunststoff- und Edelstahltanks waren noch nicht bekannt. Heute sieht es so aus, als sei das Küferhandwerk zum Aussterben verurteilt. Mehr als zweitausend Jahre ist das Handwerk alt, ein weiteres Jahrtausend, wie im Lied gefordert, scheint ihm nicht vergönnt. Es gibt jedoch noch einige handwerkliche Küferbetriebe, und das Bemerkenswerte ist, daß dort weitgehend so gearbeitet wird wie vor zwei Jahrtausenden zur Römerzeit.

Die Römer lagerten ihren Wein in Ton, transportierten ihn in Tierschläuchen oder auch in – meist umwickelten – Tonamphoren. Ihre Autoren berichten, daß die vordringenden römischen Truppen vor allem in Gallien über die Holzfässer der dortigen Bevölkerung gestaunt hätten. Einer von ihnen, Stabo, verstieg sich gar zu der Behauptung, daß einige der beobachteten Fässer größer gewesen seien als Häuser. – Rund anderthalb Jahrtausende später gab es dann tatsächlich solche Fässer...

Die Römer waren Perfektionisten. Ob es die Glasmacherkunst war, die sie im wesentlichen von den Phöniziern lernten oder die Faßbinderkunst, die sie bei den Galliern sahen, sie verbesserten, verfeinerten beide – und sorgten für große Stückzahlen. Zum Lagern füllten sie ihren Wein jedoch weiterhin lieber in die gewohnten Amphoren, die Fässer benutzten sie vorwiegend zum Weintransport – vor allem auf den Schiffen.

Mit Dauben, Böden, Holz- oder auch Stahlreifen fertigten sie ihre

Zeugnisse der Küferkunst in Abbildungen der „Johannisberger" Albumblätter.

Zweimal Reben, die sich um den Faßboden ranken, aber sehr unterschiedliche Stile und Darstellungen: Der Faßboden mit der Darstellung von Burg Schwarzenstein ist in der Tradition früherer Zeit gemacht, die Bacchantin mit den Meißelschrunden im Holz neueren Datums. Das Faß mit der Burg liegt in einem Johannisberger Keller, das Mädchen kann in Assmannshausen besichtigt werden.

Fässer genauso wie heute. Auch das verwendete Werkzeug hat sich nicht wesentlich geändert. Wohl gab es im Laufe der Geschichte einige Herstellungsvariationen. So wurde in Deutschland jahrhundertelang vorwiegend mit hölzernen Faßreifen aus Haselnuß- oder Birkenholzgerten gebunden, obwohl Karl der Große im frühen Mittelalter viele Fässer in den Musterbetrieben seiner frühen Straußwirtschaften bereits mit Eisenreifen zusammenhalten ließ. Bei der Vorliebe für die Holzreifen kann auch deren Dehnfähigkeit eine Rolle gespielt haben. Man fürchtete ein Zerreißen der Reifen, wenn sich das Faß durch Feuchtigkeit allzu sehr ausdehnte.

Viele Jahrhunderte lang waren die Küfer, je nach Landstrich auch Faßbinder, Böttner, Büttner, Böttcher oder auch Schäffler genannt, angesehene Handwerker in großen und einflußreichen Zünften. Sie veranstalteten Umzüge und Feste und sorgten mit außergewöhnlich schönen Schmuckfässern oder Faßgiganten für Aufsehen.

Da die Fürsten des Mittelalters daran interessiert waren, daß der Zehntwein, den sie von den Winzern als Abgabe bekamen in nur einer Qualität als Naturalbezahlung an ihre Bediensteten ging, lag es nahe, große Fässer zu bauen. Da konnte man alle gelieferten Weine der unterschiedlichsten Qualitäten und Arten hineinschütten und unten dann einen Einheitswein für die Bediensteten abzapfen. Natürlich waren bei den Aufträgen für Riesenfässer auch Prunk- und Renommiersucht im Spiel.

Im Rheingau ist das „Eberbacher Faß" bekannt geworden, das wohl rund 70000 Liter faßte. Seine besondere Berühmtheit erlangte es durch eine Geschichte in geschichtsträchtiger Zeit: Der Bauernkrieg des Rheingaus endete nicht lange nachdem die Bauern Kloster Eberbach aufgesucht und dort das Faß in einem gewaltigen Gelage geleert hatten.

Anderswo wurden noch wesentlich größere Fässer gebaut, die bis zu etwa 300000 Liter Wein zu fassen vermochten. Die Weinqualität haben die „Riesen" nicht gefördert. Da hatte schon eher das im Rheingau berühmt gewordene runde Stückfaß von 1200 Liter Fassungsvermögen einen guten Einfluß. Die Weine in solchen Fässern entwickelten sich nach der Qualität des Lesegutes sehr unterschiedlich und forderten immer wieder zum Geschmacksvergleich heraus. Sie fordern noch, denn gerade im Rheingau gibt es neben den modernen Lagerkellern mit den meist großen Behältern aus Stahl und Beton neben den recht weit verbreiteten leichten und praktischen Kunststofftanks noch viele Faßkeller. Und es gibt auch noch einige Küfer, die diese Fässer reparieren oder auch neue anfertigen.

Die Diskussion „Holzfaß oder nicht Holzfaß" ist noch nicht eindeutig zu Ende gegangen. Sicher ist, daß Weine in Holzfässern anders reifen, eher mit Luft in Berührung kommen, andere Geschmacksnuancen haben – und natürlich wegen der zwangsläufigen Aufteilung auf viele, vergleichsweise kleinere Behältnisse, individueller auszubauen sind. Natürlich bieten Holzfaßkeller auch einen schönen Anblick und sind eher mit der traditionellen Weinromantik in Verbindung zu bringen. Das ist ein wichtiges Plus für alle Weingüter, die ihre Erzeugnisse direkt vermarkten.

Ein Weinfaß entsteht

Weinfässer werden heute noch häufig in handwerklicher Tradition hergestellt. Wie solch ein Faß entsteht, ist nachfolgend beschrieben – um der besseren Verständlichkeit beim Laien willen vereinfacht und ohne Fachwörter.

Die Holzqualität ist entscheidend für die Qualität des Fasses. Für den Küfer kommt es also darauf an, den richtigen Eichenstamm für seine Zwecke zu finden. (In Deutschland wird meist Eiche verwendet.) Das Holz muß nach dem Spalten mindestens ein Jahr lang luftig lagern.

Großes Foto: Küferwerkzeug wie Krummesser, Gradmesser, Gargelkamm, verschiedene Hobel, Zirkel, Faßzug, Reifzange und Setzhammer.

Nebenstehend: Die Faßreifen werden aufgeschlagen.

Untere Reihe: Auch heute ist noch schwere Handarbeit bei Küfern alltäglich. – Nieten des Faßreifens. – Prachtfaß ungewöhnlicher Form mit Dionysos-Darstellung. – Zwei Fässer als Meisterstücke.

Die Aufnahmen dieser Doppelseite zeigen Arbeiten des Küfers und einige seiner Produkte.
Obere Reihe von links: Holz für Faßdauben trocknet beim Hochheimer Küfer Schäfer. – Fertige Fässer im Hof der Küferei Wagner in Mainz-Kostheim (Wiesbaden). Im darin stehenden Regenwasser spiegelt sich der Schuppen, in dem mit Hilfe von Feuer Faßdauben gebogen werden. – Hinweisschild einer Hochheimer Küferei.
Ganz links: Küfer Wagner beim Hobeln von Faßdeckelnut und Dauben.

Küfergruppe einer Johannisberger Weinkellerei auf einem Foto, das vor mehr als einem halben Jahrhundert entstand. – In der Küferei Wagner dem Fotografen gezeigt: Ein Holzschnitz-Kunstwerk, das anläßlich des 450-Jahr-Jubiläums der Mainzer Küferinnung angefertigt wurde.

Die gut getrockneten Holzstücke werden mit Handwerkszeugen auf die sich zu den Enden hin verjüngende Form der Faßdauben, der später gebogenen Bretter an der Längsseite des Fasses, gebracht. Formhölzer mit dem Profil der künftigen Daube helfen dabei, das Brett in die richtige Form zu bringen.
Ist die benötigte Daubenzahl gefertigt, stellt man einen Faßreifen auf den Boden und vier Dauben über Kreuz hinein, die oben an einem gleichen Faßreifen befestigt werden. Anschließend läßt sich ein dritter Reifen auf halber Höhe als „Bauchreifen" in das Daubengestell hineindrücken. Die weiteren Dauben werden nun Stück für Stück in dieses Gestell eingefügt. Nachdem der Küfer den mittleren Reifen, den Setzreifen, aus dem Bauch des Fasses herausgenommen hat, lassen sich im Wechsel von Wärmen am offenen Feuer und Abkühlen die weiteren Faßreifen außen aufziehen. Das Holz wird dabei immer wieder befeuchtet, um es schmiegsam zu machen. Schließlich sind die Dauben nach mehrmaligem Wärmen und Abkühlen und durch das Aufziehen der Stahlreifen so fest gefügt, daß sie dicht sind. Sie können an den beiden Enden auf die gleiche Länge abgesägt werden.
Faßinnenseite und das Ende der Dauben werden geglättet, letzteres dann auch so bearbeitet, daß der runde Faßboden sauber in eine Rille (oder Kimme) hineinpaßt, die nur wenig von den Faßenden entfernt im innern Faßrund angelegt wird. In diese Rillen drückt der Küfer später die Böden hinein.
Auch die Faßböden werden aus einzelnen Brettern zusammengesetzt. Die durch Holzdübel verbundenen Bodenbretter bringt der Küfer durch die Handsäge und anderes Werkzeug in die runde Form des Faßbodens – und den Bodenrand anschließend auf eine Dicke, die in die Rille der Faßinnenseite hineinpaßt.
Durch Lösen der beiden äußeren Faßreifen wird das Einsetzen der Böden erleichtert. Vorher hat der Küfer das Spundloch in der Faßmitte gebohrt. Nachher setzt er die beiden Reifen wieder auf. – Zuletzt ein Anstrich mit Faßöl, und das neue Fuder oder Stückfaß ist fertig. Wie gesagt, wurde in dieser Beschreibung einiges vereinfacht und zusammengefaßt. Einfach war die Faßherstellung nie. Nicht umsonst standen die Küfer in hohem Ansehen. Ihre Kunst war und ist es ja, mit eigentlich recht grobem Werkzeug widerspenstiges Holz so zu fügen, daß es nachher völlig dicht hält, auf daß kein Tropfen Wein verlorengehe – es sei denn durch die natürliche Verdunstung.

„Schmuckfässer", wie sie oben links abgebildet sind, waren immer der Stolz der Küfer. In alltäglicher Arbeit fertigten sie jedoch zahlreiche Stückfässer, wie sie auf diesem Foto eines Johannisberger Kellers rechts und in der Mitte zu sehen sind. Ovale Fässer wurden seltener geordert. Die hier abgebildeten Fässer werden sämtlich noch für den Weinausbau genutzt. Insgesamt ist das Holzfaß im Rheingau stark verbreitet. Neue Fässer werden jedoch selten bestellt.

Fisch und Rheingau-Riesling

Den Bericht über eine Aktion in Sachen unmittelbaren Genusses durch Essen und Trinken mit Überlegungen zum Thema Auto zu beginnen, wird dem verehrten Leser auf den zweiten Blick nicht mehr ungewöhnlich erscheinen. Also:

Bremsweg und Beschleunigung, Belüftung, Motorgeräusch, Verbrauch und Achsaufhängung, aber auch Farbe, Form, Rückleuchtengestaltung und Anbringung der Aschenbecher im Fondraum sind Dauer-Gesprächsthemen unserer Zeit. Man ereifert sich, begeistert sich, verlacht oder belobt – und findet es ganz natürlich, Stunden auf solche Fragen zu verwenden. Soviel zum Thema Auto.

Zum Thema Essen und Trinken wird insgesamt weit weniger gesagt, obwohl uns das doch natürlicherweise (natürlicherweise!) *viel näher liegt. Wer sich um die Feinheiten dieses Themas kümmert (Motordrehzahl, Achsaufhängung zum Vergleich) wird keineswegs immer als Anhänger natürlicher Gesprächsthemen geachtet. Nun wissen diejenigen, die jene natürliche Genußfreude unserer autolosen Vorfahren wiederentdeckt haben, daß es nur eine Frage des guten Einstiegs ist, um an solchen Freuden teilhaben zu können. Dafür lohnt sich schon einiger Aufwand, und es sieht so aus, als seien die achtziger Jahre die rechte Zeit dafür.*

Aufwand haben wir getrieben, aber nichts übertrieben, als wir zum Zwecke bester Fisch- und Wein-Kombinationen ein Fünf-Gänge-Fischessen vorbereiteten: Keine exotisch seltenen Fische und sündhaft teuren Beigaben (Kühlerhauben-Vergoldung, echte Tigerfell-Bezüge usw. – um beim gewählten Beispiel zu bleiben), sondern ausschließlich Heimisches, das entweder von jeder Hausfrau zu erwerben ist oder vor einiger Zeit überall vom Fischer oder vom Bauern zu bekommen war.

Fünf Köche schufen mit Aal und Hecht, Karpfen, Zander und Forelle ein Fünf-Gänge-Menue, das mit zehn Weinen vorgestellt wurde. Ort der Veranstaltung war das durch seine „kulinarischen Weinproben“ bekannte und deshalb besonders geeignete Schloß Vollrads bei Winkel im Rheingau. Als Gäste und Disputierer waren Weinfachleute und Eßbegeisterte aus Presse und Weinbau geladen. Bei dieser Aktion ging es vor allem darum, die hervorragende Eignung von Rheingauer Riesling zu verschiedensten Fischgerichten zu beweisen. Auch sollte ein neuer Anstoß zur phantasievollen Verwendung deutscher Süßwasserfische gegeben werden.

Die Westerwälder Fischzuchtanstalt Stähler, Schloß Vollrads und der Verlag Heinen hätte sich als Partner dieser Veranstaltung kein engagierteres Publikum wünschen können. Man tauschte die persönlichen Geschmackserfahrungen aus, suchte unter den angebotenen Weinen nach den idealen Speisenbegleitern und kam – zusammengefaßt – schließlich zu folgendem Ergebnis:

1. Heimische Fische taugen genauso zu interessanten, geschmacklich hervorragenden und variationsreichen Fischgerichten wie Fischimporte.

2. Bei derart abwechslungsreicher Zubereitung ist auch ein Menue von fünf Fischgängen keineswegs langweilig, wie von einigen befürchtet, sondern – bei besserer Bekömmlichkeit – jedem herkömmlichen Essen der großen und feinen Küche völlig gleichwertig.

Die Speisenfolge

Aal-Hecht-Pastete mit Sauerampferfüllung
Walter Demmer, Hotel Weinhaus Nägler, Winkel

* * *

Hechtterrine mit Froschschenkeln und Gemüsefüllung
Francis Kruch, Restaurant de France, Wiesbaden

* * *

Karpfenragout mit grünen Nudeln
Gerhard Heymann, Restaurant Walderdorff, Mainz

* * *

Zander in Wirsing mit weißer Butter
Herbert Pucher, Hotel Restaurant Krone, Assmannshausen

* * *

Forellenfilet „Höllenberg" mit Spätburgunder
Jürgen Diehl, Restaurant Schwan, Walluf

3. Der Rheingauer Riesling aus dem Bereich „trocken" und „halbtrocken" ist ein idealer Begleiter zu allen vorgestellten Fischgerichten.

4. Auch bei den Fischgerichten gelten grundlegende Erkenntnisse der Essen- und Wein-Kombinationen. So passen zum Beispiel säurereiche, „kernige" Weine gut zu den deftigeren Fischgängen. Ein leichter, spritziger Wein ergänzt eine Fischterrine mit zartem Geschmack sehr gut, und ein weniger säurebetonter „milder" aber nicht süßer Riesling läßt einen pochierten und mit leichter Sauce servierten „leichten" Fischgang recht zur Geltung kommen.

5. Zu allen Gängen paßten nach dem Geschmacksempfinden der Mehrheit jeweils mehrere der angebotenen Weine gut oder sogar hervorragend. Zu einem in Rotwein zubereiteten Fisch geht neben dem verwendeten Rotwein (hier Spätburgunder) auch ein etwas kräftigerer, stoffiger Riesling ausgezeichnet.

6. Fazit für den Hausgebrauch: Wer zu einem Fischgericht nach den vorgenannten Gesichtspunkten zwei verschiedene Rieslingweine der angegebenen Geschmacksrichtung öffnet, hat mit großer Sicherheit zumindest einen sehr guten „Fischbegleiter" dabei.

Wie die Suche nach der Idealkombination auf Schloß Vollrads ausgegangen ist, zeigt die nachstehende Zusammenstellung.

Fisch und Rheingau-Riesling
Testessen auf Schloß Vollrads, Winkel
Endauswertung Fischgericht und passende Weine

* * *

Aal-Hecht-Pastete mit Sauerampferfüllung
Walter Demmer, Hotel Weinhaus Nägler, Winkel

1979 Hallgarten, Jungfer Kabinett trocken
Weintyp*: frisch, aber nicht kernig, leicht

* * *

Hechtterrine mit Froschschenkeln und Gemüsefüllung
Francis Kruch, Restaurant de France, Wiesbaden

1979 Rüdesheimer Berg Rottland Spätlese trocken
Weintyp: etwas kräftiger, Schieferton, volles Bukett

ebenfalls geeignet:
1979 Kiedricher Sandgrub Kabinett halbtrocken
Weintyp: leicht, geringes Bitzeln

* * *

Karpfenragout mit grünen Nudeln
Gerhard Heymann, Restaurant Walderdorff, Mainz

1979 Winkeler Hasensprung Kabinett trocken
Weintyp: feine Säure, leicht

* * *

Zander in Wirsing mit weißer Butter
Herbert Pucher, Hotel Restaurant Krone, Assmannshausen

1976 Rauenthaler Steinmächer Spätlese trocken
Weintyp: kräftig, vollmundig, rund

ebenfalls geeignet:
1976 Rüdesheimer Berg Schloßberg Auslese halbtrocken
Weintyp: kräftig, reif, vollmundig

* * *

Forellenfilet „Höllenberg" mit Spätburgundersauce
Jürgen Diehl, Restaurant Schwan, Walluf

1976 Rauenthaler Steinmächer Spätlese trocken
Weintyp: kräftig, vollmundig, rund

* * *

* Bei allen Weinen handelt es sich um Rieslinge. Typische Eigenschaften dieses Rheingauer Weintyps sind deshalb nicht zusätzlich erwähnt.

Die Rezepte des großen Fischessens

Alle angegebenen Mengen gelten für vier Personen

Francis Kruch im Restaurant de France, Wiesbaden:

Fischterrine

2 kg Hecht
1 kg Lachs
1 kg Seezunge
1 l Sahne
4 Eier
5 Eiweiß
Weißwein
Salz
Pfeffer
Butter
Zitronensaft
Safran
Pernod
Basilikum
100 g Lauch
100 g Spinat
100 g Karotten

Die Fische entgräten, einzeln mit der Sahne pürieren. Gemüse abkochen, pürieren. Lauch mit Seezunge, den Lachs mit Spinat, den Hecht mit Safran und Karotten mixen. Je ein Drittel geschlagenes Eiweiß zugeben, mit Salz und Pfeffer abschmecken. Die drei verschiedenen Mousse in Schichten in eine Terrine legen und in einem Wasserbad 45 Minuten kochen.

Froschschenkelsauce

Froschschenkel
4 Schalotten
$1/2$ l Weißwein
1 l Fischgrätenjus
3 Bund Kresse
$1/2$ l frische Sahne
6 Eigelb
Butter

Die Froschschenkel mit Butter und den gehackten Schalotten andünsten, Fischgrätenjus und Weißwein zufügen, 10 Minuten kochen lassen. Die Froschschenkel herausnehmen, das Fleisch gleich von den Knöchelchen abstreifen. In einer Kasserolle mit Butter die Kresse weich werden lassen. Den Fond durch ein Sieb streichen, in den Mixer geben, die Sahne mit dem Eigelb noch mal leicht kochen lassen. Gut mit dem Schneebesen rühren. Den Fisch aus der Terrine nehmen, in Scheiben schneiden und die Sauce mit dem Froschschenkelfleisch dazugeben.

Walter Demmer im Weinhaus Nägler, Winkel:

Aal-Hecht-Pastete mit Sauerampferfüllung

Pastetenteig
500 g Mehl
200 g Butter
15 g Salz
2 dl Wasser

Mehlkranz formen, die Zutaten in die Mitte geben und langsam zu einem sehr trockenen Teig verwirken und tüchtig kneten. 2 bis 3 Stunden ruhen lassen vor Gebrauch.

Form von 1,5 l Inhalt

800 g Hechtfilet
6 Eiweiß
$1/4$ l Sahne
20 g Butter
50 g Zwiebel in Scheiben
Salz
weißer Pfeffer von der Mühle
englisches Senfpulver
und Cayennepfeffer
500 g Aal abgezogen und filetiert
mit etwas Salz, weißem Pfeffer
und Zitronensaft
150 g Sauerampfer vom Stiel und Rippen befreit gewaschen und gehackt

Beim Hechtfilet eventuell vorhandene Gräten entfernen und das Filet in Streifen schneiden. Die Butter schmelzen, die Zwiebeln darin anschwitzen und erkalten lassen. Die Hechtstreifen auf ein Blech geben, mit den Gewürzen bestreuen und die Zwiebeln dazugeben, zweimal durch die feinste Scheibe der Fleischmaschine drehen. Die Farce durch ein Sieb streichen und nach und nach die Sahne einarbeiten.

$1/4$ Hechtfarce mit dem gehackten Sauerampfer vermischen. Die Aalfilets für die Einlage von den Gräten befreien und mit Salz, Pfeffer und Zitronensaft würzen. Die Form mit Butter ausfetten und mit dem Teig auskleiden. Die Hälfte der Hechtfarce in die Form füllen, die Aalfilets einlegen, dann die Hechtfarce mit Sauerampfer und wieder Aalfilets obendrauf und dann mit der restlichen Hechtfarce abdecken. Die überhängenden Teigränder darüber klappen, mit einer Teigplatte abschließen. Die Pastete verzieren, eine Öffnung für den Dampfabzug ausstechen und einen „Kamin" einsetzen. Die Teigoberfläche mit einer Eigelb-Sahne-Mischung einpinseln.

Backzeit insgesamt etwa 45 Minuten. Bei 250 Grad 15 Minuten anbacken und bei 220 Grad fertigbacken.

Die erkaltete Pastete mit Fischgelee ausgießen.

Herbert Pucher im Hotel Krone, Assmannshausen:

Zander in Wirsing

Einen frischen Zander von 800 bis 1000 g Gewicht filetieren, enthäuten und sorgfältig entgräten. Das Filet in Stücke von etwa 120 g schneiden, mit Salz und Pfeffer würzen, mit 3 bis 4 Estragonblättern belegen und in vorblanchierte grüne Wirsingblätter einschlagen. Am besten in einer sogenannten Sauteuse mit Schalotten und trokkenem Weißwein etwa 8 Minuten pochieren.

Weiße Buttersauce mit rosa Pfeffer

Schalotten mit Butter glasig dämpfen, mit Estragonessig und einem trockenen Weißwein ablöschen und reduzieren, mit $1/8$ l frischer Sahne auffüllen und nochmals einkochen, dann mit weicher Butter langsam bei geringer Hitze aufrühren. Zum Schluß rosa Pfeffer, gehackte Estragonblätter und etwas Schnittlauch beigeben. Abschmekken mit Salz und Pfeffer.

Jürgen Diehl im Restaurant Schwan, Walluf:

Forellenfilet Höllenberg

$1/2$ l Assmannshäuser Spätburgunder
4 mittelgroße Forellen
1 Joghurtbecher Crème fraîche
10 frische rosa oder weiße Champignonköpfe
400 g gefrorenen Broccoli
12 kleine Kartoffeln
2 kleine Schalotten
1 Teelöffel Mondamin
20 g Butter

Zubereitung:
Den Broccoli und die Kartoffeln abkochen und warmstellen. Die Forelle filetieren, alle Gräten entfernen, vorsichtig die Haut abziehen. Schalotten fein hacken, in Butter glasig ansautieren, mit dem Rotwein ablöschen, etwas reduzieren. Forellenfilets in diese Reduktion legen. *Nur* 5 Minuten ziehen lassen, vorsichtig herausnehmen und auf einer Platte warmstellen. Die Reduktion weiter kochen lassen und nach 5 Minuten die blättrig geschnittenen Champignons dazugeben, nochmals 5 Minuten kochen, mit Salz und frisch geriebenem Pfeffer würzen, Crème fraîche dazugeben, einen Teelöffel Mondamin mit einem Schuß Rotwein auflösen und in die kochende Sauce einrühren. Diese Sauce dann über die warmgestellten Forellenfilets gießen und mit dem Broccoli und den Kartoffeln garnieren.

Gerhard Heymann im Restaurant Walderdorff, Mainz

Karpfenragout mit grünen Nudeln

Brühe:
200 g Rauchfleisch
$1/4$ l Wasser
25 g Zwiebeln
1 Nelke (auf die Zwiebel gesteckt)
2 Petersilien-Stengel
1 Fenchel-Stengel
10 g Karotten
10 g Sellerie-Knolle
2 Pfefferkörner

Rauchfleisch im Wasser langsam erhitzen bis zum Kochen, Gemüse und Gewürze zugeben und alles ca. $1 1/2$ Stunden weiterkochen.
Dann $1 1/4$ Stunden ziehen lassen, Rauchfleisch herausnehmen, abtropfen und in 6 Würfel schneiden (ohne Fett und ohne Räucherhaut). Brühe absieben, bleibt ca. 0,7 l, davon 0,3 l für den Fisch und 0,4 l für das Gemüse bereitstellen.

Gemüse:
70 g Sellerieknolle (12 mm-Kugeln)
70 g Karotten (1 mm-Scheiben)
70 g Lauch (Querstreifen)
70 g Kenia-Bohnen
70 g Gurken (in Streifen schneiden)
Sellerie, Karotten und Lauch in der Rauchfleischbrühe garen. Bohnen und Gurken in sprudelnd kochendem Salzwasser (40 g/l) ca. 5 Minuten garen, sofort in Eiswasser abschrecken.

Fisch:
1000–1500 g Karpfen-Filet
100 g Krabben
Zitronensaft
0,3 l Crème fraîche
Karpfen und Krabben mit Zitronensaft beträufeln, 10 Minuten ziehen lassen. Karpfen in der heißen Rauchfleischbrühe 2 Minuten, Krabben zusetzen und noch 1 Minute ziehen lassen. Brühe abgießen, Crème fraîche dazu, ca. 2 Minuten kochen lassen und abschrekken. Gemüse und Fisch garnieren, Sauce darübergießen.
400 g hausgemachte grüne Nudeln als Beilage servieren.

Alte Etiketten sind Weinerinnerungen und inzwischen auch schon Sammelobjekt. Einige der hier gezeigten Beispiele stehen für Weine, die entweder heute noch getrunken werden oder durchaus trinkbar wären, gebe es sie noch. Natürlich haben die Spitzenweine die größte Chance, lange zu lagern und zu reifen, aber auch einfache Kabinettweine können unter bestimmten Bedingungen einige Jahrzehnte lang trinkbar sein. Wie wenig Spitzenweine der Ausleseprädikate es gibt, zeigt die nebenstehende Tabelle, die auf den Staatsweingütern Eltville zusammengestellt wurde. – Ein Jahr wie 1976 ist da die ganz große Ausnahme.

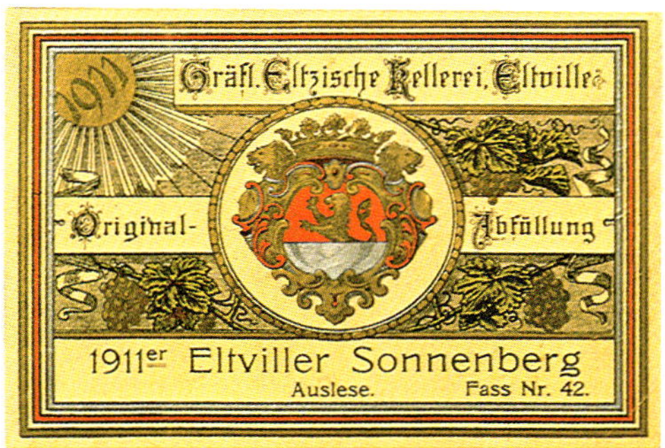

Jahr	Gesamternte Liter	Auslese bis Trockenbeerenauslese Liter	%	Eiswein Liter	%
1970	1 131 369	7 214	0,6	1 976	0,2
1971	680 580	46 959	6,9	3 414	0,5
1972	773 087	1 044	–	1 500	0,2
1973	1 207 025	8 166	0,6	2 704	0,2
1974	696 207	313	–	645	–
1975	1 084 491	37 243	3,4	5 006	0,5
1976	863 044	401 424	46,5	659	–
1977	1 008 409	–	–	2 331	0,2
1978	859 568	–	–	2 495	0,3
1979	1 343 885	15 295	1,1	3 631	0,3

Kurven – im Weinberg häufig (hier zwischen Rauenthal und Martinsthal)…

... sind im Weinkeller selten (hier eine Ausnahme in einem Oestricher Keller).

Kunst auf dem Etikett

Ist das weingerecht? Bei den berühmten Mouton Rothschild-Etiketten ist diese Frage nicht gestellt worden. Da erscheint das Bild von Cocteau oder anderen Größen der Malerei als Teil des Etiketts, etwa so wie das Foto Teil des Etiketts sein kann. Bei te Laake-Etiketten ist das anders, da ist die Kunst nicht Teil, da wurde das Gesamtetikett als Kunstwerk gestaltet – einschließlich Lagenamen und allen Angaben, die der Gesetzgeber fordert.
Heinz te Laake nahm damit eine Tradition auf, die einige Jahrzehnte zuvor zu vielen Rheingauer „Künstleretiketten" (rechts unten) geführt hat. Nun sind te Laakes Etiketten weit von Gebrauchsgrafik entfernt, im Motiv keineswegs erkennbar weinnah – und deswegen für den durchschnittlichen Weinfreund wohl nicht so leicht zu konsumieren wie die 71er Auslese des Schlosses Reinhartshausen und die 76er Auslese des Weingutes Balthasar Ress, die mit diesen Etiketten zu erwerben sind.
Hände „nach der Natur" auf dem einen und drei schlichte Farbstreifen auf dem anderen Etikett zeigen zwei der Möglichkeiten Heinz te Laakes. Der 1925 in Berlin geborene Künstler ist der formenreichen und differenzierten Malerei, zu der ihn griechische Mythologie inspiriert, ebenso mächtig, wie einer sparsamen

Flächen- und Strich-Technik auf seinen Uhren, deren sich drehende Scheiben diese schlichten Formen bewegen.
Er ist ein Beharrlicher, einer, der an die Dinge sehr langsam herangeht, um sie dann lange festzuhalten. So nähert er sich immer noch dem Rheingau und seinem Wein, obwohl er doch schon viele Jahre auf Schloß Reinhartshausen in den zur Verfügung gestellten Räumen lebt und arbeitet, in Räumen übrigens, die früher eigens für den Zweck gebaut wurden, Künstler zu fördern.
Te Laake, der lange in Düsseldorf wohnte, hat den Rheingau derartig schätzen gelernt, daß er nur noch selten in seine Großstadt-Wohnung zurückgeht. Die Landschaft, die Luft, die Lage seines Ateliers, die „lässige, freie Art" der Rheingauer und der Wein halten ihn hier, und so wird er wohl mehr und mehr Weinliches als Objekt selbst in seine Kunst einbeziehen. Die ersten Reben tauchen schon auf in seinen Bildern, die erste Annäherung an ein Objekt, dem in früheren Kunstepochen zahlreiche Maler ein Teil ihres Werkes weihten, ist vollzogen. Rheingauer, Kunstfreunde und Weinfreunde warten nun, wie er die weite und vitale Wein-Welt in den Griff seiner malenden Hand bekommt. Dem Wein, der heute zwar immer noch gewaltig die Menschen, aber offenbar weniger als gewisse Limonaden die Schöpfer der großen Kunst bewegt, dem Wein war dieser Mann zu wünschen. Und zum Rheingauer mit seiner deutschlandweit reichsten Kulturtradition paßt er allemal.

Reben, Wald und Häuser in jenem eigenartigen Licht, das nur bei Gewitterstimmung zu beobachten ist. Einige Häuser von Bensheim und das Auerbacher Schloß sind hier so „beleuchtet". Auch diese beiden Bilder sind ein Beweis dafür, daß die Weinlandschaft auch ohne Bilderbuchwetter großen Reiz hat.

Gleiches „Gewitterlicht" und gleiche Stimmung am selben Tag in Zwingenberg. Armin Faber, von dem diese beiden und die meisten Fotos dieses Buches sind, versucht, abseits vom gewohnten „Postkartenbild" den besonderen Augen-Blick, die besondere Stimmung, festzuhalten.

Genuß-Träger

Man nehme ein Kieselsäure-Metalloxyd-Gemisch oder einfacher „für den Hausgebrauch": Quarzsand, Bleioxyd, Kalk, Pottasche und Soda, schmelze das Gemisch – und forme es zu einem handlichen etwa tulpenförmigen Kelch mit Stil. Hat man alles recht gemacht, dann ist so ein Idealgefäß schlechthin entstanden: Für Glas läßt sich kein bessserer Verwendungszweck denken, als Träger des vergorenen edlen Rebensaftes zu sein.

Glas ist nicht gleich Glas. Beim Auto kann nur ein gutes Fahrwerk die Kraft eines guten Motors bestens auf die Straße bringen, und beim Wein nur hervorragendes, richtig geformtes Glas den vollen Genuß vermitteln. Man kann aus einem schlechten Glas einen Zehn-Mark-Wein zu zwei Mark trinken oder ihn im richtigen Glas zu seinem vollen Wert genießen. Wer es nicht glaubt, prüfe in blinder Probe zu Hause nach. In Hamburg wurde das einmal mit über hundert Teilnehmern offiziell gemacht. Da bekamen die Weinfreunde in vier verschiedenen Gläsern gleichen Wein vorgesetzt – und glaubten (mit wenigen Ausnahmen) verschiedene Weine vor

sich zu haben. Zwei einfache Beispiele zum Nachahmen: dickwandige oder auch nach oben hin sich kelchförmig erweiternde Gläser verändern den Charakter des Weins oder lassen ihn nicht zur Entfaltung kommen.
Die Römer hatten Trinkschalen oder Becher aus Glas. Erfunden haben sie die Glasmacherkunst nicht, sondern von den Phöniziern gelernt. Die konnten der damals bekannten Welt stolz die von ihnen entwickelte Glasmacherpfeife präsentieren, die Erfindung des Glases selbst lag jedoch vor ihrer Zeit. Nach dem heutigen Wissensstand haben nordafrikanische Töpfer vor etwa 4000 bis 6000 Jahren zum ersten Mal Glas hergestellt.
Die Römer brachten Gläser und Verfahren nach Deutschland, nach ihrem Abzug mußten die Franken jedoch noch einmal von vorn anfangen. Man sieht es an den Produkten aus dem grünlichen Waldglas. Das weiße Glas kam – Jahrhunderte später nach Deutschland, wiederum aus Italien, diesmal jedoch aus Venedig. Da konnten auch die „Römer“ eine weiße Kuppa (oberes Glasteil über dem Stiel) erhalten. Das mag manchen Wirten nicht recht gefallen haben, weil ihre Weine nicht blank genug waren, um im weißen Glas zu bestehen. Das weiße Glas hatte jedoch „vom Start weg“ einen Riesenerfolg, gilt doch, daß auch das Auge mittrinkt und schon die Farbe eines Weines zu begeistern vermag.

Die auf diesen Seiten vorgestellten Gläser sind nach Form und Farbe „weingerecht“.

Das muß man dem „Römer“ lassen: Während immer wieder neue weinfeindliche Formen bis zu den unsäglichen Schöpfungen einiger Designer unserer Zeit entstanden, blieb seine Kuppa weingerecht. Die sich nach oben verjüngende, das Bukett zur Geltung bringende apfel- bis tulpenförmige Form änderte sich nicht einmal im Biedermeier, als der Zeitgeschmack zu Gläsern in rosa, blau, milchweiß oder giftgelb führte.

Als „Rheingauer Römer“ hat er heute noch die alte Form – mit einem hellbraunen Stiel und klarer Kuppa. Als Schoppenglas beim Wirtshauszechen, in der Gutsschenke oder beim einfachen Essen zu Hause ist er eng mit dem Begriff des deutschen Weins und natürlich auch mit deutscher Glasmacherkunst verbunden. Er ist ein Glas für viele, aber nicht für alle Gelegenheiten.

Auf festlich-feinen Tafeln paßt er nicht in's Bild, und eine edle, fünfzehn Jahre alte Auslese gehört eher in ein feineres, leichteres, dünnwandigeres Glas. Das ist kein

Snobismus, sonderlich sicherlich eine Entscheidung der Ästhetik, die von Weinanfängern genauso getroffen wird wie von den gestandenen Weinfreunden mit stark differenzierten Genußerwartungen.
Das rechte Glas zum rechten Wein – man kann ein Hobby daraus machen und mit dem Sammeln beginnen. Grundregeln gibt es außer dem Vermeiden der oben erwähnten Farb- und Formsünden nicht. Daß ein simpler Landwein im feinen langstieligen Glas etwas deplaziert wirkt und die große Auslese aus dem Halbliter-Schoppen-Becher weniger mundet, findet jeder ohnehin beim ersten Versuch heraus. Daß man sich seine ästhetische Entdeckungsfreude nicht von gedankenlosen Nivellierern („Hauptsache 'was zu trinken!") nehmen lassen sollte, beweist die Freude am Genuß-Gleichklang Form, Farbe, Geruch und Geschmack immer wieder. Sie ist letztlich der beste Lehrmeister auch in Sachen „Spaß am Glas".

Zwei Aufnahmen dieser Doppelseite entstanden am Brennofen der Schott-Zwiesel Glaswerke, alle anderen vor projiziertem Rheingau-Hintergrund.

Eine private Anmerkung des Autors
aus dem Jahre 1957:

LEBEN

ist nicht

die Summe der Zeit,

sondern

die Summe des Erlebten.

Bei Rauenthal und Martinsthal

Kloster Eberbach

Und eine spätere Ergänzung aus ebenso alltäglicher, privater Erfahrung:

... WEIN

addiert!

Der Aufstieg und Fall und erneute Aufstieg des Weißen Rieslings

Riesling und sonst gar nichts. Dieser Leitgedanke gilt auch heute noch für viele Weinerzeuger im Rheingau. Das ist eine freiwillige Anbaubeschränkung aus Liebe zur Edelsorte. Es gab aber Zeiten, da war solche Riesling-Ausschließlichkeit „von oben" verordnet. Da durfte bei Strafe nur Riesling gepflanzt werden, da wollten Weinland-Besitzer und Landesherren um der guten Qualität dieses einen Weines willen nur diesen angebaut haben. Da forderten zahlreiche Weinfachleute den ausschließlichen Rieslinganbau für den Rheingau. Für die Hessische Bergstraße, die mit ihrem Rieslinganteil vor einigen Jahren die wichtige, weil symbolische Grenze von 50 Prozent (mehr als die Hälfte Riesling!) überklettert hat, gelten andere Bedingungen, den Rheingau aber hat der Riesling weltweit zu einem der berühmtesten Weißwein-Gebiete gemacht.

Man weiß nicht, wo der Riesling herkommt, noch ist der Ursprung seines Namens eindeutig. Sicher ist, daß er in Urkunden anderer deutscher Lande eher erwähnt wird, als im Rheingau. Hier hat er sich jedoch besonders schnell durchsetzen können – interpretiert man die überlieferten Daten und Bemerkungen richtig, so geschah das mit einem stürmischen Siegeszug. 1435 belegt eine Ausgabenrechnung den Riesling für Rüsselsheim am Main. Möglich, daß er zu dieser Zeit bereits fleißig im Rheingau angebaut wurde und einfach „frenzscher Wein" hieß. Das war die Bezeichnung für Wein aus den besseren Rebsorten, die schlechteren wurden unter der Bezeichnung „hunnischer Wein" zusammengefaßt.

So ganz plötzlich, wie es nach den aus dieser Zeit noch spärlichen Weinbauurkunden erscheint, kann der Riesling nicht im Rheingau aufgetaucht sein. Andererseits muß er dort wohl gleich nach der Namensdefinition sehr viel Begeisterung ausgelöst haben. Schon 1601 verfügte das Mainzer St. Stephansstift, daß alle freien oder noch auszuhauenden Flächen seiner Weinberge in Schierstein mit dem Riesling zu bepflanzen sind.

Das Mainzer St. Klarakloster ließ 1672 auf seinen Geisenheimer Gütern Rotweinreben durch Riesling ersetzen. Der Anbau des bis dahin beliebten, weil ertragstarken Elbling (Kleinberger) wurde rundheraus zu Gunsten des Riesling verboten.

Als die Benediktiner 1716 auf dem Johannisberg neue Reben pflanzten, war viel Riesling dabei, und es dauerte nicht mehr lange, da stand auf diesem Berg weitgehend Riesling, später – und bis heute unverändert – nur noch Riesling.

Die Anbauerfolge und die gute Qualität wie auch die Langlebigkeit der im Rheingau aus der Sorte Riesling erzeugten Weine führten schließlich dazu, daß der Name Riesling in vielen Ländern mit Rheingau gleichgesetzt wurde. In England wurde die Sorte als „Hochheimer" bekannt – oder wie die Engländer wortverkürzend und anglisierend vereinfachten: als „Hock". Obwohl in Hochheim auch andere Sorten wuchsen, setzten sie „Hock" mit Riesling gleich, und das tun sie wohl heute noch. In den Vereinigten Staaten wurde er als „Johannisberger" bekannt. Die Amerikaner verlangen immer noch gelegentlich „Johannisberger", wenn sie Riesling meinen.

In Österreich und Italien, Ungarn und Rumänien, Jugoslawien und Rußland wurde „Rheinriesling" angebaut, nur daß er dort „Risling rejnski", „Rajnski" oder „Rajnai Rizling" genannt wurde. Gemeint war der Rheingau, von dem man diesen besonderen Weintyp kannte.

Die Winzer hatten immer viel Freude am guten Wuchs dieser Rebsorte, an ihrer Frostfestigkeit und natürlich an den hochwertigen Weinen. Was ihnen weniger gefiel war der vergleichsweise niedrige Ertrag, den sie mit diesen kleinbeerigen Trauben erzielen konnten. Und als sie feststellen mußten, daß der Riesling degenerierte im Laufe der Jahrhunderte, und der Ertrag immer geringer wurde, schließlich zwischen 1900 und 1920 gar auf ein Stück pro Hektar (12 hl/ha) sank, da wurden sie ihm zum Teil untreu. Der ertragsstarke Silvaner gewann an Boden, später auch der Müller-Thurgau.

Für die frühen Riesling-Jahrhunderte gibt es keinen Rebsortenspiegel, aus dem man den Anteil dieser Rebsorte entnehmen könnte. Eine differenzierte Statistik weist für 1870 72 Prozent Riesling aus, daneben noch fast 20 Prozent gemischten Rebsatz. Wenn man davon ausgeht, daß in letzterem auch Riesling stand, war mindestens drei Viertel der Rheingauer Rebfläche mit Riesling bepflanzt. In Orten wie Winkel, Oestrich, Hattenheim und Hallgarten gab es damals über 95 Prozent Rieslinganbau.

Bis 1900 war der Anteil reinen Riesling-Satzes für den Rheingau auf 64 Prozent gesunken. Eltville, Erbach und Johannisberg lagen zwar noch an der 90-Prozent-Grenze, aber der Riesling-Anteil hatte sich in den zurückliegenden 30 Jahren nur noch in Johannisburg vergrößert.

1930, also wiederum 30 Jahre später, war der Riesling auf 57 Prozent Anteil zurückgefallen, der Silvaner auf 30 Prozent geklettert. Da kam Hilfe von Instituten und Züchtern – durch verstärkte Rebenselektion. Man vermehrte die besten Rieslingreben (Klonenvermehrung), bot sie den Winzern zum Kauf an und lieferte ihnen – unter anderem über die „Winzerschule" Eltville – das notwendige Wissen für bessere Erträge und hohe Weinqualität dazu. Die so erzielten Erträge liegen heute bei 80 hl/ha – etwa siebenmal höher als 1900.

Der Rieslinganteil stieg wieder und hat jetzt die alte Bestmarke von drei Viertel der Rebfläche erreicht. „Gebietstypisch" ist im Rheingau wieder weitgehend identisch mit Riesling-typisch. Auch an der Hessischen Bergstraße entspricht die Beschreibung des Gebietscharakters am ehesten der Beschreibung der dort wachsenden Rieslingweine. – Der Riesling erlebt in diesen beiden Gebieten gerade den größten Triumph seiner bisher bekannten rund 500 Jahre währenden Geschichte. Das gilt für Menge und Qualität.

Der Aufstieg und Fall und erneute Aufstieg des Weißen Rieslings

Weites Rheintal vor Hallgarten und gemütliche Häuser-Enge in Hattenheim

Schnee schafft Strukturen im Weinberg – gelegentlich auch unwirkliche Bilder wie rechts oben mit dem blauen „Himmel“ eines „Anti-Vogel-Netzes“ unter dem Eiswein gelesen wurde.

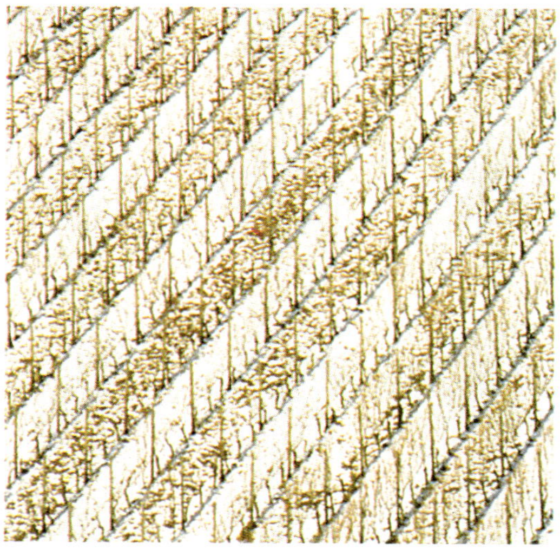

Landschaft bei Hallgarten

Erde und . . .

Hattenheim bei Nacht

Landschaft bei Oestrich-Winkel

. . . Himmel

Weinkeller in Hattenheim

Weinberge bei Martinsthal (oben) *Weinberge bei Hattenheim (unten)*

DAS GESAMTWERK DEUTSCHER WEIN

Das GESAMTWERK DEUTSCHER WEIN stellt die elf deutschen Weinanbaugebiete vor. (Siehe dazu die unten mit freundlicher Genehmigung des Stabilisierungsfond für Wein wiedergegebene Darstellung.) Einschließlich des hier vorliegenden Buches sind bisher drei Bände erschienen:
„Mosel Saar Ruwer" – „Rheinpfalz" – „Rheingau und Hessische Bergstraße"
Wie auf der unten stehenden Umrißzeichnung zu erkennen, beschreibt Band 4 das Anbaugebiet Baden. Weitere Bände berichten über „Nahe", „Franken", „Württemberg", „Rheinhessen", „Mittelrhein" und „Ahr". Die beiden letztgenannten Anbaugebiete werden in einem Buch gemeinsam vorgestellt. Zusammen mit dem Sonderband Sekt, der mit seiner stark differenzierten Aufgliederung nach Merkmalen wie Jahrgangssekt, Lagensekt, Sortensekt, „süß", „trocken" unter anderem auch ein Einkaufsführer ist, werden also insgesamt zehn Bände im Rahmen des GESAMTWERKES veröffentlicht.
Das inzwischen mit dem ersten Preis für deutschsprachige Weinliteratur vom Welt-Weinbaukongreß ausgezeichnete GESAMTWERK stellt alle deutschen Weinorte, Lagen und Rebsorten ausführlich vor. Auch die weiteren Bände werden die gleiche hochwertige Ausstattung und das gleiche Großformat haben. Das schon für Band 1 von Zeitungen und Zeitschriften, Rundfunk und Fernsehen ausgesprochene Lob („Das umfangreichste, aufwendigste und schönste Weinbuch auf dem deutschen Markt" – „Ein Weinbuch, das neue Maßstäbe setzt") ist Verpflichtung für alle zehn Bände. Dieses informative und unterhaltsame Werk soll in lebendiger Aufmachung, Schönheit und Gediegenheit dem beschriebenen Thema entsprechen und gleichzeitig Zeugnis deutscher Buchmacherkunst ablegen. Das Werk soll von bleibendem Wert sein und berichtet deshalb ohne Weinwertungen abzugeben, die eventuell kurzfristig korrigiert werden müßten. Es ist mit seinen Möglichkeiten zum Nachschlagen und Stöbern mit seinem optischen und seinem Lese-Genuß den Freunden des deutschen Weins in diesem Land und in aller Welt gewidmet.

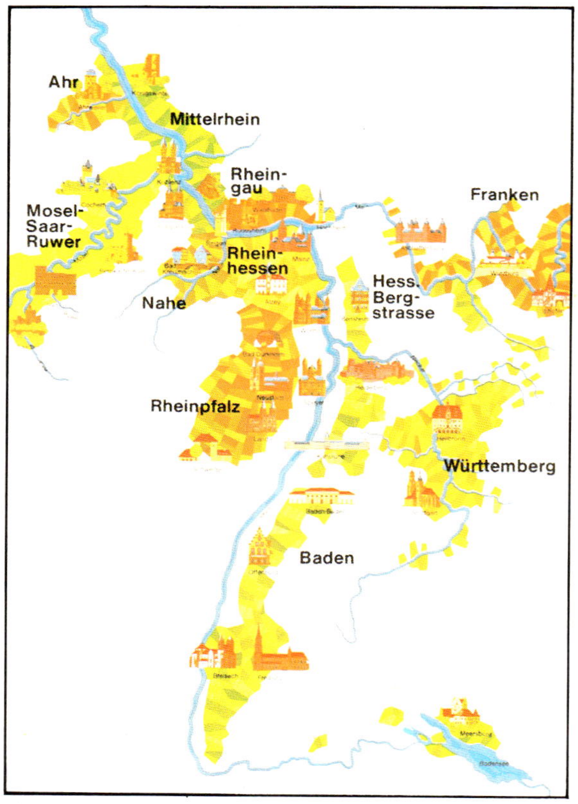

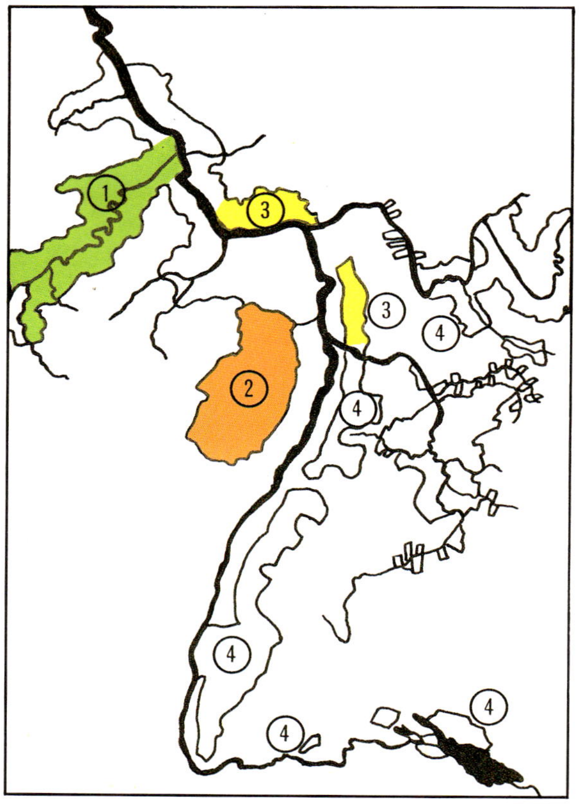

Die elf deutschen Anbaugebiete in einer Darstellung des Stabilisierungsfond für Wein und die bisher im GESAMTWERK beschriebenen Anbaugebiete „Mosel Saar Ruwer", „Rheinpfalz", „Rheingau und Hessische Bergstraße" mit den Ziffern 1, 2 und 3 auf farbigen Flächen. Die Ziffern 4 zeigen das Anbaugebiet Baden. Der Band über dieses Anbaugebiet war zur Zeit des Erscheinens des hier vorliegenden Buches bereits in Vorbereitung.

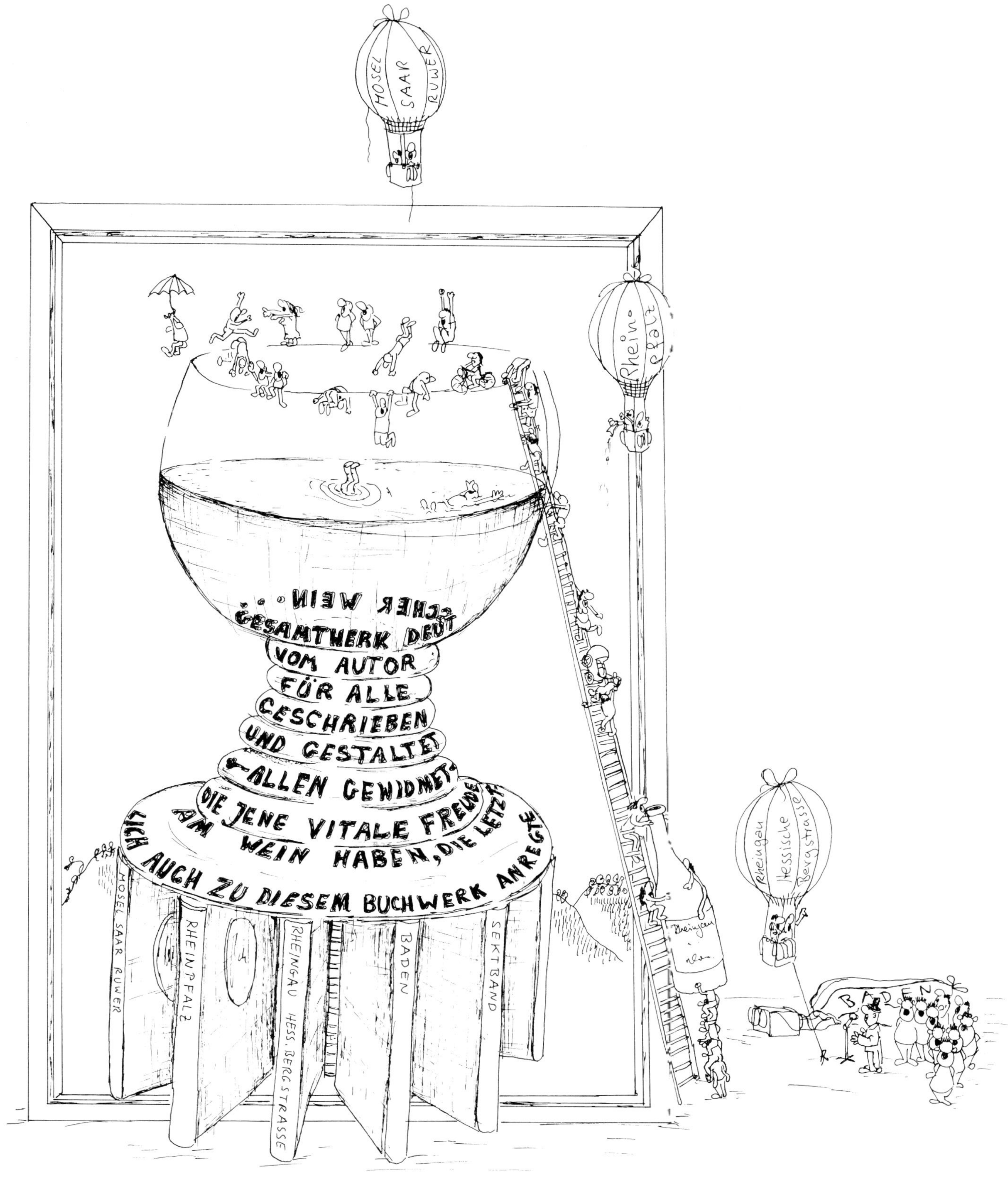

Wein macht Spaß – auch dem Zeichner Joachim Kluth, der eigentlich hauptberuflich ein junger Doktor der Chemie ist, aber seit Band 1 die Ideen des Autors zu Karikaturen der „Jahrhundertpost“ umsetzt. Zum dritten Band hat er nun eine Gesamtansicht des GESAMTWERKES DEUTSCHER WEIN entwickelt, die wir hier wiedergeben. Man beachte die für ihn typischen Feinheiten am Rande.

Weinlese im Weitwinkel mit Gegenlichtreflex, Rhein im Hintergrund und der Traubentrage (Kiepe, Hotte, Botte, Logel usw.) im Vordergrund. Durch den großen Plastikschlauch wird das Traubengut aus diesem Trauben-Transportwagen im Kelterhaus in die Traubenpresse gedrückt. Es gibt andere Wagen, die schon im Weinberg Beeren und Stiele der Trauben trennen (entrappen). In jedem Fall sind die Trauben ohne den zusätzlichen Arbeitsgang des „Mahlens" auf der Traubenmühle eingemaischt. Der nächste Schritt auf diesem Rationalisierungsweg ist der automatische Lesewagen, der auch noch die Arbeiten der Leser und des Trägers übernimmt. Im Steilhang läßt er sich bisher jedoch noch nicht einsetzen.

Teil II

Die Lagenkarten des Kartenteils zeigen die für die Einzellagen ausgewiesenen Flächen, die nicht tatsächlich bestockt sein müssen. In Einzelfällen sind außerhalb der farbig markierten Flächen bestockte Rebflächen zu erkennen. Es handelt sich hier um Parzellen, die in den Einzellagen nicht erfaßt sind. Die dort gewachsenen Weine werden laut Weingesetz aus dem Jahr 1971 unter Großlagen-Namen vermarktet.

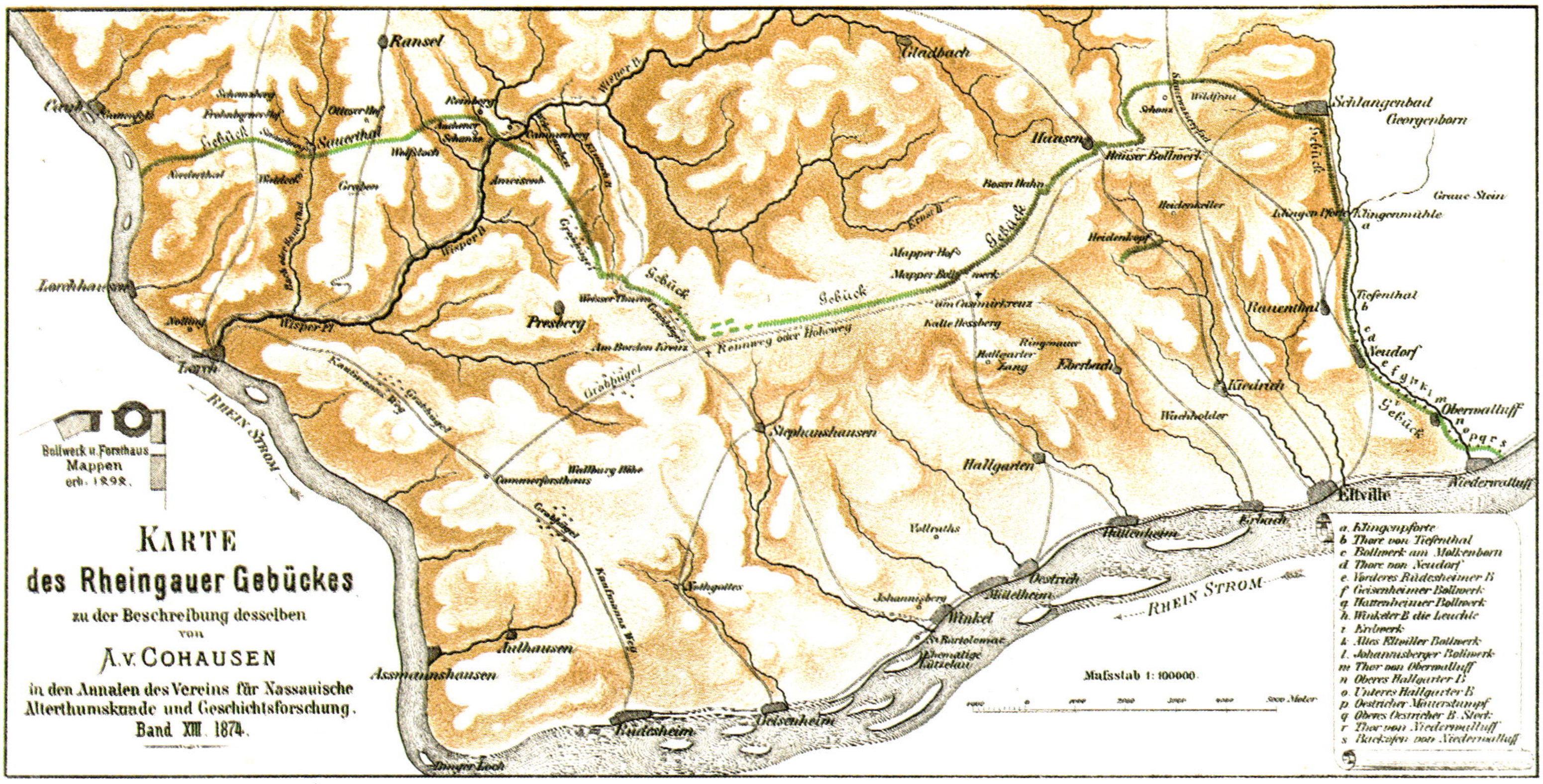

Das berühmte Rheingauer „Gebück" ist auf verschiedenen Karten mit leicht unterschiedlicher Linienführung eingezeichnet. Der „Verein für Nassauische Altertumskunde und Geschichtsforschung" hat sich im vergangenen Jahrhundert um die Ermittlung einer genauen Linienführung bemüht und das Ergebnis im 13. Band seiner „Annalen" 1874 veröffentlicht. Die Karte ist oben wiedergegeben. Gleichzeitig wurde an Hand von Funden das berühmte Tor bei Niederwalluff so rekonstruiert, wie es nebenstehend wiedergegeben ist.

Die untenstehende Karte des Weinbaues im Rheingau wurde 1865 von Heinrich Wilhelm Dahlen, dem Generalsekretär des Deutschen Weinbauvereins, veröffentlicht. Mit den unterschiedlichen Farbflächen der einzelnen Lagen gibt sie ein Bild der Weinerlöse jener Zeit. Die Lagen wurden nach ihrem wirtschaftlichen Wert in vier Grundsteuerklassen eingeteilt: Von Rot über Rosa zu Braun und Ocker sind sie hier nach dem damaligen Wert (rot gleich höchster Wert) gezeigt. – Heute müßten einige Farben geändert werden. Einige Lagen im rechten Kartenteil existieren nicht mehr.

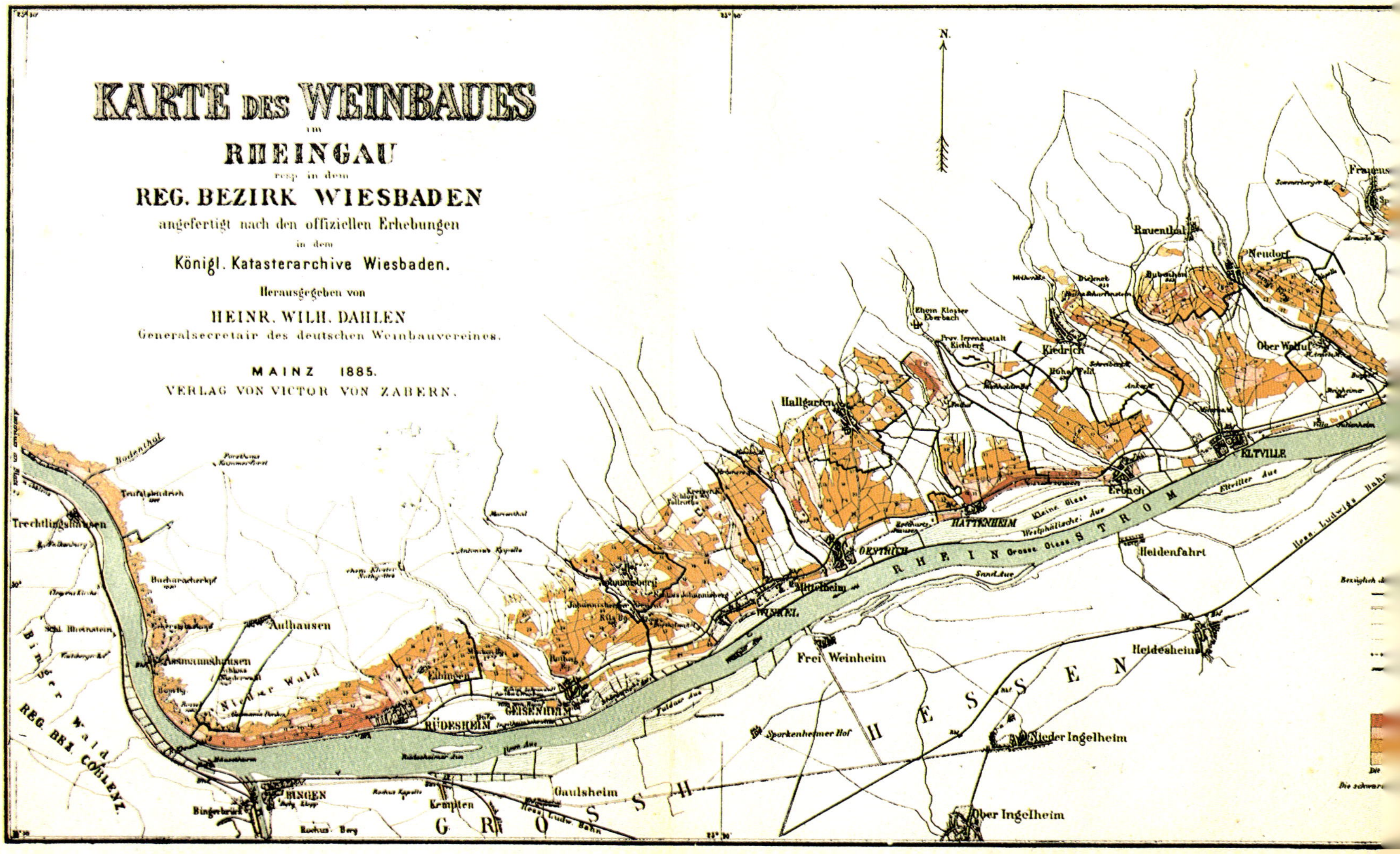

Als diese Darstellung 1874 veröffentlicht wurde, gab es noch einige gut erhaltene Gebückbäume, an denen man die Grundprinzipien des Biegens („Bückens") der für den Naturfestungs-Ring verwendeten Bäume erkennen konnte. Ausschlagende neue Triebe wurden wiederum nach unten gebogen und miteinander verflochten. Zwischen den Bäumen machte Gestrüpp die lebende Mauer zusätzlich feindessicher.

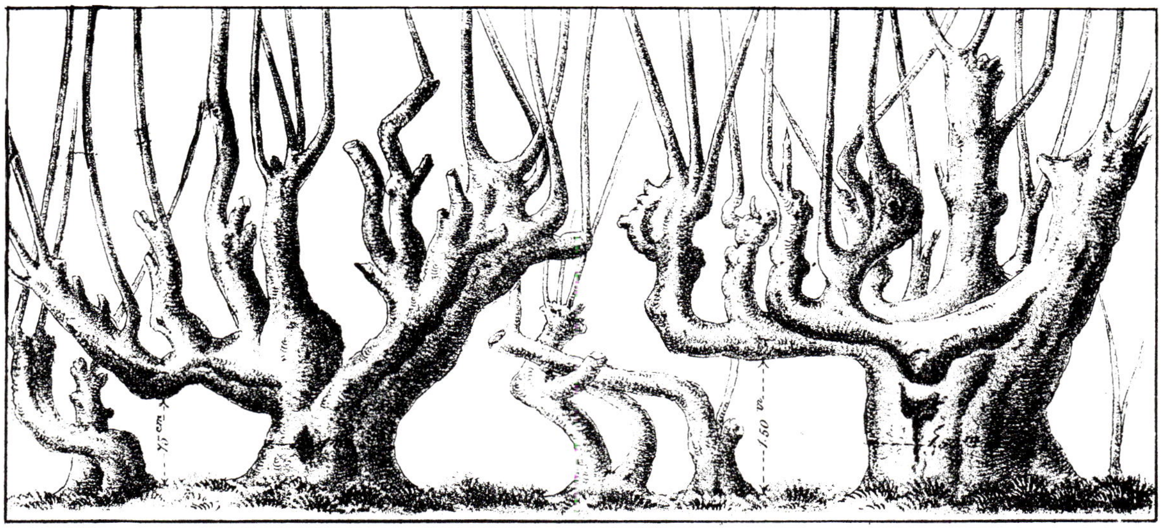

Der „Backofen", das Haupttor zum Rheingau aus Richtung Frankfurt und Wiesbaden, erhielt seinen Spitznamen nach seiner äußeren Form, die auch in dieser Rekonstruktionszeichnung deutlich wird.

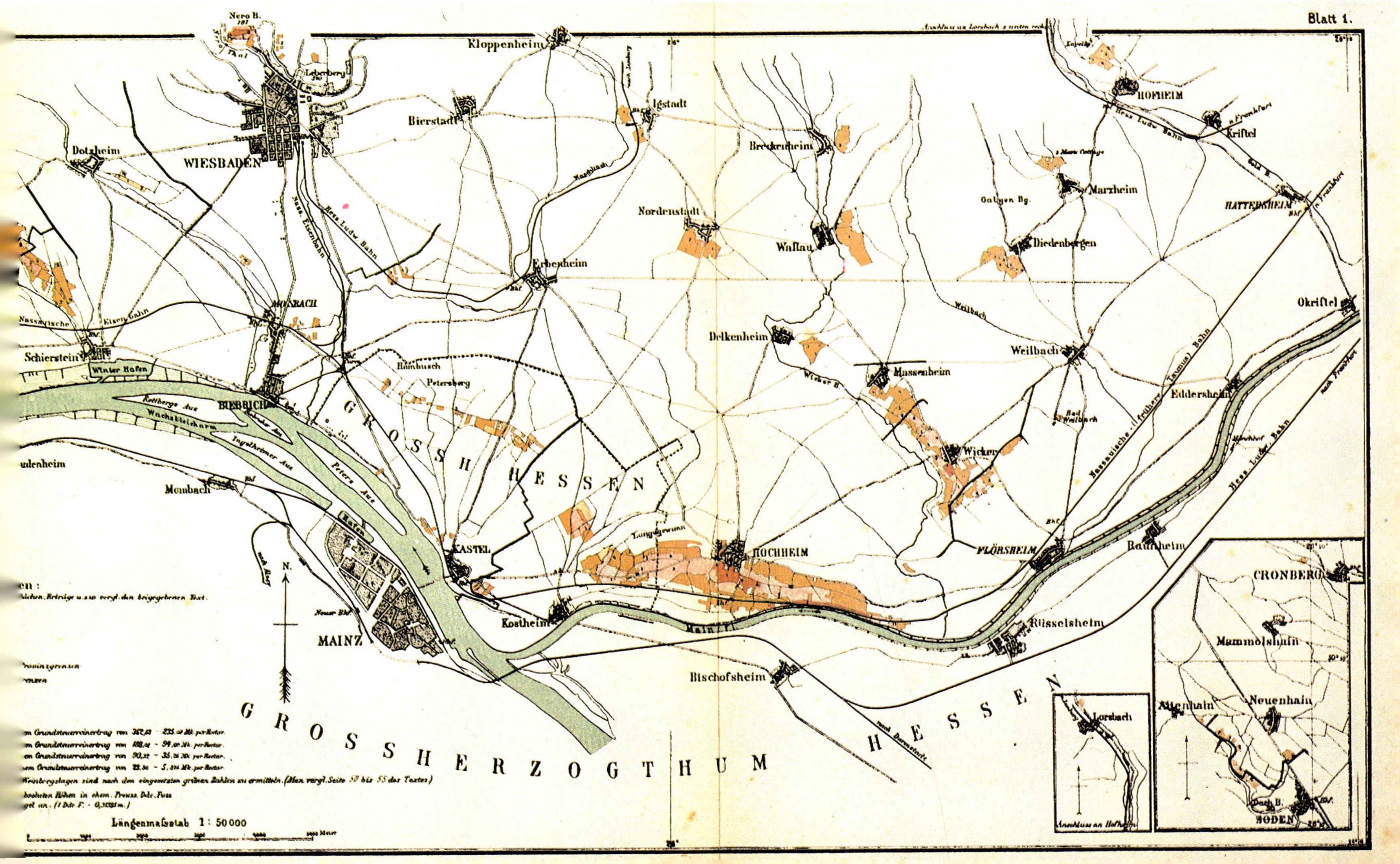

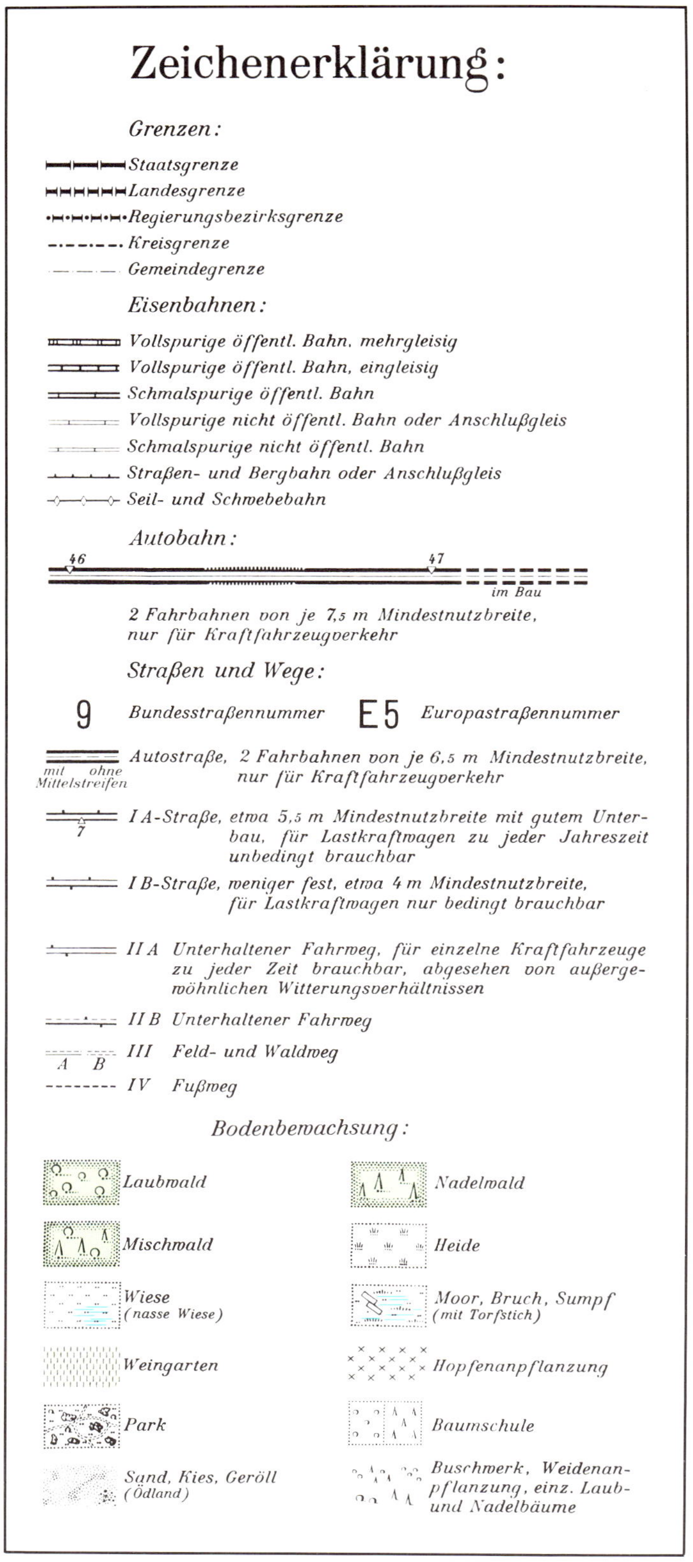

Die Kartenausschnitte

Auf sechs Kartenausschnitten stellt der Kartenteil die Lagen des Anbaugebietes vor. Wiedergegeben ist die für eine Lage ausgewiesene Fläche. Es kann sein, daß Teile davon zur Zeit nicht bestockt sind oder zum Beispiel von Gebäude- und Straßenflächen eingenommen werden. Für Weingesetz oder katastermäßige Eintragung haben solche Tatsachen keine Bedeutung, da auch auf derartigen Flächen eines Lagenareals grundsätzlich Weinbau zugelassen ist (etwa nach Verlegung einer Straße). Einige bestockte Parzellen sind auf den Karten nicht in der farblichen Lagenunterlegung erfaßt. Es handelt sich dabei um Flächen ohne Einzellagen-Bezeichnung. Die dort erzeugten Weine werden unter dem Namen einer Großlage vermarktet. – Auf eine Orientierungsskizze wurde diesmal verzichtet. Für den Rheingau kann die Karte auf den Seiten 60/61 diesen Zweck erfüllen (Lorcher Weinberge am linken Kartenrand), das kleine Anbaugebiet Hessische Bergstraße ist ohnehin auf einer Karte erfaßt.

Die Lagenkarten

Grundlage der Lagenkarten (Kartenausschnitte) auf diesen Seiten ist die Topographische Karte 1 : 25 000, das sogenannte Meßtischblatt, das hier auf einen Maßstab von 1 : 50 000 verkleinert wiedergegeben ist. 1 cm auf der Karte entspricht also 500 m in der Natur.
Die amtliche Topographische Karte Blätter 6013 und 6014 („Bingen" und „Ingelheim") wurden mit Genehmigung des Landesvermessungsamtes Rheinland-Pfalz vom 24. Februar 1981 veröffentlicht – alle anderen Blätter dieses Kartenwerks mit Genehmigung des Hessischen Landesvermessungsamtes vom 25. Juli 1980.

Karte 1

Mainz-Kostheim
(Ortsteil von Wiesbaden)

① Reichesthal
② Weiß Erd
③ Steig
④ Berg

Hochheim

① Reichesthal
④ Berg
⑤ Königin Victoriaberg
⑥ Hofmeister
⑦ Stielweg
⑧ Sommerheil
⑨ Hölle
⑩ Domdechaney
⑪ Kirchenstück
⑫ Stein
⑬ Herrnberg

Wicker

⑭ Stein
⑮ Mönchsgewann
⑯ König-Wilhelmsberg
⑰ Nonnenberg

Flörsheim

⑬ Herrnberg

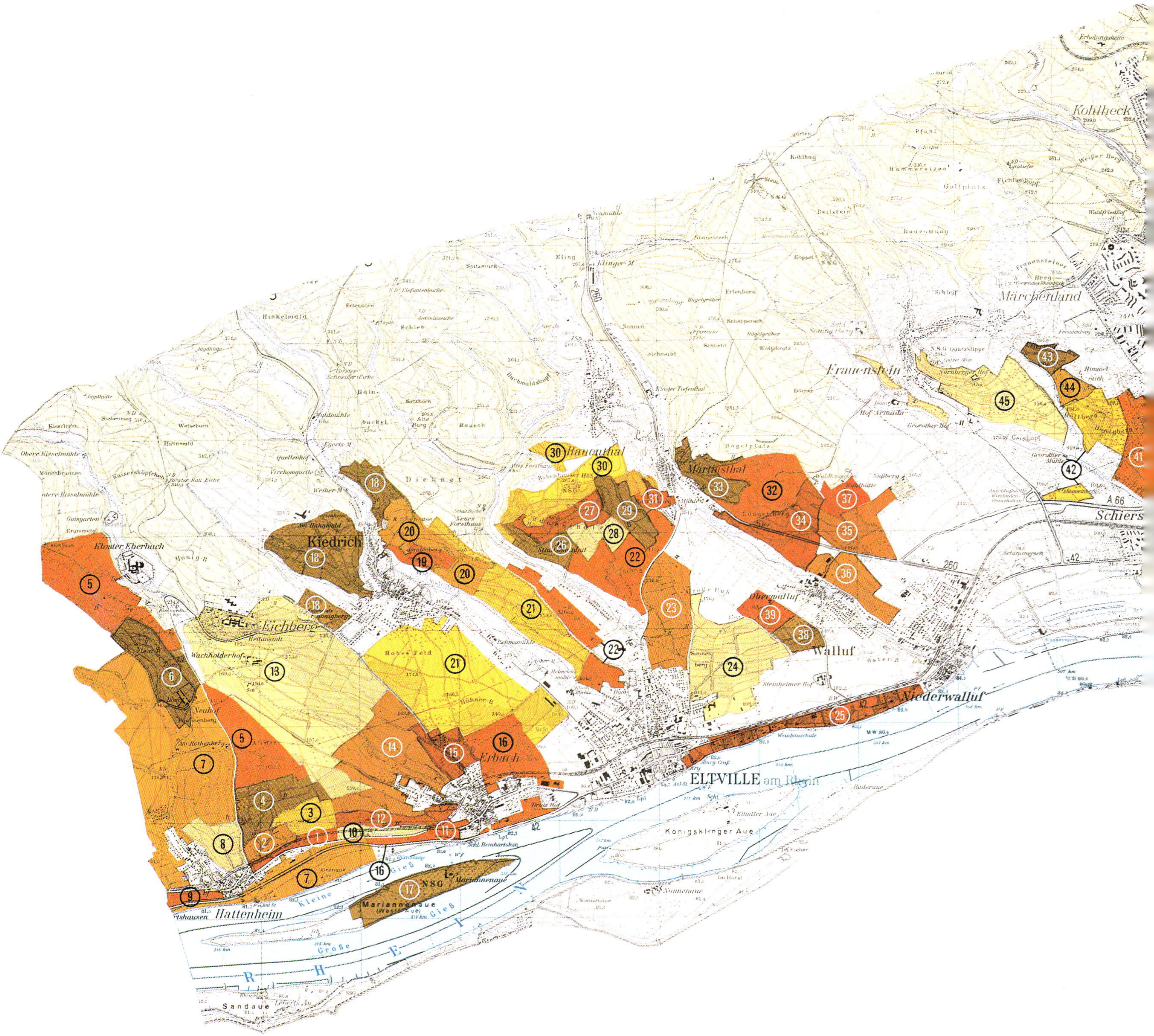

Kloster Eberbach
Kiedrich
Eichberg
Hattenheim
Erbach
ELTVILLE am Rhein
Rauenthal
Martinsthal
Oberwalluf
Walluf
Niederwalluf
Frauenstein
Märchenland
Kohlheck
Mariannenaue
NSG
Königsklinger Aue
A 66
R H E I N

Karte 2

Hattenheim
(Ortsteil von Eltville)

① Mannberg
② Nußbrunnen
③ Wisselbrunnen
④ Hassel
⑤ Heiligenberg
⑥ Steinberg
⑦ Schützenhaus
⑧ Engelmannsberg
⑨ Pfaffenberg

Erbach
(Ortsteil von Eltville)

⑩ Marcobrunn
⑪ Schloßberg
⑫ Siegelsberg
⑬ Honigberg
⑭ Michelmark
⑮ Hohenrain
⑯ Steinmorgen
⑰ Rheinhell

Kiedrich

⑱ Klosterberg
⑲ Gräfenberg
⑳ Wasseros
㉑ Sandgrub

Eltville

㉑ Sandgrub
㉒ Taubenberg
㉓ Langenstück
㉔ Sonnenberg
㉕ Rheinberg

Rauenthal
(Ortsteil von Eltville)

㉖ Baiken
㉗ Gehrn
㉘ Wülfen
㉙ Rothenberg
㉚ Langenstück
㉛ Nonnenberg

Martinsthal
(Ortsteil von Eltville)

㉜ Wildsau
㉝ Langenberg
㉞ Rödchen

Walluf

Niederwalluf
Ortsteil von Walluf

㉟ Berg-Bildstock
㊱ Walkenberg
㊲ Oberberg

Oberwalluf
Ortsteil von Walluf

㊳ Fitusberg
㊴ Langenstück

Wiesbaden

㊵ Neroberg
(großlagenfrei)

Ortsteil Schierstein
㊶ Dachsberg
㊷ Hölle

Ortsteil Frauenstein
㊸ Marschall
㊹ Homberg
㊺ Herrnberg

Ortsteil Dotzheim
㊻ Judenkirch

Karte 4

Lorchhausen
(Ortsteil von Lorch)

① Rosenberg
② Seligmacher

Lorch

③ Schloßberg
④ Kapellenberg
⑤ Krone
⑥ Pfaffenwies
⑦ Bodental-Steinberg

Assmannshausen/Aulhausen
(Orteile von Rüdesheim)

⑧ Hinterkirch
⑨ Höllenberg
⑩ Frankenthal
⑪ Berg Kaisersteinfels

Rüdesheim

⑫ Berg Schloßberg
⑬ Drachenstein
⑭ Berg Roseneck
⑮ Berg Rottland
⑯ Bischofsberg
⑰ Klosterlay
⑱ Klosterberg
⑲ Kirchenpfad
⑳ Magdalenenkreuz
㉑ Rosengarten

Karte 3

Geisenheim

① Rothenberg
② Kläuserweg
③ Fuchsberg
④ Kilzberg
⑤ Mäuerchen
⑥ Mönchspfad
⑦ Schloßgarten
⑧ Klaus

Johannisberg
(Ortsteil von Geisenheim)

⑧ Klaus
⑨ Schwarzenstein
⑩ Vogelsang
⑪ Hölle
⑫ Hansenberg
⑬ Goldatzel
⑭ Mittelhölle
⑮ Schloß Johannisberg
(Ortsteil)

Winkel
(Ortsteil von Oestrich-Winkel)

⑧ Klaus
⑯ Gutenberg
⑰ Dachsberg
⑱ Jesuitengarten
⑲ Hasensprung
⑳ Bienengarten
㉑ Schloßberg
㉑ Schloß Vollrads
(Ortsteil)

Mittelheim
(Ortsteil von Oestrich-Winkel)

㉒ St. Nikolaus
㉓ Edelmann
㉔ Goldberg

Oestrich
(Ortsteil von Oestrich-Winkel)

㉕ Klosterberg
㉖ Lenchen
㉗ Doosberg
㉜ Schloß Reichartshausen
(Ortsteil)

Hallgarten
(Ortsteil von Oestrich-Winkel)

㉘ Schönhell
㉙ Würzgarten
㉚ Jungfer
㉛ Hendelberg

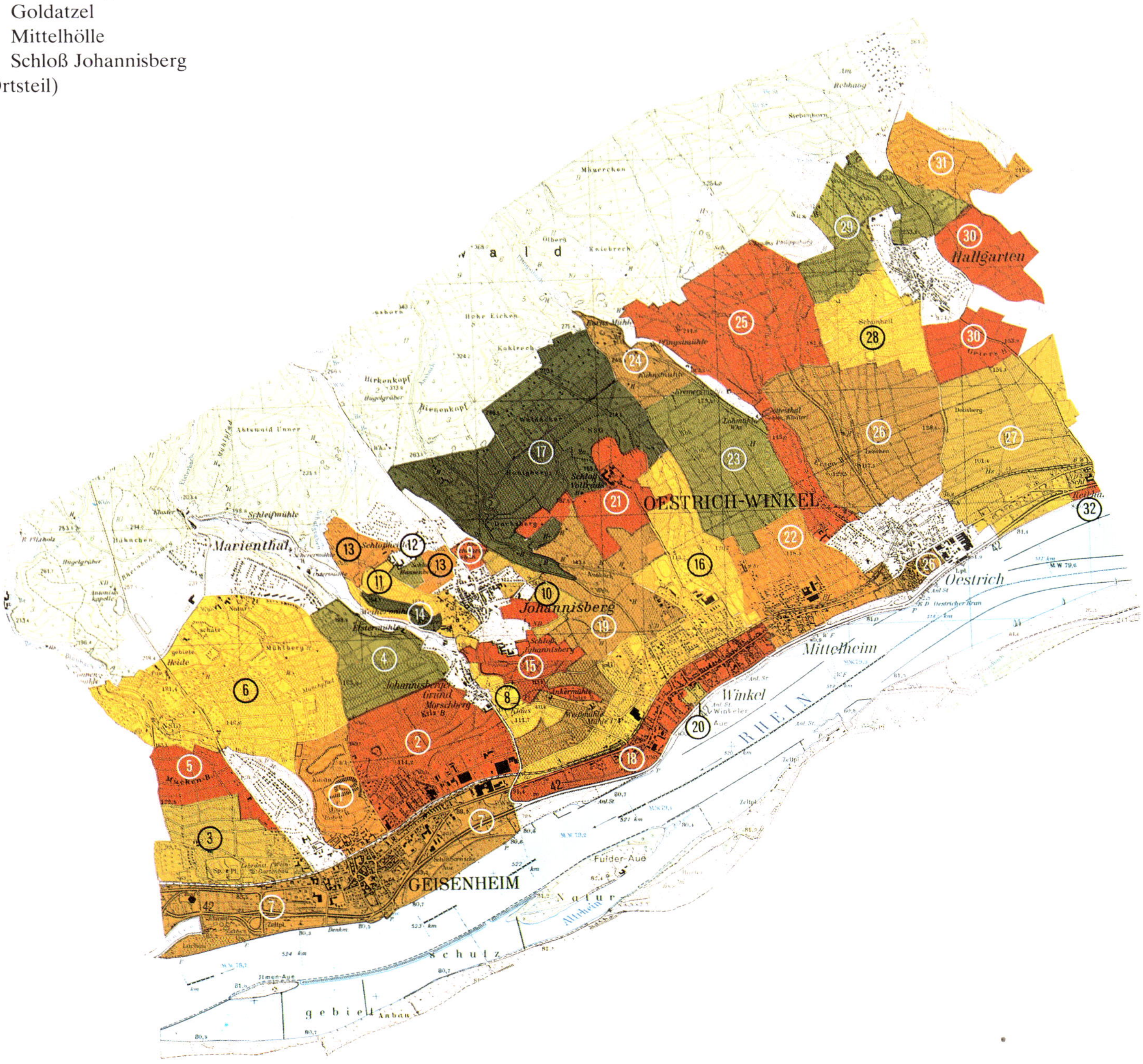

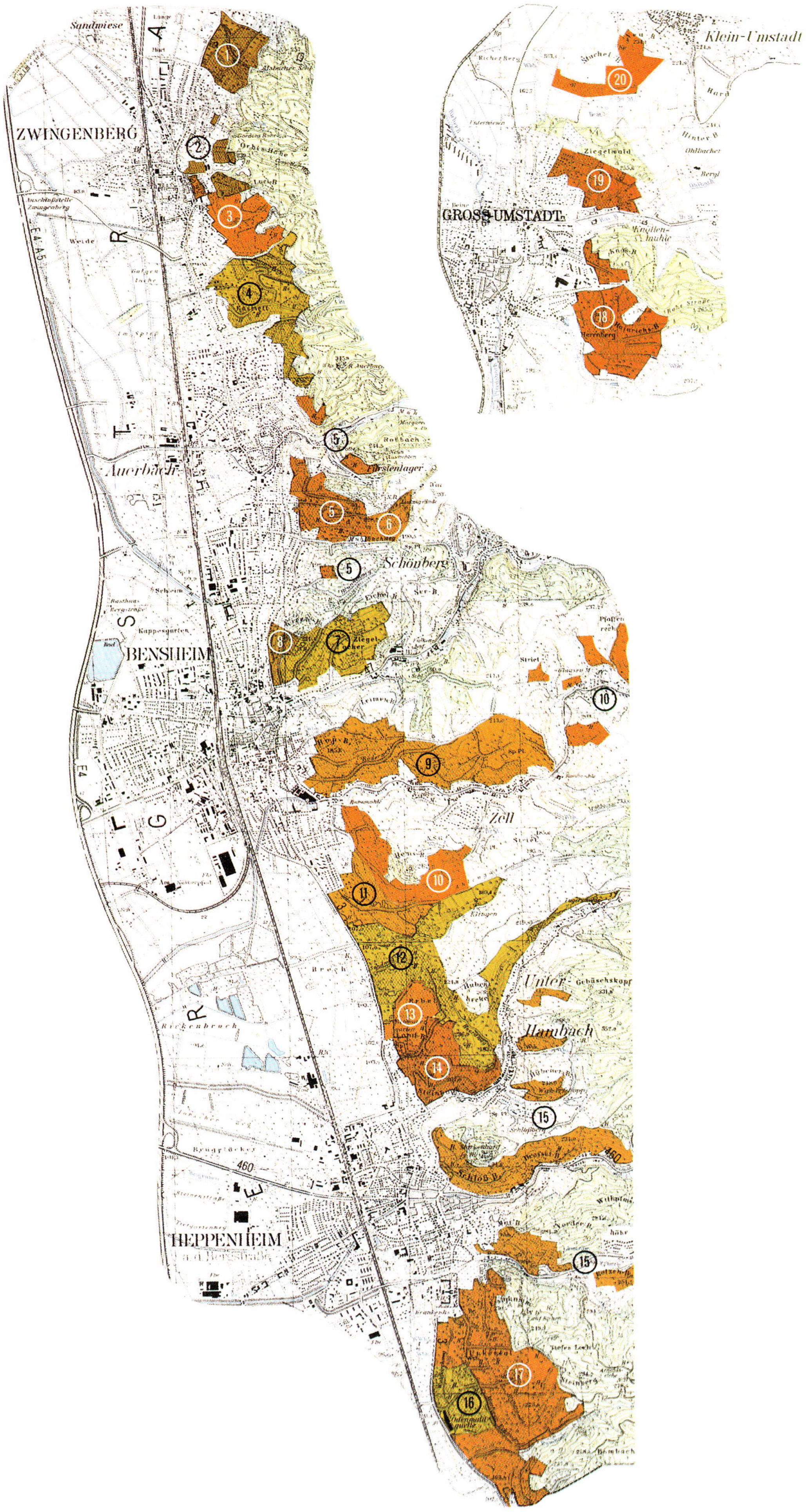

Karte 5

Alsbach

① Schöntal

Zwingenberg

② Alte Burg
③ Steingeröll

Bensheim-Auerbach

④ Höllberg
⑤ Fürstenlager

Bensheim-Schönberg

⑥ Herrnwingert

Bensheim

⑦ Kalkgasse
⑧ Kirchberg
⑨ Steichling
⑩ Hemsberg
⑪ Paulus

Heppenheim (einschließlich Erbach und Hambach)

⑫ Stemmler
⑬ Centgericht
⑭ Steinkopf
⑮ Maiberg
⑯ Guldenzoll
⑰ Eckweg

Groß-Umstadt

⑱ Herrnberg
⑲ Steingerück

Klein-Umstadt
(Ortsteil von Groß-Umstadt)

⑳ Stachelberg

Außerhalb des karthographisch erfaßten Bereichs gibt es noch die Lagen „Mundklingen" in Seeheim, „Wingertsberg" in Dietzenbach und „Roßberg" in Roßdorf, in denen jedoch nur kleine Parzellen bestockt sind. Auf zusammen etwa zweieinhalb Hektar arbeiten in diesen drei Lagen Feierabendwinzer, darunter Dr. Weiß in Seeheim, der durch seine Weinleidenschaft und seine Veröffentlichungen zum Thema Wein und Gesundheit bekannt geworden ist. – Auch einige Parzellen der Lage „Hemsberg" bei Gronau liegen außerhalb des erfaßten Kartengebietes.

Teil III

Reportagen und Kommentare – die ersten Reben und die Römer – die Franken mit ihrer Achtung vor dem Winzer – Reberziehung um 500 – Siege und Niederlagen – Massenweine und edle Tropfen – Funde – alte Stiche – und in der letzten Ausgabe viele Fotos aus unserem Jahrhundert . . .

Jahrhundertpost

„Jahrhundertpost“ – diese Zeitung ist Teil der Buchreihe GESAMTWERK DEUTSCHER WEIN und der Versuch, Geschichte in Geschichten aufzulösen, der Vergangenheit das „Geschichtliche“, das Abstrakte zu nehmen und sie nacherlebbar zu machen. Im Stil einer Tageszeitung und in der Sprache unserer Zeit ist hier Historie in bunter Mischung aufbereitet. Nach Jahrhunderten geordnet (siehe Angaben im jeweiligen „Zeitungskopf“) sollen die folgenden Seiten ein lebendiges Bild früheren Lebens im hier beschriebenen Anbaugebiet vermitteln: Wein- und Weltgeschichte vom Jahre Null bis heute.

Weinverbunden **Meinungsfreudig**

Schenkung für Heppenheims Kirche

Testament im Kloster Lorsch niedergelegt

Heppenheim. Kirchen und Klöster werden zu einem guten Teil durch Spenden aus der gläubigen Bevölkerung erhalten – häufig durch testamentarische Nachlässe. Als Beispiel dafür ist hier eine im letzten Willen festgehaltene Schenkung zugunsten der „Basilika des heiligen Petrus im Dorfe Heppenheim" wiedergegeben.
Der Text ist im lateinischen Original in den Unterlagen des Klosters Lorsch („Codex Laureshamensis") als Urkunde Nummer 429 niedergelegt. Er lautet in der deutschen Übersetzung:

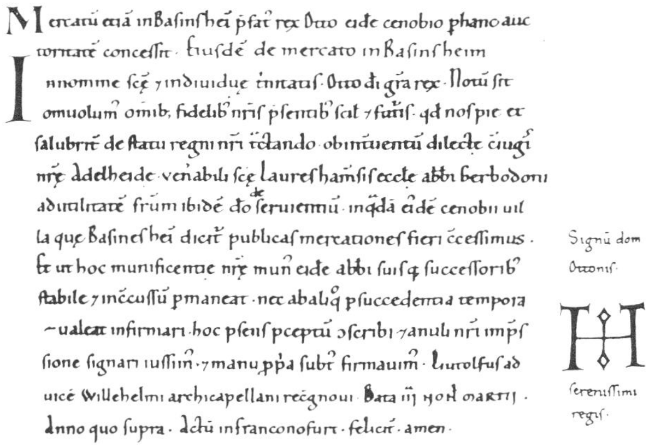
Mercatu etia in Basinshei pfat rex Otto eide cenobio phano auc
toritate concessit. Eiusde de mercato in Basinsheim
In nomine sce 7 indiuidue trinitatis. Otto di gra rex. Notu sit
omnium omib. fidelib nris psentib scil 7 futuris. qd nos pie et
salubrit de statu regni nri tractando ob interuentu dilecte cniugis
nre Adelheide venabili sce Laureshamsis eccle abbi Gerbodoni
ad utilitate frm ibide do seruientiu. in quada eide cenobii uil
la que Basinesheī dicit publicas mercationes fieri cessimus.
Et ut hoc munificentie nre mun eide abbi suisq successorib
stabile 7 inccussu pmaneat. nec ab aliquo psuccedentia tempora
ualeat infirmari. hoc psens pceptu cscribi 7 anuli nri imps
sione signari iussim. 7 manu ppa subt firmauim. Liutolfus ad
uice Willehelmi archicapellani recognoui. Data iij Non Martij.
Anno quo supra. Actu in Franconofurt. felicit. amen.

Signu dom Ottonis.
serenissimi regis.

Schenkung des Marcharius in demselben Dorf. Im 4. Jahr des Königs Pippin. Unter dem hl. Chrodegang (Rutgang) als Verweser.
Wenn wir etwas von unseren Besitzungen den Orten der Heiligen oder zum Armenwesen übertragen, vertrauen wir, daß dies uns ohne Zweifel in der ewigen Seligkeit von Gott zurückgegeben wird. Deshalb schenke ich, Marcharius, um der Liebe unseres Herrn Jesu Christi und der Erlassung meiner Sünden willen, damit ich verdienen möge, daß in Zukunft meinen Fehlern Gnade widerfährt – und will ich, daß auf ewig geschenkt sei – der Basilika des hl. Petrus, die im Dorf Heppenheim gebaut ist, meinen Teil, nämlich meine Hofreite (areolam) im Dorf Weinheim mit der Hube selbst, die Uuolfin innehat, und zu dieser Hube 40 Morgen Land und eine Wiese, von der sieben Fuhren Heu gemäht werden können, mit Wäldern, Weiden, Gewässern und Wasserläufen, ganz und unversehrt derart, daß von diesem Tage an alle Verfügungsgewalt über diesen Besitz der Kirche zu ihrem Nutzen zustehen soll, und dieser als ewiger Besitz zuzuweisen ist.
Wenn wirklich jemand, was ich nicht glaube, daß es geschieht, wenn ich selbst, was mir fern sei, oder irgendeiner von meinen Erben gegen diese Schenkung aufzutreten wagen sollte, soll dies ihm nicht nur nicht gestattet sein, sondern er gezwungen sein, für die Aufgaben dieser Basilika unter Zwang des Fiskus 10 Pfund Gold und 55 Pfund Silber zu zahlen, und was er zurückbegehrt, soll er nicht zurückgewinnen. Unter Vollziehung des Beurkundungsaktes.
Geschehen im Dorf Botzheim (Buttesheim) bei Ladenburg am 17. Juli 755. Handzeichen des Marcharius, der diese Schenkung zu machen und zu bestätigen hat. Handzeichen des Raffold, Gunzo, Harirad. Ich Hiebo, der Priester, habe es geschrieben.

Weinberge für Mönche

Bergstraße. Das Kloster Lorsch ist bald der größte Weinbergsbesitzer an der Bergstraße – wenn die Schenkungen an das Kloster so weitergehen wie in diesen Jahren des achten Jahrhunderts: Udo, Sohn des Lando, zum Beispiel vermachte dem Kloster neben Ländereien, Häusern und Mühlen auch seine Weinberge in Bensheim.

Daß die Weinberge in den Händen der Mönche gut aufgehoben sind, haben die Lorscher zur Genüge bewiesen. Sie pflegen ihre Weinberge und bereiten einen guten Wein, schließlich mögen sie selbst ja nichts Schlechtes trinken.

Selbst der König Karl bedenkt die Klosterbrüder mit Weinbergen, und der erwähnte Stalan zum Beispiel hatte dem Kloster schon einige Jahre zuvor eine kleinere Schenkung gemacht Brachland und – Weinparzellen natürlich.

Ein Jahr später – 766 – steht ihm der adelige Stalan nicht nach und schenkt dem Kloster oberhalb des Lauterbaches in Bensheim einen Weinberg, der immerhin zweieinhalb Fuder, also fast 2500 Liter bringt, und das ist für unsere Zeit eine große Menge.

Zehntes Jahrhundert bringt zahllose neue Kirchenbauten – Dörfer streben nach kirchlicher Selbständigkeit – Franken sehr religiös typische Entwicklung in der Region Eltville.

Rheingau / Hess. Bergstr. Zum Ende des ersten Jahrtausends nach Christus macht sich in den Regionen der Hessischen Bergstraße und des Rheingaus eine Entwicklung zur kirchlichen Selbständigkeit vieler Dörfer bemerkbar. Dazu hat einmal die zunehmende Bevölkerungszahl in diesen Räumen zum anderen auch die starke religiöse Ausrichtung der gesamten fränkischen Kultur geführt. Als Beispiel sei hier die „Urmark Eltville" angeführt, in der eine zentrale Pfarrstelle für die seelsorgerische Betreuung aller Ansiedlungen der Umgebung zuständig war. Nun können auch Oberwalluf, Steinheim, Erbach und Hattenheim ihre Kapellen beziehungsweise kleinen Kirchen mit eigenen Pfarrern besetzen. Eltville ist mit seinen Filialen so attraktiv geworden, daß man die Anbindung der Eltviller Kirche an das Mainzer St. Peterstift als großen Erfolg für das Stift bezeichnen darf. Diesen Zugewinn ihres Einflußbereiches haben die von St. Peter ihrem Erzbischof zu verdanken. Er hatte so entschieden.

Mit dem Handzeichen des Königs versehen

Karl der Große schenkt sehr großzügig

Longlier/Heppenheim. Am 20. Januar 773 drückte Karl der Große in Longlier, 85 Kilometer südlich Lüttich, sein Handzeichen auf eine Urkunde, mit der er dem Kloster Lorsch den Ort Heppenheim schenkte. Karl regierte zu jener Zeit im fünften Jahr als König der Franken. Die Kaiserwürde erhielt er erst später. Das 764 gegründete Kloster Lorsch hatte er ein Jahr vor der genannten Schenkung zur Reichsabtei erhoben. Überhaupt erfreute sich das Kloster beim König und späteren Kaiser großer Beliebtheit.

Um den Stil der Schenkungsurkunden dieser Zeit einmal deutlich zu machen, geben wir den Text der deutschen Übersetzung des lateinischen Originals in voller Länge wieder. Einige fehlende Wörter sind in Klammern ergänzt:

„Karl, von Gottes Gnaden König der Franken, der Erlauchte, allen unseren Getreuen, den gegenwärtigen wie auch den künftigen! Was wir den kirchlichen Stätten aus wohlwollender Erwägung übereignen, das gereicht uns ohne Zweifel, wie wir fest vertrauen, unter des Herrn Schutz zur ewigen Seligkeit. Deshalb sei euch kundgetan: Um des Herrn Namens und unserer Seele Heilung willen machen wir unserem Kloster, das Lorsch („Lauresham“) genannt wird, wo der Leib des hochheiligen Märtyrers Nazarius beigesetzt ist und Abt Gundeland als Vorsteher waltet, eine Schenkung, und es ist unser Wille, daß die Schenkung an diese Stätte für alle Zeiten gilt, nämlich ein Dorf, Heppenheim genannt und im (Ober-)Rheingau gelegen, mit seinem gesamten Ertrag und Bestand und allem, was zu diesem Dorf mit Fug und Recht gehört und in ihm einbegriffen ist, nämlich mit Ländereien, Häusern, Wirtschaftsgebäuden, Bauern, Leibeigenen, Weingärten, Wäldern, Feldern, Wiesen, Weiden, (stehenden) Gewässern und Wasserläufen, Beweglichem und Unbeweglichem, mit allem Zubehör und Anhang, mit allen seinen Grenzverläufen und Marksteinen. Auch jene Kirche, die dort zu Ehren des heiligen Petrus erbaut ist, voll und ganz zu (dem Dorf) gehörend und in ihm einbegriffen, und in gleicher Weise auch das, was die Witwe Gerdrudis dort an solchen Vermögenswerten, wie von uns oben aufgeführt, besitzt, haben wir der heiligen (Kloster-) Stätte mit heutigem Tage übereignet. Wir haben deshalb diese Beurkundung darauf niederschreiben lassen, damit der erwähnte Abt selbst, welcher derzeit dort waltet, wie auch seine Nachfolger oder die Sachwalter der schon genannten (Kloster-)Kirche das Dorf in seiner ungeschmälerten Gesamtheit und mit seinem Zubehör von diesem Tage an unter dem Titel der Immunität innehaben, halten und besitzen, und daß (die Schenkung) das Gotteshaus zu unseren und künftigen Zeiten in seinem Gedeihen fördere, sowie uns zu Gottes Erbarmen verhelfe. Damit aber diese Verordnung um so unverbrüchlicher in Kraft bleibe, haben wir sie unten mit eigener Hand bekräftigt und mit unserem Ring siegeln lassen. Handzeichen Karls, des allerglorreichsten Königs. Ich, Hitherius, habe gegengezeichnet. Gegeben am 13. Tage vor den Kalenden des Februar im 5. Jahre unseres Königtums. Geschehen in der Pfalz zu Longolare.“

Kloster Lorsch, die größte Kartei Deutschlands.

Für Nachwuchs wird angebaut

Heppenheim/Bensheim. Aus den ersten Zeltlagern und notdürftigen Unterkünften der Römer sind inzwischen beachtliche Häuser, Gutshöfe und Villen geworden. Vor allem die entlassenen Soldaten siedeln gern in der Nähe der „Strata Montana“ am Hang des Odenwaldes. Nicht jeder kann sich eine Villa bauen oder einen Gutshof, aber gerade diese Häuser sind doch für die Römer unserer Region zu einem Statussymbol geworden. Die Jahrhundertpost stellt deshalb nachfolgend ein solches Haus vor.

Das umfangreiche römische Haus am Hemsberg zwischen Bensheim und Heppenheim hat heute sieben Zimmer und einige Nebenräume. Sie sind nach der Mode des dritten Jahrhunderts gebaut und eingerichtet worden. Der Hausherr ließ das ursprünglich kleinere Haus mehrfach erweitern, um mehr Platz für seine wachsende Familie zu haben – und seine steigenden Ansprüche zu befriedigen. So entstand schließlich ein Gebäudekomplex von über 500 Quadratmeter Grundfläche. Natürlich ist diese Grundfläche in dem einstöckigen Haus bei weitem nicht „reine Wohnfläche“. Wegen der dicken Mauern muß ein guter Teil dieser Fläche als toter Raum abgezogen werden. Die Mauern erreichen im Fundament und als Begrenzung des etwa zwei Meter hohen Kellers eine Dicke von bis zu 1,20 Meter. Sie sind zumeist aus Buntsandsteinquadern errichtet und mit Kalkmörtel verfugt. Die Bausteine sind 10 mal 20 mal 15 Zentimeter groß. Auch Hohlziegel sind beim Bau verwendet worden. Die Römer nutzen solche Ziegel ja gern für ihr System der Warmluftheizung. Bei dem Haus am Hemsberg können ein oder zwei Räume des Erdgeschosses von einem Feuerungsraum im Keller aus erwärmt werden. Das hängt natürlich von den Außentemperaturen ab.

Ein besonderer Luxus ist auch bei diesem Haus neben dem Bad die Verwendung von Fensterglas in kleineren Fensteröffnungen.

Dank des angenehmen Klimas in dieser Region und dank der sehr guten Lage, dürfte das Heizungsproblem nicht so groß sein, sorgen doch die dicken Mauern für einen guten Temperaturausgleich.

Eine hervorragende Standortwahl kann man dem Bauherrn insgesamt bescheinigen. Das Haus liegt am Klingenbach, dessen 1200 Meter entfernte Quelle auch in heißen Sommern nicht versiegt und ein hervorragend schmeckendes Wasser spendet.

Eine Kreuzung zweier von den Römern ausgebauter Straßen, die heute für ein reges Wirtschaftsleben sorgen, ist nur wenige hundert Meter entfernt. – Die Buntsandsteinquader konnten aus nahe gelegenen Steinbrüchen über diese Straßen schnell herangeschafft werden. – Alles in allem: Ein gediegenes Römerhaus in schöner Gegend und mit guten Verbindungen zu den Wirtschaftszentren der Umgebung.

Nr. 2
Ausgabe
1000–1100

Jahrhundertpost

IN VITE VITA ... IN VINO VERITAS

Die Zeitung im
GESAMTWERK
DEUTSCHER WEIN

König Heinrich tobt

Heinrich will die Scheidung – Königin kommt an die Bergstraße

Rom/Goslar/Lorsch. Königin Berta sitzt im Kloster Lorsch, und König Heinrich IV. tobt in Goslar, weil er sich in aller Stille scheiden lassen wollte, und nun ein Skandal ins Haus steht. Der König ist besonders wütend, weil es um dieses Kloster, in dem nun seine Gattin ihre Fäden zur Eheerhaltung zieht, schon mehrfach Ärger gegeben hat.

Das Kloster war bei den wechselnden deutschen Kaiser- und Königshäusern eigentlich immer recht beliebt, was sich zweifelsfrei am wachsenden Besitz und Einfluß ablesen läßt. Adalbert von Bremen übersah das jedenfalls nicht, und ein Lorsch-Besuch im März 1065 überzeugte den Erzbischof aus dem hohen Norden noch mehr davon, daß er dieses feine Kloster in seinen Besitz bringen müsse. Er kungelte eifrig mit dem König, wurde aber im ersten Anlauf enttäuscht, weil sich der Abt des Klosters seinen Bemühungen widersetzte und den König zunächst bestimmen konnte, die Klosterrechte nicht dem Bremer zu übertragen.

Der gab jedoch nicht auf, und hatte es schon am 6. September des gleichen Jahres schriftlich, daß ihm Lorsch und das ähnlich einflußreiche Kloster Corvey bei Höxter an der Weser übertragen werden sollten. Abt Ulrich sollte am Königshof zu Goslar die neuen Anweisungen in Empfang nehmen. Der ließ sich jedoch krank melden und reiste nicht. Er war wirklich krank, wie sich beim Nachforschen und nach einer zweiten, wütenden Aufforderung des Königs herausstellte. Vertreter, die er nach Goslar schickte, wurden erst gar nicht vorgelassen.

Der kranke Mann versuchte schließlich doch noch, die Reise zu unternehmen, brach aber unweit des Klosters zusammen und mußte zurückgetragen werden. Da entschlossen sich die Adeligen der Region, die Sache zugunsten des Klosters Lorsch – und damit zu ihren Gunsten – selbst in die Hand zu nehmen. Sie mochten Teile ihres Einflusses in der Heimat nicht an einen Bremer Erzbischof verlieren. Zum Zeichen, daß sie sich dem Willen des Königs widersetzen wollten – was das Kloster Lorsch anging – begannen sie mit der Aufrüstung, indem sie eine Burg bauten.

Der Bremer versuchte, sich sein vom König verbrieftes Recht durch Waffengewalt zu holen. Er zog vor die Burg und begann mit der Belagerung. Er richtete aber zunächst nichts aus, und inzwischen hatten auch andere Bischöfe und Erzbischöfe in geheimen Zirkeln und auch offen bei Hof gegen ihn Stimmung gemacht. Sie forderten die Entlassung Adalberts und luden den Lorscher Abt gegen den Willen des Königs zum Reichstag nach Trebur ein. Der ging hin, nahm aber sicherheitshalber 1200 Bewaffnete zu seinem Schutz mit. Er konnte unbehelligt nach Lorsch zurückkehren, während Adalbert seinen Einfluß am Königshof verlor und sich nach Bremen zurückzog.

1067 bestätigte der König die Immunität der Abtei Lorsch und ihre alten Rechte. Der Abt besorgte sich in Rom zusätzlich noch einen Schutzbrief von Papst Alexander II., in dem die Eigenständigkeit der Abtei bestätigt wurde.

Am 7. April 1069 war der Schutzbrief des Papstes ausgestellt worden. Wenige Wochen später bekam die Abtei hohen Besuch: Die erwähnte Königin Berta stand vor der Tür und bat die Mönche, ihr gegen ihren Mann zu helfen, der sie gern loswerden wollte. Man sandte um einen Gesandten nach Rom. Der päpstliche Legat Petrus Damianus kam, übte Druck auf den König aus und erreichte dessen Zusage, die Ehe aufrechtzuerhalten. So also kam es, daß sich der König zweimal über das Kloster Lorsch erheblich ärgern mußte.

Erbschaft mit Verpflichtung:

Brot für 120 Arme 60 Kerzen für die Kirche

Eltville. *Der Pfarrer von Eltville wird sich künftig um seinen Weindurst nicht mehr zu sorgen haben: Das Ehepaar Reginbrath und Irmingart hat der Kirche neben anderen Grundstücken einen großen Weinberg hinterlassen. Der Wein ist allein zu Nutzen des Pfarrers, allerdings übernimmt er mit diesem Erbe auch die Verpflichtung, alljährlich zu Allerheiligen 120 Arme zu speisen und im Laufe des Jahres 60 von ihm gestiftete Kerzen in der Kirche leuchten zu lassen.*

In zwei Sätzen

*** Kaiser Heinrich II. verleiht dem Abt Poppo vom Kloster Lorsch auf dessen Bitten hin das Jagdrecht in der Umgebung des Klosters. Das Kloster hat damit eine weitere sichere Einnahmequelle.**

*** Auf den Trümmern einer älteren Burg auf einer Höhe des Odenwalds beginnen Edelleute eine Burg zu errichten. Sie wird später „Starkenburg“ genannt.**

„Zum König? Nichts da! Ins Bett und in die Versenkung!“

Nr. 3
Ausgabe
1100–1200

IN · VITE · VITA ... IN · VINO · VERITAS

Jahrhundertpost

Die Zeitung im
GESAMTWERK
DEUTSCHER WEIN

Kloster Eberbach:

Großartige Weine vom Steinberg

Eberbach. Die mühevolle Arbeit der Zisterzienser Mönche des Klosters Eberbach hat sich gelohnt, ihr „Steinberg" trägt guten Wein. Wir erinnern an die gewaltige Mühe, die diese Mönche hatten, 80 Morgen vergleichsweise kargen Bodens, den sie durch Kauf und Tausch zu einer geschlossenen Lage arrondieren konnten, zu kultivieren. Inzwischen tragen Rigolen, Düngen und auch gelegentliche Oberflächenkorrekturen im wahrsten Sinne hervorragende Frucht. Der „Steinberger" ist dabei, einen großen Namen zu erwerben. Nun wollen die Mönche noch einen weiteren Schritt tun, um ihren geliebten Weinberg zu schützen – und auch das Kleinklima noch ein wenig zu verbessern: Sie werden diesen Wingert mit einer Mauer umgeben. Die Pläne liegen bereits auf dem Tisch. Die Mauer soll 12 Fuß hoch sein.

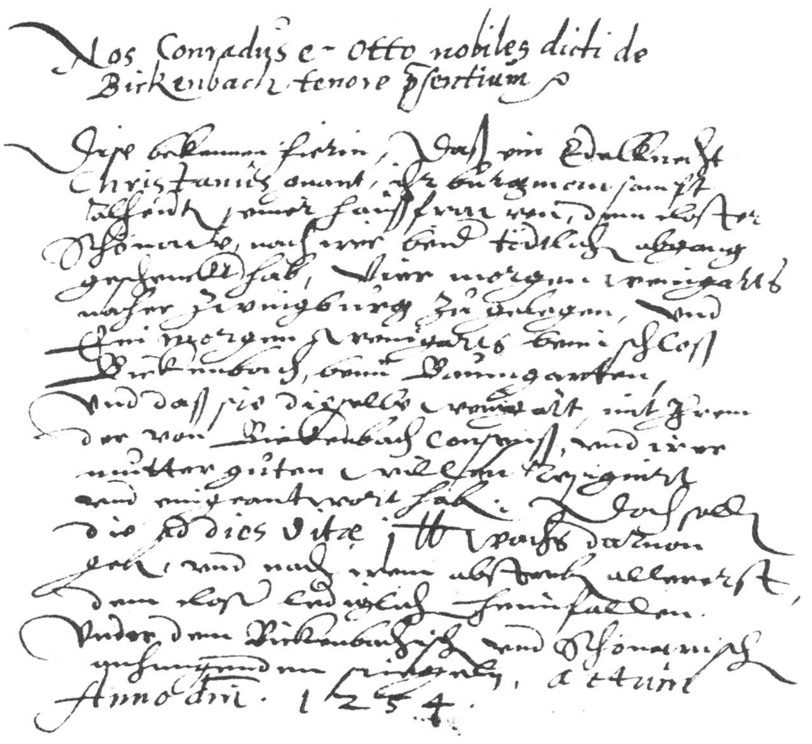

Zwingenberger Weinberge anno 1254.

In zwei Sätzen

*** Bischof Benno von Meißen hat 1073 Weinstöcke in Thüringen angepflanzt. Angesichts des Klimas in Thüringen wird das Sinnvolle dieser Unternehmung im Rheingau füglich bezweifelt.**

Papst Alexander III. schützt Reichartshausener Kelleranlagen

Hattenheim. 13. Februar 1162 – mit diesem Datum ist auf Kloster Eberbach ein Erlaß des Papstes Alexander III. eingetroffen, den sich die Mönche des Klosters für ihre ausgedehnten Kelleranlagen am Rhein in der Siedlung Reichartshausen erbeten haben. Der dortige Wirtschaftshof steht nun als unmittelbarer Klosterbesitz unter dem gleichen Recht und Schutz wie die Anlagen des Klosters über Hattenheim. Die Mönche hatten den Wirtschaftshof am Rhein aus transporttechnischen und letztlich aus Gründen der Rationalisierung gebaut. Da sie einen großen Teil ihres Weines – zollfrei! – verschiffen (Richtung Köln) bietet sich ein eigener Weinumschlagplatz an. Eine Vergrößerung der Kellereikapazität wäre bei dem sich ausweitenden Besitz des Klosters ohnehin bald notwendig geworden.

Ein Reichsministerialer „kassiert" den Rheingau

Die unglaubliche Besitzanhäufung eines beamteten Mannes

Rheingau. Kaiser Barbarossa vertraut ihm, im Rheingau wird er von vielen gehaßt: Werner II. von Bolanden, der Mann, der für den Kaiser Strafgericht hielt.

Begonnen hatte das Elend für viele Rheingauer ursprünglich im Jahre 1165, als Kaiser Barbarossa im Kampf gegen den Papst die deutschen Fürsten durch Treueid an sich binden wollte, und der Mainzer Erzbischof, Konrad von Wittelsbach, dabei nicht mitmachte. Konrad entzog sich dem Zugriff des Kaisers. Sein Volk um Mainz herum konnte sich nicht entziehen, als Barbarossa Ludwig den Eisernen von Thüringen mit Truppen zur „Befriedung" der Region schickte. Der Thüringer hauste furchtbar, zerstörte Bingen weitgehend und machte auch vor vielen Orten des Rheingaus nicht halt.

Zu allem Überfluß kam Werner II. als Abgesandter des Kaisers, um Strafgericht zu halten. Wie immer die Prozesse ausgingen, das Vermögen des Mannes vom Donnersberg mehrte sich weiterhin. Im Verzeichnis seiner Lehnsgüter finden sich die Orte Lorch, Bodenthal, Assmannshausen, Rüdesheim, Eibingen, Hausen, Geisenheim, Johannisberg, Winkel, Reichartshausen, Hattenheim, Erbach, Kiedrich, Steinheim, Eltville und Walluf. Das Verzeichnis liest sich wie eine Ortsaufzählung des Rheingaus. Eltville mit seiner Burg erhielt der Sühnerichter des Kaisers noch während der Fehde mit dem Erzbischof offiziell zugesprochen. Natürlich hat er unter seinen vielfältigen Besitzungen auch sehr viel Weinberge und ist heute als Auswärtiger wohl einer der größten „Winzer" des Rheingaus.

Nr. 4
Ausgabe
1200–1300

IN VITE VITA … IN VINO VERITAS

Jahrhundertpost

Die Zeitung im
GESAMTWERK
DEUTSCHER WEIN

Ein Graf wirft den Erzbischof ins Gefängnis

Der König sichert dem Täter Straffreiheit zu

Zwingenberg. Graf Diether V. von Katzenelnbogen wird wohl als einer der besonders Aktiven und Geschickten in die Geschichte seines Geschlechts eingehen. Er hat seinen Herrschaftsbereich ausweiten, sich mit verschiedenen Königen gut stellen – und straflos einen Erzbischof verhaften können.

Katzenelnbogen ist ein gutes Stück von der Bergstraße entfernt. Die Grafen aus jenem Ort haben jedoch auch hier Besitz, und der derzeitige Herr des genannten Adelshauses baut ihn kräftig aus. Das gilt konkret für den Ort Zwingenberg, den er befestigt, ohne den Erzbischof, der ja politisch für dieses Gebiet zuständig ist, um Erlaubnis zu fragen. Daß der Graf in seinen Mitteln nicht eben wählerisch ist, zeigt sein Fahnenwechsel von den Staufern zum König Wilhelm von Holland, der ihm den gewaltigen Betrag von 700 Mark Handgeld aus der holländischen Staatskasse einbrachte. 1254 verbündet er sich mit den Herren von Bickenbach gegen Ulrich von Münzenberg, weil er gern eine weitere Burg (Tannenburg bei Seeheim) in seinen Besitz bringen möchte. Gleichzeitig beendet er die Streitigkeiten mit dem Mainzer Erzbischof, indem er ihn gefangennimmt. Das müßte eigentlich die Familie Bickenbach gewaltig ärgern. Der clevere Graf schafft es jedoch mit königlicher Unterstützung die mit dem Erzbischof verbundenen Bickenbacher zu einem öffentlichen Racheverzicht zu bewegen. Der König hatte schon vorher volle Straffreiheit für die Einkerkerung des Bischofs zugesagt.

Vier Jahre später löst er Zwingenberg von der Mutterkirche in Bensheim und baut die Stadt weiter aus. Auch Fehden mit der bedeutenden Stadt Oppenheim werfen ihn nicht aus dem Sattel und als Rudolf von Habsburg als neuer starker Mann in Deutschland für ruhigere Zeiten sorgen soll, stellt er sich rechtzeitig auf dessen Seite, diesmal allerdings ohne Handgeld.

In zwei Sätzen

*** Der Interessenkonflikt zwischen den Ministerialen des Rheingaus und der Nahe sowie der Stadt Mainz einerseits und dem Mainzer Erzbischof andererseits wird wieder zum Kleinkrieg mit Waffen. Nach den Fehden der Jahre 1274 bis 1276 sind die Erstgenannten nach nur drei Friedensjahren wiederum so erbost über die Maßnahmen des Erzbischofs in der Landespolitik, daß sie erneut zu den Waffen greifen wollen.**

*** Siegfried von Eppstein, Neffe des Mainzer Erzbischofs, stiftet im Tal unter der Burg der Ritter von Delkenheim eine Kapelle. Sie wird dem heiligen Georg geweiht.**

„Juppheidi – zollfrei! Juppheida – zollfrei nur für Eberbach!“

Zollfrei

Hattenheim. Weinhändler, die ihren Rheingau-Wein von hier nach Köln transportieren wollen, müssen unterwegs 20 bis 30 Zollstellen passieren. Das bedeutet eine starke Verteuerung der Weinfracht. Wenn Weine diese Handelshindernisse frei passieren können, haben sie einen sehr großen Wettbewerbsvorteil. – In dieser glücklichen Lage befindet sich das Kloster Eberbach. Seine Weintransport-Flotte reist zollfrei bis Köln; die Bedeutung des Klosters macht diese Ausnahme möglich. Unter solchen Bedingungen scheint ein weiteres Gedeihen des Klosters sicher zu sein.

Nr. 5
Ausgabe
1300–1400

IN · VITE · VITA ··· IN · VINO · VERITAS

Jahrhundertpost

Die Zeitung im
GESAMTWERK
DEUTSCHER WEIN

Deutliche Anfänge republikanischen Geistes

Rheingau. Die Rheingauer waren immer stolz auf ihre Grenzbefestigung, auf ihr aus Bäumen und Büschen verflochtenes „Gebück". Nun haben sie Grund, auf ihre neuen Bürgerrechte stolz zu sein, die sie deutlich von viel schlechteren Verhältnissen persönlicher Freiheit in anderen deutschen Landen abheben.

Das neue Weistum des Jahres 1324, in dem die Rechte und Pflichten der Rheingauer aufgeschrieben sind, verwirklicht einige liberale Gedanken, die von vielen Einwohnern lange gefordert wurden: So haben jetzt die Bürger das Recht, den Rheingau zu verlassen, wann immer es ihnen beliebt. Sie sind nicht mehr Gefangene ihrer Landesgrenzen, die sich wie anderswo noch üblich entweder „freikaufen" müssen oder gar keine Möglichkeit haben, an einen Ort ihrer Wahl zu siedeln.

Umgekehrt dürfen nun auch Fremde in den Rheingau ziehen. Das Recht des freien Zuzugs verbrieft den Neubürgern außerdem den sofortigen Schutz durch die Behörden des Rheingaus. Das gilt auch für die Neubürger, die bisher unfrei waren. Ein Auszug aus diesem Kapitel:

„Welcher Mann in den Rheingau wolle und unseres Herrn Bürger werden wolle daselbst – und er verbotschaftet es dem nächsten Amtsmann, daß dieser ihm entgegengehe und seiner an der Grenze erwarte – denn er habe Sorge, jemand jage ihm nach und wolle ihn behalten –, so soll der nächste Amtmann, dem es mitgeteilt ist oder wird, an den Grenzbaum ziehen und soll dem Manne helfen, wie es vorgeschrieben steht (nämlich: sobald der Einzugwillige mit den Vorderrädern seines Wagens über die Rheingauer Grenze herübergekommen ist, so soll sich der Amtmann also stark machen, daß sie den Mann herüberziehen möchten). Kann der Amtmann das nicht zu einem guten Ende führen und käme dem Manne Schaden davon, so soll derselbe Amtmann ihm den Schaden ersetzen."

Die interessanteste Bestimmung des neuen Weistums ist wohl die, in der festgelegt wird, daß diese neuen Rechte nicht willkürlich von irgendeinem Herrschenden abgeändert oder aufgehoben werden dürfen. Neues Recht darf laut Weistum nur dann ergehen, wenn Erzbischof, Adel und Bürger auf dem „Landtag" versammelt sind. Das ist ein großer Fortschritt für den Rheingau und zugleich natürlich auch ein Anknüpfen an alte griechische Traditionen republikanischen Geistes.

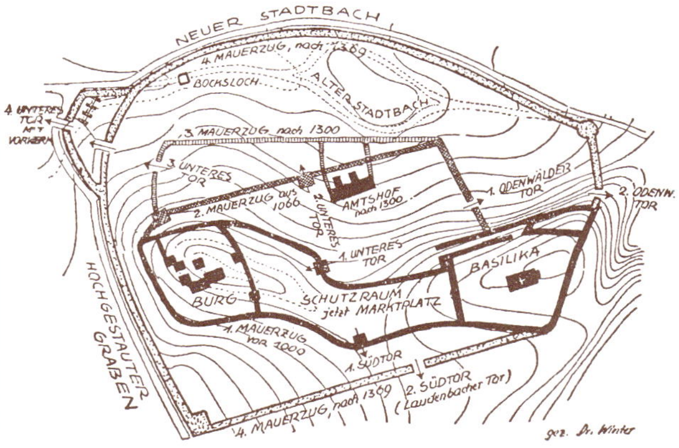

Heppenheims mittelalterliche Stadtentwicklung.

Heller, Malter, Fuder

Bestandsaufnahmen und Steuern – Löhne und Bußen

Heppenheim. *Am Beispiel eines Burggrafen erläutert die Jahrhundertpost Einkünfte und Ausgaben eines solchen „wirtschaftlichen und militärischen Mittelbetriebes" aus der Zeit um 1350:*
Der Burggraf der Starkenburg erhält vom Mainzer Erzbischof, in dessen Dienst er steht, aus den Abgaben der Bewohner des Amtes Starkenburg alle Vierteljahr insgesamt 650 Malter verschiedenen Getreides. Die Körnermenge wird in Hohlmaßen gemessen und entspricht etwa 85 000 Litern. Er erhält 26 Fuder Wein, also etwa 25 000 Liter. Die ihm abzuliefernde Heumenge ist von der Ernte abhängig. Er erhält die Hälfte der insgesamt von den Bürgern abzugebenden Menge. Die andere Hälfte geht an den Erzbischof.

Andere Abgaben der Bürger wie etwa das Weidegeld oder der „Weinkauf", eine Abgabe in Wein oder Geld, die beim Abschluß eines Weinhandels fällig wird, muß er ebenfalls mit dem Erzbischof – in einigen Fällen aber auch zusätzlich mit dem Abt des Klosters Lorsch teilen. Ferner gehören Naturaleinnahmen in Form von Schweinen, Gänsen, Hühnern, Eiern und Käsen zu seinen Einnahmen. Die Preise, die der Erzbischof bei Bedarf für diese Waren entrichten muß, sind vertraglich festgelegt. So bringt ihm eine Gans 12 Heller (entspricht „1 Schilling Heller" – Heller ist die kleinste Münze dieser Zeit). Ein Huhn bringt die Hälfte davon. Ein Heller ist für jeweils vier Eier zu zahlen. 24 Eier sind also der Gegenwert eines Huhns.

Die Bareinnahmen des Burggrafen schwanken. Sie sind unter anderem von der Höhe der Bußen abhängig, die straffällig gewordene Bürger zu zahlen haben. Die kleineren Bußen (nach Schöffenurteilen) darf er zu zwei Dritteln in die eigene Kasse lenken, während der Erzbischof ein Drittel erhält. Die größeren Bußen nach schwereren Vergehen erhält allein der Erzbischof. Die Geldeinnahmen werden jährlich auf insgesamt rund 50 Pfund Heller geschätzt. Die kleinen Münzen werden bei größeren Beträgen pfundweise abgewogen.

Gegen diese Einnahmen ist der Burggraf verpflichtet, 14 Mitarbeiter in der Burg, weitere sechs Wächter und 8 Soldaten (Kriegsknechte) nebst neun Pferden zur Verteidigung der Region zu unterhalten. Fünf der Knechte müssen gewappnet, drei dürfen ungewappnet sein. Acht Fuder Wein muß er darüber hinaus alljährlich an die Männer der Burghut zu Weinheim, Schadecke und Fürstenau geben.

Was in einem burggräflichen Betrieb normalerweise vorhanden ist, hat der Schultheiß von Oppenheim nach dem Tode des Burggrafen Hartmut von Cronberg am 25. Oktober 1334 in einer Inventarliste der Starkenburg erfaßt:

Lebensmittel:
Fast 30 000 Liter verschiedenen Getreidekorns, 13 Fuder jungen und zwei Fuder alten (vorjährigen) Weins, über 700 Kilogramm Salz, nur zwei Schinken, aber gewaltige Mengen Käse.

Vieh:
Neben den für die Wehr zu unterhaltenden Pferden und 27 Schweinen waren 2 Esel und 2 Maulesel im Privatbesitz des Burggrafen. Sie wurden eingesetzt, um Wasser und Feuerholz auf die Burg zu tragen.

Hausrat:
Der private Hausrat des Grafen umfaßte zehn Betten, aber nur zwei Paar Leinentücher, ein Handtuch und ein kleines Waschbekken. In der Küche wurden 2 große und 5 kleine Töpfe gefunden, 2 Kessel, 5 Pfannen, 4 Kannen, 3 Tischtücher und 4 Servietten.

Waffen:
15 Armbrüste waren die wichtigste militärische Ausrüstung, die nicht zum Privatbesitz der Krieger gehörte, dazu kamen zwei Spannschemel für diese Armbrüste und 22 Köcher mit Pfeilen. – Es muß hier gesagt werden, daß sowohl die festangestellten Krieger als auch die „Bereitschaftskrieger" aus der Umgebung über eigene Waffen verfügten, häufig jedoch lediglich über scharfe Sensen und ähnliches.

Nr. 6
Ausgabe
1400–1500

IN · VITE · VITA ··· IN · VINO · VERITAS

Jahrhundertpost

Die Zeitung im
GESAMTWERK
DEUTSCHER WEIN

Bechtermünze gibt auf

Eltville. Gegründet 1467 kurz nach Erfindung der Buchdruckerkunst durch Gutenberg gibt die Eltviller Druckerei nun nur elf Jahre später auf. Offenbar ist den Druckereibesitzern Bechtermünze die Nähe der großen Druckerstadt Mainz eine zu übermächtige Konkurrenz. Immerhin konnte die Druckerei während der elf Jahre neben zahlreichen kleineren Drucksachen fünf größere Druckwerke herausbringen, die zu den ersten Druckerzeugnissen der Welt gehören und dadurch Eltville wohl einen Platz in der Geschichte dieser Kunst erobert haben.

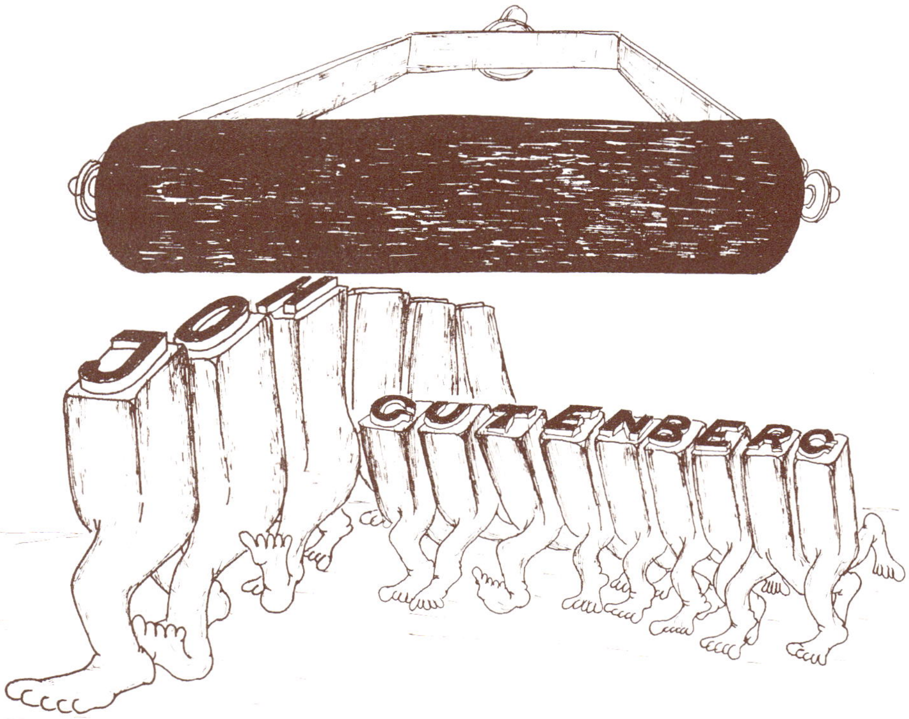

Hildesheimer Wein

Hildesheim. Was Bischof Bernward von Hildesheim begonnen hat, wird dort leider immer noch fortführt: Es gibt unverändert Hildesheimer Wein auf dem Markt. Zwar ist er keine unmittelbare Konkurrenz für unsere Qualitätsprodukte, weil er in einer anderen Preiskategorie angesiedelt ist, aber mittelbar beeinflussen diese Weine aus Nord- und Ostdeutschland doch das allgemeine Preisgefüge. Es ist zu wünschen, daß noch mehr Landesväter der Erkenntnis des Adalbert von Bremen folgen, der ja auch Weinbau betreiben ließ. Er mußte zugeben, daß seine umfangreichen Rebpflanzungen auf kühlem und kargen norddeutschen Boden „ein nutzloses Beginnen" waren, daß hier der Weinbau „umsonst versucht" war.

Beurkundeter Weinbergbesitz der Lorcher Familie von Staffel.

Auch Adelige werden Schröder

Hattenheim. *Die „Hattenheimer Schröderbruderschaft", die Zunft der Weinfaßtransporteure also, die deutschlandweit meist Schröter genannt werden, hat großes Ansehen und guten Zulauf gewonnen. Obwohl eigentlich der Transport der Stückfässer aus den Kellern und das Verladen solcher Fässer auf Wagen oder Schiffe als Hauptberuf Voraussetzung für die Bezeichnung Schröter oder Schröder ist, nehmen die Hattenheimer auch Weinbauern auf, die nur mittelbar mit dem Faßtransport zu tun haben. So tauchen in dem 1442 begonnenen „Schröderbruderschaftsbuch" immer mehr Namen von Adeligen auf. Einige Mitglieder der Familie Langwerth von Simmern haben sich ebenso eingetragen wie Junker Johann Scharfenstein, Junker Hans Wolfskehl, Johann Junker Rynberger und sogar Anna von Franckenstein.*

Grund für den Beitritt der fördernden Mitglieder ist wohl auch die religiöse Ausrichtung der Bruderschaft, die sich den heiligen Nikolaus als den Beschützer der Kaufleute und die heilige Barbara als Beschützerin der Landstraßen zu Schutzpatronen ausgewählt haben. Die starke kirchliche Orientierung bewirkt zum Beispiel auch, daß jedesmal vor der Schröterarbeit die Schröterglocke geläutet und dann gebetet wurde, daß die harte und gefährliche Arbeit gut vonstatten gehen möge.

Nr. 7
Ausgabe
1500–1600

IN · VITE · VITA … IN · VINO · VERITAS

Jahrhundertpost

Die Zeitung im
GESAMTWERK
DEUTSCHER WEIN

Einwohnerstatistik

Eltville, Geisenheim, Rüdesheim, Lorch und Oestrich dichtauf

Rheingau. Mit dem Stichjahr 1525, dem Jahr des Bauernkrieges, ergibt die Statistik, daß sich fünf Orte des Rheingaus zu fast gleicher Größe entwickelt haben. Eine Zählung der Herdstellen (Haushalte, Lebensgemeinschaften) hat folgende Reihenfolge ergeben: Eltville liegt zur Zeit mit 263 Herdstellen vor Geisenheim mit 258 knapp vorn. Rüdesheim folgt mit 250 Herdstellen, Lorch und Oestrich haben mit 244 beziehungsweise 243 fast gleiche Einwohnerzahl. Man rechnet pro Herdstelle im Schnitt der Bevölkerung des Rheingaus eher fünf als vier Einwohner.

Rebenerziehung am einzelnen Stock – Wein, Wald, Wasser, Felder und Berge, Winzerromantik dieser Zeit.

Der Bauernkrieg im Rheingau

Das Faß ist leer…

Steinheim/Eltville. Die gesamte männliche Bevölkerung des Rheingaus hatte sich auf dem Felde zwischen Eltville und Steinheim (Richtung Walluf) zu versammeln und dem Erzbischof zu huldigen. Das war das Ende des Aufstandes der Bauern im Rheingau, die mit ihrem kurzen und unblutigen „Bauernkrieg“ für bessere Lebensbedingungen eintreten wollten. Sie hatten auch nicht – wie anderswo in Deutschland Verwüstungen angerichtet. Ihre einzige größere ungesetzliche Tat war das weitgehende Leeren des großen Fasses im Kloster Eberbach, das rund 70 000 Liter faßte.

Selbst ein großer Teil des Dorfadels hatte sich auf die Seite der Bauern gestellt, indem die Adeligen einer recht nachdrücklichen „Einladung“ der Bauern, sich politisch zu erklären, gefolgt waren und mit diesen schließlich auf gemeinsame Interessen getrunken hatten.

Vor dem siegreichen Heer des schwäbischen Bundes, das die Interessen der etablierten Obrigkeit mit der Waffe verteidigte, brach der Aufstand kampflos zusammen. Neun sogenannte „Rädelsführer“ wurden hingerichtet – und unter dem Druck von 8000 Soldaten hatten die Rheingauer ihrem Erzbischof in Mainz als dem weltlichen und kirchlichen Oberhaupt die Treue zu schwören.

Hattenheim. *Die von der Familie Langwerth von Simmern errichtete und an die Gemeinde verpachtete Badstube trifft offenbar auf eine ausgeprägte Sauberkeits-Gegenliebe bei der Bevölkerung. Die von der Gemeinde als Pacht entrichteten elf Albus jährlich machen sich bezahlt.*

Neues Weinbuch

Rheingau / Hess. Bergstr. Catharina Rebartin hat mit dem Erscheinungsdatum 1571 ein Buch über die „Koch- und Kellermeisterei“ vorgelegt, in dem viele Kapitel die Pflege des Weinbergs, die Weinbereitung und den Weingenuß betreffen. Wir geben auf der folgenden Seite einige besonders interessante Abschnitte des Buches wieder. Die Wiedergabe der Zeilen ist verkleinert. Das Buch hat 140 Seiten im Format 14 mal 18,5 Zentimeter.

Wann man guten Wein in Mösten sol machen.

Item/wann der Most in dem geren ist/ als wann er begint abzunemen/ vnd doch von dem geren noch warm ist/ so geuß Most darein/ der erst von der Kelter oder Trotten kompt/vnd darzu gestossen Weinstein nach deinem bedunckẽn/vnd laß die vnder einander geren/ wann sich das gesetzt/so thu jm aber also/vnnd das vier mal/ vnd laß das Faß nicht vbergehen von dem geren/ so wirdt der Wein gut vnd starck/darzu süß vnd deuwig.

Wein sehr gerend zu machen/das er frisch werd.

Item/ nim̃ drey oder vier sawer öpffel/ vnd schneid die darein/vnd wañ denen jr geschmack vergehet/ so thu aber so viel drein/das du so lang/biß er wol geren wird/ so wird der Wein frisch vnd gut.

Item/zu Weihnachten/vnd wann der Wein blühet/so reget sich der Wein von Natur gern.

Wiltu das sich der Wein setz/ wann du jn gerürt hast.

Item/so thu darein klein Kißlingstein/ auß einem kalten Wasser auff zwey viertheil/vnd die sollen vorhin drey tag in dem kalten Wasser gelegen sein/ der Wein setzt sich schier.

Das ein Wein nicht gere.

Item/ wiltu dem Wein das geren wehren/ es sey am geleger/oder am führen/ so wirff ein wenig Keß darein.

Das sich ein Wein nicht verker/oder seyger werde.

Item/ geuß in ein gantz Fuder Wein ein viertheil Aquã Vite/von gutem Wein gebrendt/so wird er nicht seyger oder mißfarb/ sondern lauter klar vnd wolgeschmack/ dieweil er weret/zu trincken. Das thu im Herbst/wann er gieret.

Tugendt des Weins.

Wein messiglich genützt/macht lebendig/ vnd erquickt Natürliche werme/verdewt die Speiß/treibt all vberflüssigkeit zum Stulgang/ reiniget die Natur von allen bösen dünsten vnnd vnreinigkeiten vnd Cholera/ Adelt das Blut/sterckt das Hirn/erkleret die augen/ scherffet die sim̃ vnnd vernunfft des Menschen/ macht schön lauter farb. Diese Krafft hat der Wein/ so man jhn zimlich braucht. So man jhn aber vnordentlich braucht/ so thut er als viel schaden/als viel er sonst nütz ist.

Vom Wein.

Wie man erkennen sol/ ob Wasser in einem Wein sey.

Wer den Wein wol prüffen wil/ ob Wasser darinnen sey/der sol nemen ein Rohr/ oder sonst ein schlechts Holtz/ vnd schmier das glatt mit öl/darnach das öl wider ab/vnd stoß jhn dann in den Wein/vnnd zeuch das wider herauß/ vnnd henge das auff/hat es dann Wassertropffen/ so ists ein zeichen/das Wasser darinnen ist.

Nim̃ öle/vnd hitz das in einer Pfannen/ vñ geuß dann des Weins darein/ ists dann das Wasser darinnen ist/ so krachts vnd springt/vñ widerblest sich/ ist aber kein Wasser darinn/so thut es sein nicht.

Laß den W. i ruhen ein zeit nach dem gerẽ/ so setzt sich das Wasser an den grundt/ so laß jn denn von stundan in ein ander Faß. das hilfft dem Wein/ vnd helt jhn in seiner krafft.

Wiltu es erkennen/ ob der Wein mit wasser gemenget sey/ oder nicht/ so nimb Wechholder Beer/ thu die in den Wein/schwimmen sie denn oben/so ist er gerecht/fallen sie aber zu boden/so ist Wasser in dem Wein.

Ob Wasser im Wein sey/zu probieren.

Schwimpt ein Biern oder Ey im Wein/ so ist er gerecht/fellt es aber zu grund/so ist Wasser darunder. Oder nim̃ desselben Weins in ein newẽ Hafen/vermach jn wol/ laß es drey tag stehẽ/oder am Lufft hangen/ Ist dañ Wein darinn/ so tropfft es herauß von des Winds wegen/ oder wird zu zeiten in Essig verwandelt.

Wein zuuersuchen.

Wesch den Mund/ jß drey oder vier brocken Brot auß Wasser.

Auff Süßholtz/nüß/alten gesaltzen. Käß/oder gewürtzte Speiß/ hat sawren Wein auch guten geschmack. Desgleichẽ so Nordwind/oder Aquilo von Mitternacht gehet/das ist im Winter/sein die Wein am süssesten vnnd mechtigsten.

So der Wind Auster wehet/das ist im Herbst/ so werden die Wein leichtlich verwandelt/ vnnd erzeigen was mangels sie haben.

Zu beiden Solstitien/ so die Sonn gegen vnserm Firmament am höchsten vnd nidersten stehet/das ist vmb Johannis des Teuffers/vnd Sanct Lucien tag. Auch wenn die Weinreben blühen/ werden die Wein auch natürlich von hitz/von kelte/vnd zuuor von weichen Winden/vnnd viel Regen/ Donner vnnd Blitzen/ gebrochen vnnd verwandelet.

Die Kellerthüren sollen gegen Mitternacht stehen/ dieselben Wind sind frischer vnd röscher denn die andern/ auch gehebe Fensterlin haben.

Vom Wein.

Koch vñ Kellermeisterey/

von allen Speisen vnd Getrencken/viel guter heimlicher Künste/ auch wie man Latwergen/Salsen/Confect/Conseruen/vnd Einbeytzungen machen/ von mancherley Früchten/Blumen/Kreutern vnd Wurtzelen. Einem jeden im Hauß gar notwendig vnd nützlich zugebrauchen.

Gedruckt zu Franckfurt am Mayn/ durch Catharina Rebartin/ In verlegung Kilian Han/ Anno M.D.LXXI.

Guten süssen Wein zu machen/ der süsser sey dann der Most/ vnd darzu lauter vnd klar.

Item/ zum ersten merck/ das du auff ein tag so viel Leser bestellest/ die die Trauben all ablesen/ so viel du darzu haben wilt/die soltu vnzerknitschet hinein füren/ vnd denselben abend noch auffschütten zu Keltern/ oder morgens gar früh/ darnach sol er die Treubel auff der Keltern zertretten/vnnd darnach sol das Faß trucken bereit sein/darein sol man ein halb Quart Gebranteswcins schütten zu einem Fuder/vñ sol das zu spünden/vñ welgerten hin vnd her/ darnach setzs auff die böden/ vnnd leg es an ein küles ort/darnach nim̃ ein lot Entian/ein lot Negelin/ ein halb lot Zimetrinden/ vñ stoß das alles zusam̃en in eim Mörser/vnd zwey lot Zucker Candit/vñ vberzogen Enis/vnd das alles vnder einander auff bloß Trauben in das Faß geworffen/ vnd darzu Pfennlin voll Johañeskraut/darnach thu den Wein in das Faß/ vnnd laß das leer auff ein zwerch Hand/vnd deck es mit einem stein/ vnnd laß es ligen vngefüllet einen gantzen Monat/darnach fülls zu mit einem lautern Wein/ der da vergeren sey/ so wirdt er wol geferbt/lauter vnd klar/süß vnd däuwig.

Wie man die Wein süß sol behalten/ als sie von den Reben komen.

Item/ ehe er anfecht zu geren/ so nimb ein Handt voll Senffmehls/ vnd thu es in das Faß/ vnder einander geschlagen mit stecken/ auff ein halbe stund/der Wein bleibet allwegen süß.

Wann man den Wein von Stöcken nemen sol.

Item die Wein/ die gelesen werden ehe sie zeitig sein/ die sein nit werhafftig gut/ auch die Wein so vberigs zeitig sein/vnd not leiden von hitz oder kelten/sein auch nicht natürlich gesund vnd gut/darnach hab man sich zu richten/das man das recht mittel treff.

Wie man zeitig Wein sol erkennen.

Item/ zeitig Wein sol man also erkennen/wann die Trauben süß sind/vnd die Körner schnell auffgehen/ vnd rein scheinen/auch sehr kleben an den Fingern/vñ die Beer beginnen klein zu werden/vnnd runtzlecht/so ist der Wein zeitig zu lesen/ Auch sollen die Weintretter Hend vñ Füß waschen/vñ die vnzeitigen Treublin außwerffen/sie bringen sonst dem Wein grossen schaden.

Item/ wann man den Wein lisst/ ehe er recht zeitig ist/ so wird der Wein blöd/vnd nit werhafftig/sondern bricht. Lesst man jn aber zu vil zeitig werden/ so wird er aber brüchig von den Reiffen/vnd feulen die Treublin.

Wie man die Faß zu dem Wein bereiten sol.

Item/man sol die Faß also bereiten/ sie sollen rein vnd schön gewaschen sein/mit gesaltzenem Wasser/ vñ wol bewart vor bösem geruch/wann sie dañ rein gewaschen sind/ sol man sie reuchen mit gutem Weyrauch.

Item/nim̃ Laub Welschnußbaumen/ vnd seud das in Wasser/vnd behe die Faß damit/ vñ laß das darinnen stehen zween oder drey tag.

Man sol die Faß sauber schwencken mit reinem Wasser/vnd gar eben warten/damit sie nicht schimlicht werdẽ. Wann du es also rein behalten/vnnd sauber geschwencket hast/so bereuchs darnach ein wenig mit eim weissen Weihrauch/vnnd verspünte das Faß/ das der Rauch darinnen bleibet/ ꝛc.

Wie man Most in Wein bringen sol.

Item/wann der Most noch giert/vnd warm ist/ so gieß darein ein Eimer voll süsses Mosts/oder zween/ darnach das Faß groß ist/ so beginnet der Wein wider zu geren/ als vor/ vnnd wann sich der Most gesetzt/so geuß aber als viel darein als vor/vñ thu das drey oder vier mal/ so wird der Wein starck vnd gut.

Wie man die Wein bereiten vnd gar wol bewaren sol.

Item/wann der Wein anfecht geren/so stoß ein schüssel voll Wachholder spen darein/oder Hopffen/oder Beyfußsamen/ oder Spicanardus/ oder gederrt Kornblüh/ hencke das darein/so behelt sich der Wein bey der farb vnd krafft/Vnnd wann der Wein vergeren hat/ so thu es wider herauß/ das er nit darnach schmeckend werde/so bleibet er bey seiner krafft vnd guten farb/ biß ans end.

Vom Wein.

Guten Natürlichen/ süssen/ senfften/ milden/ Wein machen im Herbst/ das er das gantze Jar also bleib.

Man sol in der gerung in ein Faß mit Wein ein stück Speck hencken/in einem saubern secklin/ vñ vermach das Spundloch/das du jm nur ein kleines Lufftlöchlin lassest/ so bleibt der Wein in seiner gerung/ vnnd wird süß/ schön vnd lauter.

Wiltu guten süssen Wein machen/ so nimb den Most von stundan von der Keltern/vnd thu jn in ein Kessel/vnd laß jn einsieden/biß der drittheil einseud/ Darnach thu jn in ein Faß behalten/so bleibt er durch das gantze jar süß.

Guten Wein in Mösten zu machen.

Wann der Most die vnreinigkeyt nimmer außwirfft/ o nim̃ guten starcken Gebrantenwein/vnd geuß jn in den Wein/so wird er darnach gut/ wañ er sein zeit außgeligt/ darnach magstu jn behalten so lang du wilt.

Faksimile vom Titel und einigen Auszügen eines 1571 erschienenen Buches.

Nr. 8
Ausgabe
1600–1700

IN · VITE · VITA ··· IN · VINO · VERITAS

Jahrhundertpost

Die Zeitung im
GESAMTWERK
DEUTSCHER WEIN

Wertvolle Bibliothek des Klosters abtransportiert

Schwedenkanzler Oxenstierna läßt sich Kloster Eberbach schenken

Kloster Eberbach. Schwedischen und deutschen Truppen ist es unter Herzog Bernhard von Weimar gelungen, die Naturfestung des Rheingaus, das Gebück, bei Oberwalluf und Martinsthal zu durchbrechen. Sie brachten Mord und Brand und schwere Besatzungslasten in den Rheingau, und eine ihrer ersten Missetaten war die Plünderung des Klosters Eberbach.

Der Weinreichtum des Klosters war sicherlich ein wichtiger Anziehungspunkt für die Soldateska, und so kamen große Teile des in das Gebück hereingebrochenen Heeres schnell in das Kloster, besetzten es, plünderten die Eßvorräte, tranken den Klosterwein, stahlen Wertvolles, verwandelten die Kirche in einen Pferdestall und verfrachteten die Klosterbibliothek mit einer Transportkarawane von mehr als zehn Wagen zu einem unbekannten Ziel. Schließlich traf der schwedische Kanzler Oxenstierna in Kloster Eberbach ein und ließ sich dort die Abtei mit ihren Liegenschaften zum Geschenk machen. Darüber hinaus hatten die Orte des Rheingaus wie üblich „Kontribution" zu zahlen. Im Falle des unter Kloster Eberbach gelegenen Hattenheim bedeutete das zum Beispiel eine Weinlieferung von mehr als 94 Fudern!

Riesling gewinnt

Geisenheim. Eingeweihte wissen schon seit Jahrzehnten, daß der Riesling einigen anderen Rebsorten, die bei uns angebaut werden, eindeutig überlegen ist. Dieses Wissen führt nun bei Qualitätsweingütern zum vermehrten Rieslinganbau – und dazu, daß die vieltragenden aber geringwertigen Elblingreben (Kleinberger) im wahren Sinne des Wortes Boden verlieren. Jüngstes Beispiel für das Umdenken bei Neuanpflanzungen: Das Mainer St. Klarakloster verfügt, daß auf seinen Geisenheimer Gütern rote Reben ausgehauen – und von diesem Jahr 1672 an nicht mehr durch Elbling sondern durch Riesling ersetzt werden. Der Anbau von Elbling ist auf diesen Gütern von nun an verboten.

Verdrängungswettbewerb mit „Hauen und Stechen"? König Riesling ist ganz einfach besser als seine Widersacher wie etwa der Elbling.

Zwingenberg und Heppenheim brennen!

Starkenburg hielt Angreifern stand

Heppenheim/Zwingenberg. Das Jahr 1693 wird als Unglücksjahr in die Geschichte von Heppenheim und Zwingenberg eingehen. Beide Städte wurden vom französischen Marschall de Lorges erobert und in Brand gesteckt.

Die Zwingenberger hatten sich tapfer gewehrt, aber die Franzosen waren stärker. Fast alle Zwingenberger Verteidiger verloren bei dem Kampf ihr Leben. Anschließend wurde der Ort geplündert und in Brand gesteckt.
Dann zog de Lorges am 11. Juli von Zwingenberg vor die Festung Starkenburg über Heppenheim. 136 Kanonenschüsse ließ er auf die Festung abfeuern und 18 Bomben und Brandsätze in die Mauern schleudern. Die Verteidiger schlugen jedoch alle Angriffe zurück und der Marschall gab schließlich ergebnislos auf.
Der Ort selbst war ihm dagegen wehrlos ausgeliefert. Der Marschall nahm Rache dafür, daß man ihn statt mit offenen Armen mit erbitterter Gegenwehr (unter dem Burggrafen von Hees) empfangen hatte. Auch den Verpflegungsaufforderungen der Franzosen leisteten die im Ort verbliebenen Heppenheimer Widerstand. Die Franzosen tranken zunächst den Kirchenwein, schütteten auf den Boden, was sie nicht trinken konnten und zündeten dann den Ort an. Schöne Gebäude wie der kurfürstliche Amtshof, die ehemalige Lorcher Vogtei, der schöne Fachwerkaufbau des Rathauses und viele andere Gebäude wurden durch das Feuer zerstört. Unversehrt blieb lediglich die Kirche.

Einwohnerzahl um 80 bis 90 Prozent gesunken!

Hattenheim. Der Dreißigjährige Krieg und die Seuchen haben die Einwohnerzahlen der Rheingau-Orte innerhalb eines Jahrhunderts sehr stark gesenkt. Am stärksten ist wohl Hattenheim betroffen. Dort sank die Zahl der Herdstellen (Hof- und Lebensgemeinschaften) laut vorliegender Zählungen von 139 im Jahr 1525 auf 33 im Jahr 1687. Da an den verbliebenen Herdstellen wahrscheinlich weniger Menschen leben, kann man davon ausgehen, daß die Bevölkerungszahl des Dorfes innerhalb des genannten Zeitraums auf ein Zehntel gesunken ist.

Faksimile eines 1680 erschienenen Buches (Titelseite).

Von den Kellern darein man Wein legt.

DIe Weinkeller darinnen der Wein liegen sol/ müssen fein sauber und rein/ und von der Lufft wol bewahret seyn. Man muß die Feuster und Thüren zuhalten/ daß die Lufft nicht hinein kan/ und die Sonne nicht hinein scheinet/ sonderlich wann es donnert und plitzet/ auch sol man im Winter die Kälte nicht hinein lassen/ die Thür hinter ihm bald wieder zuthun/ wann man hinein gehet. Es sol auch kein Gestanck zum Weine kommen/ und kein Weibesbild tempore menstrui. Man sol kein Kohlfeuer im allerwenigsten drinnen haben/ damit der Wein nicht verschlahe. Man sol auch im Jahr zum wenigsten einmal den alten Sand auß dem Keller heraußthun / und andern neuen frischen Sand hinein schütten/ davon erfrischet sich alles Geträncke. Gewölbete tieffe frische Keller/ die Feusterlein und Thüren gegen Mitternacht haben/ seyn die besten/ und muß mann die biß weilen deß Morgen oder Abends ein wenig auffthun / daß bißweilen die mitternächtige frische Winde ein wenig hinein gelassen werden. Besiehe Constant. lib. 6. c. 2.

Wie man sich mit der Weinlese verhalten soll.

EIn guter Haußvater habe achtung drauff/ daß er den Wein nicht lasse lesen/ wann er unreiff/ oder aber gar zu reiff ist/ dann wann man ihn lieset/ weil er noch unreiff/ so liget er nicht gerne lange/ und verleuret den Geschmack bald. Wann es immer müglich/ so soll man den Wein lesen/ wann gut Wetter ist/ und es nicht regnet/ und so viel müglich/ nicht zu warm/ und auch nicht zu kalt ist/ dann der Wein wird stärcker/ besser/ und liget länger.

Auff wie vielerley Weise man die Weinberge düngen kan.

ERstlich mit gütem/ feisten/ alten Mist/ doch also daß er nicht gar am Stocke/ sondern eine Spanne weit von der Wurtzel liget/ dann wann er gar zu nahe dabey liget/ so schadet er dem Stocke mit seiner übrigen Wärme/ die er in sich hat / und das ist die beste Düngung. 2. Mit wenigen Unkosten dünget man die Berge mit Trebsten / mit Nußschalen / mit Flachsschübeln und Aschen. 3. Item/ mit Staub/ der auff der Strassen gesamlet wird / wie oben vermeldet/ und Asche/ die den Salpetermachern überbleibet. 4. Item/ mit gebrandtem Erdreich von Wiesen/ Pflöcken und Kalck/ mit altem Mist vermenget. 5. Item/ mit altem Koth/ der auf der Strassen auffgeraffet/ altem Hüner-Tauben und anderer Thiere Mist. 6/ Sonderlich sind der Schneider/ Kirschner/ Schuster und Gärber Abgänge im Kehricht gut/ und die Feilspäne von den Hörnern bey den Kammachern und Laternenmachern. 7. Es ist aber zu mercken/ daß jetzterzehlte Arten zu düngen/ mehr sind zu gebrauchen an neuen Weinbergen oder Stöcken / damit sie desto baß und ehe Früchte bringen/ dann an alten.

Von den Fässern/ darein man dee Möste bringet.

WAnn man vermercket/ daß der Wein durch Gottes Segen wol gerathen wird/ und er sich in der Blühezeit/ und sonsten im Julio und Augusto wol anlässt/ und Vermuthung ist/ daß man viel und gute Wein bekommen möchte/ so muß man die Faß ein wenig desto zeitliche zurichten/ daß sie allzeit fertig seyn/ dann es kan schnell und unversehens ein Frost oder zweene fallen/ daß man eilends lesen muß/ und wann man alsdann mit den Fassen nicht fertig ist/ so muß er ungereinigte Faß nehmen/ darinnen ihm der Wein verdirbet/ oder wol gar Mangel an Fässern haben/ daß man darnach nicht weiß/ wo auß oder ein mit dem Wein. Darumb sollen die Fässer etwan 3. oder 4. Wochen vor der Lesezeit mit einem Wasser gefüllet werden/ und gantzer drey Wochen nacheinander voller Wasser stehen/ da siehe zu/ daß sie nicht außlauffen / und daß sie geeichet werden/ daß man weiß/ wie viel in ein jedes gehet: Auch darff man in ein neu Faß nicht leichtlich Most thun/ sie seyn dann zuvor dazu bereitet. Wein darff man wol drein thun/ dann dem schadets nicht.

Wie man einen Wein probiren soll/ ob Wasser hinein kommen ist oder nicht.

NJm einem Stecken / beschmier denselben mit Leinöl/ stecke ihn ins Faß biß auf den Grund/ und halt ihn ein wenig drinnen/ darnach zeuch ihn wieder herauß/ ist Wasser im Weine/ so wirstu auf dem Stecken/ der mit Oel bestrichen/ viel Wassertropfflein/ ja allenthalben umb den Stock finden. Ist aber der Stecken rein / so ist der Wein ohn Wasser. Also kan mans auch in einem Glase / oder in einer Kanne versuchen/ mit einem Stecklein/ Reißlein oder Federlein/ mit Oel angestrichen.

Vom Kirsch-Wein.

ZEuch die Kirschen von den Stielen/ und wirfft die Stiel weg / darnach nimm die Kern auß den Kirschen/ und zerstose die Kernen sonderlich/ dann wann man die Kernen mit den Kirschen zerstöst / so treuschen sie zu sehr den Safft weg/ thue sie wieder unter das Fleisch der Kirschen/ und thue sie beyde in ein lang weiß Säcklein/ und thue Anis darzu/ hängs in rothen Wein/ so zeucht der Wein alle Kraft der Kirschen und Kerne zu sich/ sie müssen in einem steinern Dinge zerstossen werden/ nicht im Mörsel/ oder in einem küpffernen Zeuge/ dann es schmeckt sonst zu sehr nach dem Kupffer/ Item/ thue mit Zucker überzogenen Anis drein/ oder schlechten Anis mit Zimmetrinden/ so wird er desto besser/ dann von Zucker und überzogenen Anis wird er fein süß und lieblich.

Faksimile von Auszügen des nebenstehend mit Titel abgebildeten Buches.

Nr. 9
Ausgabe
1700–1800

IN · VITE · VITA ··· IN · VINO · VERITAS

Jahrhundertpost

Die Zeitung im
GESAMTWERK
DEUTSCHER WEIN

Weinwissen in Frage und Antwort

Richtungweisendes Weinbuch des Freiherrn v. Vorster

Geisenheim/Frankfurt/Leipzig. Da hat sich ein Freiherr hingesetzt und seine Erfahrungen im Weinbau zu einem Lehrbuch gemacht, Erfahrungen, die er vor allem auf seinem Geisenheimer Weingut gesammelt hat. Was da 1765 im Verlag der Johann Georg Eßlingerischen Buchhandlung zu Frankfurt und Leipzig herausgekommen ist, kann sicherlich starke Anregungen für die Weinbauzukunft der Rheingau-Region geben.

Von Vorster philosophiert eingangs ein wenig über Sein und Nichtsein beim Weinbau – will sagen: Über die Qualität einer solchen Berufung wie auch über die Quantität zum Beispiel beim finanziellen Ertrag, über Gutes und Schlechtes, Fehler und leuchtende Beispiele. Der Hauptteil seiner Ausführungen ist jedoch der Praxis gewidmet. Das geht bis in die Einzelheit, wann wo und wie ein Weinberg bei der Neuanlage gegraben werden muß und wo man am besten den ersten Stich ansetzt. Was der Mist bewirkt (er meint, daß der Wein beim ersten Ertrag nach der Düngung verdorben sei.) und was die Bodenzusammensetzung wird ebenso gesagt, wie der Leser auch ausführliche Antworten in Fragen des Anbaus der verschiedenen Rebsorten erhält.

Auch die Kellertechnik und schließlich die Beschreibung des Weins kommen nicht zu kurz. Sicher ist da einiges anfechtbar oder wird durch neue Entwicklungen in Kürze widerlegt sein, aber insgesamt hat von Vorster hier ein beachtliches Werk vorgelegt. Die Zeit war reif für solches Weinbuch.

Frage:
Warum gewinnen die kleinen Rißlinge in dem Rheingau durchgehends den Vorzug?

Antwort:
Weil dieselbe nach dem Orleanzer den besten und stärksten Wein geben, überall zur Zeitigung gelangen, und sich der Wein davon biß in America ohne Verlust seiner Kräften verführen läßt.

In zwei Sätzen

∗ Die meisten Rheingauer verdienen ihr Brot nach wie vor in Weinbau und Landwirtschaft. Wie eine Zählung 1773 in Eltville zeigt sind jedoch auch andere Verdienstmöglichkeiten nicht zu unterschätzen: 5 Mühlenbetriebe, 10 Bäckereien, 13 Gasthäuser, 4 Schmieden.

Anregungen aus Meißen für Qualität im Weinbau

Meißen. Der Autor wollte anonym bleiben, wie es leider in dieser Zeit immer noch üblich ist. Dabei hätte es sein Name verdient, in die Weingeschichte einzugehen – allein schon wegen der Vorschläge, die er gemacht hat, um einerseits den Wohlstand der kleinen Winzer zu heben und andererseits die Qualität des Weines zu verbessern.

Der
Rheingauer
Weinbau,
aus selbst-eigener Erfahrung
und nach
der Natur-Lehre
systematisch beschrieben.

Propria Cultura Optima Usura.
Meditatio Mortis Optima Philosophia.

Frankfurt und Leipzig,
in der Johann Georg Eßlingerischen Buchhandlung
1 7 6 5.

Ich stellte meine Betrachtungen über den grosen Nutzen an, den ganze Länder, besonders unser mit ausserordentlichem Weinwachs von GOtt gesegnetes Land Rheingau, davon erhält; indem sowohl den Eigenthums-Herren der Weingärten, als auch einer überaus grosen Menge der Arbeitern von daher der gröste Theil ihrer Nahrung zufliesset. Ich erwoge überdies dasjenige Einkommen, welches dem Landes-Herrn an Schatzung, Zoll, Accis, Lager-Aufschlag- und Grahnen-Geld, dem Adel und Clerus aber an Zehenden bey jährlicher Weinlese zufällt; und bey diesen Ueberlegungen erachtete ich wahrhaftig als ein Diener des Staats nichts unwürdiges zu unternehmen, wenn ich zu Vergröserung all dieser herrlichen Vortheile und Nutzbarkeiten die Würkungen meines langwierigen Erfahrens dem geehrten Publico, mit Hindansetzung meines eigenen Nutzens, bekannt werden lasse, und so viel an mir ist, bewürke, daß das Land Rheingau mit verdoppeltem Rechte des goldenen Maynz unerschöpfliche Goldgrube genennet zu werden verdiene.

Der anonyme „sächsische Landwirth“ konnte seine Vorschläge in einem Buch veröffentlichen, das in der Erbsteinschen Buchhandlung zu Meißen im Jahr 1794 herausgekommen ist und den Titel „Abhandlung über den Rheinländischen Weinbau mit dem Sächsischen Weinbau“ trägt. Nach einer Beschreibung der zur Zeit verwendeten Rebsorten und einer allgemeinen Anleitung für den Winzer, wendet sich der Autor dem Los des Winzers zu. Sein Fazit: Der Winzer kommt solange nicht in den vollen Genuß der Früchte seiner Arbeit, wie er gezwungen ist, aus der Not heraus jeden Preis für seinen Wein zu akzeptieren, den ihm der Handel bietet. Die meisten Winzer haben wirtschaftlich und auch von der Lagerkapazität her gar nicht die Möglichkeit, ihren Wein so lange im Faß liegen zu lassen, bis der Handel bessere Preise zahlt. Ergebnis – so der Autor: Sie müssen häufig zum halben Preis verkaufen.
Als Abhilfe schlägt er vor, daß mit staatlicher Hilfe und Aufsicht ein Depot geschaffen wird, bei dem die Winzer ihre Weine zum Lagern abliefern. Gleichzeitig müßte die wirtschaftliche Sicherheit der Winzer durch ein Kreditsystem gewährleistet sein. Daß der Winzer bei strenger staatlicher Kontrolle über Wein-

Endlich entlarvt: Der Trick, mit dem die Schweden im vergangenen Jahrhundert das Gebück überwunden haben!

anbau und Weinbehandlung letztlich dabei gewinnt, soll eben durch die höhere Weinqualität erreicht werden. Dazu stellt der Autor folgende Vorschläge zur Diskussion:

1. Staatliche Kontrolleure sollen den Most vor der Einlieferung genau auf Reife und Sortenqualität des verwendeten Traubengutes untersuchen.
2. Strenge Vorschriften für ein optimales Kelterverfahren müßten erlassen werden.
3. Die Weine sollen im Depot mindestens vier oder fünf Jahre reifen, um so einen höheren Gütegrad und damit einen höheren Wert zu erreichen. Erst dann sollen die Winzer wieder über ihr Eigentum verfügen dürfen und es nach Belieben an den Weinhandel abgeben können.
4. Der Weinausbau im Keller müßte von hochqualifizierten und vom Staat in den Depots fest angestellten Fachleuten überwacht und gelenkt werden.

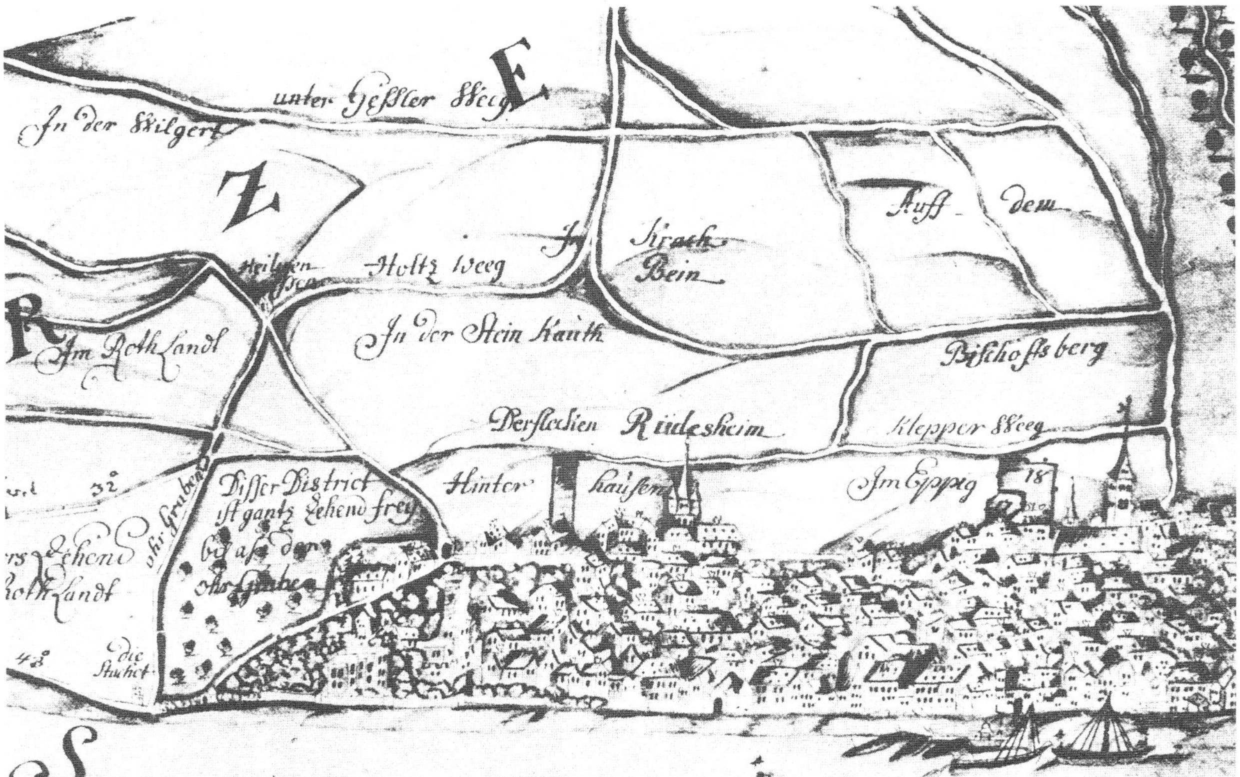

Ansicht von Rüdesheim, gezeichnet von Landmesser Andreas Trautner im Jahre 1744.

Nr. 10
Ausgabe
1800–1900

IN · VITE · VITA ··· IN · VINO · VERITAS

Jahrhundertpost

Die Zeitung im
GESAMTWERK
DEUTSCHER WEIN

Wein gegen Seuchen!

Wien/Berlin. Frühere Experimente in England und Frankreich sind jetzt durch neuere Forschungsergebnisse in Wien und Berlin bestätigt worden: Wein tötet die Mikroben, die Typhus und Cholera erregen.

Forscher und viele Ärzte, wie der französische Dr. Maurice als Spezialist auf diesem Gebiet, fordern deshalb, in Zeiten großer Seuchengefahr bei Typhus und Cholera statt Wasser reinen Wein zu trinken, um eine Verbreitung der Erreger durch das Wasser zu verhindern.

Der Typhusbazillus ist widerstandsfähiger gegen den Wein, wird aber von reinem Wein innerhalb von 15 Minuten ebenfalls getötet. Wer hier sicher gehen will, sollte also reinen Wein trinken.

Gruber, Vorstand des Hygienischen Instituts von Wien und Baber vom Berliner Gesundheitsamt haben nun zweifelsfrei nachgewiesen, daß der Wein mit den Erregern der sehr stark durch Wasser verbreiteten Krankheiten Typhus und Cholera kurzen Prozeß macht. Das ist wörtlich zu verstehen, haben doch die Experimente ergeben, daß mit Cholera-Erregern infiziertes Wasser nach fünf Minuten ungestraft getrunken werden kann, wenn es in dieser Zeit mit einem Drittel Wein vermischt stehenbleibt.

Goldmedaille

Johannisberg. 1865 hat Johann Jakob Söhnlein zum erstenmal aus Grundweinen vom Johannisberg einen Sekt hergestellt, der sich vom üblichen Sekt unterschied. Dieser Sekt ist nicht wie gewöhnlich aus mehreren Grundweinen zu einer Cuvée verschnitten, sondern aus dem Wein einer Lage und eines Jahrgangs hergestellt.
Heute ist das Wagnis belohnt worden: Nach nur zwei Jahren hat dieser Sekt schon die hohe Auszeichnung einer Goldmedaille auf der Pariser Weltausstellung erhalten.

„Kiedricher“ Willy Weil auf dem Fäß, aus dem der 1893er für den Kaiser abgefüllt wurde und eine Martinsthaler Jagdgesellschaft.

600 Steigerer wollen die Weine des Klosters

Kloster Eberbach. Im Jahr 1806 wurde das Herzogtum Nassau konstituiert, und im gleichen Jahr begannen die Kloster Eberbacher Weinversteigerungen. Mit dem Verkauf des berühmten 1811er erlangten sie Weltruhm zogen die größten Weinhändler Deutschlands an und erzielten bemerkenswerte Umsätze. Im Jahre 1836 konnte die Domänenverwaltung dem Herzog den Besuch von 600 Interessierten melden.

Es begann mit einer Anzeige im „Gnädigst Privilegierten Wiesbadener Wochenblatt Nr. 5" am 3. Februar 1806: „Herrschaftliche Weinversteigerung im Rheingau. Den 28. und 29. April nachmittags 1 Uhr werden in dem Kloster Eberbach 11 Stück 1803er Steinberger, 17 Stück 1803 Hattenheimer, 12 Stück 1804er Hattenheimer aus den vormals Kloster Eberbacher Weinbergen, 16 Stück 1804er Rüdesheimer, Geisenheimer und Hallgartener Weine ... an den Meistbietenden gegen baare bey der Abholung zu leistende Zahlung versteigert werden."

Gleichzeitig wurde auf Versteigerungen zu Reichartshausen und Rüdesheim hingewiesen. Ersteigert wurde jeweils ein ganzes Stückfaß mit 1200 Liter Inhalt.

Die Weinversteigerungen des Klosters wurden schnell Tradition. Neben den Klosterweinen kamen auch bald die als Naturalabgaben von den Rheingauer Winzern bezogenen Weine zum Ausgebot.

Die Zahl der „Steiglustigen" und „Schnutentunker" wuchs von Jahr zu Jahr – bis auf die oben genannte stolze Zahl von 600 Käufern. Die Domänenverwaltung lädt traditionell alle Kunden und möglichen Kunden zum Mittagstisch. Bei diesem Essen erhält jeder Teilnehmer auch eine ganze Flasche Tischwein.

Wer nach dieser Stärkung im Versteigerungslokal, dem ehemaligen Speisesaal der Mönche, den Zuschlag auf ein Faß erhalten hat, läßt es mit seinem Namen siegeln, um es nach beliebiger Zeit abzuholen. Lagerungskosten entstehen dadurch nicht. Wichtig ist nur, daß die Kaufsumme innerhalb festgelegter Zeit auf ein Konto des Versteigerers überwiesen wird.

Von dem Frauenkloster Gottesthal in den Weinbergen über Oestrich-Winkel (siehe auch an anderer Stelle) sind nur noch einige Mauern und Nebengebäude geblieben. Schon zur Jahrhundertwende war diese frühere Zeichnung nur Erinnerung.

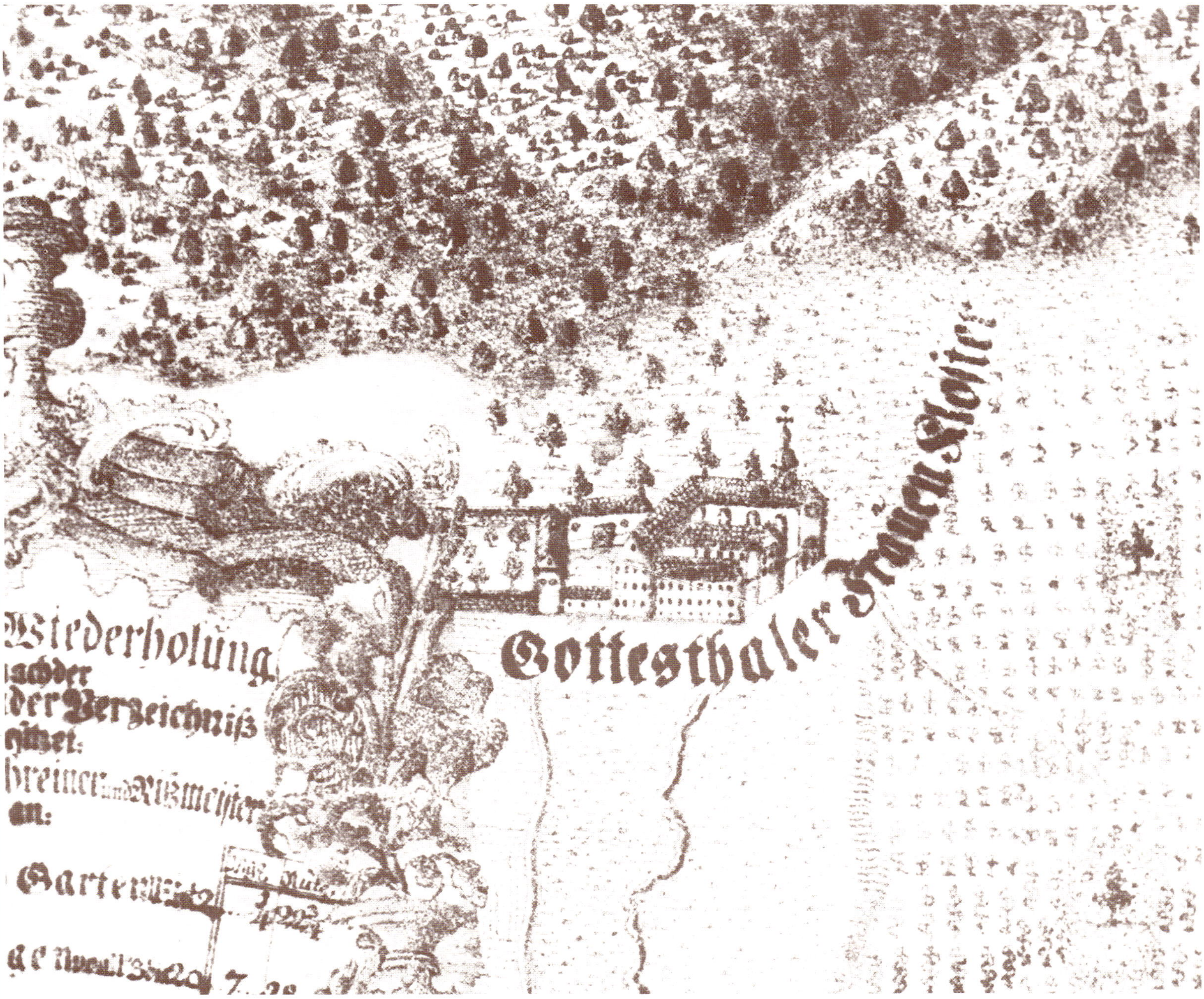

Sorten- und Preis-Verzeichniss
von
JUNG & COMP.
Weingutsbesitzer und Weinhändler
Rüdesheim im Rheingau.
Die Firma wurde 1847 gegründet und ist Inhaberin von landwirthschaftlichen, sowie internationalen Weltausstellungs-Auszeichnungen.

Jahrgang	Gewächs	Pro 1000 L. ohne Fass Reichsmark
	Weiss-Weine.	
1899	Rheinhessische und Rheinbayerische Pfalzweine beginnen mit	410
1895–1897	do. kleine Tischweine	450–500
1897	do. Gaubickelheim, Pfaffenschwabenheim	600
1895–1897	do. Bosenheim, Oppenheim	520–670
1893–1897	do. Nackenheim, Nierstein	600–1000
1895–1897	do. Deidesheimer Ungstein Forst	850–1575
1897	Moselweine: Obermoseler, Pündericher	450–560
1895–1897	do. Enkircher, Graacher	600–1000
1893–1897	do. Erdner, Josephshöfer	1050–2200

In 1/2 und 1/4 Stückfass = 600 und 300 Liter.
Ziel 6 Monate oder 3 % Sconto bei Gleichzahlung.

Jahrgang	Gewächs	Pro 1000 L. ohne Fass Reichsmark
1895–1897	Rheingauerweine, Lorcher, Bodenthaler	600–1000
1895–1897	do. Geisenheimer, Hochheimer, Dorf Johannisberger, Winkeler, Erbacher, Rüdesheimer, Oestricher	950–1350
1893–1897	do. Hallgarten, Rauenthaler, Kiedricher, Hattenheimer	1325–2500
1893–1895	do. Auslesen aus den besten Lagen von Kiedrich, Rauenthal, Marcobrunnen, Rüdesheim	3000–9000
	Rote Rheinweine.	
1897	Portugieser und Frühburgunder	500–600
1895–1897	Heidesheimer, Ober-Ingelheimer Spätroth	725–1200
1893–1897	Assmannshäuser und do. Ausbruch	1600–4000
	Vom Flaschenlager.	Per Flasche incl. Glas
1884–1897	Wir unterhalten fortwährend ein Lager in fertigen Flaschenweinen aus den Jahrgängen 1884, 1886, 1889, 1892, 1893, 1895 in den Preislagen von Mk. 1.20, 1.50, 1.75, 2.—, 2.50, 3.—, 5.—	1.20–5.—
	Von einem besonderen Abzug der 1893 und 1895 Edelgewächse empfehlen wir	
1893	Rüdesheimer, Stumpfeort, eig. W.	3.50
1895–1897	Kiedricher Wasserross	3.25–3.75
1895–1897	Hattenheimer Nussbrunnen	4.00
1893	Rauenthaler Berg	4.75
1895	Rüdesheimer Hinterhaus, eig. W.	5.00
1893	Marcobrunner Auslese	6.25
1893	Rüdesh. Schlossberg-Auslese, eig. W.	8.50
1893	Gräfenberg Beeren-Auslese	10.00

Werbehilfe für Rheingauer Weine

Berlin. Der Berliner Humorist Adolf Glaßbrenner hat in einer Satire auf Berliner Ausschankweine der niedrigsten Qualität traditionellen Qualitätsweinen wie dem Rheingauer einen guten Dienst geleistet. Er macht sich da wohl vor allem über unreife Weine lustig, die heute immer noch in für den Weinbau ungeeigneten Teilen Deutschlands wachsen. Hier sein Originaltext über die vier Sorten Ausschankwein:

1. „Maskenwein". Diese interessante Feuchtigkeit ist gut zu benutzen, bevor man im Winter auf die Redoute geht, indem man danach solche Gesichter schneidet, daß einen kein Mensch mehr erkennen kann.
2. „Drei-Männer-Wein". Wenn ein Mann diesen Traubensaft genießen soll, so müssen ihn zwei andere festhalten.
3. „Fahnenwein". Wenn man ein einziges Achtel über die Fahne gießt, so zieht sich das ganze Regiment zusammen.
4. „Kriminalwein". Wenn man zwölf Flaschen dieser moralischen Sorte in ein Gefängnis legt, so gestehen am nächsten Tag sämtliche Verbrecher.

Dichterfürst im Weinort

Goethe im Brentanohaus – Bettina ist begeistert

Winkel. *Zwischen Johann Wolfgang von Goethe und der Familie von Brentano hat sich eine enge Freundschaft entwikkelt. Der Dichter ist häufig zu Besuch in Winkel. Er hat dort im Brentanohaus sein Schlafzimmer und ein Schreibzimmer, in dem Teile seiner Werke entstehen. Eine Tochter der Familie, Bettina, schwärmt für Goethe und schreibt ihm und seiner Mutter zahlreiche Briefe.*

In diesem Landgut der Familie von Brentano wird Kultur und Lebenskunst zeitgenössisch vorgelebt. Bettina malt und schreibt Gedichte. Ihr Bruder Clemens erringt Ruhm durch seine romantischen Werke mit sehr viel Rheinbegeisterung. Auch die Erfindung einer Hexe namens Lore Ley, die auf einem Felsen über dem Rhein hocken soll, gehört dazu. Freundschaftliche Verbindungen gehen aus diesem Hause zum Achim von Arnim und zu den Gebrüdern Grimm, sowie vielen anderen Größen der Literaturszene.

Der Größte von allen, Goethe, besucht das Haus in Winkel häufig, trinkt hier seinen Rheingauer in gewaltigen Mengen, wie alle Beobachter berichten, und läßt sich diesen Wein überallhin nachsenden – besonders den von ihm geschätzten „Eilfer" (Jahrgang 1811).

Daß die lebenslustige, schwärmerische Bettina von Brentano auch herzhaft zu trinken versteht, schildert ein Brief, den sie nach einer Wanderung im Wispertal bei Lorch an Goethe schreibt:

„... Ich marschierte also wieder links um, ohne auszuruhen und kam nachts um ein Uhr zu Hause an; in allem war ich zwölf Stunden unterwegs gewesen und durchaus nicht ermüdet. Ich stieg in ein Bad, das mir bereitet war und setzte eine Flasche Rheinwein an und ließ es solange herunterglucken, bis ich den Boden sah ..."

Im gleichen Brief steht einiges mehr über das unbeschwerte Leben der jungen Frau: „... im Garten unter den Platanen auf der schönen, mit breiten Platten gedeckten Mauer liegend, dem Rhein gegenüber den Aufgang der Sonne zu erwarten, hab' ich schon ein paarmal zu meinem Plaisier Nächte zugebracht; ich bin eingeschlafen auf meinem schmalen Bett; ich hätt' können hinunterfallen im Schlaf, besonders wenn ich träumte, daß ich Dir entgegenspringe ... – Ich gehe doch jeden Morgen zwischen vier und fünf Uhr heraus und hole frische kühle Zweige, die ich im Zimmer aufpflanze. Heute habe ich Eichen aufgepflanzt, hohe Äste, die ich aus dem obersten Wipfel geholt. Ich klettere wie eine Katze ..."

Goethe: „Das lebendige Schauen der nunmehr zu beschreibenden Örtlichkeiten und Gegenstände verdanke ich der geliebten und verehrten Familie von Brentano, die mir an den Ufern des Rheins auf ihrem Landgute zu Winkel viele glückliche Stunden bereitete ..."

Scherenschnitt der Bettina von Brentano.

Wem gehören die Weinberge?

Rauenthal. Am Beispiel des Weindorfes Rauenthal ist schon einige Male von unterschiedlichen Abgeordneten im Berliner Parlament die ungünstige Verteilung der Weinbergsfläche im Rheingau kritisiert worden. Hier einige der markantesten Zahlen zur Struktur, mit der Rauenthal in das erste Jahrzehnt des zwanzigsten Jahrhunderts geht:

Bei etwa 1000 Einwohnern gibt es rund 350 Morgen Weinberge, von denen aber rund 250 dem Großgrundbesitz zuzurechnen sind. In die verbleibenden 100 Morgen teilen sich etwa 100 kleinere Winzer der Gemeinde. Nur etwa 10% von ihnen können vom Ertrag ihrer Weinberge leben. 180 Hilfskräfte arbeiten zudem im Weinbau des Ortes. Ein Drittel von ihnen war vor 30 Jahren als Winzer selbständig. Ohne Kapital hatten sie keine Möglichkeit, ihren Weinbergsbesitz auf eine wirtschaftliche Größe zu bringen. Damit verloren sie ihre Existenzgrundlage.

Die Stimmen mehren sich nun, die nach staatlicher Hilfe für neue Existenzgründungen verlangen, um auch im Weinbau einen größeren, gesunden Mittelstand wachsen zu lassen.

„Wenn du nur einen Tropfen jetzt noch klaust, dann spürst du baldigst seine Faust!“

Die Trauben „im Wein“

Hattenheim. Der königliche Obervogt Semmler hat in Hattenheim aufgezeichnet, wann die Riesling-Trauben an der Mauer des Domänen-Weinberges im Distrikt „Speich“ weich werden, wann sie also „im Wein“ sind, wie man dieses erste, deutliche Zeichen für den Flüssigkeitsgehalt in der Beere auch bezeichnet. Hier einige Jahre aus der Vielzahl herausgegriffen:

1886:	10. August
1887:	23. August
1891:	22. August
1892:	12. August
1893:	20. Juli
1894:	8. August
1895:	1. August
1898:	24. August

In zwei Sätzen

*** Der 1896er hat im Volksmund einen Namen bekommen, der zu diesem ungeheur regenreichen Weinjahr paßt. Man nennt ihn „Moseswein“ (den aus dem Wasser gezogenen).**

*** In der Johannisberger Schänke „Duttemichel“ kostet der halbe Liter Ausschankwein 15 Pfennig. Ein Käsebrot wird im „Duttemichel“ als Draufgabe dazugereicht.**

Wann haben 1830 die Reben geblüht?

Oestrich. Die Rebblüte (Datum, Verlauf, Menge) ist sehr wesentlich für den Ertrag der Reben. Ihr Datum läßt Rückschlüsse auf das Klima des Frühjahrs zu. J. Becker von der Raschschen Gutsverwaltung hat die Blütezeiten einer Kulturrebe (Vitis vinifera) am freien Mauerspalier im Burggarten zu Oestrich in den vergangenen Jahren festgehalten. Die Statistik soll fortgeführt werden. Hier einige Daten bis zur Mitte des Jahrhunderts:

1830:	18. Mai
1831:	20. Mai
1832:	31. Mai
1833:	19. Mai
1834:	19. Mai
1835:	2. Juni
1836:	6. Juni
1837:	18. Juni
1838:	9. Juni
1839:	7. Juni
1840:	24. Mai
1841:	19. Mai
1842:	20. Mai
1843:	29. Mai
1844:	2. Juni
1845:	11. Juni
1846:	31. Mai
1847:	31. Mai
1848:	27. Mai
1849:	31. Mai
1850:	7. Juni

Solche Siebenspänner wie hier in Heppenheim wurden Anfang unseres Jahrhunderts für Schwertransporte eingesetzt.

Dieses Kelterhaus in Schloß Reinhartshausen zeigt Anfänge der Mechanisierung und Rationalisierung modernerer Weinbereitung.

Der Hock und die Queen

Weinberg in Hochheim nach der Königin Victoria benannt

Hochheim. Weingutsbesitzer Georg Michael Pabstmann hat der englischen Königin mitten in einem Hochheimer Weinberg ein Denkmal gesetzt. Es ist sieben Meter hoch und gleichzeitig Einfassung für einen Brunnen. Die Lage heißt jetzt „Königin Victoriaberg".

Nicht weit über dem Main entspringt im sanft geneigten Weinbergshang unter den Häusern von Hochheim eine Quelle. Dieser Platz, an dem schon seit einiger Zeit vor allem die geistlichen Wanderer Rast gemacht haben, hieß bisher „Dechantenruhe". Es ist ein schöner Platz.

1850 rastete hier auch die englische Königin Victoria bei ihrem Deutschlandbesuch. Sie konnte sich dem Reiz des Ortes um so weniger entziehen, als ringsum reife Trauben hingen, von denen ihr der Weingutsbesitzer Georg Michael Pabstmann einige zum Kosten brachte. Die Queen fand die Trauben tatsächlich köstlich, und W. G. Pabstmann kam die Idee, den Weinberg nach der Königin zu benennen. Das war um so naheliegender, als ja die Briten den Hochheimer Wein ohnehin bevorzugen und deswegen den Rheingau-Riesling häufig pauschal „Hock" nennen. (So haben sie den Ortsnamen Hochheim im Englischen vereinfacht.)

Eine entsprechende Bitte in Sachen Weinbergsbenennung wurde von der englischen Königin huldvoll gewährt. Der Winzer setzte der Queen daraufhin ein Denkmal in den Weinberg, ließ die Quelle durch einen Löwenkopf im Denkmal fließen – und hatte einen attraktiven Markennamen geschaffen. 1857 wurde die Lage „Königin Victoriaberg" offiziell im Grundbuch Hochheims eingetragen.

Gesetz gegen Panscher

Das neue Weingesetz gilt. Mit dem Datum vom 20. 4. 1892 hofft die Regierung den schwarzen Schafen unter den Weinherstellern Einhalt gebieten zu können. Wie vielen Weinfreunden seit langem bekannt ist, hat es immer wieder Ärger durch die übermäßige Verwendung von Zukkerwasser gegeben. Da wurden großartige Weine vorgetäuscht, wie sie im Weinberg nicht gewachsen sind – immer nach dem gleichen einfachen Verfahren:

Man „streckt" den Wein durch Beigabe von Zukkerwasser weit über die gesetzlich zulässigen Grenzen hinaus und gibt dann „Nachwein" hinzu, bis das fertige Produkt sich nach den einfachsten Analysenwerten wieder im Rahmen des Gesetzes befindet. Als „Nachwein" erfreuen sich Trester-, Hefen- oder auch „Rosinenwein" großer Beliebtheit. Einige Kriminelle unter den Winzern sind in diesem Zusammenhang jedoch auch auf ganz andere und zum Teil für den Weintrinker gefährliche Machenschaften gekommen.

Ob das neue Gesetz diesem Unwesen ein Ende bereiten kann, bleibt abzuwarten. Was noch fehlt ist eine wirksame Kontrolle, damit die gesetzlichen Auflagen in der Praxis besser eingehalten werden.

Kloster Nothgottes bei Geisenheim und (oben) das Denkmal im Königin Viktoria Berg sowie ein „England-Etikett".

Königliche Lehranstalt für Weinbau

Geisenheim. Die Anstöße, die 1866 der weitgereiste Geisenheimer Bürger Eduard von Lade gab, haben sechs Jahre später zur Gründung der Königlichen Lehranstalt für Obst- und Weinbau geführt.

Begonnen hatte die Entwicklung einer Lehranstalt mit – elf Kisten Trauben, Birnen, Äpfeln und Pfirsichen, die Eduard von Lade 1866 dem König nach Berlin schickte. Die Früchte stammten aus seinen eigenen Musteranlagen in Geisenheim, die zu der Zeit bei Fachleuten im In- und Ausland schon einen ausgezeichneten Ruf hatten. Mit der Sendung verband von Lade die Anregung, in Geisenheim, in dem diese Früchte so vortrefflich gediehen waren, eine Lehr- und Forschungsanstalt einzurichten. Der König gab die Anregung an seinen zuständigen Minister weiter. Wenig später wurden bereits Standortfragen in Geisenheim besprochen. Die Bürgerschaft wollte ein geeignetes Gelände zur Verfügung stellen. Gleichzeitig kam jedoch ein Konkurrenzangebot aus Kronberg im Taunus. Der dortige Rat schlug vor, die geplante Anstalt nicht in Geisenheim, sondern in Kronberg einzurichten. Die Bedingungen in Kronberg seien für einen nutzvollen Obstbau besser geeignet als das südliche Klima Geisenheims.

Geisenheim erhielt jedoch den Zuschlag, und im Jahre 1871 konnte der Grundstein der Anstalt gelegt werden. Ein Jahr später war die feierliche Eröffnung. Man begann mit sechs Studierenden („Eleven").

Er sollte Bischof werden

Hochheim. Schon der Vater hatte geistliche Ambitionen. Johann Baptista Werner wurde jedoch Speditionskaufmann und später Weingutsbesitzer. Sein Sohn Franz, der 1770 geboren wurde, brachte es zum Domdechanten, Bistumsverweser und Bischofskandidaten. Daneben baute er das elterliche Weingut musterhaft aus.

Eine Eintragung im „Hochheimer Notizbuch" weist den Beginn des Traditionsweingutes nach: „Im März 1780 kaufte unser seliger Vater von dem pfälzischen Kommandanten zu Neustadt, Graf von York, das von dem Hochkammer-Rat Sartorius zu Mannheim herrührende Gut, bestehend aus neun Morgen Weinbergen um 2400 Gulden."

Sohn Franz, der Heiligen Schrift und der Weltweisheit Doktor, Mainzer Domkapitular und letztlich der Mann, der für den Wiederaufbau des Mainzer Doms verantwortlich ist, Sohn Franz also, war dem Weinbau sehr zugetan. Er baute das Hochheimer Weingut so aus, daß es Bedeutung erlangen konnte.

Als das Domkapitel diesen Mann 1834 zum Bistumsverweser und dann einstimmig zum Bischof wählte, lehnte er die Bischofswürde ab mit dem Bemerken, daß er sich für dieses Amt nicht für fähig halte. Mit päpstlicher Genehmigung wurde er dann Domdekan von Mainz und konnte sich in dieser Funktion ganz der Restauration der Domkirche widmen – neben seinem Weingut natürlich. Wie sorgfältig er dort vorging, zeigen seine Aufzeichnungen aus dieser Zeit.

Seine Begeisterung für den Dom läßt sich in seinem dreibändigen Werk „Der Dom von Mainz und seine Denkmäler nebst Darstellung der Schicksale der Stadt" nachlesen. Über den Abschluß des von ihm geleiteten Wiederaufbaus berichtet er unter anderem: „So hätten wir nach einem langen Zeitraum von Verwüstungen das Glück erlebt, daß diese alte, ehrwürdige Metropolitan-Kirche wieder in einen Stand versetzt ist, der ihrem Rang als der ersten Deutschlands gebührt. Erhaben mit erneuerten Dächern und Türen ragt sie glanzvoll über die neuen Gebäude des neuen Moguntiacum (Mainz – Anm. d. Red.) hervor, spiegelt sich in den Fluten des vorüberfließenden, mächtigen Stromes und verkündet schon in weiter Ferne das Ansehen und die Bedeutung dessen, was sie einst war und nunmehr ist. Seit dem unheilvollen Tage, dem 28. Juni 1793, samt dem darangelegenen Kreuzgang mit den kostbaren Werken und Manuskripten gänzlich zerstört, lag dieser herrliche Tempel zehn Jahre lang in Schutt und Graus."

Hochheim.

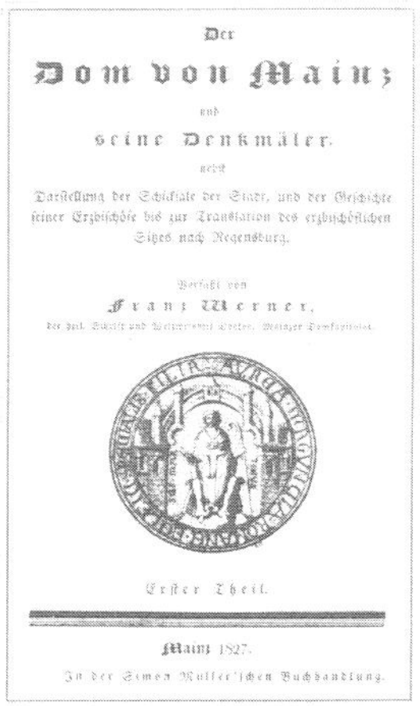

Der
Dom von Mainz
und
seine Denkmäler.
nebst
Darstellung der Schicksale der Stadt, und der Geschichte seiner Erzbischöfe bis zur Translation des erzbischöflichen Sitzes nach Regensburg.

Verfaßt von
Franz Werner,

Erster Theil.

Mainz 1827.
In der Simon Müller'schen Buchhandlung.

Nr. 11
Ausgabe
1900–2000

Die Zeitung im
GESAMTWERK
DEUTSCHER WEIN

Steigschein

Bei der Weinversteigerung der **Vereinigung Rheingauer Weingüter e. V.** steigerte gemäß den Versteigerungsbedingungen von dem Weingut:

Herr/Firma

Lfd. Nr.	Faß Nr.	Faßinhalt Liter	Zahl der Flaschen	Jahrgang	Lage	Preis für ~~600 l~~ oder je Flasche DM
78	95		1	1937	Schloss Reinhartshausen Erbacher Markobrunn Riesl. Cabinet Trockenbeerenauslese	3000.–

wörtlich: dreitausend → Deutsche Mark

Kloster Eberbach, den 10. 11. 79

Weinkommissionär

Unterschrift des Steigerers

Durchgefeiert bis zum Frühzug

Rüdesheim. Es war ein rauschendes Fest, ein berauschendes Fest – vielleicht war es das „Fest des Jahres" für Rüdesheim. Eingeladen hatte der Weinhändler Jakob Glotzbach, und Festplatz war der Innenhof der Burgruine Ehrenfels über dem Rhein am Hang des Niederwaldes. Es war ein Fest mit Lampionbeleuchtung aber auch mit Feuerwerk und bengalischem Feuer, das vom Balkon der Burgruine weit in das Rheintal leuchtete.

Nachdem die Festgemeinde in den Rüdesheimer Kellereien der Weinhandlung erste gute Tropfen probiert hatte, zog man – bereits hochgestimmt – mit Musik den Berg hinan. In der Burg saßen die Feiernden bei romantischer Beleuchtung an improvisierten Tischen. Man aß vom kalten Buffett, tanzte, sang – und kam dann am nächsten Morgen gerade zum Frühzug zurecht, um die Heimfahrt anzutreten.

Deutscher Weinexport nach Japan

Starker Yen

Rheingau / Hess. Bergstr. Der starke Yen, die schwächere Position der DM am Devisenmarkt, sorgten vor allem zu Anfang des Jahres 1981 für einen verstärkten Japanexport deutscher Weine. Obwohl der Einkauf für die japanischen Importeure dadurch günstiger geworden ist, kostet die Flasche Wein aus Deutschland für den japanischen Verbraucher meist um 20 DM. Die hohen Transportkosten spielen bei diesem Preis eine wesentliche Rolle. Interessant ist, daß vor allem die japanischen Damen zu Freunden des vergleichsweise leichten und eleganten deutschen Weines geworden sind. Diese Begriffe verbinden sich natürlich ganz besonders mit den Gewächsen unserer beiden Anbaugebiete.

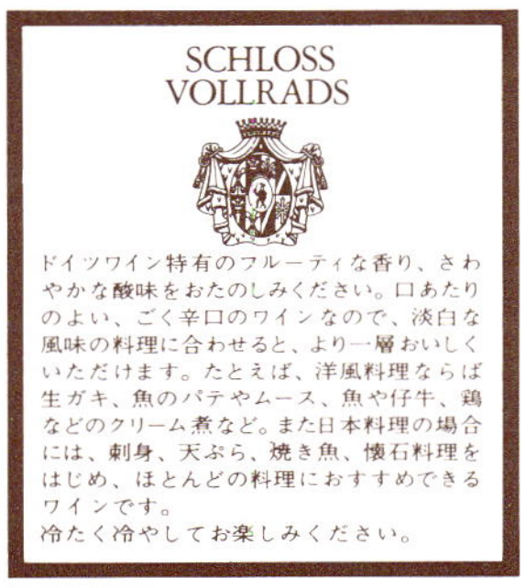

Mini, Midi oder Maxi für Rebzeilen?

Minirock im Weinberg

Eltville. Die Staatsweingüter in Eltville haben sich zu regelmäßigen Eiswein-Gewinnern entwickelt. Daß dabei die Methoden der Traubenabdeckung sehr geholfen haben und das Eisweinlesen wirklich ein Gewinn ist, beschreibt Dr. Hans Ambrosi, der Leiter der Staatsweingüter in einem Beitrag der Zeitschrift „Der deutsche Weinbau".

Das Problem der Eisweingewinnung ist die lange Reifezeit der Trauben, die bis weit in den Dezember oder gar in das nachfolgende Jahr hinein an den Stöcken hängen müssen, um schließlich in einer günstigen Frostnacht bei Temperaturen unter minus sechs grad (die Staatsweingüter warten auf mindestens minus acht Grad) gelesen zu werden.

Witterungseinflüsse und Vogelfraß können das Leseergebnis in dieser langen Zeit sehr negativ beeinflussen. Dagegen kann ein Abdecken der Rebzeilen durch Folien helfen – maxi, midi oder mini. „Maxi" steht hier für das großflächige Abdecken mehrerer Rebzeilen, bei „midi" werden die einzelnen Rebzeilen und bei „mini" nur die Traubenzonen durch Folienbahnen vor Witterung und Vögeln geschützt. Mit der letzteren Methode errangen die Staatsweingüter gute Erfolge.

Ambrosi rechnet zum Schluß seiner Ausführungen vor, daß sich die Eisweinlesen für die Staatsweingüter gelohnt haben, obwohl die Jahre 1972 und 1974 beim Riesling einen Totalausfall brachten. Damals sanken die Temperaturen nicht genug ab, um Eisweine lesen zu können. Die höheren Kosten für die Eisweinlese und die Totalausfälle abgezogen, errechnet sich für die Staatsweingüter im langjährigen Durchschnitt gegenüber der Normallese ein Gewinn von rund 150 Prozent. – Der Autor nennt zwei Voraussetzungen für diesen schönen Zugewinn: Die Eisweinpreise müssen stabil bleiben, und die Eiswein-lesenden Weingüter sollten genügend „Eisweinfreunde" unter ihren Kunden haben.

In Zwei Sätzen

*** Zum Ende des Jahres 1905 haben die Vereinigten Staaten von Amerika neue Bestimmungen für den Import von Weinen angekündigt. So sollen künftig Weine, die durch Zuckerersatz verbessert worden sind als „sugar wines" („Zuckerweine") gekennzeichnet werden – auch wenn sie dank abgeschlossener Gärung trocken und damit keineswegs zuckrig-süß sind.**

*** Nach dem ersten Weingesetz (1892) und dem zweiten (1901) ist jetzt das dritte Weingesetz mit dem Datum vom 7. 4. 1909 rechtskräftig geworden. Es sieht neben einer Beschränkung von Zuckerung und Verschnitt eine wirksame Kellerkontrolle vor.**

*** Schloß Johannisberg will mit der Herstellung eigener Sekte beginnen. Der Jahrgang 1904 soll als erster in großem Umfang versektet werden.**

No. 38. „Rheingauer Weinzeitung". Seite 351.

Aus: „Rheingauer Weinzeitung" Jahrgang 1906.

TRUNKSUCHT
Beseitigung radikal u. gefahrlos
(unter Garantie), mit und ohne Wissen des Trinkers. Anweisung mit vielen amtlich beglaubigten Attesten gegen 50 Pfg. in Briefmarken.
Porto 20 Pfg.
Gesellschaft Sanitas Binningen, Schweiz.

Aus: „Rheingauer Weinzeitung", Jahrgang 1906.

Elektrizität gegen die schlimme Reblaus-Plage

Das gewisse Kribbeln soll die Krabbler vertilgen

Hochheim. Jean Fuchs aus Frankfurt macht zur Zeit Versuche in einem Hochheimer Weinberg. Der als Tüftler bekannte Fuchs ist persönlich mit eigenem Wein auf der Insel Elba durch Reblausbefall seiner Reben stark geschädigt worden. Seitdem bemüht er sich, ein Verfahren zur Vertilgung und Vertreibung der Reblaus zu entwickeln. Er ist nun auf den Gedanken gekommen, es mit elektrischem Strom zu versuchen.

Ein durchaus ernstgemeinter Versuch, die Reblaus mit elektrischem Strom zu bekämpfen – und eine Karikatur, die darstellt, warum dieser Versuch mit einem lächerlichen Mißerfolg enden mußte.

Anders als einige Vorläufer will Fuchs jedoch nicht einfach den Strom aus der Leitung in den Boden führen (So wurden schon Versuche zur Verbesserung des Pflanzenwachstums angestellt.), sondern Elektrizität aus der Luft.

Der Erfinder hat sich an den Tannen orientiert, die seiner Meinung nach mit ihren Nadeln einen guten Teil der Luftelektrizität aufnehmen und so sehr widerstandsfähig gegen Schädlinge seien. Fuchs hat deshalb einen „Sauger" gebaut, der einer Tanne nicht unähnlich sieht. Mit diesem Gerät will er die Luftelektrizität einfangen und den Wurzeln der Reben zuleiten. Inzwischen genießt er die Unterstützung eines Teiles der Öffentlichkeit. Unter anderem hat ihm die Stadt Frankfurt Hilfe zugesagt, aber auch aus Paris kam das Angebot, seine Versuche in französischen Weinbergen fortzusetzen.

Es muß gesagt werden, daß die Fachwelt diesen Versuchen mit großer Skepsis gegenübersteht. Frühere Versuche der Elektrokultur brachten keine eindeutig nachweisbaren Erfolge, wenn auch gelegentlich sogar Tabellen erstellt wurden, in denen das zusätzliche Pflanzenwachstum zum Beispiel in genauen Prozentzahlen angegeben wurde. Jedenfalls war die Elektrokultur nirgendwo so erfolgreich, daß die Ergebnisse zu einer Anwendung in der Praxis führten. Eine ähnliche Zukunft werden wohl auch die Hochheimer Versuche haben.

Freistaat Flaschenhals mit eigener Währung

Humor zu Notgeldzeiten

Lorch. *Notgeldzeiten sind keine guten Zeiten. In Lorch genauso wenig wie anderswo. In Lorch beweisen die Stadtväter – der „Magistrat" – jedoch Humor, als sie 1921 ihr 50 Pfennig-Notgeld mit einer Ansicht von Lorch auf der Vorderseite herausbringen. Die Rückseite zieren sie mit einer Darstellung, die eine Einflußsphären-Situation ausgangs des Ersten Weltkriegs zeigt. Zwei Kreise um Mainz und Koblenz geschlagen, mit den Bezeichnungen „Brückenkopf" und der französischen und der amerikanischen Flagge, symbolisieren die Machtblöcke. Der dazwischen liegende freie Raum – das „Machtvakuum" – hat die Form eines Flaschenhalses – und danach nannten sich die Lorcher damals „Freistaat Flaschenhals". Auf den Notgeldscheinen wird diese spaßige Bezeichnung noch einmal gewissermaßen offiziell lebendig.*
Um es noch einmal ganz deutlich zu sagen: Die Sache mit dem Zirkelschlag um Mainz und Koblenz ist geschichtliche Wahrheit. Dieser Zirkelkreis hatte einen 30-Kilometer-Radius und war damit Einflußzone der Franzosen um Mainz herum. Da von der Regierung des Deutschen Reiches in jener Zeit nicht viel Einflußnahme zu erwarten war, und die Lorcher ja ihr eigenes Notgeld drucken konnten, fühlten sie sich zeitweise tatsächlich wie in einem Freistaat.

Information für Informierer

Weinseminare mit der Presse – Faszination vor Ort

Johannisberg. Erfolgreich sind sie allemal, diese Seminare, wenn auch die Weinfachleute erstaunt feststellen müssen, wie wenig die geladenen Journalisten über Wein wissen. Die Berichte, die nachher geschrieben wurden, trugen jedoch zur Information über den Rheingau bei. Sie sind also auch dem Weinabsatz durchaus förderlich.

„Über den Mond und über die Autos wissen sie mehr", sagte gelegentlich ein Weinfachmann nach einer Diskussion mit Journalisten. Ausnahmen bestätigen die Regel, daß sich auch in Zeiten einer zunehmenden Weinkultur nur wenig Pressevertreter intensiv mit der Weinwissenschaft befassen, die vielleicht eine der schönsten unter den Wissenschaften ist. Nach den Seminaren hat sich bei den Teilnehmern der Wissensstand erheblich verbessert, bei einigen auch die Begeisterung für den Wein schlechthin.
Einige Weinproben gehören natürlich dazu, aber das sind nicht immer die üblichen Proben. Da werden zum Beispiel drei Weine eines Jahrgangs aus verschiedenen Lagen gegeneinander probiert. Eine andere Probenfolge stellt dann drei Weine aus einem Jahrgang und einer Lage in den Geschmacksrichtungen trocken, halbtrocken und mild gegeneinander. Oder: Drei Weine einer Lage aus verschiedenen Jahrgängen.

Daß der Wein idealer Essensbegleiter ist, wird immer wieder praktisch erprobt, und über die Vorteile der leichten Rheingauer bei einem Essen (im Vergleich mit schweren Auslandsweinen) ist man sich meist schnell einig.

Natürlich kommen auch die baulichen Schönheiten des Rheingaus, die Schlösser und Klöster zum Beispiel, in diesen Seminaren nicht zu kurz. Dafür sorgt schon einer der engagiertesten Männer im Rheingau, der Domänenrat Josef Staab, dessen Führung durch die Kiedricher gotische Kirche vielen Journalisten ebenso tiefen Eindruck macht wie die Qualität einiger Rheingauer Weine.

Schlammkatastrophe 1928 in Zwingenberg und „70jähriges" Carl Ress Hattenheim, 1952.

Polizeiverordnung:

Altes Rebholz aus den Weinbergen!

Lorchhausen. Die Ortspolizeibehörde Lorchhausen erläßt unter dem Datum vom 11. 1. 1905 und mit Zustimmung der Gemeindevertretung folgende Polizeiverordnung: „Alle Abfälle von Rebholz, z. B. tote Spitzen, Knorren, Astschenkel usw., die alten Bänder der Rebstöcke, die alten, nicht mehr als Reb- oder Setzpfähle benutzten Pfähle sind bis zum 15. März jeden Jahres sorgfältig aus den Weinbergen zu entfernen und zu verbrennen. Das Zerschneiden und Zerstreuen der Abfälle in den Weinbergen ist verboten.
Nicht entrindete Pfähle dürfen in den Weinbergen nicht zur Verwendung gelangen..."
Die Lorchhausener wollen so verstärkt dafür Sorge tragen, daß den Rebschädlingen jeder Platz zur Verbreitung und Vermehrung genommen wird. Außerdem machen die Weinberge „aufgeräumt" einen besseren Eindruck.

Auch in der „guten alten Zeit", als dieser Stich der Rheinfront Eltvilles entstand, hatte das Schloß mit seinen Nebengebäuden schon einige „Stürme" früherer Zeiten über sich ergehen lassen müssen.

Baujahr 1903:

Fahrbare Weinbergspritze

Rheingau/Bergstraße. Die Firma Holder hat zwei fahrbare Weinbergspritzen entwickelt. Beide versprühen unter Druck Kupfervitriolkalkbrühe beidseitig in die Weinbergsreihen.

Die kleinere Ausführung (Abb. A) faßt 50 Liter und ist für die Bedienung durch zwei Personen vorgesehen. Sie wird von Hand gezogen und geschoben. Die größere Ausführung faßt 100 Liter und wird von einem Pferd gezogen. Das Unternehmen wirbt für sein Produkt (Abb. B) folgendermaßen: „Über die Leistungsfähigkeit der Spritze kann man sich ein Bild machen, wenn man bedenkt, daß das Pferd im Schritte geht und dabei die Spritze derartig arbeitet, daß die Stöcke beider Reihen in völlig befriedigender Weise bespritzt werden. Das kupferne Faß hat 100 Liter Inhalt, so daß auch ein öfteres Füllen der Spritze nicht notwendig ist und ein Morgen (ein viertel Hektar) in einem Zuge gespritzt werden kann.

Die für den Pferdebetrieb vorgesehene Spritze, die ein wenig an einen römischen Streitwagen erinnert, ist zweifellos für den Einsatz in den Weinbergen besser geeignet, wenn man bedenkt, welche Mühe das Ziehen schon im leicht geneigten Gelände macht. Der Preisunterschied ist nicht sehr groß: 250 Mark kostet die kleine, 350 Mark die große Spritze. Ein Problem liegt allerdings in der Beschaffenheit der Weinbergslandschaft in unseren Regionen. Im steilen Gelände kann die Spritze nicht eingesetzt werden und für das Spritzen kleiner und kleinster Parzellen lohnt sich ihr Einsatz nicht.

50 Jahre Weinbauschule Eltville

Eltville. Eine große Feier mit vielen „Ehemaligen“, eine Jubiläumsbroschüre – das Jahr 1973 geht als Festjahr in die Geschichte der Weinbauschule und des Weinbauamtes Eltville ein. Die Weinbauschule, die mit dem Amt verbunden ist, wurde in diesem Jahr 50 Jahre alt.
1430 Schüler haben die „Winzerschule“, wie sie gern genannt wird, in diesen 50 Jahren besucht. Seit 1970 hat die Einrichtung in Eltville auch die weinbauliche Ausbildung und Beratung für das Weinbaugebiet Hessische Bergstraße übernommen. Neben den schulischen Aufgaben und der praxisnahen Beratung hat das Weinbauamt mit der Weinbauschule noch einige andere Aufgaben wie etwa die der Reblausbekämpfung zu bewältigen. Auch die Erwachsenenfortbildung gehört ebenso zum Arbeitsgebiet dieses „50-Mann-Unternehmens“ wie zum Beispiel die Öffentlichkeitsarbeit in Sachen Wein.

Seite 30. „Rheingauer Weinzeitung.“ No. 1.

Vorläufige Anzeige.
Montag, den 13. März 1905
läßt die
Winzergenossenschaft Nieder-Ingelheim
60 Stück 1903er Weißweine und 50 Halbstück 1903er Rotweine
öffentlich versteigern.
Der Vorstand.

Vorläufige Anzeige.
Unsere diesjährige Weinversteigerung findet am
Montag, den 27. März 1905
statt. Zum Ausgebot gelangen aus den Jahrgängen:
1902: / 36 Viertelstück Rotwein
1903: und
1904: \ 40 Halbstück Weißweine.
Alles Nähere später.
Der Vorstand
des Aßmannshausener Winzervereins E. G.

Vorläufige Anzeige.
Unsere diesjährige Weinversteigerung findet am
Samstag, den 8. April 1905
statt. Alles Nähere später.
Der Vorstand des
Frauensteiner Winzer-Vereins E. G.

Vorläufige Anzeige.
Die Weinversteigerung von
Seligmann Simon in Bingen a. Rh.
findet daselbst
Donnerstag, den 13. April
statt.

Vorläufige Anzeige.
Wir versteigern am
Montag, den 17. April 1905
ca. 24 Halbstück 1903er und 40 Halbstück 1904er
sowie am
Dienstag, den 13. Juni 1905
ca. 65 Halbstück 1904er Rieslingweine aus der Gemarkung Johannisberg.
Alles Nähere später.
Der Vorstand
des Johannisberger Winzervereins E. G.

Sie ersparen viel Geld
wenn Sie Stoffe für Winteranzüge, Paletots, Joppen, Mäntel, Beinkleider 2c. von uns beziehen. Nur bewährte Qualitäten, hochelegante Dessins, Neuheiten.
Ueberzeugen Sie sich!
Wir senden an Jedermann unsere reichhaltige Musterkollektion gratis und franko ohne Kaufverpflichtung.
Tuch-Versandthaus Max Freitag, Berlin W. 30, Schwerinstr. 8.

Vorläufige Anzeige.
Wein-Versteigerung
1901er, 1902er, 1903er und 1904er
eigenen Wachstums
am 19. Mai 1905
in der „Burg Crass“
trotz Einspruchs der Vereinigung Rheingauer Weinguts-besitzer, welcher Vereinigung ich nicht angehöre.
Meine Wein-Versteigerung war schon anfangs Oktober bestimmt.
Eltville, im Januar 1905.
Julius Mülhens.

Vorläufige Anzeige.
Unsere diesjährige Weinversteigerung findet am
Freitag, den 9. Juni 1905
statt. Zur Versteigerung gelangen:
7 Stück und 2 Halbstück 1902er
16 „ „ 10 „ 1903er
10 „ „ 45 „ 1904er
Hattenheimer Naturweine.
Der Vorstand des
Hattenheimer Winzervereins E. G.

Fass-Schwefel.
Garantiert chemisch rein und arsenikfrei mit und ohne Gewürz.
Spezialität: Nichtabtropfend,
sowie Coiibri-Schnitten auch Liliput genannt, liefert in allgemein anerkannter Qualität und besonderer Preiswürdigkeit die Erste Spezial-Industrie
Julius Marfilius, Wiesbaden.
Ia. Referenzen zu Diensten. Export nach allen Ländern.
Im eigenen Interesse bitte genau auf Firma zu achten.

Jacob Burg
Spedition - Rheinschiffahrt - Agenturen
Vertreter der Köln-Düsseldorfer Dampfschiffahrts-Gesellschaft.
Eltville a. Rh. N.-Walluf a. Rh.
Transport-Uebernahme nach allen Plätzen des In- und Auslandes.
Billigste direkte Durchfrachtnotierungen ab Eltville u. N.-Walluf nach allen Weltteilen.
Land-, Fluss- und See-Transport-Versicherung. Auskunftserteilung in allen Transport- und Deklarationsangelegenheiten für den Export- und Import-Verkehr.
Special-Abteilung für Wein-Transporte nach:
Holland, Belgien, England, Nord- und Ostseehäfen, (Berlin via Hamburg), Dänemark, Schweden, Norwegen, Russland, Vereinigte Staaten von Nord-Amerika, Zentral-Amerika, Süd-Amerika, Afrika, Ost-Indien, China und Australien.

Kulinarische Weinproben von New York bis Paris

Winkel. *Das bei Winkel gelegene Schloß Vollrads hat in den vergangenen Jahren durch seine „kulinarischen Weinproben“ zunehmend Berühmtheit erlangt. Schloßinhaber Graf Matuschka-Greiffenclau ist es in Zusammenarbeit mit Koch… Heimann vom Mainzer Haus Walderdorff gelungen, große Küche und Rheingauer Weine in Idealkombinationen zu präsentieren.*

Inzwischen hat mit dem Vordringen der großen Frische-Küche in Deutschland auch der deutsche Wein beim Essen an Boden gewonnen. Er hat dabei mit dem Vorurteil zu kämpfen gehabt, nur französische Weine paßten ideal zu guten Speisen. Gerade zu den leichten Zubereitungen der leichten französischen Küche, die dank hervorragender Köche mittlerweile zu einer durchaus deutschen Küche geworden ist, passen die leichteren deutschen Weine sehr gut.

Der erhebliche private Beitrag Graf Matuschkas, die oft spröden Geliebten namens „deutscher Wein“ und „deutsches Essen“ enger zusammenzuführen, wird allgemein anerkannt. Daß diese französische Traditionsverbindung in Deutschland eine wunderbare Ideal-Partnerschaft sein kann, beweist er immer auf's neue. Seine „kulinarischen Weinproben“ auf Schloß Vollrads haben inzwischen Weltruhm. Das liegt unter anderem daran, daß er mit diesen großen Essen nicht nur im Rheingau geblieben ist, sondern zum Beispiel auch die Amerikaner in den USA und – warum nicht – die Franzosen in Paris damit beglückt hat. Eine besonders beeindruckende kulinarische Weinprobe erlebte der Autor dieser Zeilen vor den Öfen einer Glashütte in Zwiesel, wo die ästhetische Verbindung Essen – Wein – Glas bis zum flüssigen Rohmaterial fortgesetzt wurde.

Hausgemachter Weinkurier

Rüdesheim. Da ist in Rüdesheim eine Zeitung entstanden, die in des Namens Bedeutung eine „Haus-Zeitung“ ist, eine wahre Ein-Haus-Zeitung. Susanne Spanier und Heinrich Breuer bringen das Doppelblatt in großem Zeitungsformat seit 1977 heraus. Die beiden Amateure sind dabei Verleger, Redaktion, Gestalter und Vertrieb in einem.

Vater Breuer war als ideenreich bekannt. Er brachte 1949 einen Markenwein namens „Adlerturm“ heraus. Sein Grundgedanke, Weinanfängern ein unproblematisches, in der Qualität gleichbleibendes Getränk zu liefern, hatte später Riesenerfolg. Er war damals jedoch seiner Zeit offenbar weit voraus, und der Adlerturm wurde nicht zum großen „Renner“. Insgesamt war dieser Mann jedoch durchaus erfolgreich, und seine Söhne knüpfen wohl an diese Tradition an. Bernhard Breuer ist nicht nur im Weingut aktiv, sondern hat sich auch als Gelegenheits-Buchautor durchsetzen können. Bruder Heinrich kümmert sich mit Partnerin Susanne Spanier, der gelernten Hotel-Fachfrau, um das „Rüdesheimer Schloß“, den Familienbesitz in der Drosselgasse. Die unregelmäßig nach Bedarf und Vermögen erscheinende, recht muntere Weinzeitung der beiden trägt diesen Titel. Sie wirbt nicht nur für die durchaus solide, teilweise sogar edle Einrichtung des eigenen Restaurants (wertvolle Holzschnitzarbeiten) und für die Speisenaktionen – etwa „Speisen wie die alten Römer“ – sondern auch für Rüdesheim, den Rheingau und den deutschen Wein schlechthin.

Weißweine

nur eigene Gewächse

Nr.		v. Fl. RMk.
1	1934er Oestricher Alteck – gefällig, angenehm	0.80
2	1934er Oestricher Rosengipfel – mild, gut	0.80
3	1933er Oestricher Neuweg – fruchtige Art	0.90
4	1934er Hallgartener Räuscherberg – frisch, kräftig	0.90
5	1933er Mittelheimer Honigberg – saftiger, würziger Geschmack	1.—
6	1932er Hallgartener Deez – ruhige, kräftige Art	1.—
7	1934er Oestricher Kellerberg – voll und kräftig	1.—
8	1933er Oestricher Mühlberg – süffig, blumig	1.10
9	1933er Oestricher Doosberg – schön und zart	1.10
10	1934er Oestricher Pfaffenpfad – würzig, rassig	1.20
11	1932er Hallgartener Räuscherberg – voller harmonischer Wein mit schöner Natursüße	1.30
12	1933er Oestricher Doosberg Spätlese – edel, saftig	1.30
13	1933er Oestricher Deez Spätlese – edel, voll, stahlig	1.50
14	1933er Oestricher Hölle Spätlese – rassig, blumig	1.50
15	1931er Oestricher Eiserberg – stahlig, kräftig	1.60
16	1933er Oestricher Lenchen Spätlese – sehr edel und reif	1.60
17	1932er Hallgartener Deez Spätlese – feine Natursüße, edles Aroma	1.80
18	1933er Oestricher Kloster Gottesthal – edle Blume	2.—
19	1929er Oestricher Doosberg Auslese – gut abgelagertes Bouquet	2.30
20	1932er Hallgartener Deez – Eiserberg Auslese – fein, harmonisch, edel	2.50
21	1933er Oestricher Eiserberg Auslese – hochfeine Art	2.70
22	1933er Oestricher Deez – Hallgartener Deez – Räuscherberg Auslese – von ganz hervorragender Güte	2.80
23	1933er Oestricher Lenchen Auslese – hochfeines Edelgewächs	3.20

Feldbahnen in die Weinberge?

Zukunftssichernde Arbeiten als Geldanlage

Oestrich. Ein Kollege von der „Rheingauer Weinzeitung" beginnt seinen Kommentar zur Lage des Rheingauer Weinbaus im gerade beginnenden Jahr 1906 mit einer gewagten Prognose. Wir erlauben uns daher einige Zeilen aus diesem Kommentar im Wortlaut nachzudrucken:

„...der Unkundige glauben könnte, der Frost zwinge zur Ruhe, da ist der Winzer erst recht tätig. Auf dem Rücken oder mit der Schubkarre wird der abgebaute Grund wieder an das obere Ende der Zeilen getragen, und wo es nur möglich ist, wird neuer Boden in die Weinberge gebracht. Es ist dies ebenfalls eine kostspielige Arbeit, aber sie wird bis jetzt als das einzige Mittel betrachtet, unseren alten, rebmüden Weinbergsböden neue Frische zuzuführen. Die Zeit dürfte nicht mehr allzu ferne liegen, wo in den Gemarkungen oder an den Waldrändern Schiefer- und Lettenlager erschlossen werden, welche durch eine Feldeisenbahn mit den Weinbergswegen verbunden werden."

Soweit die Voraussage in Sachen Eisenbahnverkehr im Weinberg. Nachfolgend noch einige Sätze zu dem derzeit intensiven Bestreben, durch Bodenbewegungen bessere Erträge höherer Qualität zu erzielen:

„Auch ist es interessant zu bemerken, wie in den Neuanlagen immer mehr danach gestrebt wird, den künftigen Weinbergen eine bessere Neigung nach der Sonne zu geben. Diese Meliorationsarbeiten verursachen durch die Erdtransporte und oftmals auch notwendigen Stützmauern große Kosten, sie sind aber als ein gut angelegtes Kapital zu betrachten, denn sicher wird in diesen Feldern der Ertrag in Menge und Güte steigen."

Zwei Fotos zum Jahrgang 1928 und eine Weinkarte (A. Eser, Oestrich) aus den dreißiger Jahren.

Dem Korkgeschmack auf der Spur

F. Bordas veröffentlicht seine Untersuchungen und Vorschläge

Rheingau / Hess. Bergstr. Endlich hat sich ein qualifizierter Wissenschaftler eingehend mit dem Korkgeschmack bei Weinen befaßt und Vorschläge gemacht, wie man ihn vermeiden kann.

Schon vor der gerade fünf Jahre zurückliegenden Jahrhundertwende war bekannt, daß die Korkeichen von Krankheiten befallen werden, die ihre Rinde angreifen und dazu führen, daß schlechte Korken in den Handel kommen. F. Bordas hat nun die bekannten Tatsachen zusammengefaßt und mit eigenen Forschungsergebnissen und Vorschlägen in der Zeitschrift „Umschau“ veröffentlicht.

Danach ist der winzige Schimmelpilz aspergillus niger an allem schuld. Er verursacht die sogenannte Gelbfleckenkrankheit, die fast nur an der dem Regen zugewandten Seite der Korkeichen auftritt. Im oberen Teil der Korkeichen ist die Rinde arg zerklüftet. (Dieser Teil wird für die Korkherstellung nicht genutzt.) Darin können sich die Schimmelpilze gut entwickeln, deren Sporen durch Regenwasser zum unteren Bereich der Rinde gespült werden und sich auch dort rasch verbreiten. Leider dringen die Myzelfasern dem Wurzelgeflecht anderer Pflanzen vergleichbar tief in die Rinde ein, so daß sie auch Korkmaterial verseuchen, dessen Oberfläche nicht auf die Krankheit hindeutet.

Da gerade die Riesling-Weine aus Rheingau und Hess. Bergstraße lange lagern, ist die Gefahr der Geschmacksverunreinigung durch solche tief im Kork liegenden Herde eher gegeben, als bei Weinen, die schnell nach der Füllung getrunken werden. Daraus folgert, daß man hier besonders gutes Korkmaterial benötigt.
F. Bordas schlägt nun zweierlei vor: einmal solle die Rinde der Korkeichen zur besseren Entwässerung im oberen Teil mit leicht geneigten Rinnen versehen werden. Zum anderen solle man die fertigen Korken im Vakuum sterilisieren. – Die erste Maßnahme dient dazu, im Eichenwald eine Pilzverbreitung zu erschweren, die zweite, den bereits infizierten Korken „sauberer“ zu machen.

Umtrunk auf dem „Johannishof“ in Johannisberg (Bild am Seitenkopf) und Arbeitsbesprechung Fürst Metternich und Mitarbeiter des Schlosses Johannisberg.

Dankgeld statt Trinkgeld?

Rheingau / Hess. Bergstr. Die Antialkoholiker wollen das Wort „Trinkgeld“ durch das Wort „Dankgeld“ ersetzt sehen. Sie meinen, daß das Wort allein schon zum Vertrinken des „Trinkgeldes“ („Dankgeldes“) anregt und damit den Alkoholismus fördert. Ihre Aktion hat das Ziel: Spätestens das zweite Jahrzehnt unseres Jahrhunderts soll schon „Trinkgeld“-frei sein. Bis dahin haben sie noch fünf Jahre Zeit, aber nach den ersten Reaktionen auf den neuen Vorschlag darf ein öffentliches Verbot des Wortes „Trinkgeld“ füglich bezweifelt werden.
Eine erste Reaktion entnehmen wir der Beilage des „Berliner Tageblattes“, die „Ulk“ betitelt ist. Dort wurde in der Nummer 19 des Jahres 1905 folgendes Gedicht veröffentlicht:

Dem löblichen Rate
getreu, die „Trinkgeld“-
Bezeichnung zu ändern,
Und ferner, wo immer
es sei, zu sprechen von
„Dankgeld“-Spendern,
Gab mittags ich einem
Garçon, er nahm es mit
grinsenden Mienen,
Das Trinkgeld nach
neu'ster Fasson: „Hier
Dankgeld für gutes Bedienen!“
Doch abends im selben
Lokal, vergaß ich die
weisere Sitte,
Und sprach nach
genossenem Mahl:
„Herr Kellner,
Ihr Trinkgeld, ich bitte!“
Die Nacht fand ich wenige
Ruh', mir wollte der
Schlummer nicht winken.
Ich rief es mir tausendfach
zu: „Nun wird sich der
Kellner betrinken!“
Es trieb mich Seele und
Leib, man wird das
Empfinden verstehen,
Am Tage darauf
nach Verbleib von „Trinkgeld“
und „Dankgeld“ zu sehen;
Ich forschte in taktvoller
Art und hörte,
– wie war ich betroffen –,
Der hatte sein „Trinkgeld“
gespart und jener sein
„Dankgeld“ versoffen!

Finderlohn statt Leselohn

Schlechteste Ernte seit vielen Jahren

Rheingau/Hess. Bergstraße. Im Rheingau wurden 1980 nur 38 Prozent des Vorjahresertrages geerntet und nur 44 Prozent des langjährigen Mittels. An der Hessischen Bergstraße mußten die Winzer das Winterfrostjahr 1956 als Vergleich heranziehen. In den dazwischen liegenden Jahren hatte es keine so schlechte Ernte gegeben.

Einige Vergleichsdaten aus dem Rheingau zeigen, wie das Klima 1980 für diese Katastrophe gesorgt hat. Als Vergleichszahlen sind hier Daten aus den bekannt schlechten Jahren 1972 und 1978 genannt:

Blütebeginn
1972 am 29. 6. – 1978 am 23. 6. – 1980 am 3. 7.
Erbsengröße der Beeren
1972 am 18. 7. – 1978 am 24. 7. – 1980 am 31. 7.

Die Riesling-Lese begann in beiden Anbaugebieten 1980 Ende Oktober. Im Rheingau ergab der Most zu 87 Prozent QbA-Wein, an der Hessischen Bergstraße gar zu 95 Prozent. Im Rheingau blieben Müller-Thurgau und Silvaner zu 100 Prozent im QbA-Bereich, an der Hessischen Bergstraße gab es beim Müller-Thurgau noch 50 Prozent Kabinett, beim Silvaner jedoch das gleiche Ergebnis wie im Rheingau. Keine der Hauptrebsorten erbrachte eine Auslese. An der Bergstraße konnte nur der Ruländer mit 1 Prozent der Erntemenge für Spätlesen sorgen, im Rheingau der Spätburgunder mit 2 Prozent den Spätlese-Bereich erreichen.

Die Qualität konnte wegen des schlechten Wetters nicht besser sein, der Ertrag hätte jedoch wesentlich höher liegen können, wenn die späte Blüte nicht so stark verrieselt wäre. Wo die Blüte nicht normal ausblühen kann, wachsen keine Beeren, und es gab in diesem Jahr Weinberge, in denen die Blüte völlig verrieselte, Weinberge, in denen nicht eine Traube gelesen wurde.

Ein Schloß im Rheingau…

__Hattenheim.__ Angefangen hatte alles im 12. Jahrhundert. Da bauten sich die Mönche des Klosters Eberbach einen Wirtschaftshof an den Rhein. Er hieß Richartshusen wie die kleine Ansiedlung bei der er errichtet wurde. Später wurde dieser Hof derart gut ausgebaut, daß der Abt des Klosters ihn zu seiner zweiten Residenz machte. Das spätere „Reichartshausen" war deutlich der bedeutendste der vom Kloster rundum gegründeten Wirtschaftshöfe.

Noch mehr Bedeutung bekam der – seit der Säkularisation im Jahre 1803 ehemalige – Klosterhof im Besitz der Nassauer und vor allem als Wohnsitz der Herzogin Luise von Waldeck. Da war inzwischen durch An-, Um- und Ausbau aus dem Hof ein Schloß geworden, und die Weine des Hauses bekamen unter dem Etikett „Schloß Reichartshausen" einen Namen. Später wechselten die Besitzer häufiger. Nach großen Weingütern wie Graf von Schönborn und der Hattenheimer Großkellerei Wilhelmy ließ die Firma Werner aus Geisenheim hier Schloßweine abfüllen, nachdem sie den Besitz in den sechziger Jahren übernommen hatte.

Zu jener Zeit, genau im Jahre 1967, wurde die Welt zur „Expo '67" nach Montreal in Kanada eingeladen. Einer der Aussteller dort war der Staat Burma. Der hatte enge Beziehungen zur genannten Geisenheimer Firma, und als die Ausstellung zu Ende war, schenkten die Burmesen dem Unternehmen ihren im burmesischen Stil gebauten Pavillon. Als Aufstellungsort bot sich der Park des Schlosses Reichartshausen an, und so kommt es, daß heute für jedermann sichtbar mitten im Rheingau zwei farbenfrohe burmesische Häuser einen ungewöhnlichen baulichen Akzent setzen.

Bleibt nachzutragen, daß inzwischen in Schloß und Pavillon die „European Business School" den europäischen Wirtschaftsnachwuchs ausbildet, und die Weinberge vom Hattenheimer Weingut Balthasar Ress angepachtet sind. Dort gibt es unverändert den „Schloß Reichartshausener" (Lage im Alleinbesitz).

Weinprobe per Telefon?

Zwar haben wir gerade nicht den 1. April, aber so ganz ernsthaft scheint ein Bericht des „Schwäbischen Merkur" wohl nicht zu sein, den dieser im Januar 1905 veröffentlicht: „Nach einer Erfindung des bekannten Chemikers Maneuvrier in Paris kann man mit Hilfe des Telefons einen mit Wasser versetzten Wein oder seine Verfälschung durch andere Flüssigkeiten oder sogar durch feste Stoffe unfehlbar nachweisen. Es werden zwei Gläser genommen, von denen das eine den zu prüfenden Wein enthält, das andere eine gleiche Menge anderen Weins, der als rein bekannt ist. Die Gläser werden auf einen Apparat gesetzt, der einer Waage ähnlich ist und über einen Zeiger verfügt. Dann bringt man das Telefon in Verbindung mit beiden Flüssigkeiten. Wenn beide rein sind, so ist nichts zu hören, wenn aber eine Wasser enthält, so entsteht ein Geräusch im Telefon,…" Laut Angaben der Zeitung kann man sogar noch durch Verstellen jenes Zeigers auf einer Skala ablesen, welche Menge Wasser dem Wein zugesetzt wurde.

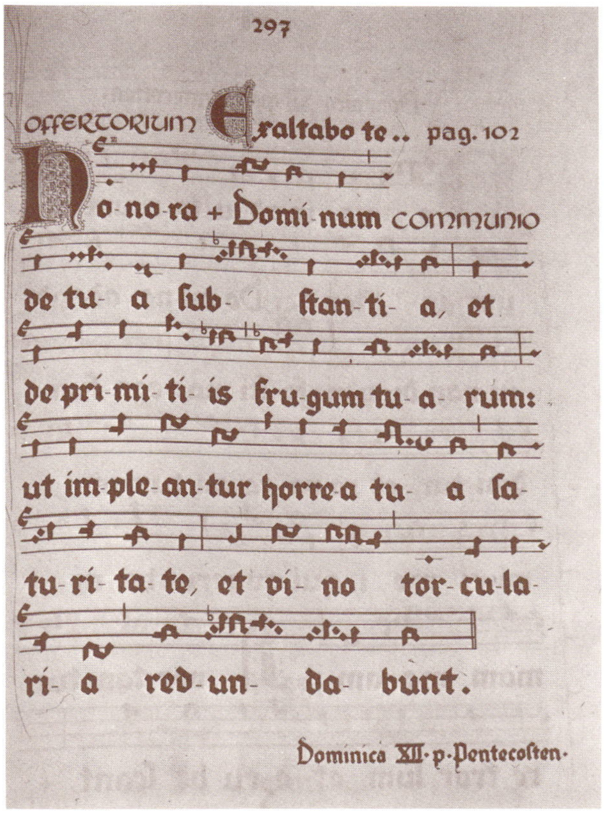

Seite aus dem großen Kiedricher Gesangbuch.

Bekämpfung des Sauerwurms

Riesenerfolg für Domäne

Rauenthal. Die Bekämpfung des Sauerwurms ist eine der großen Aufgaben für die Winzer unserer Zeit. Welche Möglichkeiten es heute, an der Schwelle des zwanzigsten Jahrhunderts auf diesem Gebiet gibt, hat die Domäne von Rauenthal eindrucksvoll vorgeführt.

Die Verantwortlichen in Rauenthal gingen davon aus, daß nur ein hohes Maß an Konsequenz bei der Bekämpfung dieses Schädlings helfen könne. Sie wandten bei einem Versuch in ihrem „Steinberg" neben den üblichen Bekämpfungsarten wie Fangen durch Klebfächer und Aufstellen von Lämpchen auch andere, aufwendige Methoden an, um die Larven der Tiere zu vernichten. So wurden alle Rebpfähle entfernt und in heißem Wasser gebrüht. Schließlich bürstete man noch mit kräftigen Bürsten die Rebenrinden ab, um auch am Rebholz die Larven zu vernichten.

Der Erfolg hat die Mühen solcher Arbeit gelohnt: Während in den nicht behandelten Nachbarparzellen rund ein Halbstück je Morgen geerntet wurde – also rund 600 Liter Most, erzielte die Domäne in ihrer Versuchsparzelle einen vollen Herbst mit rund einem Stück je Morgen – also rund 1200 Liter! Da in den Nachbarparzellen im übrigen gleiche Bedingungen herrschten, darf gesagt werden, daß die sorgfältige Bekämpfung des Sauerwurms den Ertrag in diesem Jahr verdoppelt hat.

Der „Spätlese-Reiter", das Denkmal für die versehentliche „Erfindung" der Spätlese, gehört ebenso zur großen Tradition der Weinlandschaft Rheingau wie die alten Etiketten und die Urkunden, mit denen Weinkönigin und Weingut geehrt werden, und schließlich das Becherglas von 1714 und die Flasche von 1862.

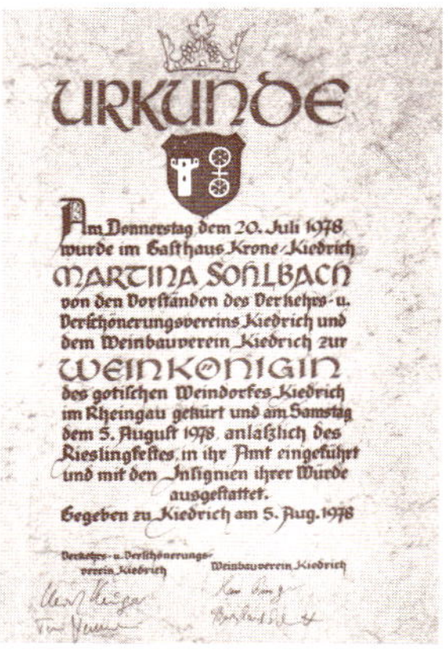
URKUNDE

Am Donnerstag dem 20. Juli 1978 wurde im Gasthaus Krone-Kiedrich MARTINA SOHLBACH von den Vorständen des Verkehrs- u. Verschönerungsvereins Kiedrich und dem Weinbauverein Kiedrich zur WEINKÖNIGIN des gotischen Weindorfes Kiedrich im Rheingau gekürt und am Samstag dem 5. August 1978 anläßlich des Rieslingfestes in ihr Amt eingeführt und mit den Insignien ihrer Würde ausgestattet.

Gegeben zu Kiedrich am 5. Aug. 1978

Verkehrs- u. Verschönerungsverein Kiedrich — Weinbauverein Kiedrich

Teil IV

Textbilder und ein Stich aus dem vergangenen Jahrhundert, der den ganzen Rheingau zeigt – Das Gebück in einer späteren kartographischen Darstellung – Schlösser und Klöster, die zur Weingeschichte beigetragen haben – Etiketten als Beispiel für Gestaltungsfreude und -möglichkeiten – Beschreibung der Weinorte des Rheingaus und einige Geschichten zum Wein.

Textbilder: Der Rheingau

Der Fluß

Der Fluß. Breit, voller Wucht, wenn man bei hohem Wasser an seinem Ufer steht, laut, betriebsam mit dem Blick auf die Schiffe, die er trägt, und die Autos, denen er in seinem Tal Platz für Hauptverkehrsstraßen geschaffen hat, schmutzig, wenn man die Hand hineinhält und schön von den Hängen gesehen, wunderschön am frühen Morgen oder im Dunst des Abends, und aus der Höhe schließlich stark profilierte, sehr malerische Topographie, Oberflächengestaltung, als habe ein Landschaftsgärtner in der spielerischen Großzügigkeit des Aufrisses, mit Beigaben wie Wald und Weinbergen, Felsen und schließlich auch in der Verteilung von Burgen und Schlössern – hier eine gestalterische Abrundung und dort ein Glanzlicht – in dem Bemühen um schöpferische Perfektion ein wenig übertrieben. Er fließt wie ewig, und was da an seinen Ufern entstand, ist auch schon in Jahrtausenden gewachsen. Er wirkt als Fluß sehr erwachsen, er ist eine der großen Flußpersönlichkeiten, dieser Rhein.

Die Uferallee

Die Uferallee. Platanen stehen dort in Reihen nach alter Bädertradition. Birken in zwei privaten, ehemals sorgfältig umfriedeten Parks, eine Eibe, von der man weiß, daß sie vor mehr als 300 Jahren gepflanzt wurde. Drei Zedern, kühl, patrizierhaft, werden von einem gemütlich behäbigen Kastanienbaum überragt. Dahinter Häuser aus einer Zeit, als man noch Freude daran hatte, Fronten aufzulösen, Einzelheiten zu betonen, Überflüssiges anzubringen, als Fenster noch aus kleinen Glasflächen bestehen durften und Balkone von Gußeisengeranke „getragen" wurden. Mauergevierte umschließen die Häuser, manchmal sind sie zwei, drei Meter hoch aus Bruchsteinen gefügt. Auch Rabatten und Bäume schützen sie vor dem Strom, ebenso die weißgestrichenen Pavillons und Aussichtsterrassen.

Die Parks sind ein wenig verwildert, den mächtigen Mauern fehlen hier und da Steine, die schönen Häuserfronten wirken etwas „angestoßen" – das Bild hat den Charme einer vergangenen Epoche. Es sagt: Hier hat gute, alte Zeit stattgefunden, wenn irgendwo, dann hier.

Guten Wein und gutes Essen erwandern und erfahren. Zwei bekannte Ziele liegen in Winkel: Das Schloß für die „kulinarischen Weinproben" (unten) und das Restaurant in Deutschlands ältestem Wohnhaus (Bild ganz unten).

Der Platz

Der Platz. Weiße, gelbe, ockerfarbene Flächen zwischen den braunen und schwarzen Balken uralten Fachwerks, Fenster, die durch Holzstege vielfach unterteilt sind, flache und gewölbte Scheiben, weiße Gardinen in Spitze und Tüll, winzig weiß und rot gewürfelte Vorhänge zu immer gleichen akkuraten Bögen gerafft – schöne Türen runden das Bild. Der Platz hat Kopfsteinpflaster. Er ist sauber, sauberer wahrscheinlich als zu jener Zeit, in der diese alten Häuser noch jung waren. Das gleiche Übersoll bei der Restaurierung wurde den Häusern zuteil. Es ist rundum ein perfektes Bild des Mittelalters, das durch private und kommunale Initiative wiedererstanden ist, ein angenehmes Bild, das sich noch mit einigen Häusern der hier mündenden Gassen fortsetzt, eine Momentaufnahme des Jahres 1981. Und es ist „live", durchaus lebendig, da in diesen Häusern Menschen wohnen, leben, arbeiten, Wein trinken…, und die Glattheit des Bildes wird in wenigen Jahren durch Benutzung im Innern, durch Wind und Wetter an den Fronten auf das Normale verändert, „eingeschliffen" sein.

Die große Straße

Die Straße. Lebensader, Lärmplage ist sie, trennendes Betonband zwischen Fluß und Anwohnern an manchen Stellen und insgesamt der Weg, Menschen aus dem südli-

chen Ballungsgebiet schnell in die Weinorte des Rheingaus zu bringen. Sie zeigt Wein und Rhein, Schlösser und Hochhäuser. Sie ist funktionstüchtig. Sie ist Fluch und Segen.

Der Berghang

Der Berghang. An seinem Fuß ist die laute Straße, an seinem Kopf der Wald. Er mißt hundert Meter in der Breite und fällt dann steil und felsig zum Fluß ab – oder drei Kilometer und trägt dann, mild gewellt, weite Weinberge. Er ist vielfältig geformt, wendet sich meist zur Sonne und speichert ihre Wärme lange. In seinem oberen Teil ist die Geschäftigkeit der Talsohle nicht zu sehen und nicht zu hören. Wanderer fühlen sich hier auf Wingertswegen wohl. Weindörfer gibt es, Häuschen, verstreut in den Weinbergen, solide Schlösser nach Gutsherrenart, aber keine trutzigen Burgen. Es ist eine friedliche Welt, eine Wein-Welt, und sie ist nicht nur morgens um sieben in Ordnung, wenn unten am Fluß noch der Dunst liegt.

Das Schloß

Das Schloß. Der Weg hinauf durch Weinberge, die an ein Areal großer, alter Bäume grenzen. Auch hier wieder mächtige Zedern. In dieser Höhe milden Klimas brauchen sie sich vor keinem kalten Wind zu ducken, sind auch längst nicht mehr mögliches Nutzholz, sind Denkmäler zum Schauen für Generationen, nicht mehr Laubdach über Flanierenden. Neben ihnen die Reihen der kleinen, gestutzten Baumbrüder, alleegerade auf das Schloß zulaufend. Kutschen sollten hier rollen. Es rollt moderner Verkehr, Arbeitsfahrzeuge und Besucher – nicht zu viele. Das Schloß ist rege, man spürt, daß es immer noch gut genutzt wird.

Die Gebäude am Ende der Allee sind zu streng, um glanzvoll zu sein, zu schlicht, um Luxus zu signalisieren. Klar, „gerade" und einfach ist die Kirche. Ist auch der Weinkeller erhaben? Viele Kellerstufen führen von einem Eingang hinunter, der so schlicht ist wie das Haus – und dann dieses Gewölbe, dieses bedeutende Gewölbe, diese Kerzen, die auf geschmiedeten Leuchterarmen unter den Bogen Licht geben, Kerzen auch vor Fässern, vor Fässern, die Geschichte haben und sie zum Teil durch Inschriften erzählen, Buchstabe für Buchstabe in ihre Front geschnitzt. Der Kellerpilz hat diese Räume ausgekleidet, er trinkt den verdunsteten Wein, erhält das Raumklima, sorgt für Feuchtigkeitsausgleich, hält diesen besonderen Geruch fest, diesen Duft, der Weinfreunde auf das Genießen einstimmt. – Und dann die alten Flaschen in Mauergevierten hinter Gittern, Jahrgänge, über die viel geschrieben wird, Weinadel, den schon vergangene Generationen ehrten, hier liegen sie beieinander die Großen vieler Jahrzehnte, Jahrgang um Jahrgang lückenlos weit zurück über die Jahrhundertwende. Möglicher konkreter Genuß, Wein-Bedeutung, der die Menschen hier ein Denkmal gesetzt haben, und schließlich auch jene Mystik, die in einer Hochhauswohnung so schlecht zu erklären ist – in diesem Keller stimmt das alles. Es gibt nicht viele von solchem Zuschnitt in der Welt.

Der Wein

Im Saal steht ein großer, ovaler Tisch. Er ist für Wein und Brot gedeckt, gut geformtes Kristallglas, Blumen, Ledertapete an den Wänden, Ölgemälde, Deckenverzierung, Erker – die gute Stube eines Weingutes. Wir kommen mit Rucksack, wir haben hier eine festliche Weinprobe erwandert.

Die Atmosphäre stimmt, die äußeren und inneren Bedingungen stimmen, es ist Vormittag, Zeit der höchsten Leistungs- und Aufnahmefähigkeit, Wachsein nach zwei Stunden Wandern, Sonne, Wärme, aber nicht zu viel Wärme, Einstimmen durch einen kurzen Kellerrundgang – der erste Wein ist jung, frisch, trocken.

Sechs trockene und halbtrockene Weine stehen am Beginn dieser Probe, sechs Weine

Ein mildes Klima wie im Rheingau läßt nicht nur den Wein gut gedeihen, sondern auch andere Vegetation: Die Mandeln werden hier ebenso reif (Blüte oben) wie Äpfel und Kirschen.

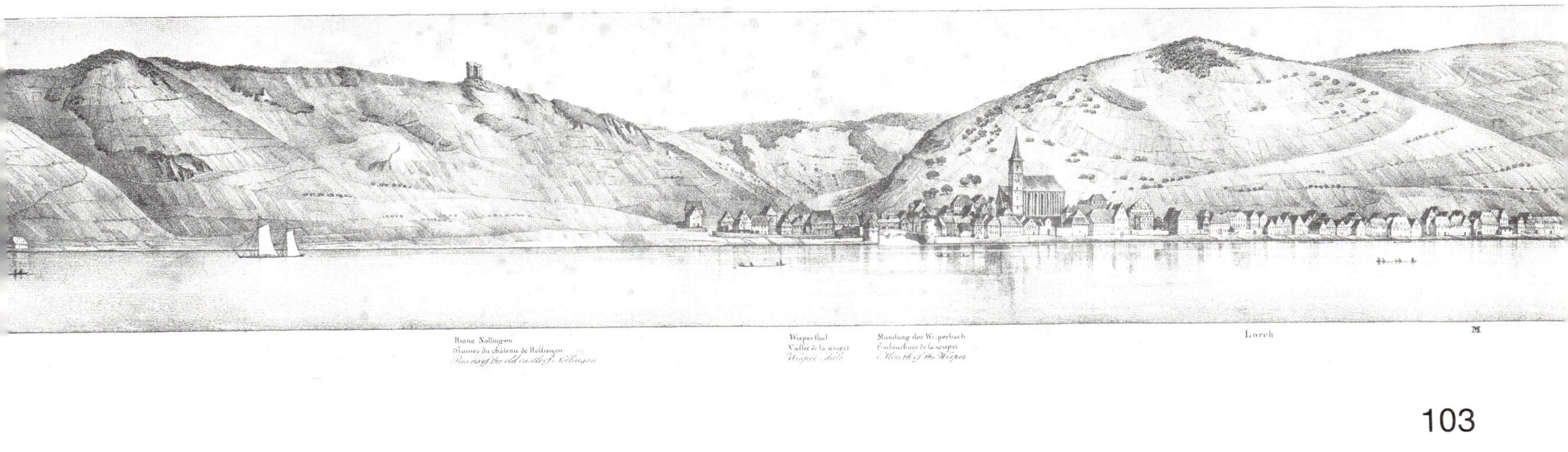

Weitwinkel-Blick aus dem Tal (auf Schloß Johannisberg und den „50. Breitengrad") und auf das Tal (Oestrich-Winkel, Johannisberg).

aus Jahrgängen, die heute kaum noch am Lager sind, folgen. 1963, 1968, 1970 sind zum Beispiel dabei. Dann runden vier große Edelweine das Geschmacksgemälde. Eine Trockenbeerenauslese aus dem Jahr 1959 bildet den Abschluß. Ein Weingigant ist das. Aufstehen, laufen, um eine Rebe zu umarmen, die so etwas hervorbringen kann – oder auch die gleichgestimmte weinfrohe Nachbarin...

Wir trinken nur Riesling. Der Gastgeber und drei seiner Mitarbeiter sitzen mit in dieser Weinrunde. Sie genießen wie jeder von uns, und der Genuß beginnt mit dem ersten Glas. Beim fünften Glas gibt es zum erstenmal mehr als Anerkennung, da ruft ein schlichter, halbtrockener Kabinett aus dem Vorjahr zum erstenmal Begeisterung hervor: So muß Wein sein, wenn er Riesling heißt und aus dieser Region kommt: leicht, mit fruchtig-feinem Bukett und ebenso feinen Geschmacksnuancen, mit gerade soviel von der rechten Weinsäure, daß sie den Mund frisch macht und dem gesunden Magen wohltut und diesen anhaltenden Wunsch nach weiterem Genuß gleicher Art auslöst. Dabei liegen die Säurewerte deutlich über dem, was hierzulande gemeinhin getrunken wird, und das ist mir wieder einmal Anlaß, über die eigentlich viel zu naiv gestellte Trocken-Frage in der öffentlichen Diskussion nachzudenken: Säure oder nicht Säure, das ist die eigentliche Frage. Und nach dem Verhältnis von Wein- zu Apfelsäure im getrunkenen Schluck müßte man fragen, und die „Säurekastraten" als verkrüppelt den höheren Weinweihen entziehen...

Gedanken eines Weingenießers – natürlich ausgesprochen, denn diese leichten und vollwertigen Weine beflügeln das Gespräch. Später sind die Weine selbst das beherrschende Thema, dieser immer neue Versuch, ihr Wesen zu ergründen wie das einer neuen Persönlichkeit, mit der man zusammenkommt, das Profil nachzuzeichnen, Feinheiten zu erkennen... bis hin zu jenem oben beschriebenen Edelwein.

Mittags sitzen wir vor der ehemaligen Orangerie und unter Sonnenschirmen im Gutsausschank. Das schöne Grün von Bäumen und Wiesen des Parks ist im Blick, der Geschmack einer „rustikalen" Wildschweinsülze auf der Zunge. Dazu der erfrischende Wein des Ausschanks und angenehme Partner zu entspanntem Gespräch – diese Straußwirtschaft sollte es zu Hause geben, nicht allzu weit „um die Ecke".

Der Gastgeber ist in deutschen Wein- und Genießerkreisen für sein Engagement bekannt, die rechten Weine mit guten Speisen zu kombinieren. Die hier gebotene schlichte Form seiner ansonsten aufwendigen „kulinarischen Weinproben" brachte Genuß und stärkte für einen Vergleich, der ebenso zu den Leidenschaften des Hausherrn zählt: Gute deutsche Weißweine im unmittelbaren Gegeneinander mit guten ausländischen Weißweinen: Je zwei berühmte „Schweizer" und „Franzosen" gegen vier namhafte deutsche Gewächse. Das Ergebnis war überzeugend und mit einer

Eine Rebe für einen jungen Erdenbürger im Kiedricher Kinder-Weinberg, Goethe-Erinnerungen im Winkeler Brentanohaus und wertvolle Rieslingweine in einem Hochheimer Flaschenkeller – jede Flasche gewissermaßen ein „Jahrgangsdenkmal".

Ausnahme eindeutig zugunsten der „Deutschen". – Und das sei betont: Genossen haben wir alle Weine dieses Tages, auch wenn der Stand einiger Teilnehmer nicht mehr ganz fest war und beim Weiterwandern nach diesem langen Probetag nicht immer die Gerade als die kürzeste Verbindung zwischen zwei gedachten Wanderpunkten eingehalten werden konnte. Aber wir haben gesungen. Was? „Hänschen klein..." oder „Oh, when the saints...", so ganz genau weiß ich das nicht mehr.

Alles in allem

Alles in allem: Der Rheingau ist Wein und Wald und Wanderlandschaft, eines der kleinsten deutschen Weinbaugebiete, dessen große Bedeutung jedoch nicht nur beim Wandern von Schloß zu Weingut und Weingut zu Schloß deutlich und greifbar ist. Man stößt allenthalben auf Beweise für die weltweite Wertschätzung der Rheingau-Weine früherer Jahre, und ebenso beweisen die Gewächse unserer Zeit, daß die Rheingau-Rieslinge immer noch zu den Spitzen-Weißweinen der Welt zählen.
Der Charme der Vergangenheit und Patina auf gutem Altern, eine Art würdiger Patina auch auf dem Gebaren mancher Weingüter, das ist die eine Seite. Mit guter Tradition und Aufgeschlossenheit ohne „Ausruhen auf Lorbeeren" das Beste für die Zukunft zu erreichen, ist ebenso die andere Seite, wie jene große Geschäftigkeit am Fluß und der Massentourismus in einigen Orten den Gegenpunkt zum beschriebenen Bild einer ein wenig konservierten, vergangenen Zeit setzt.
Für den Weinfreund zählt besonders, daß es in dieser Region unverändert große Weine gibt, die lange lagern können und wie die berühmten Vorgänger erst nach einigen Jahren den Höhepunkt ihrer Entwicklung erreichen: Große, volle, reife, bekömmliche Weine mit deutlicher Rheingau-Würze neben jungen, frischen Weinen, die ebenso schon diese Art zeigen, die sich am besten mit Eleganz beschreiben läßt. Es gibt kein edleres Getränk.

Berlin, den 11. Februar 1909.

Königliche Abendtafel.

Prinzessinnensuppe.
Steinbutten in Champagner.
Kalbsnierenstück, garnirt. 1893. Kiedricher Auslese.
Kleiner Schinken-Auflauf. 1904. Heidsieck & Co.
Enten in Madeira, Salat.
Englischer Sellerie mit Mark. 1878. Château Lafite.
Pfirsiche nach Cardinal.
Käsestangen.
Nachtisch.

Kaiserliche Speisekarten mit der 1893er Kiedricher Auslese aus dem Weingut Dr. Weil, von der Kaiser Wilhelm begeistert war.

Weingüter machen Geschichte

Abt gründet Weinkloster – Mönche führen Kellerbücher – Holländer heiratet in den Rheingau – Lesekurier verspätet sich – Fürst fördert Edelwein – Wein beflügelt Künstler – Kaiser trinkt 1893er – Queen weiht Weinberg – Cabinet wird „erfunden" – Weinadelige werken an wunderbaren Weinschlössern – Dichterfürst besucht Romantikerhaus – Prinzessin baut Atelier im Weingut – Weingraf wirbt für Wein

Das Entwickeln neuer Verfahren und neuer Normen, das ständige Streben nach Qualität, Beibehalten erfolgreicher Traditionen der Weinbereitung – und neue Ideen, wie man den Weinfreunden in aller Welt Rheingauer Weine noch besser nahebringen kann, das sind Attribute persönlichen und regionalen Erfolgs im Weinbau.

Heute werden Weinqualität und einige andere, der oben genannten Eigenschaften von einer vergleichsweise breiten Elite Rheingauer Winzer getragen. Und was die so wichtigen Fähigkeiten bei Engagement, Dynamik, Werbung und Vermarktung betrifft, so geht ja der Verbandspräsident, der ein Vorwort zu diesem Werk schrieb, mit gutem Beispiel voran.

Früher hat jedoch nur ein kleiner Kreis großer Weingüter im Rheingau Weingeschichte gemacht. Durch ihre Wein- und Marktbedeutung erhielt der Rheingauer seinen großen Namen. So sicher einerseits ist, daß der einzelne, kleine Winzer mit seinem anonymen Faßweinverkauf früher kaum eine Chance hatte, sich „einen Namen zu machen", so sicher ist andererseits die Wichtigkeit dieser Güter für die Weingeschichte. Da sich die Besitzer solcher alten Weinbetriebe früher nicht nur auf den Weinbau konzentrierten, sondern in Politik und Kirche zum Teil sehr kräftig mitbestimmten, gehören sie zur Geschichte dieser Region schlechthin.

Da ist einmal das *Kloster Eberbach,* mit dem der Qualitätsweinbau des Rheingaus begann und dessen Name heute mit dem der *Verwaltung der Staatsweingüter, Eltville,* verknüpft ist. Ähnlich weit reicht die Weingeschichte von *Schloß Johannisberg* zurück, bei dem jetzt in enger Zusammenarbeit mit dem nahegelegenen und ebenfalls renommierten *G. H. von Mumm'schen Weingut* unverändert berühmte Gewächse für den Weltmarkt erzeugt werden.

Schloß Vollrads oberhalb von Winkel ist mit seiner langen Geschichte ebenso zu erwähnen wie mit seinen heutigen Aktivitäten. Die *Gräflich von Kanitz'sche Weingutsverwaltung* hat für die Entwicklung des Lorcher Weinbaus im nördlichen „Steilhang-Teil" des Anbaugebietes ebenso viele Anstöße gegeben, wie *Schloß Groenesteyn* im schönen Kiedrich, das über dem welligen Hügelland im mittleren Teil des Anbaugebietes liegt.

Das *Weingut Königin Victoria Berg*, das der Winzerfamilie Hupfeld in Mittelheim gehört, hat mit der englischen Königin Victoria Furore gemacht und wesentlich zum englischen Rheingau-Wein-Synonym „Hoc" (anglisierte Hochheim-Abkürzung) beigetragen. Beim *Weingut Dr. Weil* in Kiedrich war es zum Beispiel der letzte deutsche Kaiser, der durch seinen anhaltenden Genuß von einer hervorragenden 1893er Kiedricher Auslese aus diesem Haus den Namen Dr. Weil bekanntmachte. Er trank ihn am 25. Februar 1902 an Bord seiner Majestät Schiff „Hohenzollern" im Hafen von New York zu Schinken in Burgunder und Fasanenauflauf mit Trüffeln, die es zum Frühstück gab. Er trank ihn regelmäßig in den folgenden Jahren und immer noch am 26. Januar 1917 im „Großen Hauptquartier" zu Rheinlachs in Rotwein und gefüllten Puten bei der Mittagstafel.

Schloß Reinhartshausen in Erbach gehörte schon lange vorher der kaiserlichen Verwandtschaft, und das gräfliche *Schloß Eltz* in Eltville, versorgte – wiederum lange vorher – die Regierungsspitze um den Reichskanzler und Kurfürsten im nahen Mainz. Die Grafen Eltz hatte es wohl auch wegen dieser Nähe zum damaligen Machtzentrum in den Rheingau gezogen. Touristen können sich heute von der langen Tradition überzeugen, wenn sie das tausend Jahre alte Stammschloß der Grafen an der Mosel besuchen, das sie ansonsten vom 500-DM-Schein her kennen.

Schloß Reichartshausen gehört ebenso zu den großen Namen, die weit aus der Vergangenheit mit Weingeschichte und Weinqualität in die Gegenwart hineinwirken, wie *Schloß Schönborn* in Hattenheim oder das zungenbrecherisch auszusprechende *Freiherrlich von Simmern'sche Rentamt* in Eltville.

Die *A. von Brentano'sche Gutsverwaltung* ist durch den berühmten Vorfahr Clemens bekanntgeworden – durch Goethe-Besuche und durch das wunderschöne Haus in Winkel selbst. Die *Gutsverwaltung Geh. Rat Julius Wegeler Erben* in Oestrich gehört zur gleichen Wegeler-Familie, die Deinhard zu einem berühmten Wein- und Sekt-Unternehmen gemacht hat. Und beim *Domdechant Werner'schen Weingut* (schon wieder das „Rheingauer 'sch") in Hochheim war es der Namensgeber mit seinem berühmten Dombau. Das Haus an der „Mainfront" Hochheims ist ebenfalls ansehnlich. In der gleichen Front liegt das *Weingut der Stadt Frankfurt am Main*, das nicht nur Frankfurts städtische Bedienstete mit Hochheimer Gewächsen versorgt.

Von Zwierlein und *von Oetinger, von Löwenstein* und *zu Knyphausen,* aber auch *Aschrott* und *Eser, Reis* und *Ress* heißen die Familien, die Weingeschichte im Rheingau gemacht haben – oder jetzt gerade fleißig dabei sind, sich für die jüngsten Kapitel durch weitere Weintaten einzutragen. – Die Qualitätsspitze ist breiter geworden, wie gesagt. Weinfreunde können das durch interessante blinde Vergleichsproben selbst feststellen: Da bestehen auch weniger bekannte oder unbekannte Namen. Aber die berühmten Güter werden eben zu Recht in einem Maße mit diesem Weinbaugebiet identifiziert, wie es Ähnliches in keinem der zehn anderen gibt. Aus diesem Grund werden hier einige von ihnen als Beispiel vorgestellt – ohne Aufwertung für ihre heutigen Weine und damit ohne Abwertung der vielen guten nicht genannten Weingüter. Sie verkörpern Kapitel der ungewöhnlich dichten Rheingauer Weingeschichte. Deshalb diese Ausnahme in bezug auf die Weingutsvorstellung innerhalb des Gesamtwerkes Deutscher Wein.

Rheingauer Weingutsbesitzer Staatskanzler Fürst von Metternich und Bettina von Brentano vom Winkeler Brentano-Weingut.

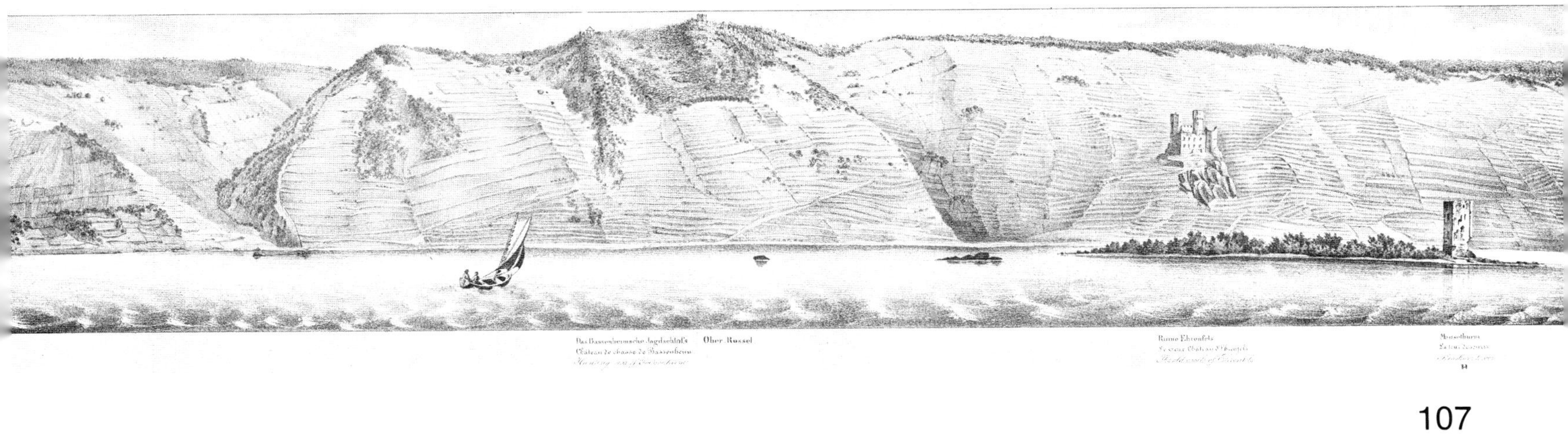

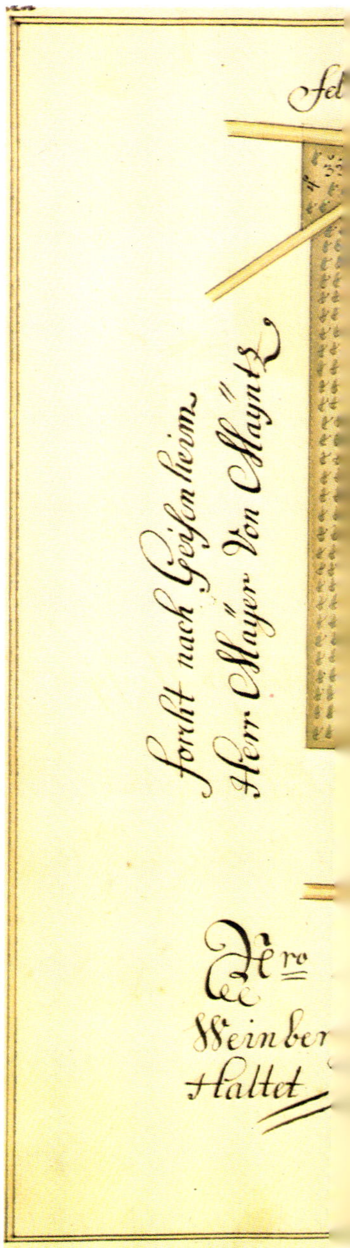

Zeichnungen aus einem hand
1766. In solchen Verzeichni
tums kartiert und – wie man
bergen und anderweitiger Bo
dies ist ein Beitrag zur Kultu

Die auf den Seiten ab 102 b
den Rhein von Lorchhaus
Zeichner um 1870 darstell
Maßstab ist ein außerorder
größeren Teil der Rheinfron

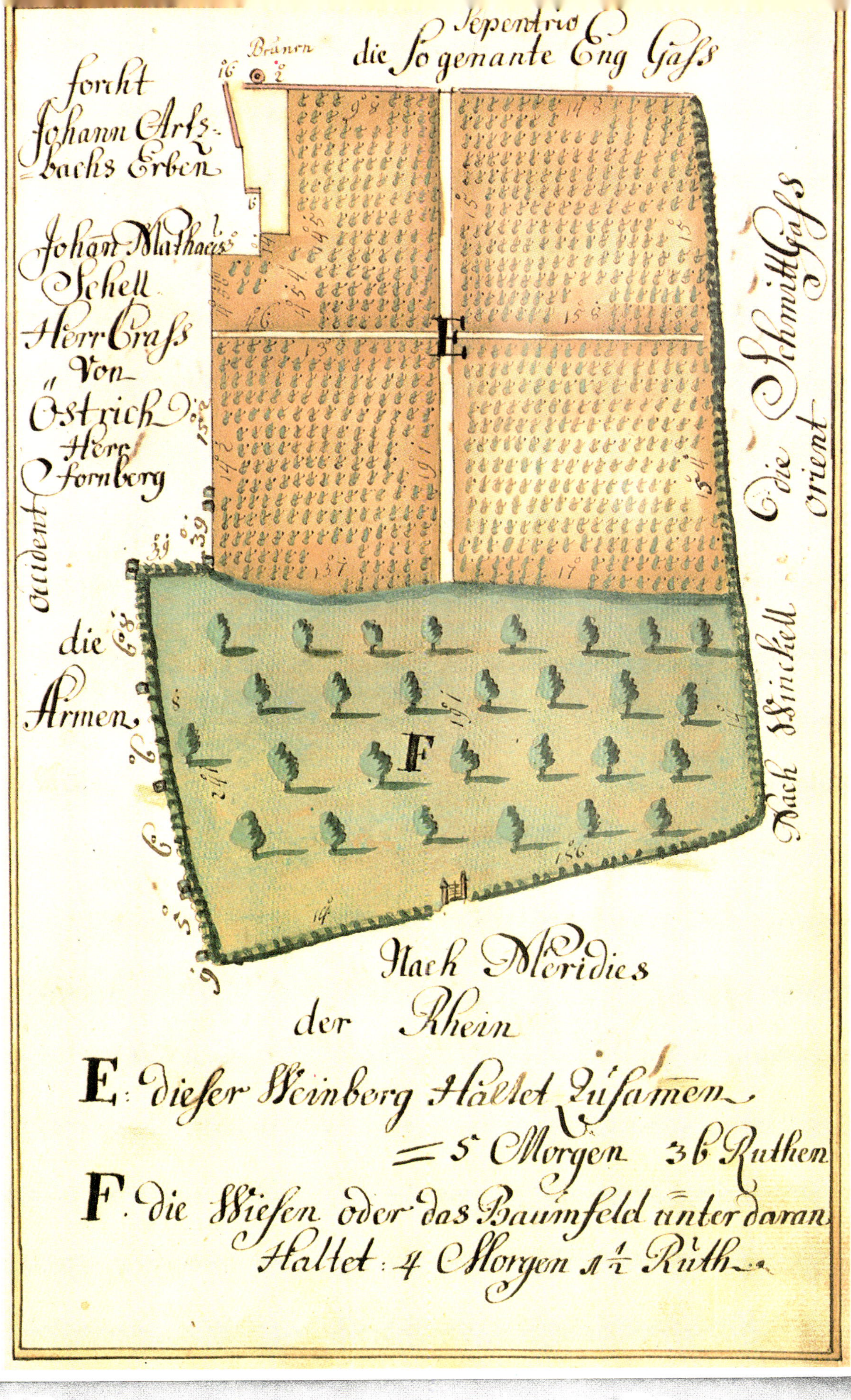

…n Güterverzeichnis des Jahres …den alle Flächen eines Besitz…ein unterschieden nach Wein…ng sorgfältig ausgemalt. Auch …gion.

…e Rheingau-Darstellung zeigt …Hochheim, wie er sich dem …Original im doppelt großen …ges Faltblatt, das einen weit …en Flußseiten zeigt.

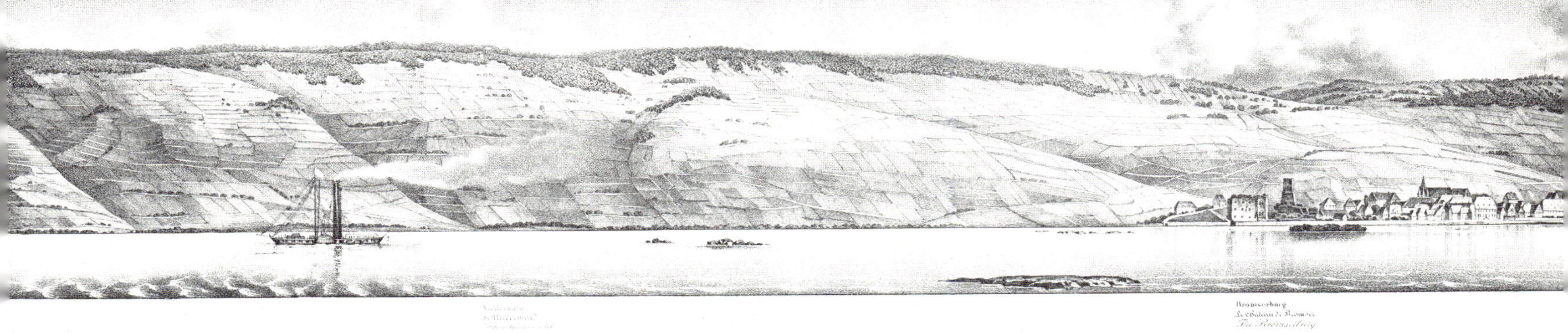

Die Schönheit eines Weinkellers wird vom Bewuchs durch den Kellerpilz mitbestimmt. Der beste unter den Kellerpilzen ist der „Cladosporium cellare", dessen Auftreten im Weinbau begrüßt wird, weil er für ein gutes Kellerklima sorgt. Prof. H. Schanderl hat 1936 nachgewiesen, daß sich dieser feine Pilz von der weindunstreichen Luft des Kellers ernährt. Prof. Schanderl hatte 1932 im Keller des Schlosses Johannisberg beobachtet, daß der Pilz auch auf den eisernen Lüstern prächtig gedieh. Das regte ihn zu einer wissenschaftlichen Untersuchung über die Ernährung des Pilzes an.

Schloß Johannisberg

Heinrich Heine wollte sich einen Berg nachkommen lassen

„Der Johannisberger Kabinetts-Wein ist einer der edelsten Weine der Erde, der bis jetzt bloß den Kaisern und Königen, den höchsten Würdenträgern der Kirche und des Staates zugegangen ist." Dies schrieb Dr. Robert Haas, Direktor des „Publicistischen Bureaus zu Wiesbaden" 1846 in seiner Rheingauer Geschichts- und Weinchronik. An anderer Stelle heißt es noch: „Die Weinberge sind alle mit weißem Riesling angepflanzt..."

Letzteres gilt unverändert, die Weine trinkt heute jedoch jedermann. Sie gehören unverändert zu den edelsten der Welt – und haben einen entsprechenden Preis. Ihr Charakter ist fest umrissen, läßt sich aber in Worten nicht aus der Runde anderer großer Rheingauer herausheben, da die Weinsprache in solchen Nuancen vor den starken Jahrgangsunterschieden sowie den Geschmacksvariationen der Qualitätsstufen kapitulieren muß. Heinrich Heine hat vom „flammenden, liberalen Johannisberger" geschrieben und ganz ernsthaft (mit seinem Lächeln im Hintergrund) und begeistert erklärt: „Ich habe den Wein, der dort wächst, immer für den besten gehalten, und für einen gar klugen Vogel hielt ich immer den Herrn des Jo-

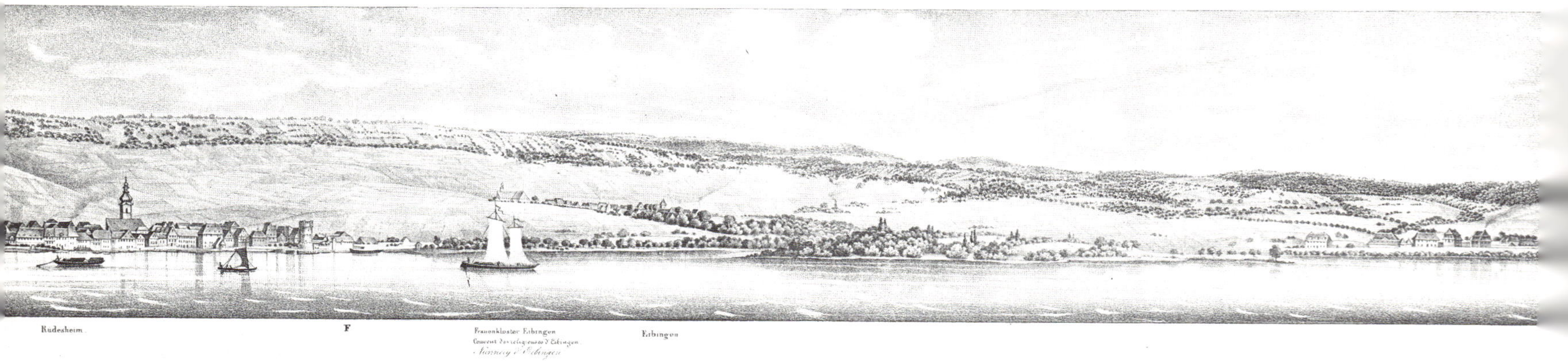

hannisbergs. Aber mein Respekt hat sich noch vermehrt, seitdem ich weiß, in welch hohem Grade er meine Gedichte liebt... Mon Dieu, wenn ich doch soviel Glauben in mir hätte, daß ich Berge versetzen könnte, der Johannisberg wäre just derjenige Berg, den ich mir überall nachkommen ließe."

Heines „kluger Vogel" war Österreichs Staatskanzler Metternich, und dieser Mann schien tatsächlich auch in Sachen Wein klug genug, um mit dem Johannisberg großen Erfolg zu haben. Er nannte den Johannisberger 1841 ein „ausgesuchtes, sehr geschmackvolles, angenehmes Getränk" und forderte seine Verwaltung auf, diesen guten Ruf streng zu beachten und immer neu zu begründen: „... Weine, die für den Flaschenweinverkauf nicht geeignet sind, sind anderweitig zu verwenden."

Mit Fürst Metternich kam Stabilität in die Besitzverhältnisse des Johannisbergs. Wenn sich diese auch ein wenig verschoben haben, so gibt es doch unverändert einen Fürst Metternich auf Schloß Johannisberg. Paul Alfons von Metternich-Winneburg wohnt auf dem Schloß und ist der beste Werber für die Schloßweine, nein, der zweitbeste, wenn man bedenkt, daß ein solch guter Wein ja am besten für sich selbst spricht.

Das Schloß ist von außen wenig attraktiv. Nicht schön und nicht häßlich krönt es wie ein wuchtiger Gutshof den Schloßberg, krönt 35 Hektar Riesling-Reben. Die Schönheit des Schlosses liegt für die Besucher im Keller, einem tiefen Gewölbe, in dem die Weinbedeutung so greifbar ist, daß sich ihr keiner der Weinfreunde entziehen kann. Diese Ausstrahlung ruft geradezu Andacht hervor, wenn die Weinpilger vor dem Gitter der „Bibliotheca subterranea" stehen – Angesicht in Angesicht mit Weinqualitäten im Flaschenlager, von denen alle Weinfreunde träumen.

Schloß Johannisberg hat bei allen wechselnden Zeitläufen immer wieder das Glück gehabt, von hervorragenden Verwaltern und Kellermeistern geführt zu werden. Seit 1719 sind alle Weinernten der einzelnen Jahre bekannt, ebenso der Ausbau der Weine und die Dauer ihrer Lagerung. Schon damals haben die auf dem Johannisberg lebenden Mönche viele Möglichkeiten ausgeschöpft, um Spitzenweine zu erzielen. Bis 1775 begannen sie jedoch früher mit der Lese als die Winzer des nahen Ortes. Danach war es umgekehrt, wie aus den Akten zu ersehen ist. Grund für den Gesinnungswandel war ein Zufall, der in der Weinwelt inzwischen Berühmtheit erlangt hat: Der den Johannisberger Mönchen vorgesetzte Fürstabt von Fulda hatte sich die alljährliche Lesegenehmigung vorbehalten. Die Erlaubnis zum Lesebeginn erteilte er per Kurier. Als der sich aus einem nicht bekannten Grund verspätete, mußten zwangsläufig hochreife Beeren gelesen werden. Sie ergaben einen hervorragenden Wein. Der Wert der späten Lese war entdeckt.

Dem Reiter hat man vor dem Schloß ein Denkmal gesetzt, genauso wie man dem Weinheiligen St. Urban ein Denkmal setzte – und schließlich auch dem 50. Breitengrad, der just durch den Johannisberg verläuft. Man könnte eigentlich auch noch ein „Eiswein-Denkmal" errichten, denn 1858 wurden hier bei minus acht Grad Celsius gefrorene Trauben gelesen, die einen hervorragenden Wein erbrachten. Auf Schloß Johannisberg betrachtet man jedoch die verbreitete Eiswein-Begeisterung eher distanziert, kann doch der schönste Frost aus minderen Trauben kein hervorragendes Eiswein-Material machen.

Im übrigen scheute (und scheut) man jedoch keine Mühe, um auf den nach Südosten, Süden und Südwesten geneigten Hängen des Berges hervorragende Qualitäten zu lesen. Schon vor weit über hundert Jahren war es hier üblich, durch sorgfältige Auslese von einem Weinberg bis zu vier Weinqualitäten zu gewinnen. Die idealen Bedingungen für den Weinausbau im Schloßkeller ermöglichten es schon

„Steinberger" – Wein aus dem Spitzenweinberg der Mönche.

Ein Klosterrundgang bringt zahlreiche schöne Anblicke. Dies ist einer davon.

damals, aus guten Mosten noch bessere Weine zu bereiten. Das gilt heute unverändert. So berühmt wie der Keller selbst ist in Fachkreisen das „Johannisberger Kellertuch", jener natürliche Pilzbelag, der hier Wände und Decke teilweise zentimeterdick bedeckt, Kellerklima und -duft, stark beeinflußt und so ein wesentlicher Faktor für die Geschmacksbildung des Weines ist.

Begonnen hat dieses Weinwunderwerk namens Johannisberg, in dem alles Jahrhunderte zurückreicht, mit Rhabanus Maurus. Dieser hochgelehrte Mann war Abt des Benediktinerklosters in Fulda und engagierter Rheingau-Anhänger. Um 850 ließ er auf dem damaligen „Bischofsberg", dem heutigen „Johannisberg" eine Kapelle bauen. Laut einer Urkunde aus Ingelheim kann es zu dieser Zeit am Fuße des Berges schon Weinbau gegeben haben. Um 1100 errichteten die Benediktiner obenauf das erste Kloster im Rheingau. Sie bearbeiteten von Anfang an ihre eigenen Weinparzellen.

Später gehörte der Johannisberg so unterschiedlichen Besitzern wie einer Kölner Kaufmannsfamilie, dem Prinz von Oranien, einem napoleonischen Marschall und Kaiser Franz I. von Österreich. Der schenkte es 1816 seinem brillanten Staatskanzler Metternich, allerdings mit der Auflage, daß ein Weinzehnt abgeliefert werde. Das geschieht heute noch. Es ist eine der Besonderheiten dieses an Besonderheiten reichen Weingutes. Dazu zählen die Werkswohnungen im 1942 durch Bomben zerstörten und nach Kriegsende wiederaufgebauten Schloß ebenso wie die hier ausgebauten eigenen Weine der Mitarbeiter. Dazu zählt das traditionelle Herbstfest mit der Herbstfahne, die dem letzten vollen Lesewagen vorangetragen wird, immer neuen Herbstgedichten und der „Herbstmuck". Das kann mit „Herbstmädchen" übersetzt werden, hat aber deftigeren Ursprung im Zusammenhang mit Fruchtbarkeitsdenken. Muck ist nämlich die Muttersau im Schweinestall.

Kloster Eberbach

Staatsweingüter/Kloster Eberbach

Die Mönche und ihr Edelberg – „Cabinet"-Keller und Riesenfaß

Der Adler auf dem Etikett kommt aus der Zeit, als „Preußens Gloria" durch diese Prachtweingüter zusätzlich bacchantischen Glanz erhielt. Die Königlich Preussische Domänenverwaltung hatte Weinberge und Weingüter 1866 vom Herzog von Nassau übernommen. Der hatte auch schon „übernommen", 1803, als in der Folge französischer Revolutionsgedanken klösterlicher Besitz zwangsweise in weltliche Hände ging. Heute ist das alles noch „weltlicher": Die Domänenverwaltung hat das hessische Ministerium für Landwirtschaft und Umwelt zum Dienstherrn.

Rund 200 Hektar Rebland sind so öffentlich vereint. Sie werden von Domänen in Assmannshausen, Rüdesheim, Hattenheim, Rauenthal, Hochheim und Bensheim verwaltet. Letztere liegt im Weinbaugebiet Hessische Bergstraße, alle anderen gehören zum Rheingau. Diese Aufzählung muß durch eine Domäne ergänzt werden, die in keinem Ort gelegen ist, aber durch die von ihr bewirtschaftete Weinlage den größten Bekanntheitsgrad hat: die Domäne des Steinbergs.

Mit diesem Berg, diesen 32 Hektar arrondierten und durch eine Mauer umgebenen Reblandes hat die große Geschichte der „Verwaltung der Staatsweingüter, Elt-

ville/Rheingau" (so der volle Name) vor vielen hundert Jahren begonnen. Es ist die Geschichte des Klosters Eberbach, das auch heute noch würdiger Mittelpunkt des Weingeschehens der Staatsweingüter – und des Rheingaus ist.

Die berühmte historische Kelterhalle des Klosters Eberbach

1116 und 1131 ließen sich Augustiner-Chorherren und Benediktiner an der Stelle nieder, wo jetzt die umfangreichen Anlagen des „Weinklosters" stehen. 1135 kamen Zisterzienser aus dem Burgund, brachten Reben mit und machten sich gleich an die Weinbergsarbeit: Sie rodeten den Steinberg und bauten die berühmte Mauer, die das Kleinklima zugunsten des „Steinberger" über Jahrhunderte verbessert hat.

Wer heute den „Steinberger" trinkt, Berg und Kloster besucht, der versteht, was die Mönche bewogen hat, diesen herrlichen Platz zum Leben und Arbeiten auszuwählen. Bis zu 300 Brüder und Laienbrüder waren zur Blütezeit des Klosters in diesem Taleinschnitt über Hattenheim tätig. Was sie aufbauten, ist noch zu besichtigen – sowohl im Steinwerk der weitläufigen Klostergebäude als auch im Holzwerk der Fässer und Keltern.

Das größte Faß, das berühmte 74 000-Liter-Faß, ist nicht mehr erhalten. Die aufständischen Bauern leerten es 1525 im Bauernkrieg zu gut zwei Dritteln und ließen es so noch einmal in die Geschichte eingehen. Die gebliebenen Fässer sind jedoch noch so eindrucksvoll, daß alle Rheingauer-Weinpilger zum Kloster fahren, um solche Schätze zu besichtigen. Dazu gehört dann auch die riesige Kelterhalle mit den mächtigen Holzkeltern, die einen Eindruck von der Bedeutung des damaligen klösterlichen Weingutes vermitteln können.

Alte Weine in alten, schönen Flaschen, reif und zum Teil edelfirn – mit solchen Gewächsen hat der Rheingau Weingeschichte gemacht.

„Schmutzig“ außen, edel innen – alte Weine im Mittelheimer Keller der Besitzer des Königin Victoria Berges.

Dazu gehört vor allem der „Cabinetkeller“ mit seinen schönen Fässern, seinem aufwendigen Gewölbe, seiner auch bei dem starken Touristenverkehr erhaltenen Echtheit. Dieser Keller hat es verdient, daß man ihm den Ursprung des heutigen Weinprädikats „Kabinett“ zuordnet. Er hat unter diesem Namen bereits mehr als 250 Jahre deutsche Weingeschichte mitgeschrieben.

Der erste Beweis für die Namensgebung „Cabinet“ ist dem Eltviller Zimmermeister Ferdinand Ritter zu verdanken. Er machte dem Kloster Eberbach 1730 eine Rechnung auf, in der unter anderem bei den aufgeführten Arbeiten verzeichnet stand: „Item Keller lager in dem sall und schlaff haus Keller gemacht und in dem cabernedt Keller“. Sechs Jahre später schrieb der gleiche Handwerker eine zweite Rechnung, auf der „Cabinet“ als Bezeichnung für diesen Keller richtig – und damit so geschrieben war, wie es als Modewort für den Aufbewahrungsort von Kostbarkeiten etwa 50 Jahre vorher aus Frankreich übernommen wurde.

Die Eberbacher Mönche lagerten der Bedeutung des Wortes entsprechend das Beste vom Besten in diesem Keller ein. Selten waren es mehr als sieben Fässer eines Jahrgangs, immer die ausgesuchtesten Qualitäten der Klosterbesitzungen mit dem „Steinberg“ an der Spitze. Wie man aus den Kellerbüchern weiß, kamen diese Weine erst nach einer durchschnittlichen Lagerzeit von 14 Jahren (!) an den Handel.

Dank der Kellerbücher sind viele Einzelheiten über die „Cabinet-Weine“ bekannt: 6 Jahre war die kürzeste Verweildauer im Keller, 28 Jahre der Lagerrekord – wohlgemerkt im Faß. Sogar der Umsatzanteil der Weine aus dem „Cabinet-Keller“ ist bekannt: So trugen sie von 1732–1782 mit sieben Prozent zum Jahresumsatz des Klosters bei.

Die Herzöge von Nassau übernahmen als Nachfolger der Eberbacher Mönche auch deren Cabinet-Tradition – und erlangten gleich mit einem der ersten Jahrgänge, die unter ihrer Regie den Keller verließen, Weltruhm. Es war der 1811er, jener Weingigant, der als „Kometenwein“ – unter anderem von Goethe besungen – in die Geschichte einging.

Kloster Eberbach bietet nicht nur Wein-Erinnerung für Touristen. Dank einer klugen Verwaltung ist es voller Wein-Leben, voller Weinkultur. Die besten Weine der Staatsweingüter werden unverändert in diesen Idealkellern eingelagert. Die Weinfreunde kommen zum Proben hierher. An den Wochenenden gibt es da organisierte Veranstaltungen, unter der Woche können die Individualisten ihre Proben in den beiden Klostergaststätten nach Lust und Laune nehmen. (Steinberger wird offen ausgeschenkt!)

Größere Weinveranstaltungen sind die regelmäßig stattfindenden Weinmessen und Weinversteigerungen (seit 1806), an denen nicht nur die Staatsweingüter teilnehmen. Zum Rheingauer Erntedankfest kommen zudem in jedem Herbst die Winzer aus der gesamten Region hier zusammen, und zu den Veranstaltungen der „German Wine Academy“ schließlich treffen sich Weinfreunde aus der ganzen Welt auf Kloster Eberbach, um hier „Weinwissen für Fortgeschrittene“ präsentiert zu bekommen.

„Rheingauer Weinseminar“, „Rheingauer Weinkonvent“, Konzertveranstaltungen mit einer Spannbreite von Mozarts „Requiem“ bis zur französischen Folklore – insgesamt ist Kloster Eberbach mit der Stützung durch Deutschlands größten Weinerzeugerbetrieb ein Weinkulturzentrum von einer weltweit wohl einmaligen Größenordnung und Ausstrahlung. Dem entsprechen Breite und Qualität der hier angebotenen und von der Einzelflasche bis zu Großmengen (Versteigerungen) ver-

kauften Weine. Sie bieten einen geschmacklichen Riesling-Querschnitt des Anbaugebietes – mit Rotweinspezialitäten als Besonderheit. Welche Wertschätzung solche Weine erfahren, zeigen – deutlicher als die immer wieder erzielten Rekordpreise von mehr als tausend oder gar einigen tausend Mark pro Flasche – die durchschnittlich erlösten Preise beim Verkauf größerer Mengen der verschiedensten Rheingauer und Bergsträßer Weine aus den Kellern der Staatsweingüter.

Schloß Schönborn

Die Schönheit der Bauwerke

Die Schönborns sind rheinischer Uradel. Bedeutende Kirchenmänner, allezeit der Politik und den Wissenschaften zugewandt, Diplomaten, Weinkenner, Mäzene und Kunstsammler von europäischem Format gingen aus diesem Geschlecht hervor. Erste Urkunden reichen bis in das 12. Jahrhundert zurück. Sie berichten von Gütererwerb, Schenkungen und kirchlichen Stiftungen, aber auch vom „Winkauf" und der langen Weintradition der Schönborns im Rheingau.

Einer der bedeutendsten unter ihnen war Johann Philipp von Schönborn (1605–1673), Fürstbischof von Würzburg und Worms, Kurfürst und Erzbischof von Mainz, Erzkanzler des Heiligen Römischen Reiches Deutscher Nation. Man nannte ihn den „Weisen unter den Kurfürsten" und den „Friedensfürsten". Er hatte erheblichen Anteil an den Friedensverhandlungen zum Dreißigjährigen Krieg. Er war ein Mann von hohem persönlichem Mut: Als die Schweden (1645) vor Würzburg erschienen, ritt er gegen alle Warnungen selbst in das feindliche Lager und handelte einen Kapitulationsvertrag aus. Später förderte er den wirtschaftlichen Wiederaufbau in seinen Ländern, gab Schulbücher heraus und betätigte sich auch literarisch.

Schloß Schönborn in Geisenheim

Eine besondere Bedeutung erlangt dabei auch „Schloß Schönborn", das im Ortskern von Geisenheim liegt und doch von einem hochgeschätzten Weinberg, dem „Geisenheimer Schloßgarten", umgeben ist. Dieser ehemalige „Stockheimer Hof" war einer der Lieblingsaufenthalte Johann Philipps, der immer wieder gern mit bevorzugten Gästen, darunter auch den französischen Philosophen Voltaire, „ins Rheingau" kam. In den Räumen des Schlosses führte Johann Philipp 1647 die Vorverhandlungen zum „Westfälischen Frieden", der ein Jahr später den Dreißigjährigen Krieg beendete.

Unter seinen Nachfolgern ragt Lothar Franz (1655–1729) hervor. Mit ihm erreichten die Schönborns den Zenit ihres Glanzes. Er gilt als Mitbegründer des süddeutschen Barocks und baute unter anderem die Neue Residenz in Bamberg, die Favorite bei Mainz und die Wallfahrtskirche Walldürn. Höhepunkt seiner politischen Tätigkeit war die Leitung der Wahl Karls VI., den er 1711 im Frankfurter Dom krönte.

Hierher gehört auch Schloß Pommersfelden, mit dem er die Reihe der großen fränkischen Schloßanlagen eröffnete: ein Meisterwerk hochbarocker Architektur.

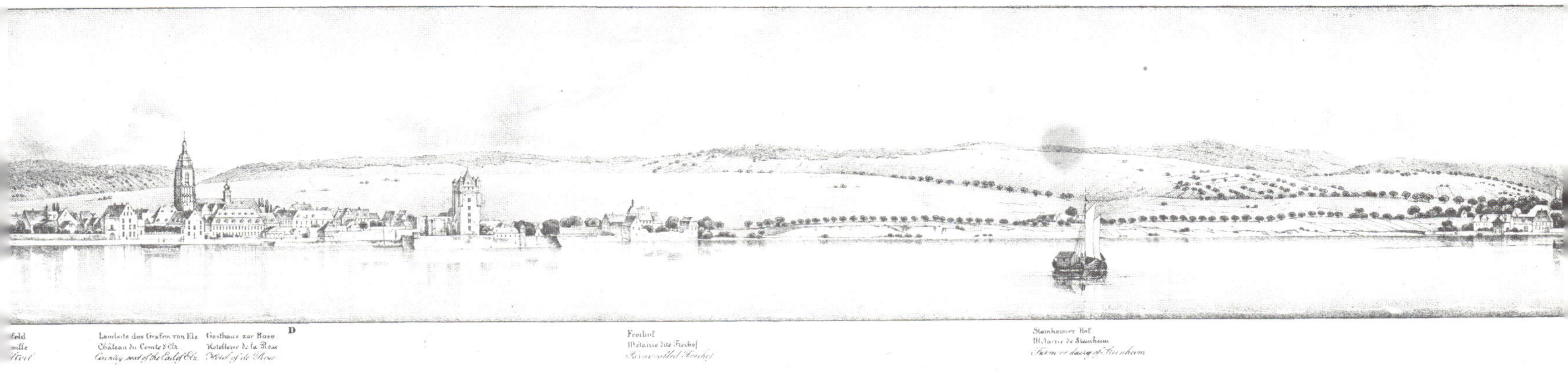

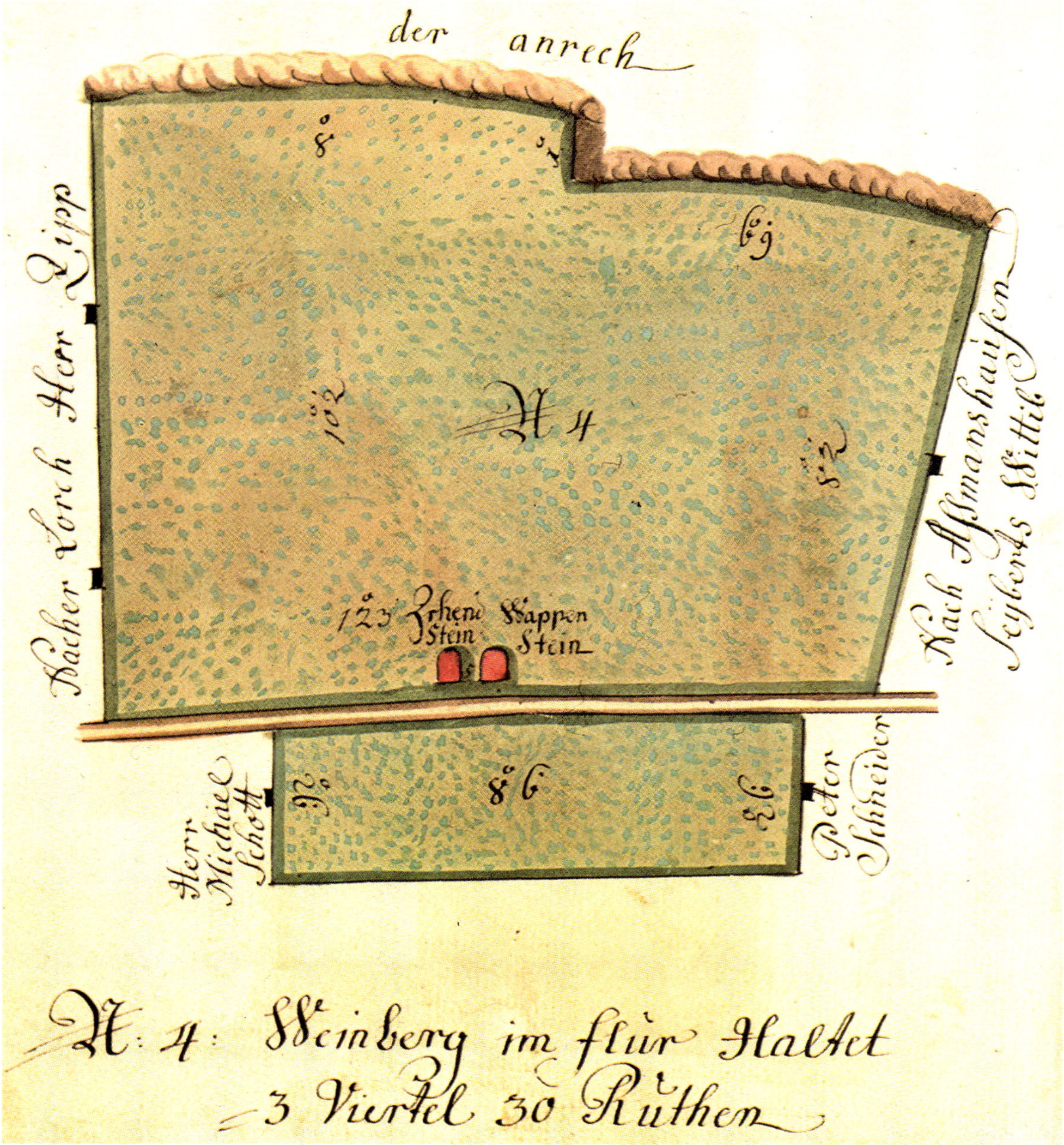

Der Zehendstein und der Wappenstein sind in dieser alten Besitztumskarte genauso aufgeführt wie die Namen der Besitzer angrenzender Parzellen „Peter Schneider, Seyberts Wittib...“ Gezeichnet wurde sie, wie auch die Darstellungen auf den Seiten 108/109, vom „Chur-Mayntzl. geschwohrnen Geometer von Rüdesheim aus dem Rheingau“ Andreas Trauttner im Jahre 1760.

Dr. Karl Graf von Schönborn, heutiger Eigentümer des Weingutes in Hattenheim, des fränkischen Weingutes Schloß Hallburg und anderer land- und forstwirtschaftlicher Betriebe, wohnt mit seiner Familie in den Schlössern Wiesentheid und Pommersfelden. („Schloß Schönborn“ wird seit mehr als 20 Jahren von Domänrat Robert Englert geleitet.) Schloß Pommersfelden vor allem birgt eine der größten europäischen privaten Kunstsammlungen. Dabei gilt die besondere Liebe des Besitzers stets auch der Pflege edler Weine, ganz im Sinne der jahrhundertealten Familientradition „Trinkt jetzt ein Gläsgen Wein, dann könnt ihr lustig seyn“, wie einer der Vorfahren den Schönborns vor langer Zeit ins Stammbuch schrieb.

Das „Gläsgen Wein“ kam seit 1349 meist aus dem Rheingau; denn bereits damals erwarben die Schönborns einen ersten Weinberg in Winkel, wie eine Urkunde ausweist. Der Besitz wuchs rasch. Das Domänenweingut Schloß Schönborn ist heute

mit insgesamt rund 90 Hektar (davon ca. 65 ha Rebfläche bestockt) eines der größten privaten Weingüter Deutschlands. Seine Rieslingreben (90 Prozent Anteil) gedeihen in unterschiedlichen Bodenarten, vom sandigen Lehm über Schieferverwitterungserde bis hin zum schweren Ton-Mergel-Boden.

Der Erbacher Marcobrunn, der Hattenheimer Pfaffenberg (Alleinbesitz) und 43 andere Lagenweine reifen in dem über 500 Jahre alten Kreuzgewölbekeller in Holzfässern. Ein Wein aus diesem Keller, ein 1865er Marcobrunner, erzielte bei einer Versteigerung einen Flaschenpreis von 3600 DM.

Die Insel „Mariannenaue" ist nach unterschiedlicher Nutzung in den vergangenen Jahrhunderten heute vorwiegend Weinbaugebiet. Ihr Einzellagen-Name ist „Erbacher Rheinhell". Riesling, Kerner und Weißer Burgunder werden erfolgreich angebaut. Ein Versuch mit Dauerbegrünung in den Rebzeilen hat begonnen. Die Auswirkung von biologisch-dynamischer Düngung auf die Weinqualität soll ebenso geprüft werden.

Schloß Reinhartshausen

Marianne und ihre Aue

Lang und schmal liegt die Insel „Mariannenaue" vor Erbach und Hattenheim im Rhein. Sie ist 80 Hektar groß, 21 davon sind Rebland. Die Insel gehört zum Schloß Reinhartshausen. Das wird unter anderem durch ein Schiff deutlich, das zwischen Insel und Erbacher Ufer verkehrt, preußischblau gestrichen ist, und scherzhaft als Rest der preußischen Flotte bezeichnet wird. Preußisch deswegen, weil das Schloß und mit ihm die Insel seit 1855 den Prinzen von Preußen gehören, die heutigen Eigentümer sind Urenkel von Kaiser Wilhelm II.

Das Anwesen gehörte zunächst einer Prinzessin der Niederlande aus dem Hause Oranien Nassau, eben jener Marianne, die der Insel den Namen gab. Sie war eine Schwägerin Kaiser Wilhelms I., und sie sorgte dafür, daß nicht nur das Schloß und seine Weinberge prachtvoll gediehen, sondern auch die Kunst im Schloß. Sie richtete ein Atelier ein, gab Malern Arbeit, Wohnung und Brot – und hinterließ eine umfangreiche Gemäldesammlung, die zu einem Teil heute noch im Anwesen zu sehen ist – vorzugsweise in dem Bau, der jetzt als Schloßhotel genutzt wird.

Etikett des weltweit bekannten „Marcobrunners". Als dieser 1865er 115 Jahre alt war, erzielte er auf einer Versteigerung einen Flaschenpreis von 3600 DM.

Nur Holzfässer und natürlich auch ein Holztisch für „Weinproben vor Ort“: Weinkeller des Schlosses Reinhartshausen.

Als die Prinzessin Erbacherin wurde, hatte das Schloß schon reiche Vergangenheit. Eigentlich ist es ein „Schlösser-Schloß“, da es ursprünglich aus drei getrennten Gütern bestand, zwei in weltlichem und einem in geistlichem Besitz. Die Geschichte des westlichen Hofes läßt sich bis in das 14. Jahrhundert zurückverfolgen bis zu einer Gutta von Scharfenstein, die einen Ritter Kraft von Allendorf heiratete und den Erbacher Besitz mit in die Ehe brachte. Das war 1337.

Etwa zur gleichen Zeit muß der Nachbarhof wohl der Mainzer Adelsfamilie zum Jungen gehört haben. Nach zahlreichem Besitzerwechsel erwarb Clemens August Graf von Westphalen die nun vereinigten Höfe im Jahre 1800. Der sowohl in der Reichspolitik als auch in mehreren Kurfürstentümern als Minister aktive und äußerst wohlhabende Graf ließ gleich nach dem Erwerb einige Gebäude abreißen und das heutige Schloß bauen.

Den dritten Hof, der früher Zehnthof war und zuletzt als Pfarrwohnung und Andachtsraum der Erbacher Protestanten diente, kaufte die erwähnte Prinzessin. Sie brachte soviel Leben und Lebensfreude, Kunst und Geld ins Haus und nach Erbach, daß man die ehemals „Westfälische Aue“ benannte Insel im Strom umtaufte.

Diese Insel, ursprünglich nur 5 Hektar groß, wurde durch natürliche Anschwemmungen mit der Hattenheimer Insel verbunden. Sie war einmal Park des Schlosses, später Weingarten, Obstplantage und Viehzuchtareal. In den fünfziger Jahren unseres Jahrhunderts versuchte die Schloßverwaltung dort wieder Weinbau. Man glaubte, die Lage im Strom sei ideal für frostgefährdete „weiche“ Neuzüchtungen wie Reichensteiner, Optima oder Huxel. In der Praxis litten diese Reben aber besonders unter dem feuchtwarmen Klima und der dadurch hervorgerufenen Stiellähme. Mit dem Ehrenfelser erzielte man sehr gute Qualitätsergebnisse, gegen die Stiellähme war aber auch er nicht gefeit.

Der Weinbau auf der Rheininsel ist ungewöhnlich nach Lage, Art, Entwicklung, Rebsortenversuch und natürlich auch in Sachen Weinromantik, die größere Bedeutung hat jedoch nach wie vor der „Festlandswein“. Dafür sprechen schon solche berühmte Lagennamen wie „Marcobrunn“, „Schloßberg“, „Wisselbrunnen“ und „Nußbrunnen“. Der „Inselwein“ stellt aber rund ein Drittel des Gesamtaufkommens von über 60 Hektar der Schloß Reinhartshausener Weinberge.

Weingut Graf von Kanitz

Der berühmte Minister und ein bedeutender Renaissancebau

Freiherr von Stein war ein großer Staatsmann, das lernen bei uns in Deutschland alle Schulkinder. Daß dieser preußische Staatsminister Heinrich Friedrich Karl Reichsfreiherr von und zum Stein auch ein großer Weintrinker war, wissen jene, die seine berühmten Briefe genauer kennen. Darin ist nachzulesen, daß er dem Wein aus Lorch besonders anhing, und das war auch nicht verwunderlich, gehörte ihm doch dort ein Weingut. Dieses Gut aus dem Besitz der von Staffel war durch Heirat in die Familie gekommen. Die von Staffel besaßen schon sehr lange Weinberge in Lorch, mindestens seit 1422, wie aus einer Urkunde hervorgeht.

Gleich neben den von Staffel/von Stein hatten die Hilchen von Lorch Besitztümer, und einer aus diesem Geschlecht ging 1546 daran, in Lorch ein schönes Haus zu bauen. Es war gerade die Zeit der Renaissance, und das Haus wurde à la mode errichtet. Das freut die Lorcher heute noch, denn dieses Gebäude mit dem vierfachen Stufengiebel hat – wenn auch arg beschädigt – alle zwischenzeitlichen Kriege überstanden und gilt nun als der bedeutendste Renaissancebau weit und breit. Nach dem Erbauergeschlecht heißt es unverändert „Hilchenhaus", wenn es auch schon seit einiger Zeit den Grafen von Kanitz gehört.

Die haben ihren Stammsitz im westfälischen Cappenberg und sind durch die Liebe zum Wein gekommen: Sie heirateten zu einer Zeit bei den von Stein ein, als es dort keine männlichen Nachkommen gab. Den Hilchenbesitz erwarben sie dazu, verfügen nun über 17 Hektar Rebland in den Lorcher Steillagen und bemühen sich seit vielen Jahren – mit sichtlichem Erfolg zum Beispiel bei den Weinprämierungen (Staatsehrenpreis 1979) – um Gründüngung und andere Methoden des naturnahen organischen Weinanbaus.

Die Weine werden im Säulen- und Gewölbekeller des Hilchenhauses (jetzt Gaststätte mit einigem Anspruch) ebenso ausgeschenkt wie in Westfalen, wo der Schloßbesitzer Wein-Pionierarbeit an der norddeutschen „Bierfront" leistet, indem er sich bemüht, lebendige Weinkultur zu vermitteln.

Zeitgemäße Gastronomie in den Gewölben des „Hilchenkellers" in Lorch unter einem der schönsten deutschen Renaissancehäuser.

Schloß Vollrads

Neuer Glanz auch durch ein altes „graues Haus"

Kämpfer waren sie immer, die Greiffenclaus, auch wenn sie sich nicht gerade für das Kriegshandwerk, sondern für die Religion oder die schönen Künste eingesetzt haben. Beispiele gibt es genug, seit der erste „Vollradus in Winkela" 1241 in einer Urkunde erwähnt worden ist. 1523 war der berühmte Richard Greiffenclau vor dem Reichstag in Worms engagierter Streiter wider den später noch berühmteren Luther. 1627 begann ein Greiffenclau mit dem Bau des heutigen Mainzer Schlosses, und rund ein Jahrhundert später sorgte ein anderer aus der gleichen Familie für die schöne Ausmalung der Würzburger Residenz, indem er den großen Maler Diepolo aus Italien engagierte. Immer wieder stand auch ein Greiffenclau an der Regierungsspitze der Region. Heute „sitzt" immer noch ein Greiffenclau auf dem Stammschloß, jetzt ein Matuschka-Greiffenclau, und der ist wiederum streitbar – wenn auch nicht auf dem Gebiet der allgemeinen Politik oder Religion. Er konzentriert sich auf den Wein.

Erwein Graf Matuschka-Greiffenclau streitet für den Wein, für seinen natürlich zuförderst, jedoch mit gleichem Schwung auch für den deutschen Wein schlechthin. Und wenn dann einige Jahrzehnte vergangen sind, dann wird sein Wirken Greiffenclau-Geschichte sein, vor allem aber Weingeschichte. Für Zeitgenossen ist so etwas nicht immer gleich zu erkennen. Dieser Mann macht es den Betrachtern jedoch recht leicht:

Wenn er allein durchhält, wo andere Erben berühmter Rheingau-Weingüter angesichts hoher Unterhaltskosten und anderer Schwierigkeiten längst das Handtuch geworfen haben, schon das wäre etwas Besonderes. Er hat jedoch mehr getan und läßt in seinen dynamischen Aktionen nicht nach. Sein Vater Richard war viele Jahre

Fotografen-Spiel mit Licht und Schatten in soliden, alten und traditionsreichen Mauern: Schloß Vollrads.

Präsident des deutschen Weinbauverbandes. Sohn Erwein wurde vergleichsweise jung bereits zum Präsidenten des Verbandes der Prädikatsweingüter gewählt – und brachte auch privat mit einem jungen und verschworenen Team dem alten Weinschloß neuen Glanz.

Natürlich, solch ein Weingraf (und heißt zum Überfluß noch Erwein) hat ja Voraussetzungen. Jedoch: Es gibt viele mit ähnlichen – aber ungenutzten – Möglichkeiten. Von ihm genutzt: Das herrlich gelegene Schloß, für dessen Erhaltung jedoch fleißig gekämpft werden muß – und der Wein selbstverständlich. Ohne die jungen Mitkämpfer wäre nichts gegangen, das ist sicher und wird auch vom Inhaber in der Öffentlichkeit immer wieder betont. Im Licht der Öffentlichkeit steht Graf Matuschka immer wieder – vor allem mit seinen kulinarischen Weinproben. (Siehe auch an anderer Stelle in der „Jahrhundertpost".)

Das Schloß bestand zunächst aus dem Wohnturm im quadratischen Weiher. Der wurde irgendwann um 1300 herum bezogen und steht heute noch. Vorher hatten die Greiffenclaus (oder „Vollradus-Leute" – die Namensherkunft ist ungewiß) das „graue Haus" in Winkel bewohnt – mindestens seit 1131, denn bis dahin läßt sich der Stammbaum der Familie zurückverfolgen. Das Haus ist noch älter. Es gilt als das älteste Wohn-Steinhaus in Deutschland. Laut Überlieferung soll 856 der Mainzer Bischof Rhabanus Maurus in seinen Mauern gestorben sein. Der Name dieses Mannes wird ja, wie auch an anderer Stelle dieses Buches nachzulesen, mit dem Beginn des Rheingauer Weinbaus verknüpft. Auch das graue Haus gehört heute noch der Familie. Es soll jetzt mit guter ländlicher Küche auf der Basis von Frischprodukten und über 100 verschiedenen Weinen zahlreicher Weingüter aus dem ganzen Rheingau als eine Art gute Stube für den Rheingau dienen.

Schönes zu schaffen und Schönes zu erhalten ist aufwendig und kostspielig. Im Falle Vollrads muß das Geld dafür beim Wein verdient werden. Dem Grafen zum Glück bieten die hauseigenen Gewächse gute Chancen: Für viele Weinfreunde verkörpern sie den Idealtyp der sehr leichten, eher säurebetonten „Rheingauer", die sich durchaus mit zarter Würze jedoch insgesamt frischer präsentieren als der Durchschnitt der Rheingauer. Durch das Anpachten des benachbarten Weingutes Fürst Löwenstein mit den etwas weicheren, „duftigeren" Hallgartener Weinen, die schon in der Jugend vergleichsweise reifer schmecken, konnte die Vollradser Geschmackspalette ergänzt werden. Wohlgemerkt: Hier ist von Kabinettweinen und nicht von Spitzengewächsen der Auslesestufen die Rede. Die „Weinriesen" müßten einzeln charakterisiert werden.

Die Weine des Fürst Löwenstein wachsen in Hallgartener Gemarkung auf 15 Hektar tiefgründigen, sandigen Lehmböden, die des Schloß Vollrads auf 47 Hektar Böden, die vorwiegend aus Sandlöß und Löß bestehen. Es handelt sich dabei fast nur um Riesling.

RHEINGAU
Lorcher Krone Riesling Spätlese
SCHWANENKELLEREI
RHEINGAU
Lorcher Bodenthal-Steinberg Kabinett
LORCH IM RHEINGAU
RHEINGAU
1979er
Lorcher Bodental-Steinberg
Riesling Spätlese
WEINGUT
Wilhelm Mohr Erben
RHEINGAU
Lorcher Krone Riesling
Spätlese · trocken
Qualitätswein · RHEINGAU
1978er
Lorcher Pfaffenwies Riesling
RHEINGAU
Lorcher Pfaffenwies
Gewürztraminer Kabinett
Weingut Graf von Kanitz
Lorcher Schloßberg Riesling
Winzergenossenschaft Lorch im Rheingau
RHEINGAU
TROCKEN
TROCKEN
Lorcher Pfaffenwies Kabinett
Karl Schön
Aßmannshausen am Rhein
1976er
Assmannshäuser Höllenberg
Spätburgunder Spätlese
RHEINGAU
Weingut Josef König
ASSMANNSHAUSEN AM RHEIN
RHEINGAU
1977er
Assmannshäuser Höllenberg Kabinett
Weingut Krone
Rosée-Wein
Assmannshäuser Höllenberg
ASSMANNSHAUSEN AM RHEIN
RHEINGAU
WEINGUT EULBERG
Dr. Heinrich Nägler
RÜDESHEIM AM RHEIN
RHEINGAU
1971er
Rüdesheimer Bischofsberg
Riesling Spätlese
Weingut Jos. Leitz Erben
RHEINGAU
1970er
Rüdesheimer Berg Schloßberg
Riesling Kabinett
RHEINGAU
1979er
Rüdesheimer
Drachenstein
WEINGUT MAGDALENENHOF
RHEINGAU
RHEINGAU
1979er
Rüdesheimer Berg Rottland
Riesling Kabinett
TROCKEN
Vereinigte Rüdesheimer Weingutsbesitzer e. V.
1978er Rüdesheimer Magdalenenkreuz
Riesling Qualitätswein · Trocken
RHEINGAU
1978er
Rüdesheimer Berg Roseneck
Riesling KABINETT
Weingut Josef Bromler
SCHLOSS GROENESTEYN
Kiedricher Sandgrub Riesling
RHEINGAU
Weingut Valentin Schlotter
RHEINGAU
RHEINGAU
1979er
Rüdesheimer Berg Rottland
Riesling Spätlese
RHEINGAU
Rüdesheimer Magdalenenkreuz
Riesling
Kabinett
RHEIN GAU
1979er
Rüdesheimer Magdalenenkreuz
Riesling KABINETT
RHEINGAU
1970er
Rüdesheimer Klosterlay
Riesling Auslese
WEINGUT G. BREUER
Graf von
Francken
Sierstorpff
Schloß
im Kapellen-
garten
RHEINGAU
Rüdesheimer Berg Roseneck
Riesling Spätlese halbtrocken
Pfarrgut Rüdesheim
1979er
Rüdesheimer Bischofsberg
Riesling
RÜDESHEIMER
KLOSTERBERG
RHEINGAU
RHEINGAU
1970er
Rüdesheimer Berg Roseneck
Riesling Kabinett
RHEINGAU
Rüdesheimer Magdalenenkreuz · Spätlese
RHEINGAU
RHEINGAU
Rüdesheimer Berg Roseneck
Riesling Spätlese
MICHAEL SCHON
Zum Allerheiligenschild
Hausmarke Gutsausschank
Weinhaus Fendel
RHEINGAU
Hallgartener
Hendelberg
AUSLESE
Winzergenossenschaft Hallgarten Rhg.
Weingut Rosenhof
RHEINGAU
Geisenheimer Mönchspfad Kabinett
Weingut Kurt Freimuth
RHEINGAU
Geisenheimer Klauserweg Kabinett
Weingut Hans-Joachim Werthmann
RHEIN GAU
Geisenheim Rheingau
Geisenheimer Fuchsberg
RHEINGAU
1978er Geisenheimer Rothenberg
Riesling halbtrocken
RHEINGAU
1975er
Geisenheimer
Mäuerchen
Schumann von Horadam
Geisenheimer Rothenberg
Riesling Spätlese
Weingut Karl Happ
RHEINGAU
Geisenheimer Kilzberg
Jakob Kremer Weingut
Rheingau
1979er
Geisenheimer Kilzberg Riesling
Kabinett

RHEINGAU
Geisenheimer Mönchspfad Kabinett
RHEINGAU
QUALITÄTSWEIN MIT PRÄDIKAT
Geisenheimer Kläuserweg
Riesling Kabinett
Qualitätswein mit Prädikat - RHEINGAU
Geisenheimer Kläuserweg
RHEINGAU
1979er
Geisenheimer
Morschberg
KHEINGAU
1980er
Geisenheimer
Rothenberg
Weingut Johannishof
H. H. ESER
RHEINGAU
Qualitätswein mit Prädikat
1976er
Johannisberger Hölle Riesling
Auslese
Schloß Johannisberger
RHEINGAU
1975er
JOHANNISBERGER KLAUS
RIESLING KABINETT
QUALITÄTSWEIN
RHEINGAU
Johannisberger Hölle
Kloster der Benediktinerinnen 6225 Johannisberg
RHEINGAU
Qualitätswein mit Prädikat
Johannisberger Hölle
Weingut Helmut Hanka
Weingut Martin Klein
RHEINGAU
Johannisberger Goldatzel
Riesling Auslese
1979er
RHEINGAU
Qualitätswein mit Prädikat
RHEINGAU
Johannisberger Hölle
Jakob Trenz
RHEINGAU
1975er
Johannisberger Hölle
Riesling Spätlese
1976er
Johannisberger Vogelsang
Riesling Spätlese
Johannisberger Klaus
Riesling Kabinett halbtrocken
Johannisberger
Rosenhof
Karl F. H. Groß
Rheingau
1978er
Johannisberger Hölle Kabinett
Riesling
Weingut Fritz Allendorf
OESTRICH-WINKEL/RHEINGAU
Winkeler Dachsberg
Beerenauslese
RHEINGAU
Stefanshof
DR. K. A. KRAYER
OESTRICH-WINKEL
RHEINGAU
QUALITÄTSWEIN MIT PRÄDIKAT
1978er
Winkeler Hasensprung
Riesling Auslese
ERZEUGERABFÜLLUNG
Weingut Franz-Bernh. Schönleber
QUALITÄTSWEIN RHEINGAU
1976er
Mittelheimer Edelmann
Riesling
SCHLOSS
VOLLRADS
RHEINGAU
1979er KABINETT
RHEINGAU
Mittelheimer Edelmann
Riesling Spätlese
Qualitätswein mit Prädikat
Weingut Derstroff-Kneipp
RHEINGAU
1979er
Winkeler Jesuitengarten
OESTRICH-WINKEL RHG.
Weingut Gerhard Blümlein
WINKEL
RHEINGAU
QUALITÄTSWEIN MIT PRÄDIKAT
1976er
Winkeler Hasensprung
Riesling Kabinett
RHEINGAU
1976er
Winkeler Dachsberg
Riesling Spätlese
Qualitätswein mit Prädikat
RHEINGAU
1979er
Winkeler Hasensprung Riesling
Kabinett „Trocken“
Weinbau Richard Nägler
WINKEL IM RHEINGAU
RHEINGAU
WEINGUT
JOSEF BECKER
Erbacherhof
RHEIN GAU
1976er Erbacher Honigberg
Beerenauslese
WEINGUT EISERHOF
RHEINGAU
Horst Eiser
Winkeler Gutenberg Riesling
Spätlese
RHEINGAU
Weingut Karl F. Schönleber
RHEINGAU
Qualitätswein mit Prädikat
1979er
Winkeler Hasensprung Spätlese
Spätburgunder Weißherbst
Weingut Paul Kremer
6227 WINKEL/RHG.
Winkeler Honigberg
Riesling Kabinett
RHEINGAU
1979er Hallgartener Schönhell
Riesling Kabinett – Trocken –
Qualitätswein mit Prädikat, Rheingau
Erzeugerabfüllung
Weingut August Eser
6227 Oestrich – Winkel 1
Friedensplatz 19
Weingut
Heinrich Eser
QUALITÄTSWEIN
Oestricher Doosberg Riesling
ERZEUGERABFÜLLUNG
RHEINGAU
Mittelheimer St. Nikolaus
Riesling Spätlese „Trocken“
Qualitätswein mit Prädikat
RHEIN-GAU
Winkeler Honigberg Kerner
Spätlese
QUALITÄTSWEIN - RHEINGAU
1975er
Winkeler Gutenberg
Riesling
WEINGUT-WEINKELLEREI
Johannes Ohlig & Sohn
HAUS ZEHNTENHOF
Oestrich Winkel Rhg.

Weingut Carl Strieth-Winkel Rheingau
Winkeler Hasensprung Riesling Kabinett
Weingut · Weinkellerei
Weingut Josef Hirschmann
RHEINGAU
1975er
Winkeler Gutenberg
Riesling Auslese
WEINGUT ADAM NASS WINKEL (Rheingau)
RHEINGAU
1978er
Winkeler Jesuitengarten
Weingut Henner Kupfeld Erben Mittelheim
RHEINGAU
Winkeler Hasensprung
Riesling Spätlese
Qualitätswein mit Prädikat
RHEIN- GAU
1975er Winkeler Hasensprung
Riesling Spätlese
Qualitätswein mit Prädikat
WEINGUT HANS ALLENDORF MITTELHEIM-RHEINGAU
RHEINGAU
1977er Oestricher Gottesthal
Riesling TROCKEN
Qualitätswein b. A.
WEINGUT LENCHENHOF
PHILIPP J. BIBO
1979er
Oestricher Lenchen
Riesling Kabinett
Qualitätswein mit Prädikat
RHEINGAU
WEINGUT Berthold Thomas Kunz
Mittelheimer St. Nikolaus
Riesling Auslese
RHEINGAU
Qualitätswein mit Prädikat
Weingut Bernhard Wittemann
RHEINGAU
1976er
Oestricher Lenchen
Riesling Spätlese
Qualitätswein mit Prädikat
Manfred Bickelmaier Weingut
OESTRICH
RHEIN- GAU
1976er
Oestricher Lenchen
Auslese
Weingut Bernhard Eser Oestrich
Qualitätswein mit Prädikat
Oestricher Doosberg
Riesling Spätlese
RHEINGAU
Weingut Philipp Schäfer
QUALITÄTSWEIN MIT PRÄDIKAT
Oestricher Doosberg
Riesling Beerenauslese
RHEINGAU
Weingut Winzermeister Lorenz Kunz
Mittelheimer Edelmann
Riesling Spätlese
Qualitätswein mit Prädikat
Weingut H. Egert
OESTRICH IM RHEINGAU
Winkeler Jesuitengarten
Riesling Spätlese
RHEINGAU
RHEINGAU · QUALITÄTSWEIN MIT PRÄDIKAT
Oestricher Lenchen
Riesling Beerenauslese
RHEINGAU
Weingut Johann Leonh. Eser
OESTRICH IM RHEINGAU
Oestricher Doosberg Riesling Auslese
RHEINGAU
Oestricher Klosterberg
RIESLING KABINETT · TROCKEN
Weingut Jos. Kasp. Eser
Weingut Albert Eser
Qualitätswein mit Prädikat
Oestricher Lenchen
Riesling Spätlese
RHEINGAU
RHEINGAU
1979er
Schloß
Reichartshausener
Riesling
Qualitätswein
Balthasar Ress
RHEINGAU
Qualitätswein – RHEINGAU
Hattenheimer Engelmannsberg
Riesling · trocken
Winzer-Genossenschaft Hattenheim a/Rh.
RHEINGAU
1979er
Hattenheimer Nußbrunnen
Riesling Spätlese
QUALITÄTSWEIN MIT PRÄDIKAT
Haus Barth
WEINGUT
RHEINGAU
Qualitätswein mit Prädikat
1979er
Hattenheimer Engelmannsberg
Riesling Spätlese · halbtrocken
DOUFRAIN
RHEINGAU
1976er
Hattenheimer
Nußbrunnen
Riesling Auslese
Qualitätswein mit Prädikat
WEINGUT ANTON DOUFRAIN
HATTENHEIM/RHEINGAU
RHEINGAU
Weingut Siegfried Gerhard
HATTENHEIM · RHEINGAU
1979er
Hattenheimer Hassel
Riesling · trocken
Hans Lang
RHEINGAU
Qualitätswein
Hattenheimer Schützenhaus
Riesling
RHEINGAU
Qualitätswein mit Prädikat
1976er
Hattenheimer
Schützenhaus
Riesling Spätlese · trocken
Weingut Bernhard Oestric, Hattenheim/Rhg.
Domäne Neuhof
Rheingau
Weingut J. Riedel, Hallgarten
Qualitätswein mit Prädikat
1979er Hallgartener Jungfer
Riesling Spätlese
Vereinigte Weingutsbesitzer Hallgarten e.G. Rheingau
Qualitätswein mit Prädikat
1979er
Hallgartener Hendelberg Kabinett
Riesling
RHEINGAU
Weingut Hans-Herm. Stettler, Hallgarten/Rhg.
Rheingau · Qualitätswein mit Prädikat
Hallgartener Jungfer
Riesling Beerenauslese
RUDOLF WOLF-HALLGARTEN
RHEINGAU
Oestricher Doosberg
Riesling Kabinett
RHEINGAU
Hallgartener Jungfer
Riesling Auslese
Qualitätswein mit Prädikat
Weingut Josef Semmler
HALLGARTEN IM RHEINGAU
RHEINGAU
Hallgartener Schönhell
Riesling · trocken
QUALITÄTSWEIN b. A.
Weingut G. Bildesheim
HALLGARTEN IM RHEINGAU
1976er
Hallgartener Schönhell
Optima u. Riesling Beeren-Auslese
Qualitätswein mit Prädikat
RHEINGAU
Weingut Schreiner-Kempnich
Qualitätswein mit Prädikat
1979er Hallgartener Jungfer
Riesling Spätlese
RHEINGAU
Vereinigte Weingutsbesitzer Hallgarten e.G.
RHEINGAU
1979er
Hallgartener Jungfer
Riesling Kabinett
Qualitätswein mit Prädikat
FÜRST LÖWENSTEIN
Rheingau
1976er Hallgartener Jungfer
Qualitätswein
grün · Riesling
e750 ml
WEINGUT
H. Josef Stettler
HALLGARTEN IM RHEINGAU
Hallgartener
Jungfer
Ehrenfelser Kabinett
Qualitätswein mit Prädikat
RHEINGAU
RHEINGAU
Hallgartener
Jungfer
KABINETT
Winzergenossenschaft Hallgarten/Rhg.
Oswald Kühl Erben
Hallgarten/Rheingau
RHEINGAU
Hallgartener Schönhell
Riesling Auslese
Qualitätswein mit Prädikat
WEINGUT
Eberbacher Hof
RHEINGAU
1976er
Kiedricher Grafenberg
Riesling Spätlese
Qualitätswein mit Prädikat

In As

Die Geschichte von den Super-Öchsle im schlechten Weinjahr 1965

Lesezeit. Eine Besuchergruppe wird durch Schloß Johannisberg geführt. Man hat das regenreiche, sonnenarme Jahr erlebt und weiß von den unreifen Trauben, die da gelesen worden sind. Die Gruppe kommt an zwei gerade angekommenen Wagen vorbei, deren Bütten voller Trauben sind. Daneben steht ein Winzer aus Johannisberg. Einer der Gäste schaut zunächst zweifelnd auf die mickrigen Trauben, dann auf den Winzer: „Wieviel Grad Öchsle haben die denn wohl?" Der Winzer besinnt sich und sagt dann trocken: „90!"

„90?" – Der Winzer nickt bekräftigend: „In d' vorderschde Bütt 45 und in d' hinderschd Bütt 45. Können Se doch rechne!"

ausen

Die Geschichte vom schweigsamen Gast

Es gibt Leute… diesen Mann zum Beispiel: Er kommt in eine Kiedricher Heckenwirtschaft und bestellt einen Schoppen. Der Schoppen wird gebracht, der Gast trinkt schweigsam. Er sitzt und trinkt und sitzt und trinkt.
Nach einiger Zeit geht der Wirt zu ihm. Wohl um den einsamen Zecher zu unterhalten und ein Gespräch anzuknüpfen, weist er auf den Wein und fragt: „Na, wie isser denn so?“ Der Gast blickt auf: „Na, er is halt so – aber hinaus mit dir! Hab' ich dich gerufen?!“

Worauf der Stille seine stille Zwiesprache mit seinem Wein wieder aufnahm als sei nichts geschehen.

Lorch

5077 Einwohner

Lagenkarte Seite 67

Der Wein

Weinbaubetriebe: 15 im Vollerwerb, 60 im Nebenerwerb

Rebland: insgesamt 187 ha in den Lagen Schloßberg (53 ha), Kapellenberg (58 ha), Krone (13 ha), Pfaffenwies (35 ha) und Bodental-Steinberg (28 ha)

Rebsorten: Riesling 50%, Müller-Thurgau 5%, Silvaner 8%, Spätburgunder 2%, Ehrenfelser 2%, gemischter Satz und andere Rebsorten 33%

Großlage/Bereich: Burgweg/Johannisberg

Weinfest: Hilchenfest am 3. Sonntag im Juni jedes Jahres

Gästebetten/Gaststätten: 161/19

Die Stadt

Das Lorch von gestern hatte im Rheingau große Bedeutung: „Ein seltener Grad von Kultur, Wohlstand und edler Selbständigkeit hob es mit Rüdesheim und Eltvil auf eine Linie." Dieser Satz, der offenbar von einem Lorch-Anhänger geschrieben wurde, steht in einer alten Rheingau-Beschreibung.

Das Lorch von heute sieht seine Aufgabe weniger in der politischen Bedeutung, die es früher durch einige Adelsgeschlechter, durch deren Burgen und Höfe erhalten hatte, sondern in Weinqualität und Fremdenverkehr. Durch seine malerische Lage, durch die Eingemeindung von Lorchhausen, Espenschied (staatlich anerkannter Luftkurort), Wollmerschied und Ransel bietet die kleine Stadt auch für längere Ferienaufenthalte hervorragende Voraussetzungen.

In den steilen Lorcher Lagen müssen die Winzer bergsteigerische Qualitäten haben, um so mehr, als die starke Neigung der Weinberge eine mechanische Bearbeitung sehr erschwert oder ganz unmöglich macht. Gäste, die zum Wald über den Weinbergen hinaufgestiegen sind und dort oben ermüdet rasten, haben am ehesten Einblick in die Schwere der Winzerarbeit in diesem Rheinabschnitt. Das ist die andere Seite der großartigen Flußromantik im engen Tal.

Eine dritte Seite ist der Weingeschmack, der durch den besonderen Boden dieser steilen Hänge mitgeprägt wird. In einigen Lagen tritt Schiefer an die Oberfläche. Man kann den sehr feinen „Schieferton" neben der besonderen Fruchtigkeit und Würze der Lorcher Weine gelegentlich herausschmecken. Es gibt viele Lorch-Freunde, die sich auf diesen Weintyp festgelegt haben.

Neue kulinarische Initiativen in und um Lorch geben dem touristischen Bild von schöner Landschaft mit gutem Wein und feiner Speise neuen Glanz – ein wichtiger Umstand für die Eignung der Gemeinde zu längeren Ferienaufenthalten und sicherlich genauso reizvoll wie die Tatsache, daß Lorch am Ausgang eines der schönsten Rhein-Seitentäler liegt, am Ende des grünen Wispertals.

Dieses Bachtal steigt vom Rhein hinauf zu den Taunushöhen. Der Bach ist heute noch recht sauber, fischreich und speist zudem eine Reihe von Zuchtteichen. Baumreihen begleiten seinen Lauf, gelegentlich fließt er still durch ein Wiesental, dann rauschend und sprudelnd durch steile Felsen. Ältere Häuser stehen hier und dort in seinem Tal, gelegentlich mit Gaststättenbetrieb – aber im unteren Teil gibt es vor Lorch keinen Ort und keine Fabrik, die das Bild eines alten, heilen Bachtals beeinträchtigen könnten.

Mit den zwei Weinorten am Fluß und den dörflichen Stadtteilen auf der Höhe ist Lorch eine Stadt der Gegensätze, und mit den steilen Weinlagen und den herrlichen Wäldern darüber zugleich der ideale Ferienort für Wanderer.

Im Ort selbst gibt es noch einige alte Gebäude, die an die große Geschichte Lorchs erinnern. Am auffallendsten ist darunter das 1546 erbaute „Hilchenhaus", ein prachtvolles Haus der Renaissance. Im Geschichtsteil der Rheingauer Schlösser wird an anderer Stelle dieses Buches mehr darüber gesagt.

Lorch in einem alten Stahlstich und auf der rechten Seite ähnlich malerisch in der „blauen Stunde". Darunter zwei Steillagen-Fotos – einmal mit der Renaissance-Front des „Hilchenhauses".

Rathaus und Kirche, Geschäfte und Weingüter – in Lorch liegt alles am Hang, ein Gebäude über dem anderen mit steilen Straßen, Wegen und Treppen verbunden. Ganz oben, aber auch unten am Fluß sind noch Überreste einst trutziger Burgen zu besichtigen. Solche Baulichkeiten zeugen von dem frühen Wohlstand des Ortes, zu dem eine Laune der Natur sicherlich viel beigetragen hat: Die Stromschnellen des Rheins beim nahen Bingen führten dazu, daß die Kaufleute einen Umgehungsweg schufen, dessen eines Ende in Lorch lag. Das brachte Verkehr, Arbeit und Umsatz. In diesem Zusammenhang ist es zu sehen, wenn man liest, daß in der reichen Lorcher Kirche 1390 über 20 Geistliche wirkten und daß 1398 für Lorch eine wichtige Krananlage für das Be- und Entladen der Rheinschiffe erwähnt wird.

In früheren Lorchbeschreibungen ist schon nachzulesen, daß die Lorcher als munter und fröhlich, witzig und gastfreundlich gelten. Offenbar hat ihnen die von der Natur zugewiesene Rolle als „Nadelöhr" des großen Rheinhandels in früherer Zeit nicht nur in der Geldbörse, sondern auch im Charakter durchaus wohlgetan. Einer der bekanntesten Beweise für die beschriebene Lebensart ist das Notgeld der Stadt Lorch mit der Aufschrift „Freistaat Flaschenhals": als die Besatzungsmächte nach dem ersten Weltkrieg ihre Einflußsphären um ihre Zentralen Mainz und Koblenz abgrenzten, wurden einfach mit dem Zirkel auf der Landkarte Kreise geschlagen. Bei Lorch blieb ein schmaler Raum am Rhein zwischen den beiden Einflußkreisen frei. Der hatte graphisch die Form eines Flaschenhalses und gab praktisch den Lorchern ein wenig mehr Bewegungsfreiheit als den Orten der Umgebung, die in den Kreisen lagen. Die Lorcher machten sich jedenfalls einen Spaß daraus, erfanden den genannten Staatsnamen und druckten ihn in den schweren Inflationszeiten auf ihr offizielles Notgeld.

Lorchhausen

790 Einwohner · Stadt Lorch

Lagenkarte Seite 67

In Lorchhausen endet der Rheingau – oder er beginnt hier, ganz nach der individuellen Sicht des Besuchers. In diesem „Steilhang-Teil" ist das Rheintal besonders malerisch und romantisch.

Der Wein

Weinbaubetriebe: 60 im Nebenerwerb

Rebland: insgesamt 90 ha ausgewiesen, davon 24 ha zur Zeit bestockt oder als mögliche Rebfläche zu nutzen in den Lagen Seligmacher (50 ha) und Rosenberg (40 ha)

Rebsorten: Riesling 66%, Silvaner 13%, Müller-Thurgau 5%, sonstige 16%

Großlage/Bereich: Burgweg/Johannisberg

Gästebetten/Gaststätten: 14/2

Der Ort

Eigentlich ist das Rheintal hier schon zu schmal für die Besiedelung, aber irgendwann um 1200 wurde es einigen Bürgern des Ortes Lorch in dem dort auch nicht wesentlich breiteren Siedlungsraum zu eng und sie zogen ein paar Kilometer flußabwärts. Da bot sich an der Einmündung eines schmalen Seitentals ein wenig halbwegs ebener Boden zum Hausbau. Aus den ersten „Aussiedlerhöfen" wurde eine kleine Siedlung, die sich verselbständigte, sich schließlich Dorf nennen konnte und selbständig war – bis 1971. Seitdem ist Lorchhausen wieder mit Lorch vereint, aus dem es ja hervorgegangen ist.

Fluß, Straße, Schienenstränge und dann eine schmale Häuserzeile, die sich an den steilen Berghang lehnt. Dazu noch einige weitere Häuser zusammengedrängt in der Mündung des schmalen Seitentales. Das ist Lorchhausen heute, eine Weinsiedlung in großartiger, dramatischer Flußlandschaft.

Ringsum Wald, Wein und Felsen, und alles ist steil in diesem Rheingau-Teil. Drüben aber, auf breiterem Flußufer, liegt Bacharach, die reiche Stadt des Mittelalters, weltbekannter Stapel- und Verladeplatz für die Waren des Rheintals, vor allem für den Wein. Der Weinbau in Lorch ist rund ein Jahrtausend alt, und selbstverständlich wurde „Lorchhausener" auf der anderen Rheinseite fleißig als Bacharacher gehandelt. Heute zieht das Weingesetz engere Grenzen, und die Lorchhausener verkaufen ihren „Rosenberg" oder „Seligmacher" ohnehin gern als Rheingauer Wein unter eigenem Namen.

Der „Seligmacher" ist natürlich durchaus in der Lage, seinem Namen gerecht zu werden, den Namen hat die Lage jedoch genauso wie der benachbarte „Rosenberg" vom früheren Bewuchs des Hanges: Dort gediehen wohl Wildrosen, hier Salweiden an einer Mauer. Die Lautverschiebung und Sprachverbiegung der Jahrhunderte hat für viele solcher lautlich noch ähnlichen Namen mit gänzlich anderer Bedeutung gesorgt.

Die Rieslinge, die hier vorwiegend wachsen, gelten als vergleichsweise leicht und schnell im Reifeprozeß. Besonders wenn sie aus den steileren Parzellen vom Schieferboden kommen, haben sie diese Säure, die man gerne als „feinnervig" bezeichnet.

Mit Lorchhausen endet (oder beginnt) nicht nur das Anbaugebiet, sondern auch das Bundesland. Drüben ist Rheinland-Pfalz. 300 Meter stromab steht eine Felsbarriere im Taleinschnitt des Rheins, als habe die Natur hier dem Rheingau, dem Weingau einen natürlichen Schlußstrich gezogen. Das ist die „Wirbelley", die da in den Fluß hineinragt, und früher hat sie flach unter der Oberfläche die Rheinfluten derart gewirbelt, daß die Schiffsgüter hier ihren erzwungenen Umladeplatz hatten: Von leichten auf schwerere Kähne wurde verladen und umgekehrt, je nachdem man stromauf oder stromab reiste. Wie gesagt, das geschah drüben in Bacharach. Inzwischen sind die Felsen im Fluß beseitigt, aber die Menschen haben sich schon vorher nicht an die Vorgabe der Natur gehalten, sondern die Grenze des Rheingaus noch einige hundert Meter weiter stromab in das Seitental des Niederbachs gelegt. Da ist sie heute noch und eröffnet Hessen durch seinen Rheingau ab Lorchhausen den Flußzugang.

Die Geschichte von der späten Weintaufe des Eberhard von Oetinger

Pionierzeit der Rheingauer Nachkriegs-Weinwerbung: Man war angetreten, um weltweit für den „Rheingauer" zu werben, und was lag da näher, als eine hübsche Weinkönigin zu wählen. Die würde dann mit Schönheit, Charme und Verstand neue Weinfreunde für die Region gewinnen. Die erste Hoheit sollte im Jahre 1954 der Öffentlichkeit vorgestellt werden, und natürlich wollte man die Sache groß aufziehen. Heinz Schenk, der zu jener Zeit schon berühmte „Äppelwoi-Schenk" sollte der Veranstaltung als Unterhalter den rechten Schwung geben. Berühmte Leute haben jedoch ihren Bühnen-Preis. Selbst der „Freundschaftspreis" des Heinz Schenk ging gewaltig über die bescheidenen Etatmöglichkeiten des Vereins hinaus.

Also hieß es mit eigenen Mitteln anzutreten, weil das ja nichts kostet. Bei den „eigenen Mitteln" verfielen die Werber auf einen der Ihren aus diesem jungen Kreise: „Eberhard, du mußt das machen!"

Eberhard war und ist mit vollem Namen der durchaus adelig wirkende aber der Weinbergscholle und dem Weinvolke ansonsten recht nahe Eberhard Ritter und Edler von Oetinger. Inzwischen wurde er als „Wein-Baron" und „Karajan der Weinversteigerungen" weithin bekannt. Damals jedoch stand er noch am Anfang seiner „Bühnenkarriere". Da kennt man noch die Aufregung vor dem großen Augenblick, und in diesem Fall zeigte sie sich verhängnis- aber auch eindrucksvoll:

Eine große Festversammlung, Musik, dann Pause, jetzt ist es soweit, die feierliche Vorstellung der Rheingauer Weinkönigin 1954 kann beginnen. Eberhard von Oetinger will mit professionellem Schwung auf die Bühne – und stößt mit einer Bedienung zusammen, die ein großes Tablett voller gefüllter Schoppengläser stemmt. Der Wein ergießt sich über den Jung-Conférencier, der derart begossen und „getauft" am Mikrofon erscheint. – Wenn man die Mitstreiter von damals fragt, war es insgesamt ein feucht-fröhlicher Abend.

Die Geschichten vom Wein am Steuer

Der Mann war Bauunternehmer. Er hatte dem Wein sehr kräftig zugesprochen, so sehr, daß er bedenkenlos in sein Auto steigen wollte, um damit heimzufahren. So sehr auch, daß er auf der falschen Seite in seinen Wagen stieg. – Kein Lenkrad! Er war kaum drin im Wagen, da war er schon wieder draußen – und am Telefon: Der Polizeiwache teilte er mit, man habe ihm sein Lenkrad aus dem Wagen gestohlen... Die Polizeibeamten nahmen den „Bestohlenen" in „Sicherheitsverwahrung" damit nicht noch etwas wirklich Schlimmes passierte.

Die zweite Geschichte sieht einen ebenso trunkenen Autofahrer, der beim Einsteigen in seinen Wagen vom Ortspolizisten aufgehalten wird: Nein, selbstverständlich habe er nicht nach Hause fahren wollen, dafür habe er doch viel zu viel getrunken. Aber wenn er, der Herr Polizeibeamte ihn vielleicht fahren könne. Es sei ja nicht weit, und das sei dann so recht im Sinne von „Dein Freund und Helfer". Der Polizist ist „Dein Freund und Helfer" und fährt. Die beiden kommen sicher vor der Garage des Autobesitzers an. Die Garagentür wird geöffnet, der Beamte bemerkt die Enge und Unordnung in der Garage – und weigert sich, hineinzufahren. Das sei ihm zu gefährlich, sagt er. Dann ich, anwortet der Besitzer. Der Diener des Gesetzes sieht keine Gefährdung der Öffentlichkeit und erlaubt die Einfahrt. Der Mann setzt sich in seinen Wagen – Gas, einkuppeln, Kavalierstart und Stop – und der Wagen steht sauber und ohne Schrammen in der Enge der Garage. Der Besitzer steigt stolz aus. Der Beamte sagt: „Da hätten Sie tatsächlich noch selbst fahren können." Oben im Haus öffnet sich ein Fenster. Eine Frau lehnt sich heraus, sieht die beiden unten stehen und ruft: „Na haben sie dich endlich mal erwischt, du alter Säufer!"

Die Geschichte vom „Ebeneso"

Hagelunwetter in Kiedrich. Viele Winzer stehen am Fenster ihrer Wohnungen und sehen traurig, wie die Eiskörner das junge Rebgrün zerschlagen. Einer davon ist „Ebeneso", ein Mann, der natürlich einen anderen Namen hat, aber nur unter diesem Spitznamen bekannt ist. Wahrscheinlich hat er ihn als Spitznamen bekommen, weil er gern abschließend sagte „Das ist eben so" – und mundartlich klingt das wie „ebeneso".

Ebeneso steht also am Fenster und sieht die Verwüstungen. Trauer und Wut über das Unvermeidliche kommen ihm hoch. Und wie er so wütend um sich blickt, sieht er das Holzkreuz mit dem geschnitzten Heiland an der Wand. Da geht er hinüber, nimmt das Kreuz, hält den „Herrgott" aus dem Fenster und ruft: „Dä guck, du derrbonischer Hund, was du ogricht hast – und jetzt kommst en Jahr in de Bankkist." Sprachs und packte das Kreuz für ein Jahr „Verbannung" in den Kasten unter der Sitzbank.

Rüdesheim

10352 Einwohner

Lagenkarte Seite 67

Der Wein

Weinbaubetriebe: 61 im Vollerwerb, 371 im Nebenerwerb

Rebland der Kerngemeinde Rüdesheim: 327 ha in den Lagen Klosterberg (39 ha), Klosterlay (38 ha), Kirchenpfad (20 ha), Magdalenenkreuz (49 ha), Drachenstein (48 ha), Bischofsberg (34 ha), Berg Rottland (37 ha), Berg Roseneck (29 ha), Berg Schloßberg (29 ha) und Rosengarten (4 ha)

Rebsorten: Riesling 75%, Müller-Thurgau 20%, sonstige 5%

Großlage/Bereich: Burgweg/Johannisberg

Weinfest: Mitte August

Gästebetten/Gaststätten: 4000/125

Die Stadt

Rüdesheim ist nicht der Rheingau, wird aber von vielen Rhein/Wein-Touristen mit diesem identifiziert. Sie kommen zu hunderttausenden übers Jahr, strömen in das Weinmuseum, schweben mit der Seilbahn zum Niederwald-Denkmal, drängen in die Drosselgasse, füllen Restaurants und Gutsschänken, trinken, singen, tanzen und versuchen ihr Rhein- und Wein- und Rheinwein-Romantik-Erleben in den wenigen Stunden, die ihnen dafür zur Verfügung stehen, voll auszukosten. Kein Zweifel, das alte, gut erhaltene und deshalb so romantische Rüdesheim ist Touristenterrain Nummer eins im Rheingau. Kein Zweifel auch, daß viele engagierte Weinfreunde da lieber einen Bogen machen. Das ist schade, denn auch ihnen hat Rüdesheim etwas zu bieten, und sei es nur der Besuch des außergewöhnlichen Museums – möglichst außerhalb der Saison.

Die Kabinenbahn trägt Besucher zum Rundblick über die Weinberge in den Niederwald.

In der Saison ist es faszinierend zu beobachten, wie diese meist unorganisierten Menschenmengen hier ihr Weinerlebnis haben – häufig in Rüdesheim ihre ersten, sicherlich noch recht oberflächlichen Weinweihen erleben. Man beachte, daß es in dieser engen, weltberühmten, mittelalterlich-fachwerklichen Drosselgasse Restaurants gibt, die zu ordentlichen Preisen ordentliche Küche und Weine für den Massentourismus bieten. Da gibt es nicht nur die immer bestens gepflegten Mittelalter-Fassaden, sondern auch Solidarität mit den Materialien Holz, Stein und Schmiedeeisen im Innern. Da schenkt ein Restaurant zum Beispiel nur Wein, Wasser und Säfte aus – und nicht einen Tropfen „Cola“, „Limo“ oder Bier! Natürlich gibt es neben dieser Konsequenz, zu der auch die rheinische „Quetschkastenmusik" „live" gehört, die nun hinlänglich bekannten Talmi-Restaurants, in denen vielleicht gerade als „letzter Schrei" eine „Mädchen-Band aus Honolulu" gastiert.

Rüdesheim, das ist die den Autor tief beeindruckende Weineinführung für ein paar Hundert englischer Handwerker – von einem jungen Deutschen mit viel Witz und Charme in englischer Sprache gehalten. (Und der Mann scheute sich nicht, auf dem Gipfel der Frische-Welle einen mehr als zehn Jahre alten Wein verkosten zu lassen.)

Und etwas weiter, gerade um die Ecke der Drosselgasse, sitzen einige Weinfreunde in einer halbleeren Gutsschänke mit Einheimischen zusammen. Auch das ist Rüdesheim.

Da gibt es die erwähnte Seilbahn, die seit mehr als einem Vierteljahrhundert Millionen Reisende über die Weinberge in den Niederwald und zur „Germania" auf ihrem steinernen Sockel befördert hat. Da gibt es den Aussichtszug auf Gummirädern, der in die Weinberge fährt, und den Flugdienst, der zum Sightseeing darüber fliegt. Die Adlerwarte bei der „Preußischen Madonna", wie die Rüdesheimer ihr 37 Meter hohes Denkmal freundlich, aber mit der Respektlosigkeit geborener Demokraten nennen, die Rheinschiffe, deren größte noch „Bootche" genannt werden, das „Mechanische Musikkabinett" mit der umfangreichsten deutschen Sammlung „selbstspielender Musikinstrumente" im „Brömserhof" und, und, und... und schließlich natürlich noch das Brömserburg-Museum!

Bis 1948 gab es verschiedene Sammlungen im Rheingau, in denen im weitesten Sinne Weinverbundenes archiviert war. Rüdesheim besaß eine solche Sammlung meist heimatbezogenen Materials, und in jenem Jahr machte man damit den großen Schritt nach vorn, den Schritt in die „Brömserburg", die offiziell immer noch „Niederburg" heißt und seit 1941 der Stadt Rüdesheim gehört. Da ist nun viel Gesammeltes vereint.

Vorher residierten hier unter anderem die adeligen Brömser. Die bauten jedoch im 12. und 13. Jahrhundert schon auf Mauern, die ihnen aus der Frankenzeit überkommen waren, und selbst die Franken waren wohl nicht die Gründer der Anlage, sondern die Römer. Schon der Grundriß der Burg läßt darauf schließen. Hier also, in diesem weiten Areal, hat hinter den mächtigen Mauern alles begonnen, was später als die Geschichte des ge-

Drei Rüdesheim-Attraktionen bei Nacht auf der linken Seite von oben nach unten: Brömserhof, Drosselgasse und Brömserburg. Ganz rechts romantische Wein-Wandmalerei. Nebenstehend die „Germania" einmal als Schiff und ganz klein als Denkmal rechts oben.

schichtsreichen Rüdesheim niedergeschrieben werden konnte. Hier kassierten die Landesherren ihren Zoll von vorüberfahrenden Transporten, suchte die Bevölkerung Schutz vor Feinden – und einmal auch (durch Abkapselung) vor der Pest ringsum im Lande.
Wo heute die geschäftige Uferstraße mit ihrer langen Reihe kurzgestutzter Zierbäume ist, da standen früher Wohnhäuser und Scheuern neben der Burg. Sie fielen Feuer und handgreiflicher Zerstörung zum Opfer, die Mauern der Burg aber hielten über die Jahrhunderte stand. Sie überstanden sogar einen französischen Eroberer im Dreißigjährigen Krieg, der erst einen regelrechten Minengang in das Mauerwerk treiben ließ und dann Unmengen von Sprengstoff darin zündete. Immerhin brach dabei eine Ecke heraus, und erst in unseren Tagen brachte man das Geld zur Reparatur auf. So wurde ein neuer Ausstellungsraum geschaffen – für weiteres Ausstellungsgut, in diesen wuchtigen Mauern, die viele Jahrhunderte überdauerten und in diesen Zeitläufen römische Winzermesser genau wie fränkische Keramik und mittelalterliche Keltern gewissermaßen zeitgenössisch begleitet haben.

Rüdesheim ist nicht nur eine Stadt der Burgen und Adelshöfe, eine Wein- und Handelsstadt früherer Jahrzehnte, Rüdesheim ist mit seiner großen Rebfläche und seinen zehn Einzellagen auch heute eine bedeutende Weinstadt. Durch die Ortsteile Assmannshausen und Aulhausen kommen vier weitere Lagen zum ohnehin schon großen Rebenareal der Kerngemeinde hinzu.

Die Weintradition zeigt sich neben dem Massentourismus durchaus noch in großen Weinkellern bedeutender Weingüter – und vor allem in Weinen hoher Qualität, die hier meist auf Schieferböden, zu einem guten Teil jedoch auch auf lößhaltigen und einer Palette andersartiger Böden wachsen.
Wenn man einen Grundton, eine Richtung für die vielen Weine aus vielen Einzellagen bestimmen sollte, so könnte man sich in Expertenkreisen wohl auf „Weine von überdurchschnittlichem Geschmacksreichtum (‚viel Spiel also') mit bester Fähigkeit zur Reife (und damit zu langer Lagerung)" einigen.

Assmannshausen/Aulhausen

1399/1463 Einwohner · Stadt Rüdesheim

Lagenkarte Seite 67

Assmannshausen – Aulhausen

Der Wein

Weinbaubetriebe: 21 im Vollerwerb, 67 im Nebenerwerb

Rebland: 154 ha in den Lagen Höllenberg (55 ha), Hinterkirch (39 ha), Frankenthal (45 ha) und Berg Kaisersteinfels (15 ha)
Rebsorten: Spätburgunder 60%, Riesling 20%, Müller-Thurgau 15%, sonstige 5%
Großlage/Bereich: Assmannshausen: Steil/Johannisberg, Aulhausen: Burgweg/Johannisberg
Weinfeste: Ende Mai in Assmannshausen, Ende August in Aulhausen
Gaststätten/Gästebetten: 25/813 in Assmannshausen, 4/50 in Aulhausen

Der Ort

Repräsentative Gebäude nach alter Weinpatrizier-Art am Flußufer, steile Hänge voller Rebstöcke, manchmal bläulich durchschimmernder Schiefer zwischen dem Rebengrün, ein Taleinschnitt, auf dessen Grund sich Häuserzeilen an den Steilhang lehnen, Fachwerk, Schmiedeeisen-Schilder, frische Farben, Schnitzereien, Kopfsteinpflaster... kultivierte Romantik in Assmannshausen.
Der Tourismus ist hier ruhiger als im benachbarten Rüdesheim, mit dem Assmannshausen heute durch

Assmannshäuser Weinberge im Winter und im Sommer – und bekannte Fachwerkschönheiten bei Nacht.

Eingemeindung verbunden ist. Der Ort ist gastfreundlich, heiter – und sehr gut besucht. Das liegt an Rhein und Wein und Burgen und Bergen, das liegt wohl auch daran, daß diese Gemeinde so etwas wie die „Rotweininsel" des Rheingaus ist.

Rotwein im Rieslinggebiet, das ist hier eine alte Tradition, die man vor allem mit dem Namen „Höllenberg" verknüpft. Dabei brennt der „Rote" aus Assmannshausen keineswegs wie Feuer im Mund, wenn er auch auf heißem Gestein gewachsen ist. Er „fühlt" sich eher „weich" an, vollmundig zwar und stoffig, wie alle Spätburgunder, jedoch rund und samtig dazu. Warm macht er schon, aber die Hölle läßt er nicht erleben, eher das Gegenteil.

Natürlich muß sich in einer solch schönen Landschaft mit Attributen wie Burgen und alten Waldbeständen, mit Ausflugszielen noch und noch, mit Seilbahnschweben in die Berge und Schiffsfahrten auf dem Rhein ein kräftiger Tourismus entwickeln. Natürlich drängen sich zeitweise an Wochenenden viele Menschen in den gemütlichen

Straßen. Kitsch aber und Nepp gibt es wohl nicht in diesem Ort, und im nahen Ortsteil Aulhausen ist vollends ländliche Ruhe. Auch in diesem früheren Töpferort talaufwärts am Anfang des bei Assmannshausen mündenden Tals wird Wein angebaut, Rotwein und Weißwein wie im Hauptort am Fluß.

Staatliche Anerkennung als Erholungsort ist so etwas wie ein Gütesiegel, mit dem sich Aulhausen genauso wie das ebenso als Stadtteil zu Rüdesheim gehörende Presburg schmücken darf. Assmannshausen selbst hat eine Anerkennung als solider Fremdenverkehrsort verdient. Als man hier im 15. Jahrhundert heiße Quellen erschloß, wäre wohl auch der Weg zum Kurbad offen gewesen. Es gab jedoch schon zu jener Zeit den später so berühmten Rotwein. Es gab schon den „Höllenberg", dessen Name sich auf „Hell", „Halde" und damit schlicht auf die Tatsache seines starken Gefälles zurückführen läßt.

Wein schlechthin ist in der Assmannshäuser Chronik schon lange vorher erwähnt. Eine Schenkungsurkunde des Mainzer Erzbischofs Ruthard nennt im Jahre 1108 Weinberge zwischen „Hasemanneshusen" und „Ulinhusen", zwischen Assmannshausen und Aulhausen also. Abgesehen von ihrem Wert für die örtliche Weinbaugeschichte gibt die Urkunde auch ein schönes Beispiel für die lautliche Umgestaltung von Ortsbezeichnungen.

Im Laufe der inzwischen vergangenen Jahrhunderte hat sich herausgestellt, welcher Wein wo am besten gedeiht. So ist der „Höllenberg" weitgehend mit Spätburgunder bestanden, in „Hinterkirch" und „Frankenthal" teilen sich ziemlich gleich Riesling und Spätburgunder. Im „Berg Kaisersteinfels" schließlich steht nur Riesling.

Wer einige von Deutschlands besten Rotweinen an Ort und Stelle und in Ruhe genießen will, sollte die Gaststätten und Gutsschänken möglichst nicht an den Saisonwochenenden aufsuchen. Die ruhigeren Zimmer Assmannshausens und vor allem die des stillen Aulhausens sind auch für längere Weinferien-Aufenthalte geeignet. Zimmer gibt es genug: tausend sind es fast, 150 davon in Aulhausen. Ein Hinweis noch zum Wein: Auch für den Rotwein gilt, was nahezu alle „Rheingauer" auszeichnet: Nach einigen Jahren Lagerung mundet er eindeutig besser als kurz nach der Abfüllung!

Von den Weinbergen bei Aulhausen sieht man durch das enge Tal Rhein und Assmannshausen.

Die Geschichte vom Leise Antonsche und seinem Gully-Depot

Von ihm, dem Anton Leise aus Hattenheim, sind viele Geschichten überliefert. Er war begeisterter Weintrinker und hatte wohl auch eine ungewöhnlich widerstandsfähige Leber. Von seinen Trinkrekorden sind einige überliefert. Bei jenem, da er auf Grund einer Wette eine Stütz (eimerähnlicher Behälter) in einem Satz ausgetrunken hat, gehen die Behauptungen über den Inhalt der Stütz auseinander. Die einen sagen, das sei eine ganz normale Zehn-Liter-Stütz gewesen. Viele behaupten jedoch, es habe sich um eine große Fünfzehn-Liter-Stütz gehandelt.

Beim Wetttrinken mit den Franzosen sind sich alle einig: Antonsche hat die drei Franzosen unter den Tisch getrunken. Nun ist das bei normalem Winzertraining nichts besonderes, standfester zu sein als die Gäste. In diesem Fall galt die Wette aber folgendermaßen: Anton gegen die französischen Weinfreunde – und Gesamtmenge gegen Gesamtmenge des getrunkenen Weins. Anton trank vor Zeugen tatsächlich erheblich mehr, als die drei zusammen.

Alltäglich war Anton Leises „Depot-Trinken". Das war so: Als Gemeindebedienstetem oblag es ihm, auch die Gullys zu säubern. Wenn er einen Gully gesäubert hatte, ging er in das nächstgelegene Haus und holte sich dort seinen Zusatzlohn ab. Er behauptete immer, daß die Gullys nicht so schmutzig wären, wenn die Anwohner nicht soviel Dreck wegkippen würden. Das sahen die meisten ein und zahlten mit gefüllten Weinflaschen. Antonsche stellte die Flaschen in den nächstgelegenen Gully, um sie bei Bedarf zu trinken. Das konnte während der Arbeit geschehen oder auch bei einem „Zug durch die Gemeinde" – von Gully zu Gully. Es ist nicht bekannt geworden, daß sich jemals ein Unberufener an des Antonsches Depots vergriffen hätte.

Geisenheim

12356 Einwohner

Lagenkarte Seite 66

Der Wein

Weinbaubetriebe: 48 im Vollerwerb, 83 im Nebenerwerb

Rebland: 428 ha in den Lagen Mäuerchen (33 ha), Rothenberg (36 ha), Mönchspfad (160 ha), Kilzberg (56 ha), Kläuserweg (57 ha), Fuchsberg (68 ha), Schloßgarten (18 ha)

Rebsorten: Riesling 79%, Müller-Thurgau 5,5%, Spätburgunder 5,5%, Ruländer 1%, Kerner 2%, Ehrenfelser 4%, sonstige 3%

Großlage/Bereich: Burgweg/Johannisberg

Weinfeste: erstes Wochenende im Juli: Satellitenfest Marienthal, zweites Wochenende Juli: Lindenfest, erstes Wochenende August: Sommernachtsfest am Rhein

Gästebetten/Gaststätten: 226/33

Blick über Geisenheimer Häuser und die verschneiten Weinberge auf das Niederwald-Denkmal und zwei Aufnahmen an der Geisenheimer Uferpromenade, die den Fluß in unterschiedlichem Licht niedrigstehender Sonne zeigen.

Die Stadt

„Alvahla" – „Manto" – „Megingoz" – „Cunihild" – „Otgar" – „Drutwin" – „Lukard"; die Träger dieser klangvollen Namen haben eines gemeinsam: Sie sorgten dafür, daß Geisenheim früh und häufig in die geschriebene Geschichte einging. Sie alle besaßen Haus und Grund in Geisenheim. Sie schenkten einen Teil oder ihren ganzen dortigen Besitz einem Kloster oder überließen es anderen Personen – und ließen ihre Schenkungen und ihre testamentarischen Verfügungen beurkunden. Das geschah zwischen 779 und 1126 und liefert den Geschichtsschreibern unserer Tage unter anderem den Beweis, daß Geisenheim schon damals ein blühender Weinbauort gewesen sein muß.

Der Ruf des „Geisenheimers" hatte auch zu jener Zeit einen guten Klang, obwohl doch damals „die Geisenheimer" (hier sind die Absolventen der Hochschule gemeint!) noch nicht für die weltweit wirksame „Öffentlichkeitsarbeit" sorgen konnten. Da gab es andere, die den Ruf Geisenheims verbreiteten, Prominente vornehmlich, wie zum Beispiel der Bischof Otwin von Hildesheim. Der kaufte 954 in Geisenheim ein Weingut und konnte sein Domkapitel und andere Hildesheimer Weinfreunde fürderhin mit edlem Rheingauer versorgen.

Bei allen Leiden einer wechselvollen Geschichte vermochte Geisenheim seinen guten Weinruf – und sein Streben nach Wissen einerseits wie wirtschaftlichem Erfolg andererseits über die Jahrhunderte zu bewahren. Wie schwer das gewesen sein mag, zeigen Sätze wie die von Dr. Robert Haas 1854 geschriebenen: „Geisenheim ward von König Albrecht verbrannt, im schwedischen Kriege von den Schweden mißhandelt, noch ärger von den Bayern und erlag fast dem Druck des von Turenne geführten Feldzuges. Die mansfeldischen Truppen brachten den Flecken in die größte Armuth..." Und so weiter und so weiter. Die stabilen Zeiten, als die Rheingrafen in Geisenheim residierten und für einen gewissen Wohlstand sorgten, waren im 17. Jahrhundert vorbei.

Als später Kurfürst Johann Philipp aus dem Geschlechte der Schönborn seinen Amtssitz in Mainz immer häufiger verließ, um auf seinem kleinen Geisenheimer Schloß zu wohnen, da gab es wieder bessere Zeiten, da galt der Weingenuß mit Muße wieder etwas. 1765 schrieb der Geisenheimer Weingutsbesitzer Carl Anton von Vorster, daß die Weine des Geisenheimer Rothenbergs in Qualität und Ansehen gleich nach den damals außerordentlich berühmten Weinen von Assmannshausen und Rüdesheim kommen würden. Er veröffentlichte das im ersten Buch über den Rheingauer Weinbau: „Der Rheingauer Weinbau aus selbsteigener Erfahrung und nach der Naturlehre beschrieben."

Der Geisenheimer Freiherr war natürlich Lokalpatriot, aber Johann Carl Leuchs, der 1829 das Buch „Der europäische Kellermeister" herausbrachte, kann solcher Parteilichkeit nicht verdächtigt werden. Er behauptete, daß die Weine des Geisenheimer Rothenbergs mit den Berühmtheiten aus Rüdesheim und Assmannshausen, mit Johannisberg und Markobrunn auf einer Ebene stehen.

Die Zeiten ändern sich auch in bezug auf die Bewertung von Weinlagen – ganz abgesehen vom persönlichen Geschmack des Beschreibers. – Nun haben aber die Geisenheimer seit über 100 Jahren eine Institution in ihren Mauern, die unter anderem Grundlagen geschaffen und Wissen verbreitet hat, die eine objektivere Weinbeurteilung möglich machen. 1875 wurde in Geisenheim die Weinbau-Forschungsanstalt gegründet, die zusammen mit der verbundenen Hochschule für den Weltruf Geisenheims in Weinkreisen gesorgt hat.

Schulisch waren die Geisenheimer schon immer weit vorn. Eine Dorfschule wird in ihren Annalen erstmals 1478 erwähnt. Später machten sich ledige Töchter der Grafen von Geisenheim um die Schulbildung sehr verdient. Zwischenzeitlich gab es sogar eine ganz feine, von zwei englischen Fräuleins geleitete Mädchenschule. 1845 wurde dann die erste höhere Jungenschule des Rheingaus in Geisenheim gegründet. Andere Schultypen folgten, und bald war Geisenheim das Schulzentrum des Rheingaus, das es auch heute noch ist. Im Grunde deuteten ja schon die Bemühungen des Freiherrn Vorster in die Richtung, die dann später mit der Einrichtung der Lehr- und Forschungsanstalt eine hervorragende Fortsetzung fand. Einzelheiten über die Entwicklung dieser Anstalt in der attraktiven Villa Monrepos sind im Teil VI dieses Buches nachzulesen.

Den Geisenheimer Weinbaubetrieben hat der enge Kontakt zu ihrer Forschungsanstalt sicherlich geholfen, den guten Ruf ihrer Weine auch in der Gegenwart zu erhalten. Das gilt natürlich auch für den Rothenberg, der immer noch vergleichsweise wuchtige, fruchtige Weine liefert.

Im übrigen ist die Lagenvielfalt Geisenheims – und damit die Variationsbreite des Weinangebots – seit dem 1. 1. 1972 wesentlich gewachsen, weil an jenem Tag der genauso berühmte Weinort Johannisberg freiwillig zu einem Teil Geisenheims wurde. Auch Stephanshausen ist heute Geisenheimer Stadtteil, genauso wie das Dörfchen Marienthal, das schon lange zur Gemarkung der Stadt gehört. So besteht das Geisenheim unserer Zeit aus dem städtischen Kern rund um den beeindruckenden Dom am flachen Flußufer – und drei höhergelegenen Wein- und Wald-Ausflugsdörfern.

Die Lebendigkeit einer lebhaften kleinen Stadt um einen gut restaurierten Rathausplatz mit einer 600 Jahre alten Linde einerseits – und die dörfliche Ruhe beschaulicher Stadtteile andererseits, so kann das Bild der Wein- und Schul-, Wald- und Rebenstadt Geisenheim heute grob umrissen werden.

Johannisberg

2345 Einwohner · Stadt Geisenheim | Lagenkarte Seite 66

Der Wein

Weinbaubetriebe: 17 im Vollerwerb, 43 im Nebenerwerb

Rebland: 118 ha in den Lagen Goldatzel (24 ha), Hansenberg (4 ha), Hölle (27 ha), Mittelhölle (6,5 ha), Schwarzenstein (5,5 ha), Vogelsang (14 ha), Schloß Johannisberg (35 ha) und Klaus (2 ha)

Rebsorten: Riesling 79%, Müller-Thurgau 5,5%, Spätburgunder 5,5%, Ehrenfelser 4%, Ruländer 1%, sonstige 5%

Großlage/Bereich: Burgweg/Johannisberg

Weinfeste: letztes Wochenende im Juni Fest des Weines und der Rosen

Gästebetten/Gaststätten: 56/4

Das Leserinnen-Denkmal wurde durch Winzerspenden finanziert.

Der Ort

Johannisberg ist nicht Johannisberg, aber Ort und Schloß haben nicht nur den Namen gemein. Der Ort war vor dem Schloß, obwohl letzteres ursprünglich Kloster und als solches das älteste im Rheingau ist. Die Mönche haben zwar mit ihrem ausgezeichneten Wein den Namen Johannisberg bekannt gemacht, aber Weinbau betrieben die Johannisberger schon vor den Mönchen. Zu jener Zeit trugen sie allerdings einen ganz anderen Namen. „Elisa" heißt ihr Ort in einer Urkunde Kaiser Ludwigs (der Fromme). Dieser namentlich schöne Flecken lag laut Urkunde am Elsterbach und entspricht folglich dem heutigen „Johannisberg Grund", einem Ortsteil von Johannisberg, das insgesamt wiederum ein Ortsteil von Geisenheim ist.

Zwei Hufen mit Weinbergen, die sechs Fuder Wein tragen, nennt die erwähnte Urkunde aus dem Jahr 817. Weinbau gab es also zu jener Zeit schon ganz selbstverständlich, und die Mönche des 1090 begonnenen Klosters führten an den Hängen des ihnen gehörenden Bischofsberges einfach das fort, was in der Gegend üblich war. Sie taten das allerdings in späteren Jahrhunderten so gut, daß der Name ihres „Bischofsbergs" Weltruhm erlangte – als „Johannisberg" deswegen, weil die Klosterkirche 1130 zu Ehren von Johannes dem Täufer geweiht wurde. So kam auch der Ort zu seinem Namen.

„Mehrere noch ungedruckte Urkunden, namentlich die ‚Gerechtigkeit des Abt S. Johannisbergks im Ringawe gelegen' aus dem Ende des 14. Jahrhunderts verbürgen es, daß das Kloster ‚Bischofsberg' zu Johannisberg nur eine Gütervogtey war, nie aber über den Ort eine fürstenmäßige Gewalt zu üben befugt gewesen sey, die vielmehr das Erzstift allein ausgeübt hat." Dieses Zitat ist aus der Chronik des Dr. Robert Haas, die 1854 erschien.

Im gleichen Buch ist auch nachzulesen, daß dieses Kloster bei der allgemeinen Verlotterung der Sitten im 15. Jahrhundert möglicherweise so richtungweisend gewesen ist, wie später beim Weinbau: „... das Kloster zu den reichsten und angesehensten des Rheingaus gehörte. Aber der Reichtum und das Wohlleben brachten den Zerfall der Disziplin; Trägheit, Üppigkeit und Sorglosigkeit traten an ihre Stelle, sodaß das Kloster verarmte und Erzbischof Adolph Graf von Nassau es durch seinen Vizedom von Kronenberg verwalten ließ. Vor allem wurde das Frauenkloster unter dem Namen ‚Klause' oder ‚St. Georgenkloster' ins Tal versetzt, wo auch eine dem heiligen Nikolaus geweihte Kapelle erbaut wurde. Indessen, diese Trennung half dem Übel nicht ab. 1452 hatte das Sittenverderbnis und Schuldenmachen beider Klöster so überhand genommen, daß Erzbischof Dietrich eine Untersuchungskommission ernannte und daraufhin die Klause auflöste, die Nonnen mit Pension entließ und die Güter dem Kloster Johannisberg wieder einverleibte. Die Äbtissin Lutgart von Schwalbach ging ~~sofort in das Kloster~~ Ruppertsberg. Die widerstrebenden Nonnen wurden durch Exkommunikation mit Gewalt vertrieben ..."

Seriösere Mönche späterer Jahrhunderte gaben dann vorwiegend durch gute Taten Anlaß zum Ortsgespräch im inzwischen gewachsenen Johannisberg, das sich sowohl auf der Höhe hinter dem Kloster als auch zu seinen Füßen ausdehnte. In der Weinwelt machten sie gar international „Schlagzeilen" durch ihren konsequenten Rieslinganbau, durch die „Erfindung" der Spätlese und natürlich auch durch die Qualität ihrer Weine. (Siehe dazu den Bericht in

Weitblick beim Wein: Von der Terrasse der Burg Schwarzenstein haben Besucher diesen Ausblick über Johannisberg.

der Geschichtsbetrachtung einiger Rheingauer Schlösser, in dem auch über die weitere Entwicklung des Klosters und späteren Schlosses nachzulesen ist.)

Die Mönche hatten beim Weinbau ursprünglich von den Dorfbewohnern gelernt, nun lernten diese von den Mönchen. Das kam dem Johannisberger Wein zugute, es entwickelte sich auch außerhalb des Schloßbereichs Qualitätsweinbau bei einheimischen Betrieben, aber auch durch „Zugezogene", durch „Forenser" also, wie sie im Rheingau genannt wurden. Die sind inzwischen zum guten Teil längst „einheimisch" und bieten großenteils als Selbstvermarkter neben dem Schloß ihre „Johannisberger" an – fast ausschließlich Rieslingweine, wie ja auch auf dem Schloßberg, der vor dem Weingesetz als Ortsteil mit eigener „Apellation" gilt, nur Riesling wächst. Besucher sehen Ort und Schloß, die durch eine kurze, schnurgerade Allee verbunden sind, als touristische Einheit, die gewissermaßen „über" dem Verkehr liegt. Tatsächlich zweigt vom großen Verkehrsstrom am Fluß nur ein „Rinnsal" nach Johannisberg ab. Das Leben erscheint ruhiger hier, es macht Spaß zu bummeln, Muße zu haben. Ziel einer kleinen Wanderung ist häufig die Burg Schwarzenstein über dem Ort, kein allzu historisches, dafür aber um so originelleres Gemäuer. Die Familie Mumm von Schwarzenstein ließ die Bilderbuchburg 1874 errichten. Sie wird heute als Gutsausschank genutzt und bietet einen großartigen Blick in das Rheintal.

Stichwort Ausblick: Der optische Genuß gehört zu Johannisberg wie der Genuß seiner Weine – vom „frühreifen" und schnell trinkfertigen „Hansenberg" oder „Schwarzenstein" bis zu den langsam reifenden „Hölle", „Klaus" oder „Schloß Johannisberger" zum Beispiel.

Oestrich-Winkel

11 700 Einwohner

Lagenkarte Seite 66

Oestrich-Winkel mit seinen Stadtteilen Oestrich, Winkel, Mittelheim und Hallgarten ist eine der größten Weinstädte des Rheingaus – und wohl auch eine der berühmtesten. Die Stadt ist für ihre Weine ebenso bekannt wie für ihre schönen Weinkeller (Keller in Winkel hier, Seite 13 in Oestrich). Der Rhein bestimmt das Bild – ein wenig auch das Leben der am Fluß liegenden Stadtteile. Rechts und rechts unten Blicke auf – und von Oestrich-Winkel über den Rhein.

Der Wein

Weinbaubetriebe: 158 im Vollerwerb, 505 im Nebenerwerb

Rebland: 705 ha in den Lagen Doosberg (153 ha), Lenchen (145 ha), Klosterberg (142 ha), Goldberg (24 ha), Nikolaus (50 ha), Edelmann (93 ha), Gutenberg (51 ha), Dachsberg (52 ha), Schloßberg (33 ha), Jesuitengarten (26 ha), Hasensprung (100 ha), Klaus (2 ha), Bienengarten (1 ha) und Schloß Reichartshausen (3 ha) – Ortsteil im Sinne des Weingesetzes)

Rebsorten: Riesling 80%, Müller-Thurgau 15%, Spätburgunder 1,5%, Ehrenfelser 2%, sonstige 1,5%

Großlage/Bereich: Honigberg, Gottesthal/Johannisberg

Weinfeste: Mittelheim Anfang Juni „Edelmannfest“, Winkel Mitte Juni „Weinblütenfest“, Oestrich Ende Juli „Lenchenfest“

Gästebetten/Gaststätten: 700/70

Die Stadt

„Wir sind der Bindestrich zwischen Oestrich und Winkel.“ Die Mittelheimer sagen das scherzhaft – und meinen es in doppelter Bedeutung:

Der Ort liegt zwischen den beiden anderen wie der Bindestrich im Namen der jüngsten Stadt des Rheingaus. 1972 schlossen sich die drei Weindörfer zusammen, so wie sie Jahrhunderte vorher schon einmal zusammengehört hatten. Hallgarten wurde 1977 ebenso Stadtteil, und insgesamt ist die mit 11700 Einwohnern immer noch kleine Stadt heute die größte Weinbaugemeinde Hessens. Über 600 Winzer bearbeiten hier in 17 Einzellagen 705 Hektar Rebland. Wer auf der Uferstraße an Oestrich, Mittelheim und Winkel vorbeifährt, erkennt die Logik dieses Zusammenschlusses: Die Bebauung an der alten, durch die Orte führenden Rheingauer Straße ist kaum unterbrochen. Besucher fragen häufig, in welchem der Ortsteile sie sich gerade befinden. Das Weingesetz wurde ein Jahr vor der Stadtgründung Oestrich-Winkels gültig. Es nennt die mit jedem der Ortsteile verbundenen Lagen getrennt. Ebenso führt es die Einzellagen Hallgartens nur in Verbindung mit diesem Namen auf, und vor diesem Gesetz gilt auch das Schloß Vollrads wie ein Weinbauort. Das Schloß liegt auf Winkeler, jetzt also Oestrich-Winkeler Gemarkung. Seine Weine heißen jedoch ohne Ortsbezeichnung „Schloß Vollrads“. Auch in Deutschland hat sich dafür der Satz eingebürgert: „Vollrads hat eine eigene „Apellation“. Das gleiche gilt für die kleine Lage „Schloß Reinhartshausen“.

Oestrich, Winkel und Mittelheim, die von der Bebauung und vom Namen her eine Einheit bilden, werden hier als Einheit vorgestellt. Der höherliegende Stadtteil Hallgarten folgt unter seinem Namen. Über Schloß Vollrads ist einiges im Geschichtsbericht über die Rheingauer Schlösser nachzulesen.

Der Wiesbadener Publizist Dr. Robert Haas schrieb 1854: „Oestrich ist ein sehr wichtiger und interessanter Ort des alten Rheingaus...“ – „Mittelheim entstand im 12. Jahrhundert bei Gelegenheit der zu Eberbach vorgefallenen Auswanderung der regulären Chorherren...“ – „Winkel hat mit Lorch römischen Ursprung...“ Zeitgemäße Geschichtsforscher mögen da weniger vereinfachen und bezweifeln zum Beispiel, ob in Winkel ein römisches Weinlager („vinicella“) die Truppen des Probus oder andere Kaiser aus den ersten Jahrhunderten nach Christus zu versorgen hatte. Auch die Entstehung Mittelheims ist nicht ganz so einfach festzulegen. Sicher erscheint jedoch, daß die Besiedlung des Gebietes schon in der Steinzeit begonnen hat, von den Kelten aber erst intensiv betrieben wurde, und sich die Franken schließlich um den frühen Weinbau Oestrich-Winkels verdient gemacht haben. Erste Urkunden nennen gleich einen der berühmtesten Männer jener Zeit, den früheren Fuldaer Klosterschüler und späteren gleichermaßen mächtigen wie gebildeten Mainzer Erzbischof Rhabanus Maurus.

Rhabanus Maurus starb 856 im Alter von 80 Jahren in seinem geliebten Winkel. Laut Überlieferung soll er im Grauen Haus zu Winkel gewohnt haben. Heute geht man davon aus, daß dieses Haus im 12. Jahrhundert gebaut worden ist. Es war (und ist) im Besitz der Vollrads-Inhaber, gilt unverändert als Deutschlands ältestes genutztes Wohnhaus – und wurde 1981 durch großzügige Renovierung als neues Weinhaus in uralten Mauern zu einer „guten Stube des Rheingauer Weins".

Die Überlieferung in Sachen Wohnsitz des Rhabanus mag dennoch stimmen: Zu allen Zeiten sind ja neue Häuser auf alten Grundmauern errichtet worden. Von dem berühmten Mann ist unter anderem durch Aufzeichnungen bekannt, daß er in der Hungersnot des Jahres 850 für die Speisung von 300 Armen aus der Region sorgte.

Zur Zeit des Grauen Hauses entstand in Mittelheim die Basilika, die heute noch als Gotteshaus genutzt wird. Mönche und Nonnen, die hier damals ein gemeinsames Doppelkloster bewohnten und bewirtschafteten, waren die ersten Gläubigen dieser Kirche. Später zogen die Nonnen nach Oestrich in ein eigenes Kloster, das sie „Gottesthal" nannten. Die Zeiten waren wohl strenger geworden – zumindest in bezug auf das Klosterleben.

Vom Kloster sind nur Reste geblieben, wie auch andere beachtliche Bauwerke der Gemeinde nur noch als Ruinen existieren. Der Dreißigjährige Krieg war auch in Oestrich-Winkel der große Zerstörer, das Ratshaus aber und das Haus Krone haben jene furchtbaren Jahre ebenso überstanden wie einige Fachwerkhäuser der Rheinfront.

Wahrzeichen des Stadtteils Oestrich – und Merkzeichen für Autofahrer und Schiffsreisende – ist ein alter Holzkran vor der Häuserreihe unmittelbar am Rheinufer. Er wurde 1744 fertiggestellt – und vermittels der beiden noch funktionsfähigen Treträder im Innern weitgehend von Gefangenen des Mainzer Gefängnisses bewegt.

Etwa 60 Jahre nach dem Kranbau begann für die drei Weindörfer im Herzen des Rheingaus eine große Zeit. Einige ihrer Lagen erlangten ebenso Weltruf wie die Schönheit ihrer Landschaft. Berühmte Dichter sorgten für Öffentlichkeitsarbeit, und zu danken war dies wohl allein der Tatsache, daß die Familie von Brentano ein Landhaus in Winkel besaß – und mit den Kindern Bettina und Clemens die deutsche Romantik wesentlich beeinflußte. Goethe, Kleist, die Brüder Grimm, Achim von Arnim, Bettinas späterer Ehemann und viele andere Berühmtheiten „pilgerten" nach Oestrich-Winkel – des Geistes, der Liebe, der Landschaft und natürlich des Weines wegen.

Die Weine des heutigen Oestrich-Winkel erscheinen so vielfältig wie die Böden und die Bedingungen des Kleinklimas. Für alle verbindlich läßt sich nur sagen, daß sie gut zu lagern sind, durch Reife edler werden und mit deutlicher Säure und zum Teil auch einer gewissen „Stoffigkeit" für viele Weintrinker am ehesten den typischen Rheingauer Riesling verkörpern.

Viel Altes, viel Neues, viele Keller, viele Winzer, sehr viel Wein, sehr viel zum Schauen, eine überdurchschnittliche Gastronomie, der Leinpfad am Rhein, der Wald über Hallgarten und die berühmte „Schrötermuttergottes" in seiner Kirche, ehrwürdige Kirchen und die Denkmäler des Weins aus Holz und in Faßform auch in den anderen Ortsteilen, Goethes Reben-Wandelgang – rundherum romantisch-erhaltene Motive wie auf Bettinas (von Brentano/von Arnim) romantischen Scherenschnitten...

Hallgarten

2310 Einwohner · Stadt Oestrich-Winkel

Lagenkarte Seite 66

Der Wein

Weinbaubetriebe: 20 im Vollerwerb, 280 im Nebenerwerb

Rebland: 209 ha in den Lagen Hendelberg (53 ha), Würzgarten (43 ha), Schönhell (58 ha) und Jungfer (55 ha)

Rebsorten: Riesling 85%, Müller-Thurgau 9%, Ehrenfelser 2%, andere 4%

Großlage/Bereich: Mehrhölzchen/Johannisberg

Weinfest: Anfang August „Straßen-Weinfest"

Gästebetten/Gaststätten: 67/5

Der Ort

Hallgarten badet geradezu in seinem Rebenmeer: Würzgarten,

Schönhell und Jungfer liegen rund um den Ort. Nur das kleine Tal des Leimersbaches ist auf kurzer Strecke eine Unterbrechung in diesem Rebenrund. Die vierte Lage, der Hendelberg, grenzt unmittelbar an den Steinberg des Klosters Eberbach. Mit diesem Kloster hatte Hallgarten in den vielen Jahrhunderten seiner Weinbaugeschichte immer eine starke Verbindung. Das begann 1132, als das damalige Zisterzienserkloster das Gut des Mainzer Erzbischofs in „Hargardun" zur Erbpacht erhielt. „Hargardun" ist die „Flachsgartenhöhe" zu übersetzen und somit wohl ein Hinweis auf die landwirtschaftliche Nutzung des Geländes durch erste Siedler.

1255 gab es jedenfalls Weinbau im Dorf, dafür spricht eine Urkunde, die auch deutlich macht, daß Hallgarten zu dieser Zeit schon ansehnlich gewesen sein muß, hätte der Ort doch sonst nicht das Recht bekommen, ein eigenes Schöffengericht abzuhalten. Folgerichtig gingen die Hallgartener auch daran, 1338 eine eigene Kirche zu bauen. Die Weinschröter des Ortes, die Männer also, die für den Weintransport sorgten, stifteten dieser Kirche um 1420 eine Madonna. Sie ließen die Muttergottes mit dem Jesuskind auf dem einen Arm darstellen, während sie in der anderen Hand einen Weinkrug hält. Dem Kind gab der Künstler eine Traube in die Hand. Die aus Ton gebrannte Figur steht heute noch in der Pfarrkirche. Ein vom gleichen Meister parallel angefertigtes Kunstwerk ist heute im Pariser Louvre zu besichtigen. Früher stand diese andere Madonna im Kloster Eberbach.

Hallgarten liegt über den Orten der Rheinfront unter der höchsten Erhebung des Rheingaus, der „Hallgartener Zange". Da hier der Hochwald beginnt, ist die mündlich überlieferte Behauptung, in Hallgarten habe einst eine Jagdhütte Karl des Großen gestanden, nicht abwegig. Karl wohnte ja jenseits des Rheins in seiner Pfalz zu Ingelheim. Heute ist der Hochwald zwar immer noch wildreich, hat aber inzwischen größere Bedeutung als Erholungsgebiet der Wein- und Waldhungrigen – großstadtmüden – Besucher Hallgartens.

Die kommen übrigens nicht erst „seit gestern" auf einen Schoppen in den Ort. Schon vor der Jahrhundertwende weist die Statistik für Hallgarten einige Straußwirtschaften aus. Ihre Zahl schwankte, wie allenthalben im Rheingau, mit der Menge und Güte der eingebrachten Weinernte. Nach guten „Herbsten" verkauften früher mehr Winzer eigenen Wein als nach schlechten Jahren.

Blick auf Hallgarten vom Berg (mit Oestrich-Winkel und Ingelheim) und aus dem Tal.

Inzwischen sind Weinernten und Weinabsatz stabiler geworden. Im Ort haben drei Winzergenossenschaften dazu wesentlich beigetragen. Die außergewöhnlichen Namen dieser Genossenschaften – „Die Buren", „Die Engländer", „Die Deutschen" sprechen für die Originalität der Hallgartener Bevölkerung, deren Eigenwilligkeit im Rheingau sprichwörtlich ist. Die Hallgartener wissen natürlich von ihrem Ruf, lächeln dazu und sind's zufrieden. Bei der Vermarktung der eigenen Weine haben sich dieses besondere Ansehen und die zahllos damit verbundenen Geschichten als durchaus förderlich erwiesen.

Die Böden der Hallgartener Lagen sind zwar recht vielfältig zusammengesetzt, unterscheiden sich voneinander jedoch nicht so stark wie in einigen anderen Orten des Rheingaus. So läßt sich der darauf wachsende Wein insgesamt etwas leichter pauschal charakterisieren. Sie sind, gemessen am gesamten Rheingau-Spektrum, mittelschwer und brauchen eindeutig Zeit zum Reifen, um ihre volle Qualität zu entfalten. Im Zusammenklang der Inhaltsstoffe, mit Blick insbesondere auf die Arten der Säure, bringt wohl die „Jungfer" die größte Harmonie und Feinheit, wozu sie ja ihrem Namen entsprechend gewissermaßen verpflichtet ist.

Hallgarten liegt mitten im Rheingau und in solcher Ruhe und guter Luft, daß es als Luftkurort staatlich anerkannt ist. Wie schön die Umgebung ist, zeigt am besten ein Blick vom Aussichtsturm auf der „Hallgartener Zange". Dort kann sich der Wanderer in der Phantasie auch ein schönes Bild von der früheren Naturfestung des Rheingaus machen. Das „Gebück", wie diese miteinander verflochtenen und verwachsenen Buchen und Büsche genannt wurden, schloß Hallgarten gegen den Hochwald ab. Die Hallgartener waren in den vielen Jahrhunderten hinter dem schützenden Gebück Grenzbewohner und hatten „ihr" Tor in diesem Gebück zu verteidigen. Bis zum Dreißigjährigen Krieg waren sie damit recht erfolgreich, doch dann überwanden fremde Heere auch diese Festung und verwüsteten den Ort dahinter. Mehr als die Hälfte der Häuser wurde zerstört. Es blieb jedoch aus dem Wiederaufbau der Nachkriegsjahrzehnte einiges Sehenswerte im Ort, wie auch Teile eines Gebück-Tores noch in Ortsnähe zu betrachten sind.

Qualitätswein mit Prädikat
RHEINGAU
1979er
Erbacher Siegelsberg
Riesling Kabinett · trocken
e 0,7 l
RHEINGAU
Erbacher Michelmark
Riesling · Beerenauslese
Original-Abfüllung
Winzergenossenschaft e.G.m.b.H. Erbach / Rhg.
WEINGUT LAMM-JUNG
RHEINGAU
1979er
Qualitätswein mit Prädikat
Erbacher Steinmorgen Kabinett
Riesling trocken
e 0,7 L
ERBACH
RHEINGAU
Schloss Reinhartshausen
1971er Erbacher Schloßberg Riesling
Qualitätswein mit Prädikat Auslese
Erbach / Rhg.
1971er
Erbacher Michelmark
Riesling Trockenbeerenauslese
RHEINGAU
Erbacher Siegelsberg
Qualitätswein mit Prädikat
RHEINGAU
1979er
Erbacher Steinmorgen · Kabinett
e 0,7 l
WINZERGENOSSENSCHAFT ERBACH eG
WEINGUT
FREIHERR ZU KNYPHAUSEN
RHEINGAU
1979er Erbacher Marcobrunn
Spätlese
e 750 ml
Weingut Thomas Kohlhaas · Erbach / Rhg.
RHEINGAU
Qualitätswein mit Prädikat
1979er
Erbacher Honigberg Kabinett
Riesling
e 0,7 L
Weinhof Martin
QUALITÄTSWEIN b. A.
1979er Erbacher Honigberg
Spätburgunder · halbtrocken
e 0,7 L
ERZEUGERABFÜLLUNG JOSEF MARTIN
WEINGUT
ENSGRABER
QUALITÄTSWEIN · RHEINGAU
1977er
Erbacher Honigberg
Riesling
e 0,7 l
RHEINGAU
1976er
Erbacher
Michelmark
Riesling Auslese
Qualitätswein mit Prädikat
Weingut Heinz Lebert
RHEINGAU
1979er
Qualitätswein mit Prädikat
Erbacher Hohenrain Kabinett
e 0,7 L
Weingut Jakob Jung
RHEINGAU
Qualitätswein mit Prädikat
1979er
Erbacher Hohenrain · Kabinett
Riesling · halbtrocken
0,7 L
WEINGUT
HEINZ NIKOLAI
RHEINGAU
1979er
Qualitätswein mit Prädikat
Hallgartener Jungfer · Kabinett
Riesling
0,7 L
Winzergenossenschaft e.G. Kiedrich i. Rheingau
Rheingau · Qualitätswein mit Prädikat
1976er Kiedricher Wasseros
Riesling Beerenauslese
Qualitätswein
mit Prädikat
RHEINGAU
1976er
Kiedricher Sandgrub
Riesling Kabinett
e 0,7 l
RHEINGAU
QUALITÄTSWEIN
Kiedricher Sandgrub
Weingut E. Belz Erben Eltville Rheingau
Weingut
Steinmacher
& Prinz
RHEINGAU
Qualitätswein mit Prädikat
1979er
Kiedricher Gräfenberg
Riesling Kabinett
e 0,7 l
RHEINGAU
e 0,7 l
Qualitätswein mit Prädikat
1976er Kiedricher Wasseros
Riesling Auslese · halbtrocken
Dr. R. Weil
RHEINGAU
Qualitätswein mit Prädikat
Kiedricher
Wasseros
e 0,7 L
Riesling
Michael Staab
KIEDRICH/RHEINGAU
RHEINGAU
Qualitätswein mit Prädikat
1979er Kiedricher Heiligenstock
Spätburgunder Weißherbst Spätlese e 0,7 l
1977er Kiedricher Wasseros
RHEINGAU
QUALITÄTSWEIN RHEINGAU
1978er Kiedricher Sandgrub
Riesling – trocken
e 0,7 l
RHEINGAU
QUALITÄTSWEIN RHEINGAU
Eltviller Taubenberg
Riesling · halbtrocken
e 0,7 L
Weingut Offenstein-Erben
ELTVILLE
RHEINGAU
Qualitätswein mit Prädikat
1979er
Eltviller Sonnenberg
Riesling
Erzeugerabfüllung
e 0,7 l
RHEINGAU
RHEINGAU
Qualitätswein mit Prädikat
1979er
Eltviller Sonnenberg
Riesling Kabinett · halbtrocken
Erzeuger-Abfüllung
e 0,75 l
RHEINGAU
Weingut Jonas
1979er
Qualitätswein mit Prädikat
Eltviller Langenstück
Riesling Kabinett · halbtrocken
e 0,7 l
WEINGUT
H·U·L·B·E·R·T
ELTVILLE
RHEINGAU
1979er
QUALITÄTSWEIN MIT PRÄDIKAT
Eltviller Langenstück Kabinett
ERZEUGER-ABFÜLLUNG
Egon Mauer
Qualitätswein
mit Prädikat
RHEINGAU
1976er
Eltviller Sonnenberg
Riesling Spätlese
Erzeugerabfüllung
Aus dem Weingut J. Kegler, Eltville
Rheingau
Riesling
1979er Eltviller Sonnenberg Kabinett
Qualitätswein mit Prädikat
e 0,7 l
RHEINGAU
RHEINGAU
Weingut H.J. Ernst
QUALITÄTSWEIN
1979er
Eltviller Langenstück
Riesling · halbtrocken
Weingut Willi Ems
RHEINGAU
Qualitätswein mit Prädikat
Eltviller Sonnenberg
Riesling Spätlese
e 0,7 l
Weinbau
Peter Post
Qualitätswein
Eltviller Taubenberg
Riesling · trocken
e 0,7 l
RHEINGAU
Weingut Willy Damm
ELTVILLE IM RHEINGAU
Qualitätswein mit Prädikat
Eltviller Langenstück
Riesling
Kabinett
e 0,7 L
RHEINGAU
Weingut Richter Boltendahl
RHEINGAU
1979er Eltviller Rheinberg Kabinett
Riesling · trocken
Qualitätswein mit Prädikat
0,7 l
1976
KIEDRICHER SANDGRUB
SPÄTLESE
RHEINGAU
Qualitätswein mit Prädikat
1975er
Steinberger
Riesling
EISWEIN · BEERENAUSLESE
Verwaltung der Staatsweingüter
Eltville / Deutschland
Rauenthaler Winzerverein e.G.
Rheingau · Qualitätswein mit Prädikat
Rauenthaler Rothenberg
Riesling Beerenauslese
Weingut Hof St. Johannes
Rheingau · Qualitätswein mit Prädikat
Rauenthaler Gehrn
Riesling Spätlese
0,7 l

Kiedrich

3500 Einwohner

Lagenkarte Seite 64

Der Wein

Weinbaubetriebe: 18 im Vollerwerb, 155 im Nebenerwerb

Rebland: 170 ha in den Lagen Klosterberg (66 ha), Sandgrub (57 ha), Wasseros (36 ha) und Gräfenberg (11 ha)

Rebsorten: Riesling 83%, Müller Thurgau 10%, Silvaner 2%, Spätburgunder 1%, sonstige 4%

Großlage/Bereich: Heiligenstock/Johannisberg

Weinfeste: letztes Wochenende im Juni

Gästebetten/Gaststätten: 85/17

Der Ort

Kiedrich ist ganz und gar ungewöhnlich, und die Kiedricher sind es auch.

Zuerst die Kiedricher: Sie halten konservativ am Alten fest und sind politisch – traditionell – durchaus fortschrittlich, sozial und liberal, was hier nicht nur für die Vertreter und Anhänger der ähnlich benannten Parteien allein gilt. In keinem Ort des Rheingaus ist Überkommenes mehr gepflegt worden, als in Kiedrich. Da gibt es alte Fastnachtsbräuche, bei denen grauslich verkleidete Kiedricher

von Gasthaus zu Gasthaus ziehen und bei den Gästen dort Wein schnorren. Zu einem „Schnorrerfestival" ist das jetzt geworden und lebt so weiter. Da ist der Brauch des „Werzwisch" an Maria Himmelfahrt: ein aus 24 genau festgelegten Kräutern und Früchten gebundener Strauß, der unter anderem die Königskerze und die Brennessel, Blutweiderich und Spitzwegerich, Osterluzei und Herzgespann, aber auch einen Walnußzweig, Apfelzweig und Getreidearten enthält. Trauben schmücken an diesem Tage die Kiedricher Madonna, und zwei Sonntage später wird auch der Sankt Valentin im Traubenschmuck durch die Straßen getragen. (Typisch Kiedricher Aufforderung an die Träger der Statue beim Umzug: „Hiebt de Valldin huch in die Hieh, deß en aach die Fremde sieh!")

Neben den ganz alten haben die Kiedricher auch einige neue Bräuche eingeführt. So gibt es im Dorf einen „Weinberg der Ehe" und einen „Kinder-Weinberg". Im ersteren erhalten alle Ehepaare, die im Kiedricher Standesamt heiraten, symbolisch einen Rebstock, der für sie gepflanzt wird, und im „Kinder-Weinberg" erhielten alle im Jahr 1979 geborenen Kinder ebenfalls einen Rebstock.

Auch den Bräuchen eines beschaulichen Tourismus kann das

„gotische Weindorf" mit Rundwanderweg, Abenteuerspielplatz, Kneipp-Becken und einem Grillplatz an der Burg Scharfenstein gerecht werden.

Die Kiedricher haben tatsächlich den „Fremden", ihren Gästen also, einiges herzuzeigen, vor allem natürlich ihren glücklicherweise etwas abgelegenen, vergleichsweise verkehrsarmen Ort selbst und die Kirche natürlich, um die sich Kiedrichs Häuser scharen.

Die Kirche ist gotisch. Gotisch sind das wunderbare Schnitzwerk am Gestühl im Innern, sind Kanzel und Altäre, Figuren und Fenster. Gotisch ist der Gesang, gotisch die Hufnagelnoten, nach denen der berühmte Chor jeden Sonntag beim Hochamt den eigentümlichen germanisch-gregorianischen Choraldialekt singt, der nur noch hier erhalten ist.

Die Kiedricher singen nach schwergewichtigen, wunderschönen, großformatigen Büchern (40 mal 54 cm), die von Kiedrichern für Kiedricher erarbeitet, zusammengestellt, gestaltet und gedruckt wurden. Nur 16 Exemplare entstanden in einer Siebdruckwerkstatt, ihr Wert ist ungeheuer groß. Er wurde unter anderem durch die Aufnahme eines Exemplars in das Weltmuseum der Druckkunst zu Mainz anerkannt (1961).

Die Herausgabe dieses begeisternden Werkes der Druckkunst ist durch die Vorarbeiten von Josef Staab möglich geworden. Die Formel, „wesentlich beteiligt" gilt im Zusammenhang mit diesem Kiedricher Ehrenbürger für vieles, was im Ort (und im Rheingau) geschieht. Er ist aber nicht der herkömmliche Mäzen, sondern Mitmacher, der Mann, der gelegentlich den Kirchenchor ebenso leitet wie Weinseminare, der sich publizistisch für den Wein engagiert, wie er als Domänenleiter für guten Wein sorgt – und andererorts „vor Ort" in Kiedrich Besuchergruppen herumführt. Dieser ungewöhnliche Mann gehört zu Kiedrich, wie das in Häusern und dörflicher Behaglichkeit menschliche Maß dieses Ortes, wie die originelle Idee des „Weinberges der Ehe", in dem Kiedrich-Getraute ihre Rebe pflanzen dürfen. Er gehört zu Kiedrich wie das Schloß der von Ritter und das Weingut Dr. Weil, das einmal ein Engländer namens Sutton besaß. Dieser Mann gehört auch zu Kiedrich.

Er kam 1857 auf einer Reise in den Ort, war begeistert, siedelte sich an, blieb. Er hatte „Kunst und Musik" studiert und trug mit seinem Wissen, seinem Engagement, seinem Können und seinem Geld dazu bei, daß Kiedrich zu dem werden konnte, was es heute ist. Diese Feststellung gilt für das kulturelle Leben, gilt vielleicht auch für die aufgeschlossene Gesinnung, gilt sicherlich für das Ortsbild, zu dessen Schönheit er mit eigenen Bauten und Stiftungen für die Kirche zum Beispiel erheblich beitragen konnte. Die Erinnerung an ihn ist im Ort noch sehr lebendig – nicht nur im Straßennamen „Suttonstraße".

Das gotische Weindorf Kiedrich liegt auf der Höhe über dem Rhein (Foto linke Seite oben) doch noch unter einigen seiner Weinberge (Foto darunter), die sich bis zur Berghöhe hinziehen.

Kiedrichs schöne Fachwerkhäuser sind ebenso berühmt wie die gotische Kirche (2. Foto von oben und ganz unten), seine Feste (Wegweiser) Burg Scharfenstein (daneben) und die alte fränkische Dorfschmiede (hierüber).

Das kulturelle Engagement der Bürger hat auch zu einer sehr umfassenden Heimatforschung geführt. So weiß man heute sehr viel über die lange Kiedricher Geschichte, die offensichtlich auch schon zu Römerzeiten geschrieben wurde, und von der Geschriebenes in mehreren schönen Urkunden späterer Jahrhunderte überliefert ist. Die päpstliche Erlaubnis zur „Kiedricher Wallfahrt" (zu den Reliquien des hl. Valentin) gehört ebenso zu diesen Dokumenten, wie etwa das Urteil, mit dem Kiedrich nach dem kurzen Bauernaufstand 1525 zur Rheingauer Höchststrafe von sechs Gulden Buße pro Haushalt verurteilt wurde. Diese Summe entsprach dem Arbeitslohn von etwa drei Monaten.

Die Kiedricher überstanden später noch wesentlich härtere Belastungen durch Krieg, Hunger und Epidemien, die ebenso aufgezeichnet sind, wie ihr Freiheitswille im Bauernaufstand und ihr Abstimmungs-Nein, das sie viele Jahrhunderte später im Jahre 1938 einem Diktator namens Hitler entgegenbrachten – und dafür den Spitznamen „Nein-Dorf" erhielten. Der wurde dann in einem Wegweiser symbolisiert, und darauf waren die Kiedricher wiederum stolz.

Natürlich sind sie auch auf ihren Wein sehr stolz, der seit mehr als 1000 Jahren ihre Dorfgeschichte begleitet, einen Wein, der schon in alten Beschreibungen als frisch im einen und vollmundig im anderen Falle erwähnt wird, was sagen will, daß die Kiedricher Lagen unterschiedlich nach Boden und Kleinklima leichtere und säurebetonte Weine einerseits und kräftigere, „runde" und „volle" Weine andererseits hervorbringen können. Wie auch immer die Weine ausfallen, die Kiedricher Winzer haben eine ganz besondere Fähigkeit, die Weintrinker für ihre Gewächse zu begeistern. Das läßt sich einerseits zum Beispiel am Besuch der Straußwirtschaften und Weinprobierstuben ablesen und andererseits mit der besonders engen Weinbeziehung der Bewohner erklären. Ein Beweis dafür kann ein Gebetbuch sein, das 1754 bereits in der dritten Auflage gedruckt wurde – nur für Kiedrich. Dieses Buch frommer Worte und Gesänge hieß bemerkenswerter Weise „Kidderacher Weingärtlein".

Die Geschichte vom Marcobrunnen

Große Dinge haben oft einfachste Anfänge. Ein „großes Ding" ist sicherlich der weltberühmte „Marcobrunnen" – als Weinlage natürlich, nicht als Brunnen.

Die Quelle, der Bronn, nach dem die Lage ihren Namen hat, liegt auf der Gemarkungsgrenze von Hattenheim und Erbach. „Gemarkung, „Markung", „Marke": „Marco". So entstand der berühmte Name.

Die Erbacher beschlossen, ihn für ihre Werbung zu nutzen und errichteten einen klassizistischen Brunnen, aus dem das Wässerchen fürderhin in Stein gefaßt fließen konnte. Dieses „Prachtstück", das heute noch steht, war eine erstklassige Aktion in Sachen Öffentlichkeitsarbeit für den Erbacher Wein.

Das erkannten auch die Hattenheimer jenseits der Gemarkungsgrenze, und sie sannen darauf, die Erbacher Nachbarn aus dem Himmel ihres Werbungserfolges wieder auf den Boden der Tatsachen zurückzuholen.

Das Ergebnis dieser Überlegungen war eines Morgens nahe der Gemarkungsgrenze auf Hattenheimer Gebiet zu besichtigen. Da stand eine Plakattafel mit folgendem Spruch:

„So ist es richtig, so soll es sein:
für Erbach das Wasser, für Hattenheim den Wein!"

Eltville

7425 Einwohner

Lagenkarte Seite 64

Eltville in Abend- und Nachtaufnahmen – eine vom Üblichen abweichende Variation bekannter Ansichten durch die Fotografen des GESAMTWERKES. Hier Rheinfront und Altstadt.

Der Wein

Weinbaubetriebe: 27 im Vollerwerb, 16 im Nebenerwerb

Rebland: bestockt insgesamt 869 ha – davon 238 ha in der Kernstadt – in den Lagen Taubenberg (80 ha), Langenstück (63 ha), Sonnenberg (68 ha), Rheinberg (30 ha) und Sandgrub (58 ha mit Kiedrich gemeinsam) – vorstehende Angaben für ausgewiesene Flächen.

Rebsorten: Riesling 78%, Müller-Thurgau 9%, Kerner 3%, Ehrenfelser 2%, Spätburgunder 2%, sonstige 6%

Großlage/Bereich: Steinmächer/Johannisberg

Weinfeste: Weinlesefest 3. Wochenende im Oktober, Sektfest 1. Wochenende im Juli

Gästebetten/Gaststätten: 253/30

Abendlicher Blick von Eltville in die verschneiten Weinberge der Stadtteile Erbach und Hattenheim.

Die Stadt

Eltville liegt am Rhein – buchstäblich. Andere Rheingauorte liegen leider nicht mehr am Rhein, nicht unmittelbar, sondern an einer autobahnähnlichen Rheinuferstraße. Auch in Eltville hätte eine nur vordergründig rationale und kostenorientierte Verkehrsplanung beinahe Stadt und Fluß getrennt. Das wäre hier besonders schlimm gewesen, denn Eltville hat ein in Jahrhunderten gewachsenes schönes Uferprofil zu bieten, das zwei Weltkriege nicht zerstört haben.

Eltville war wohl schon seit Römerzeiten besiedelt, aber den großen Schritt in die geschichtliche Bedeutung tat es mit Erzbischof Baldwin von Trier, der gegen den Willen des Papstes, aber einstimmig vom Mainzer Domkapitel und mit Zustimmung des Kaisers zum Verweser des Erzstiftes Mainz gewählt worden war. Als in Mainz der Gegenkandidat des Papstes einzog, geschah zunächst nichts Böses, aber Baldwin traute dem päpstlichen Frieden nicht und begann eifrig, den erzbischöflichen Hof in Eltville zu einer mächtigen Burg auszubauen. Das war 1328. Vier Jahre später erhielt Eltville angesichts des beachtlichen Baufortschritts die allerhöchstkaiserliche Genehmigung zur Befestigung der Stadt. Außerdem durfte man sich bestimmter Freiheiten nach dem Muster der Stadt Frankfurt erfreuen. Damit hatte Eltville Stadtrechte, und da keine andere Stadt der Region zu dieser Zeit ähnliche Privilegien besaß, darf sich Eltville heute „älteste Stadt des Rheingaus" nennen. Die möglicherweise bereits von den Römern als „alta villa" (hochgelegener Hof, hohe Siedlung) bezeichnete Ansiedlung am Rheinufer war plötzlich zu einem Machtfaktor deutschlandweiter Politik geworden.

Der Machtkampf mit Eltville in der Hauptrolle dauerte zunächst 14 Jahre lang. Das brachte der jungen Stadt weiteren Aufschwung durch weitere Ansiedlung und weitere Befestigungen, aber auch ständige Bedrohungen. Originellerweise sorgte Baldwins Gegenkandidat Erzbischof Heinrich von Virneburg für den stetigen Aufbau der Stadt, nachdem er – dank Baldwins Rücktritt – kampflos einziehen konnte. Und der Kaiser segnete den Wechsel mit seinem höchstpersönlichen Besuch in Eltville ab, während der Papst schon wieder einen neuen Kandidaten seiner Wahl gegen den Eltviller Erzbischof stellte. Es kamen später noch einige weitere Figuren ins Eltviller Spiel, und schließlich formierte sich sogar ein Heer zur Erstürmung

Morgendämmerung am Eltviller Schloß (links), das heute zu vielartigen öffentlichen Veranstaltungen genutzt wird.

von Stadt und Burg – aber im letzten Augenblick einigte man sich gütlich. Eltville blieb unversehrt und erfreute sich ein Jahrhundert lang der besonderen Gunst aller Mainzer Erzbischöfe, die hier mit Vorliebe residierten. Wo etwas ist, kommt noch einiges dazu – im Fall von Eltville entstanden weitere große und schöne Häuser am bevorzugten Rheinufer, vervollständigten die attraktive Silhouette des Ortes und brachten natürlich auch einen gewissen Wohlstand in die Wein- und Ackerbau- und Handelsgemeinde.

In dieser Zeit experimentierte im nahen Mainz der Johann Gutenberg sehr erfolgreich mit beweglichen Lettern. Der fällige Nobelpreis für die Erfindung der Buchdruckerkunst konnte nicht einmal in irgendeiner Vorform verliehen werden, weil es nichts Entsprechendes gab. Und so blieb es dem Eltviller Regenten Adolf II. von Nassau vorbehalten, die einzige Ehrung vorzunehmen, die dieser hervorragende Erfinder in seinem Leben entgegennehmen konnte: Adolf II. setzte Gutenberg eine Naturalrente aus, zu der auch zwei Fuder Wein für den persönlichen Jahresbedarf gehörten.

Die Eltviller Brüder Bechtermünze waren so begeistert von Gutenberg und seiner neuen Technik, daß sie schnell eine Druckerei gründeten – und Eltville damit zu einer der zehn ersten Druckerstädte der Welt machten. Mit einer ständigen Druckausstellung in der kurfürstlichen Burg wird ihrer und des Gutenbergs Schaffen heute noch gedacht.

Die ganze Burg, die eigentlich schon ein recht umfängliches Schloß war, hat die Jahrhunderte nicht überdauert. Was für uns stehengeblieben ist, lohnt jedoch das Ansehen doppelt, da die Eltviller alle Räume sinnvoll nutzen – nicht nur für die Gutenberg-Gedenkstätte, sondern auch für andere Ausstellungen und zahlreiche Konzerte. Auch der von Burgturm, Mauer und Nebengebäude umsäumte Burghof mit seiner mehrere hundert Jahre alten Platane in der Mitte erlebt in jedem Sommer einige festliche Ereignisse.

Neben der Burg prägen auch heute noch einige andere erhaltene Adelshöfe – Eltz, Langwerth, Crass und Bechtermünze – ein Bild, das die Besucher der lebendigen Stadt von der schönen und ruhigen, weil autofreien Uferpromenade genießen können.

Thomas Mann ließ seinen „Felix Krull“ von Eltvilles Lage im Rheingau – und von seinen Lagen ringsum schwärmen, und die Besucher unserer Zeit suchen ja neben den schönen Anblicken der alten Häuser am Rhein und den gemütlichen großartig renovierten Fachwerk-Winkeln der Altstadt vor allem den Anblick der Weinberge – und den Genuß der dort entstandenen Gewächse.

Eltville ist jetzt mit seinen Stadtteilen Erbach, Hattenheim, Kloster Eberbach, Martinsthal und Rauenthal geradezu Weingroßstadt: 763 Hektar Rebland bester Qualität mit einigen der berühmtesten Riesling-Lagen der Welt. Über Erbach, Hattenheim, Martinsthal und Rauenthal wird nachfolgend berichtet, das berühmte Weinkloster ist zusammen mit den Staatsweingütern zu Beginn des Rheingauteiles vorgestellt. In der Weingeschichte der Kerngemeinde Eltville muß eine ungewöhnliche steinerne Urkunde erwähnt werden, die Erzbischof Willigis (975–1011) anläßlich einer Altarstiftung auf einen Stein „niederschreiben“ ließ. Auf dem einzigartigen „Willigis-Stein“ kann man heute noch nachlesen, daß zu der Stiftung auch ein Weinberg gehörte, und nebenbei findet sich im Text auch ein Hinweis auf den möglichen lateinischen Namensursprung.

„Sonnenberg“ gilt in Eltville als „erste Lage“, die „Sandgrub“, an der auch Kiedrich Anteil hat, ist wohl die bekannteste. Ihre Weine stehen bei vielen Weinfreunden als Beispiel für kräftige, volle, geschmacksintensive bis würzige Rheingauer Weine. Ähnliches gilt auch für die anderen Eltviller Lagen mit Ausnahme des langen und schmalen „Rheinbergs“, der zwischen Eltville und Walluf unmittelbar am Rhein gelegen ist, und vergleichsweise leichtere, meist sehr ausgereifte Weine hervorbringt.

Eltville ist heute mit seinen Weinstadtteilen, seinen alten großen Weingütern, seinen Genossenschaften und seinen zahlreichen individuellen und selbstvermarktenden Winzern, mit seinen namhaften Sektkellereien (vier große Namen!) und den Zentralen vom staatlichen und genossenschaftlichen Weinbau eine der großen deutschen Weinkapitalen – und immer noch schön wie zu kurfürstlichen Zeiten, wenn man auch in der Kernstadt mit einem quälenden Verkehrsstrom fertigwerden – und für dieses Problem eine Lösung finden muß, deren Dimension dem damals von Baldwin begonnenen Burgbau nicht nachsteht.

Erbach

3846 Einwohner · Stadt Eltville

Lagenkarte Seite 64

Der Wein

Weinbaubetriebe: 28 im Vollerwerb, 14 im Nebenerwerb

Rebland: 269 ha in den Lagen Marcobrunn (5 ha), Schloßberg (5 ha), Siegelsberg (16 ha), Honigberg (100 ha), Michelmark (75 ha), Hohenrain (18 ha), Steinmorgen (32 ha) und Rheinhell (18 ha)

Rebsorten: Riesling 95%, sonstige 5%

Großlage/Bereich: Deutelsberg/Johannisberg

Weinfeste: Erdbeerfest jeweils das Wochenende vor dem 17. 6.

Gästebetten/Gaststätten: 102/17

Der Ort

Erbach, heute Stadtteil von Eltville, hat viele Weinberühmtheiten und eine „Weinbesonderheit“. Die Berühmtheit ist vor allem mit dem Namen „Marcobrunn“, die Besonderheit mit dem Namen „Mariannenau“ verbunden. Ersteres ist ein Lagenname, letzteres der Name einer Insel im Rhein, die neben anderem auch noch Platz für rund 20 Hektar Weinbau bietet. In dieser Lage „Rheinhell“ entsteht die einzig nennenswerte Menge „Inselwein“ Deutschlands. Mehr darüber in der Geschichtsbetrachtung einiger Rheingauer Schlösser, zu deren bedeutendsten auch das Erbacher Schloß Reinhartshausen zählt. Zu diesem Schloß, das aus drei alten Gutshöfen entstand, gehört die genannte Insel.
Adelige und kirchliche Gutshöfe prägen heute noch das Bild Erbachs und haben seine Weingeschichte über Jahrhunderte geschrieben. Wann diese Geschichte begonnen hat, ist nicht genau festzustellen. Sicherlich hat sie jedoch vor mehr als tausend Jahren be-

gonnen und war zuletzt vor allem mit dem Namen „Marcobrunn" verknüpft. Auch dieser Brunnen taucht schon sehr früh in der geschriebenen Geschichte auf. „Markenburne" hieß er zuerst, und das bedeutete damals das gleiche wie heute: ein Brunnen an der Gemarkungsgrenze zu Hattenheim. 1810 kamen die Erbacher auf die Idee, ihren Brunnen mit einer klassizistischen Einfassung zu umgeben – und schufen so ein Markenzeichen, das ihre Lage weltberühmt machte. Daß hinter diesem eingängigen Namen ein Spitzenwein stehen mußte, um diese Berühmtheit zu erreichen, ist selbstverständlich. In der Rheingauer Geschichts- und Wein-Chronik von 1854 wird der Marcobrunnen mit dem Steinberg, dem Johannisberg und dem Rüdesheimer Berg zu den vier berühmtesten Lagen des Rheingaus gezählt.

Zwölf Jahre später schrieb J. G. A. Wirth in seinem Buch „Die Weinorte der Rheinlande", daß im „Markobrunn" einer der „feurigsten" Weine des Rheingaus wachse. Er machte im weiteren Text einen Zusatz, der dafür spricht, daß auch die mittleren Weingüter Erbachs früh mit dem Streben nach hoher Weinqualität begonnen haben: „Die noch übrigen Weinlagen, als da sind „Rheinhalle", „Piepolsberg", „Honigberg", „Hohenrain", „Karlich", „Pollet" und „Steinmorgen" sind größtenteils im Besitz der Mittelbürger, welche jedoch einen Wein erzielen, der im Jahre 1865 der erstgenannten Lage hinsichtlich der Qualität gleichkam.

Der Marcobrunnen

Auch diesen 1865er konnten Erbachs Besucher schon in Straußwirtschaften verkosten. Die geradezu mustergültige Vielfalt von Gutsausschänken, die sich heute bietet, entstand jedoch erst in jüngster Zeit. Da gibt es die traditionelle Gutsstube mit würdigem, altem Mobiliar einerseits und die Tische im Freien unter Bäumen andererseits. Verschiedene Spezialitäten zum Essen werden ebenso angeboten, wie etwa ein Spitzenwein, der als „Wein des Monats" offen ausgeschenkt wird und schließlich eine preiswerte Weinprobe quer durch das gesamte Weinangebot eines Gutes.

Da Erbach durch die Rheinuferstraße außerhalb des Ortes sehr stark vom Verkehr entlastet ist, macht das „Weinwandern" von Gutsschänke zu Gutsschänke auf den gemütlichen Dorfstraßen viel Freude. Im Frühjahr kann man dabei nebenbei die Schönheit und den Duft der Obstbaumblüte genießen, denn Erbach hat auch einen intensiven Obstanbau. (Früher war die Mariannenau weitgehend mit Obstbäumen bestanden.)

„Es wird nichts als Riesling angepflanzt – mit Ausnahme etwas Burgunder." So steht es in der Beschreibung vom Jahre 1866. Einige Sorten sind inzwischen dazugekommen, aber außer der Lage Rheinhell sind die Erbacher Lagen immer noch ganz oder zu nahe 100 Prozent mit Riesling bestanden. Die Edelsorte erbringt hier Weine mit deutlicher Säure, die gut lagern und reifen. Wenn man grob in leichtere, zarte und schwere, vollere Weine unterscheidet, so kann man Rheinhell, Hohenrain, Schloßberg und Steinmorgen der ersten, Marco-brunn, Siegelsberg, Honigberg und Michelmark der zweiten Kategorie zuordnen.

Bekömmlich sind sie alle, diese Erbacher Weine, wenn man ihnen nur etwas Zeit zum Reifen läßt. Daß die ganze Erbacher Bevölkerung von der furchtbaren Pest des Jahres 1666, die überall im Rheingau wütete, verschont blieben, haben einige Winzer gar auf die besonderen Eigenschaften des Erbacher Weins zurückzuführen versucht. Das darf bezweifelt werden, wenn auch die gesundheitsfördernde Wirkung allgemein erwiesen ist. In diesem Sinne steht dem maßvollen, aber gut bemessenen Weingenuß beim Erbach-Besuch heute nichts mehr entgegen – jedenfalls keine Polizeiverordnung wie die vom 8. 1. 1780, als nach einem allgemeinen „Zechen- und Schwermereiverbot" jeder Weingenuß nach neun Uhr abends verboten war.

Erbachs Kirchen sind im Rheingau weithin zu sehen, die eine im Bild auf der Vorderseite, die andere hier zweimal abgebildet.

Hattenheim

1994 Einwohner · Stadt Eltville

Lagenkarte Seite 64

Der Wein

Weinbaubetriebe: 30 im Vollerwerb, 11 im Nebenerwerb

Rebland: 250 ha ausgewiesen, genutzt davon in den Lagen Mannberg (10 ha), Nußbrunnen (11 ha), Wisselbrunnen (18 ha), Hassel (30 ha), Heiligenberg (36 ha), Schützenhaus (66 ha), Engelmannsberg (20 ha) und Pfaffenberg (6 ha) – Steinberg (32 ha – auf Hattenheimer Gemarkung, jedoch Ortsteil im Sinne des Weingesetzes)

Rebsorten: Riesling 79%, Müller-Thurgau 9%, Ehrenfelser 3%, Spätburgunder 2%, Reichensteiner 2%, sonstige 5%

Großlage/Bereich: Deutelsberg/Johannisberg

Weinfeste: Mitte August, Kirchweihfest am 1. Sonntag im Oktober

Gästebetten/Gaststätten: 34/7

Der Ort

Hattenheims reiches Weinland ist mit acht Einzellagen heute noch stark unterteilt. Früher unterschieden die Hattenheimer bis zu 33 Lagen, und 14 davon sind schon im Jahre 1211 in einem Güterverzeichnis des Klosters Eberbach aufgeführt. Darunter ist auch der Steinberg des Klosters, der – wie das Kloster selbst – auf Hattenheimer Gemarkung liegt.

Die Hattenheimer haben in den zurückliegenden Jahrhunderten immer gut mit „ihrem" Kloster gelebt, haben sich gegenseitig geholfen und ergänzt – vor allem natürlich in Sachen Weinbau. Der Weinbau hat das Schicksal der Gemeinde seit mehr als 1000 Jahren stark bestimmt. Ein schlechtes Weinjahr war immer auch ein schlechtes Jahr für die Bevölkerung. Als es nach mehreren schlechten Jahren ganz hart kam, mußte 1855 in Hattenheim eine Armenspeisung mit täglich 70 bis 80 Portionen Suppe eingerichtet werden, und 50 Hattenheimer wanderten nach Neusüdwales in Australien aus. St. Urban war den Hattenheimer Winzern nicht gnädig gewesen.

Daß die Hattenheimer ihrem Sankt Urban, dem Weinbaupatron, manchmal auch nicht gnädig waren, ist überliefert: Um 1600 hatte es sich im Ort eingebürgert, um Mitternacht vor dem 25. Mai, dem St.-Urbans-Tag, alle Glocken zu läuten. Man wollte damit im Sinne des Wortes „gut Wetter machen", glaubte man doch, daß gerade das Wetter dieses Tages einen ungeheuren Einfluß auf den Wein habe. Das ging bis zur einfachen Regel: Regnet es, wird die Ernte schlecht – scheint die Sonne, so wird sie gut. Bei gutem Wetter an diesem Tage stellten die Hattenheimer ihre St.-Urban-Statue in einen besonders gepflegten Weinberg und bekränzten den Heiligen mit Reben. Regnete es jedoch, so legten sie ihn wütend in den Rhein oder einen Bach – immer nach dem Motto: Strafe muß sein.

Ein anderes Problem für den Hattenheimer Weinbau war offenbar ebenso unabänderlich wie das Wetter: Der „Hattenheimer" wurde bei den Großgütern des Rheingaus derart beliebt, daß sich etwa zehn Betriebe den weitaus größten Teil der Rebfläche teilen. Leider sind fast alle „Ausmärker" oder „Forenser", Weingutsbesitzer also, die das in Hattenheim Erwirtschaftete nicht im Ort verzehren (investieren).

Unter solchen Gesichtspunkten mußte natürlich ein wohlhabender auswärtiger Rechtsanwalt namens August Wilhelmy begeistert begrüßt werden, als er sich umgekehrt in Hattenheim niederließ. Der Mann sammelte Weine und Weinlagen vom allerbesten, warb im großen Stil für Hattenheim und den Rheingau, kam mit Ehrenpreisen für seine Weine von den Weltausstellungen zurück – und sorgte schließlich dafür, daß bei der Eröffnung des Suezkanals 1869 Wein aus seinen Hattenheimer Kellern getrunken wurde. Seine größte Weintat vollbrachte er jedoch sieben Jahre später. Von „der Sache mit dem Riesenfaß" spricht man in Hattenheim heute noch.

Wilhelmy ließ 1876 bei einem Küfer in Eltville ein Faß bauen, das um die 50000 Liter Wein fassen konnte. Der Faßriese wurde per Bahn und doppelgleisig nach Hattenheim gefahren und dann in drei Tagen harter Arbeit die letzten hundert Meter bis zu seinem – ebenerdigen – Standort gewuchtet. Um das Faß herum baute man ein

Weinlandschaft über Hattenheim und die künstliche Burgruine (Baujahr 1889) im Schloßpark Reichartshausen.

Gebäude und verband es bei Bedarf durch Schläuche mit den im Keller darunter liegenden 10000 Liter-Fässern.

Schade, daß es dieses Faß heute nicht mehr gibt, es wäre neben den vorhandenen vielen schönen Holzfässern, die in traditionsreichen Hattenheimer Weinkellern zu besichtigen sind, ein weiterer Anziehungspunkt für die Weinfreunde des Ortes. Zu seinen oberirdischen Schönheiten zählt vor allem der alte Marktplatz, der mit seinen herrlichen Fachwerkbauten und dem ungewöhnlichen Kratzputz ihrer Fassaden das Bild anheimelnden und lebendigen Mittelalter vermittelt.

Heute vermittelt der Ort (Stadtteil von Eltville) den Eindruck von Muße und Beschaulichkeit. Das liegt nicht nur an den schönen alten Fassaden, sondern wohl noch mehr an der Tatsache, daß der Hauptverkehr vorbeifließt. So haben die Besucher mehr Muße zum Weingenuß, die rechte Einstimmung sich durch die acht Lagen mit ihren recht unterschiedlichen Weinen „hindurchzuprobieren". Die Weinunterschiede sind vor allem durch die verschiedenartigen Böden bestimmt, die hier von Schiefer über Kies und Mergel (unter anderem) bis zu Löß und Lößlehm und von flach- bis tiefgründig reichen.

Daß dieses schöne Bild vom Mittelalter nicht immer gestimmt haben kann, sagt die Statistik in nüchternen Zahlen: Man hat ausgerechnet, daß Hattenheim in der Zeit um den Dreißigjährigen Krieg in etwa anderthalb Jahrhunderten

Von Etikett zu Etikett mehr als ein Jahrhundert Hattenheimer (auch Erbacher) Weingeschichte berühmter Lagen und Jahrgänge.

durch Mord, Hunger, Pest und andere Übel 76 Prozent seiner Einwohner verloren hat.
Neben großen Weinen und berühmten Weingütern ist in Hattenheim eine besondere Stiftung erwähnenswert: Während andernorts Weingutsstiftungen zugunsten der Armen meist im Mittelalter erfolgten und inzwischen aufgelöst sind, hat Hattenheim eine solche Stiftung aus jüngerer Zeit. In den zwanziger Jahren hinterließ Georg Müller seinen Weingutsbesitz einer Stiftung zugunsten der Armen der Gemeinde. Weil Hattenheim inzwischen zu Eltville eingemeindet ist, firmiert das Gut inzwischen als Weingut der Stadt Eltville, Georg Müller Stiftung Hattenheim, der Stiftungszweck ist jedoch der gleiche geblieben: Weinertrag zum Armenwohl.

Rauenthal

1700 Einwohner · Stadt Eltville

Lagenkarte Seite 64

Der Wein

Weinbaubetriebe: 23 im Vollerwerb, 4 im Nebenerwerb

Rebland: 98 ha in den Lagen Baiken (15 ha), Gehrn (18 ha), Wülfen (14 ha), Rothenberg (20 ha), Langenstück (26 ha) und Nonnenberg (5 ha)

Rebsorten: Riesling 95%, andere Sorten 5%

Großlage/Bereich: Steinmächer/Johannisberg

Weinfeste: Kirchweih/Weinfest jeweils 1. Sonntag nach dem 15. August

Gästebetten/Gaststätten: 34/6

Der Ort

Der Ort heißt Rauenthal – und liegt auf der Höhe, und rauh ist es dort keineswegs, vielleicht ein wenig luftiger als unten, nah am Rhein. Dennoch: „Tal" und „rauh" mögen stimmen, wenn man die Lage des wahrscheinlichen früheren Siedlungskerns in einer Mulde auf dreiviertel Bergeshöhe sieht und das Wort „rauh" für frisch gerodetes Weinbergsland setzt. Wann das Land gerodet wurde, ist letztlich ungewiß wie der Name. Die erste Urkunde, die Rauenthaler Weinberge nennt, ist aus dem Jahr 1211.

Seit jenem Jahr hat sich Rauenthal zu einer Gemeinde mit intensivem Weinbau entwickelt. Heute wird der überwiegende Teil der landwirtschaftlichen Nutzfläche für den Weinanbau verwendet, wobei fast das ganze Rebenareal von kleinen und mittleren Winzerbetrieben aus dem Ort bewirtschaftet ist.

Die starke Ausrichtung des Ortes auf den Weinbau zeigt sich dem Besucher bei einem Rundblick von der „Bubenhäuser Höhe", dem schönen, weil einerseits weitgehend naturbelassenen und andererseits sehr gepflegten Aussichtspunkt über der Gemeinde. Wenige Felder, Obstgärten und Wald im Rücken, breitet sich zum Rhein das weite Rheingauer Rebland.

„Auf einem in das Rheintal sich senkenden Hügel von der Südseite des Dorfes 50 Schritte entfernt, öffnet sich von dieser Rauenthaler Höhe, 1668 Fuß über dem Meere, ein prächtiger Überblick über den ganzen Rheingau von Mainz bis Rüdesheim und Bingen, im Vordergrund das stattliche Eltville." So schrieb J. G. A. Wirth 1866 in seinem Buch „Die Weinorte der Rheinlande".

Heute ist Rauenthal Stadtteil jenes „stattlichen Eltville", und in der Rebenlandschaft rund um den Ort sind sechs Rauenthaler Lagen, von denen mindestens eine, die „Baiken", zu den besten und berühmtesten der Region zählt. Vier der sechs Rauenthaler Lagen sind nur mit Riesling bestanden, und der Anteil dieser Rebsorte ist in der Dorfgemarkung insgesamt nahe 100 Prozent.

Fast alle „Rauenthaler" sind für ihre lange Lagerfähigkeit bekannt. Sie gelten als „kräftig" oder „kernig", und schon wegen der mit der Reife zunehmenden Harmonie lohnt sich der Ausbau auf der Flasche. Dieser Regel unterliegen alle Prädikatsweine einschließlich der leichten Kabinett.

Die Differenziertheit des Rauenthaler Weinangebots wird in den Gutsschänken und Gaststätten rund um die in der Dorfmitte neben dem Rathaus........ Kirche deutlich. Da werden auch ältere Jahrgänge auf den Weinkarten angeboten und von den zahlreichen Weinfreunden, die zumeist aus dem Städtedreieck an den Flüssen nach Feierabend „mal eben auf einen Schoppen nach Rauenthal hinauf" fahren, gern zum Vergleich getrunken. – Der Ort hat dadurch fast zwölf Monate im Jahr Weinsaison.

Rauenthal liegt hoch auf dem Berg – für die Besucher, die vom Rhein her anreisen. Insgesamt stimmt der Ortsname jedoch, wenn man die Bergkulisse hinter dem Ort betrachtet. Links unten der ungewöhnliche Kirchturm aus der Nähe.

Martinsthal

1098 Einwohner · Stadt Eltville

Lagenkarte Seite 64

Der Wein

Weinbaubetriebe: 18 im Vollerwerb, 12 im Nebenerwerb

Rebland: 78 ha in den Lagen Wildsau (31 ha), Langenberg (19 ha), Rödchen (28 ha)

Rebsorten: Riesling 85%, Rest Müller-Thurgau, Spätburgunder, Ehrenfelser, Kerner

Großlage/Bereich: Steinmächer/ Johannisberg

Weinfeste: Erstes Wochenende im September

Gästebetten/Gaststätten: 46/8

Der Ort

„Neudorf heißt dieser Flecken erst seit 1380. Früher hieß er Martinsthal." Heute heißt Martinsthal wieder Martinsthal. Es ist ein schöner Flecken Erde.

Als die ersten beiden Sätze des Textbeginns um 1850 geschrieben wurden, hatte das Dorf 650 Einwohner und 38 Hektar Weinberge. Heute werden 1100 Einwohner gezählt und 67 Hektar Weinberge gemessen.

Damals gehörte Martinsthal (Neudorf also) zu den Rheingau-Rekordlern bei der Vielfalt der Lagennamen. Als Beispiel für alte Gemarkungsnamen seien sie hier wiedergegeben: Bangert, Boden, Eisenkübel, Geißberg, Grenzern, Haßlof, Heck, Hühnerberg, Kirchweg, Kirschgarten, Kleimethal, Langenberg, Mauer, Mittelpfad, Mückenberg, Niederborn, Pfaffenberg, Platt, Rödchen, Sand, Schlenzenberg, Steinberg, Vorderberg, Wasserrolle, Wiesenberg, Wiesenrech, Wildsau und Zimmers.

Geblieben sind nach dem Weingesetz von 1971 noch drei Lagen: Langenberg, Rödchen und Wildsau. Welche davon die uneingeschränkt beste ist, vermag heute kein Martinsthaler zu sagen, da es bei den jetzt größeren Flächen auch innerhalb einer Lage mehr oder weniger gute Parzellen gibt.

Vor hundert Jahren war die Einteilung einfacher. Da hatte man sich für Langenberg, Pfaffenberg, Steinberg und Schlenzenberg entschieden. Ältere Winzer und Heimatforscher können den Weinfreunden die entsprechenden Stücke innerhalb der neuen Lagen zeigen.

Bei solchen Wertungen muß anderswo berücksichtigt werden, daß früher mehr noch als heute bekannte Weingüter „Namen machten". Diese Regel gilt in Martinsthal weniger, da hier im Gegensatz zu anderen Rheingau-Orten fast nur kleine und mittlere Weinbaubetriebe Wein anbauten. Da hat sich bis heute nichts geändert.

Martinsthals dörfliche Struktur läßt sich erklären, wenn man den Namen Neudorf erklärt: In kein Ortsschicksal hat die Anlage des „Gebück" mehr eingegriffen, als in das von Martinsthal. Das „Gebück" war eine Naturfestung, die wahrscheinlich irgendwann um das Jahr 1300 rings um den Rheingau angelegt wurde. Es war so etwas wie Rebenerziehung im Großformat. So wie heute noch die Reben gebogen werden, so bog man damals Hainbuchen, die in kilometerlangen Reihen und in einer Breite bis zu 150 Meter zum Schutz des Rheingaus angepflanzt und im Laufe der Jahre miteinander verflochten wurden.

Als man „höheren Orts" die Linienführung dieser Mammuthecke festlegte, ergab es sich, daß der Ort Rode, der bei dem gleichnamigen Nonnenkloster entstanden war, außerhalb der Hecke zu liegen kam. Die Roder Bürger erhielten aber die Chance, hinter die Hecke auf eine erweiterte Gemarkung Martinsthal umzuziehen. Dort war noch viel Platz, und es entstand ein neues Dorf, daß bald einfach „Neudorf" hieß – bis 1935, als die Neudorfer meinten, das alte „Martinsthal" sei doch wohl der bessere Name für einen Weinort. Damit hatten sie um so mehr recht, als sich der Name ihrer „Bannerlage" namens „Wildsau" hervorragend mit dem Ortsnamen verbindet.

Das Dorf Rode außerhalb des Gebücks gehörte bis 1536 zu Nassau. In jenem Jahr kaufte es der Mainzer Kurfürst Albrecht von Brandenburg zum Preis von 5300 Gulden und machte es damit politisch und wirtschaftlich zu einem Teil des Rheingaus. Der Dreißigjährige Krieg hat mit seinen Verwüstungen entscheidend zu dieser Entwicklung beigetragen.

Wildsau und Langenberg liegen am gleichen Berghang gegenüber dem Ort. Sie haben etwa den gleichen Boden (viel Lößlehm) und ähnliche Weine: kräftiger im flacheren, leichter im oberen, steileren Teil des Hanges. Auch die „Rödchen"-Weine gelten als vergleichsweise kräftig und langreifend. Sie wachsen jedoch auf unterschiedlichen Böden.

Merkpunkte in den Weinbergen rund um Martinsthal sind drei recht verschiedenartige Gebäude. Da ist einmal die Kapelle in der Lage Rödchen. Sie wurde gebaut, als man in der mit der französischen Revolution angebrochenen „neuen Zeit" neben einigem anderen Überkommenen auch mit der Tradition der Roder Kirche brach. Nachdem das verlassene Dorf nämlich verfallen war, hatte man die Kirche noch als Wallfahrtskirche erhalten und besuchte sie von Neudorf (also Martinsthal) aus häufig und gern – unter anderem alljährlich einmal in einer Art „Jungfrauen-Prozession" ohne jede männliche Begleitung. In Martinsthal selbst hatten die Bewohner um das Jahr 1400 aus eigener Initiative eine Kapelle gebaut. 1804 also gab es so etwas wie eine „Kirche ins Dorf"-Bewegung. Man riß die Roder Kirche ab, nutzte viele Teile zum Aufbau einer neuen katholischen Pfarrkirche im Dorf – und errichtete dann doch noch – kompromißlich – eine Kapelle an Stelle der alten Kirche.

Das also ist gelebte Martinsthaler Geschichte. Gelebte Geschichtchen könnte das Weinberg-Wochenendhaus im Wildsau-Bereich und nicht allzuweit von jener Kapelle entfernt – erzählen. Dieses eigenartige Gebäude wurde von Privatbesitzern schon vor der Jahrhundertwende gebaut, brannte zwischenzeitlich einmal ab, wurde wieder gebaut, sah vorher und nachher viele „Herrenabende" und manche andere Feste, wird heute noch genutzt – und hat entscheidend zum Weinkonsum auf Martinsthaler Boden beigetragen.

Das dritte Gebäude liegt zwar über Martinsthal, krönt aber die Rauenthaler Lage Nonnenberg. Danach ist die von einer Adelsfamilie Mitte des vergangenen Jahrhunderts gebaute Villa benannt. Das spätklassizistische Haus mit den beiden nüchternen Türmen nach Art alter Umspannwerke steht heute leer. Sein früherer Besitzer hat – vor allem bei seinen Treibjagden – einen großen Teil der Martinsthaler Bevölkerung beschäftigt. Ältere Einwohner können sich noch gut an die Zeiten des „Herrn Baron" erinnern.

Gäste, die nach Martinsthal kommen, nehmen die genannten Häuser als Landmarken für ihre Wanderungen. Man wandert hier gern. Das Dorf liegt für Wein und Wald zentral: Im Rücken der Wald mit dem stillen Schlangenbad und seinem strengen Charme der frühen Jahre unseres Jahrhunderts und vorn das weite Rheintal mit Eltville, dessen Stadtteil Martinsthal heute ist. Im Dorf selbst soll das „Haus Krone" nicht vergessen sein, jener prächtige Fachwerkbau, der früher Bürgermeisterei, Gefängnis, Wirtschaft und Backstube enthielt und heute Gaststätte ist. Und der Gast sollte auch wissen, daß dieses Dorf schon zweimal die deutsche Weinkönigin stellte. – Die hübschen jungen Damen haben ein übriges getan, um ihre durchaus kultivierte „Wildsau" deutschlandweit bekannt zu machen.

Die Geschichte von dem Winzer, der seinen Mieter „verduften" ließ

Ein Winzer in Kiedrich besaß zwei Häuser, „Hofreite" nennen sie dort solch ein Anwesen. In der kleineren Hofreite wohnte er mit seiner Familie, in der größeren hatte er Mieter. Als nun das kleine Haus dem Winzer zu klein wurde, bat er seinen Mieter auszuziehen.

Der weigerte sich, pochte auf sein Mietrecht und war auch nicht im guten zu bewegen, als der Winzer Wohnungsersatz finden konnte.

Das ärgerte den Hausbesitzer dermaßen, daß er nächtens soviel Mist vor das Haus seines Mieters karrte, daß dessen Fenster bis über das Oberlicht damit zugedeckt waren. – Natürlich wurde die Tat allseits ruchbar. Man hatte seinen Spaß im Dorf – und der Mieter verließ sehr bald das stinkende Haus.

Qualitätswein RHEINGAU mit Prädikat
Rauenthaler Baiken
1971er
Riesling
WEINGUT
Peter Eißler
Rauenthaler Rothenberg Kabinett
Martinsthaler Wildsau
RHEINGAU
1972er Riesling Kabinett
GEORG SITTIGENS WEINGUT ELTVILLE RHEIN
RHEINGAU
WEINGUT
Josef Keßler
MARTINSTHAL
Qualitätswein mit Prädikat
1976er
Martinsthaler Wildsau
Riesling Spätlese
e 0,7 l
Weingut
Christian Faust
1976er
Martinsthaler Langenberg
Riesling Auslese
Qualitätswein mit Prädikat
Erzeugerabfüllung
QUALITÄTSWEIN b.A.-RHEINGAU
Martinsthaler Langenberg
Riesling
e 0,7 l
Rheingau · Qualitätswein mit Prädikat
Martinsthaler Langenberg
Riesling Kabinett
e 0,7 l
Weingut Martinsthal
Diefenhardt Rauenthal
Qualitätswein mit Prädikat
RHEINGAU
1970er
Martinsthaler Wildsau
Riesling Trockenbeerenauslese
Rheingau · Qualitätswein mit Prädikat
Martinsthaler Wildsau
Riesling Kabinett
RHEINGAU
Qualitätswein mit Prädikat
Martinsthaler Rödchen
Ruländer Kabinett
e 0,7 l
RHEINGAU
1975er
Martinsthaler Rödchen
Riesling Auslese
Qualitätswein mit Prädikat
Erzeugerabfüllung Weingut Karl Faust
Rheingau · Qualitätswein mit Prädikat
Martinsthaler Langenberg
Riesling Auslese
RHEINGAU
1979er
Martinsthaler
Rödchen
Riesling Kabinett
Qualitätswein mit Prädikat
e 0,7 l
WEINGUT WERNER ENGELMANN
QUALITÄTSWEIN · RHEINGAU
Martinsthaler Wildsau
Riesling
e 0,7 l
RHEINGAU
RHEINGAU
J. B. BECKER
1979er
Walluf Walkenberg
Riesling Kabinett „trocken"
750 ml e
Weingut Friedel Rußler
RHEINGAU
Qualitätswein mit Prädikat
1979er
Walluffer Walkenberg
Riesling Spätlese
0,7 l
Qualitätswein
RHEINGAU
mit Prädikat
Schiersteiner Hölle
Riesling Beerenauslese
QUALITÄTSWEIN · RHEINGAU
Schiersteiner Hölle
Riesling
e 0,7 l
QUALITÄTSWEIN · RHEINGAU
Frauensteiner Herrnberg
Riesling
Erzeugerabfüllung Genossenschaftskellerei eG Wi.-Frauenstein
e 0,7 l
QUALITÄTSWEIN
MIT PRÄDIKAT
Weingut Grorother Hof
Frauensteiner Herrnberg
Spätburgunder Kabinett
Rheingau
1979er
Dotzheimer Judenkirche
Riesling
Wilhelm Kohn
RHEINGAU
Hochheimer Daubhaus
Scheurebe · SPÄTLESE
Qualitätswein mit Prädikat
0,7 L
RHEINGAU
1978er
Kostheimer Weiß-Erd
RIESLING
KABINETT - halbtrocken
Qualitätswein mit Prädikat
0,7 L
RHEINGAU
Kostheimer Weiß-Erd
RIESLING · KABINETT
0,7 L
RHEINGAU
1976er
Wiesbadener Neroberg
Riesling Auslese
Qualitätswein mit Prädikat
Weingut Karl Frosch
KOSTHEIM STEIGWEG
RHEINGAU
1979er
Kostheimer Steig Riesling
Qualitätswein
0,7 L
RHEINGAU
1979er
Kostheimer Daubhaus Auslese
Gewürztraminer
QUALITÄTSWEIN MIT PRÄDIKAT
e 0,7 l
Weingut Valentin Weckbacher
Weinbau
Rheingauerhof
Weinkellerei Mainz-Kostheim
RHEINGAU
1977er
Hochheimer Reichestal
RIESLING
Qualitätswein
e 0,7 L
Anton Kopp Weingut
Kostheimer Steig
Scheurebe
SPÄTLESE
Qualitätswein mit Prädikat
0,7 L
RHEINGAU
WEINBAU
JOH. WANN
QUALITÄTSWEIN
MIT PRÄDIKAT
RHEINGAU
1978er
Kostheimer Weiß Erd
RIESLING
e 0,7L
Hans Redlich, Mainz-Kostheim a. Rh.
RHEINGAU
1976er
Hochheimer Daubhaus
RIESLING-KABINETT
Qualitätswein mit Prädikat
e 0,7 L
Qualitätswein mit Prädikat
1976 RHEINGAU
Hochheimer Berg Müller-Thurgau
Spätlese
THEO JOST, Mainz-Kostheim
RHEINGAU
1976er
Hochheimer Daubhaus
Riesling Spätlese
QUALITÄTSWEIN MIT PRÄDIKAT
Hans-Josef Bott-Weingut
RHEINGAU
Qualitätswein mit Prädikat
Kostheimer Steig Kabinett
Müller-Thurgau
0,7 L
Bernhard Sack Weingut
RHEINGAU
1979er
Hochheimer Daubhaus
RIESLING · SPÄTLESE
Qualitätswein mit Prädikat
0,7 L
RHEINGAU
1976er
Hochheimer
Domdechaney
Riesling Beerenauslese
e 0,35 l
Frankhof Kellerei Hochheim Rheingau
Hochheimer Daubhaus
Riesling Kabinett
RHEINGAU
e 0,75 l
KÖNIGIN VICTORIA BERG
RHEINGAU
RIESLING
SPÄTLESE
1979er
Hochheimer
Domdechaney
Riesling Kabinett
QUALITÄTSWEIN RHEINGAU MIT PRÄDIKAT
e 0,75 l
RHEINGAU
Hans Quink-Winzermeister
Hochheim am Main
Qualitätswein mit Prädikat
Hochheimer Daubhaus
Gewürztraminer Kabinett
e 0,7 l

Die Geschichte vom Weinsaufen im Bauernkrieg

Da gibt es eine Wiese nahe Walluf, die heißt: „Wacholderwiese." Sie hat mehrfach Geschichte gemacht, obwohl sie aussieht wie irgendeine Wiese. Unter der gemachten Geschichte ist eine von der Art, die man eher „Geschichten" nennt, wenn es dabei auch um Leib und Leben ging. Jedoch spielt der Wein eine große Rolle, und deshalb ist es heute eine Geschichte aus der Geschichte. Es ist die Wacholderwiesen-Wein-und-Bauern-Regen-und-Adligen-Story.

Es war die Zeit der Bauernaufstände, und es ging den Aufständischen um so selbstverständliche Rechte, daß es heute zum Lachen ist. Am 2. Mai 1525 rückten die Bauern aus Johannisberg und Eigingen auf die Wacholderwiese. Ihre Waffen hatten sie gleich mitgebracht – und natürlich ihre immer wieder ergebnislosen Bittschriften.

Auf denen stand zum Beispiel die Forderung nach Aufhebung der Abgabefreiheit von Gütern des Adels oder der Klöster und ähnlicher Sonderrechte, nach Einziehung aller Einkünfte von Altären, die an Günstlinge vergeben worden waren, ohne daß jene je persönlich ihr Amt versahen, nach Freilassung gefangener Priester, nach freiem Handel mit Mainz und Ausschank selbstgezogenen Weins.

Boten sandten sie vom „Wacholder" in die anderen Dörfer, und auch die Wallufer ließen sich nicht lange bitten, wußten doch die Boten zu berichten, man habe als erste Amtshandlung die Abgabeurkunden im Kloster Eberbach vernichtet und es gelte, das große Faß leerzutrinken, dessen Inhalt ohnehin unrecht Gut sei.

Nun gehört das Eberbacher Faß mit 71 000 Litern Inhalt aber zu den größten Weinfässern, die je gebaut wurden. Man hatte allerhand zu trinken und sandte Boten an die Ritterschaft der Gegend, sich am 9. Mai „auf dem Wacholder" einzufinden und sich zu erklären, wie man in dieser Sache stehe – und eventuell dann mitzutrinken.

Die Ritter kamen, wie geheißen. Eines Regens wegen kehrten sie jedoch im Kloster Eberbach ein. Die Bauern waren darob wütend und drohten. Da ritten die Ritter und wurden naß und beschworen auch, daß sie zu den Rheingauern halten wollten, wenn diese ihnen ihre alten Rechte beließen. Man einigte sich und trank zusammen. Die Bauern tranken in ihrem Feldlager bis zum 25. Mai. Da war das Faß weitgehend leer und kein Tropfen Blut geflossen, und der Traum war aus.

Die Obrigkeit aber siegte anderswo und blutig. Sie hielt Gericht, und auch aus Walluf wurden neun angebliche Rädelsführer verhaftet. Ob einer von diesen neun oder gar mehrere unter den später in Eltville Hingerichteten war, ist nicht überliefert. Sicher ist nur, daß die „vom Wacholder" außer dem gewaltigen Weinverzehr, der sich im einzelnen wohl gegen den Verzehrer gekehrt haben mag, und außer der Verbrennung verhaßter Urkunden kein Unheil angerichtet haben.

Walluf

5350 Einwohner

Lagenkarte Seite 64

Der Wein

Rebland: 101 ha in den Lagen Berg-Bildstock (30 ha), Walkenberg (30 ha), Oberberg (13 ha), in Niederwalluf und Fitusberg (14 ha), Langenberg (14 ha), in Oberwalluf

Rebsorten: Riesling 84%, Müller-Thurgau 6%, Ehrenfelser 5%, Spätburgunder 3%, sonstige 2%

Großlage/Bereich: Steinmächer/Johannisberg

Weinfest: Wochenende beim Johannistag im Juni

Gästebetten/Gaststätten: 100/19

Oben: Walluf ist ein beliebter Seglerhafen für die Schiffseigner der Umgebung.

Der Ort

Seit 1973 heißen die endlich vereinten Nieder- und Oberwalluf zusammen endlich Walluf. Die beiden Dörfer am Fluß und Berg haben heute zusammen etwa 5300 Einwohner. Der Ort wächst weiter, die nahe Großstadt Wiesbaden macht sich da ebenso bemerkbar wie im Weinverbrauch.

Die Wiesbadener haben, wovon viele Weinfreunde träumen: einen Linienbus ins Weinbaugebiet.

Nach Feierabend kommen die Weinbeißer aus der Großstadt zum besinnlichen, gemütlichen Schoppen nach Walluf, und viele nehmen den Bus, damit man es nicht bei einem Schoppen bewenden lassen muß, wenn man in der Weinstube, in der Gutsschänke, in der Hekken- oder Straußwirtschaft anregende Gespräche in fröhlicher Runde findet. Dazu gibt es dann Weißbrotstangen nach Art der Gegend mit Kümmel und Salz bestreut, mit Schinken oder Käse darauf.

Viele Rentner aus den umliegenden Städten sitzen da an den Tischen der Weinschänken, aber auch jüngere Leute kommen in ganzen Gruppen, und bei solchen Abenden ist wohl häufig der Wunsch geboren: Hier möcht' ich wohnen, hier leben, im Wein und nahe der Großstadt. Walluf wächst weiter – und stellt seine Integrationsfähigkeit immer wieder unter

Mitte: Uferpromenade – Blick vom Tisch des Ausflugslokals.

Unten: Weinberge bei den beiden Wallufs.

Beweis. Der Wein hilft da mit, und auch die Aktionen gegen das „Schlafbürgertum" bringen sicherlich guten Erfolg. Da werden die Neubürger immer wieder zum Mitmachen aktiviert. Sie machen tatsächlich mit, die Vereine haben es am kräftigen Mitgliederzuwachs durch die „Neuen" bemerkt.

Neubürger, Feierabendgäste und Wochenendtouristen – Walluf kann heute die Hälfte seines Weins über die Weinschänken und Gastwirtschaften im Ort absetzen. Die Zeiten der Versektung sind vorbei. Das waren jene Zeiten, als Walluf der große Name fehlte – wie ihn berühmte Nachbargemeinden hatten –, und ein wesentlicher Teil der Ernte deshalb als billiger Sektgrundwein abgegeben werden mußte. Mehr als tausend Jahre Weinbaugeschichte vermochten den Wallufer Wein nicht vor dieser Form der Anonymität zu retten. Schade drum, und gut, daß es vorbei ist – so sehr Sektfreunde das Fehlen dieses hochqualifizierten Grundweins auch bedauern mögen.

Geschichte: „Su di nona Kal. Sept. Anno und undecimo Karoli regis Ego Racher pro remedio animae meae dono ad sanctum..." – „In Christi Namen am 24. August 779 im 11. Regierungsjahr des Königs Karl. Ich, Racher, mache zu meinem Seelenheil eine Schenkung. Sie ist bestimmt für den heiligen Märtyrer Nazarius, dessen Leib im Kloster Lorsch ruht, dem der ehrwürdige Helmerich als Abt vorsteht. Es ist mein Wille, daß meine Stiftung ewigen Bestand habe und ich bestätige, daß sie vollkommen freiwillig erfolgt. Ich schenke im Niddagau, und zwar in Eschborn, alles, was ich dort besitze. In ähnlicher Weise schenke ich in Walluf zwei Weinberge..."

Walluf? Weinberge! 779! Als die Wallufer Winzer von diesem Fund im Hauptarchiv in München hörten, haben sie sich die Hände gerieben und „aha!" gesagt. Immerhin hat ihnen der Zufall es da schriftlich gegeben, daß es im Jahr 779 hier Weinberge gab. Eine so alte urkundliche Weinerwähnung gab es vordem aus dem ganzen Rheingau nicht.

Auch in späteren Jahrhunderten ist Wallufer Geschichte durch Schenkungs- und Vererbungs-Urkunden belegt – um dann mehr und mehr von Berichten über gerichtliche und kriegsgeschichtliche Ereignisse abgelöst zu werden. Da gab es zum Beispiel 1310 den Ritter Siegfried und den Edelknecht Heinrich, beide aus dem Geschlecht der Lindauer. Die waren in Niederwalluf ansässig und hatten im Ort nicht weniger als 40 Fuhren Zinswein kassiert, die eigentlich dem Mainzer St. Peterstift zustanden. Mainz war damals weit, nicht gerade „hinten in der Türkei", aber doch weit genug, daß solche Art unritterlicher Selbstbedienung eine gute Zeit funktionieren konnte. Bis die beiden Helden dann in den Bann getan wurden, einen Vergleich erreichten und schließlich aus dem Bann auch wieder herauskamen.

Insgesamt verlief der Streit der Lindauer Ortsgrößen mit der Mainzer Herrschaft weit weniger possenhaft. Einige Generationen Wallufer hatten darunter zu leiden, wie sie auch unter den Angriffen „von außen" leiden mußten. Der Ort lag für die Beutehungrigen fremder Landstriche zu schön an Rheinufer und Berghang auf dem Präsentierteller.

Das änderte sich erst, als die Rheingauer „Naturfestung" angelegt wurde, eine Art „Limes" rund um den Rheingau. Diese Befestigung verlief längs des Wallufer Bachs, und die Bewohner von

Oberwalluf (oben), Sonnenblumen neben Weinbergen (unten) und eines der guten Restaurants, für die Walluf bekannt ist (rechts).

Walluf (Niederwalluf) siedelten möglichst innerhalb dieser Festung, weil sie neben dem Schutz durch die Mammuthecke auch Bürgerrechte erwarben, wenn sie vorher ihr Leben jenseits der Hecke als Unfreie gefristet hatten.

Der Festungsgürtel hieß damals „Gebück" und war so etwas wie Reberziehung im Großformat. So, wie heute noch die Reben gebogen werden, so bog man die Äste von den Bäumen. Man brachte sie zum „Bücken". Verwendet wurden meist Hainbuchen. Man pflanzte sie in kilometerlangen Reihen tief gestaffelt als Schutz um den ganzen Gau. Ihre Zweige wurden immer wieder zur Erde gebeugt, und aus den Beugestellen, an denen die Rinde platzte, wuchsen Zweige zur Erde. Neue Äste wurden miteinander von Baum zu Baum verflochten, und so entstand schließlich ein dichter Verhau, eine natürliche Festung, die mit Brombeergestrüpp weiter „verfeinert" wurde und kaum zu überwinden war. Die Technik, den Buchen in doppelter Mannshöhe die Kronen abzuschlagen, um noch mehr Zweige zum Verflechten sprießen zu lassen, war laut Aufzeichnungen auch damals schon bekannt.

Einige der „Wehrbäume" aus jener Zeit stehen noch – inzwischen sind aus ihrem mächtigen Stumpf baumgroße Schößlinge gewachsen. Die Wissenschaftler glauben, daß die Rheingauer im 14. Jahrhundert mit dem Pflanzen der Buchenreihen begannen. Eine Schrift aus dem Jahr 1777 sagt: „Das... Gebück in einer Grenzbeschreibung von 1362 ist wahr und gewiß kein anderes als dasjenige, was an der Klingenpfort längs der Walluf bis an den Rhein gedicht an beyden Wallufen (Nieder- und Oberwalluf) hinzieht."

Man muß sich das heute einmal vorstellen: Die Super-Hecke an der Walluf mit ihren zahllosen Büglingen (gebogene Zweige) und davor die Reben – ebenfalls in scheinbar endlosen Reihen und ebenfalls mit zahllosen Büglingen. Für die Festveranstaltungen zum „1200jährigen" wäre es ein feiner Hintergrund gewesen, zusätzliche Naturkulisse neben Wein und Wald und Fluß.

Die im 14. Jahrhundert „zugezogene" Ortschaft hat mit ihren im Durchschnitt recht kräftigen Weinen nun auch als Weinbaugemeinde „gut Fuß gefaßt". Die Individualisten der Wallufer Winzerschaft arbeiten weiterhin daran, sich einen Platz im oberen Teil der deutschen Wein-Qualitätspyramide zu sichern. Wie gesagt: Bei ihnen geschieht das unter anderem im täglichen Wettbewerb bei den Rheingau-erfahrenen Schoppentrinkern aus den nahen Großstädten.

Die Geschichte von einem denkwürdigen Ereignis bei der Eisweinlese am 13. 1. 1980

In der Nacht zum 13. Januar 1980 war die Quecksilbersäule in Eltville auf 12 Grad Celsius unter dem Gefrierpunkt gesunken. Im Weingut Richter-Boltendahl zog man zur Eiswein-Lese aus. Das heißt man zog sich warm an und fuhr – geschützt auch mit Handschuhen und versehen mit der Traubenschere – in den Wingert. Taschenlampen wie bei anderen Eisweinlesen benötigte man nicht. Auch der Morgen würde kalt bleiben. Um 7.30 Uhr war man im Weinberg.

Unter den dick Vermummten fiel eine Dame besonders auf. Die ohnehin beleibte Leserin hatte es mit dem Kälteschutz so gut gemeint, daß sie rund wie ein Wollknäuel wirkte. Knäuel rollen gern. Sie kam erst in's Rutschen, dann leicht in's Rollen. Dann lag sie auf dem Rücken – und es war ihr „nichts passiert".

Alles lachte. „Steh auf, du erkältest dich", rief eine Leserin. Sie strampelte, strampelte...: „Ich kann nicht." Die anderen lachten, sie lachte noch mehr – das Lachen, die Glätte, die vielen „Lagen" Wärmeschutz am Körper... sie konnte tatsächlich nicht aufstehen. Man half ihr zu dritt.

Auch wenn in 20 Jahren noch eine Flasche von dieser Eiswein-Beerenauslese von 167 Grad Öchsle und 17,8 g Säure auf den Tisch kommt, wird man wohl von der Lese erzählen, als die ganze Leserschar bei 12 Grad minus vor Lachen kaum noch stehen konnte.

Wiesbaden

274000 Einwohner

Lagenkarte Seite 64

Der Wein

Weinbaubetriebe: 24 im Vollerwerb, 82 im Nebenerwerb in Wiesbaden – 1 im Vollwerb, 14 im Nebenerwerb in Delkenheim – 12 im Nebenerwerb in Dotzheim – 3 im Vollerwerb, 36 im Nebenerwerb in Frauenstein – 14 im Vollerwerb, 18 im Nebenerwerb in Kostheim – 1 im Vollerwerb, 4 im Nebenerwerb in Schierstein

Rebland: insgesamt 215 ha (128 ha zur Zeit bestockt), davon ausgewiesen in Frauenstein: Herrnberg 59 ha, Marschall 9 ha, Homberg 8 ha – Schierstein: Dachsberg 27 ha, Hölle 33 ha – in Dotzheim: Judenkirch 10 ha – Mainz-Kostheim: Steig 13 ha, Weiß Erd 8 ha, Reichesthal 12 ha, Berg 25 ha – Wiesbaden Kernstadt: Neroberg 5 ha – kleinere Parzellen unter 2 ha Rebfläche sind in Mainz-Kastel, Biebrich und Delkenheim bestockt.

Rebsorten: Riesling 80%, Müller-Thurgau 10%, Silvaner 2%, Spätburgunder 2%, sonstige 6%

Großlage/Bereich: Steinmächer/Johannisberg (Delkenheim) – Heiligenstock/Johannisberg (Dotzheim) – Steinmächer/Johannisberg (Frauenstein) – Daubhaus/Johannisberg (Kostheim) – Steinmächer/Johannisberg (Schierstein)

Weinfeste: Rheingauer Weinwoche jeweils Mitte August auf dem Schloßplatz in Wiesbaden, Ende August in Kostheim, Schiersteiner Hafenfest 2. Wochenende im Juli in Schierstein

Gästebetten/Gaststätten: 4711/95

Die Stadt

Schön? Ja? Gediegen ebenso! Und gepflegt! Wiesbaden vermittelt diese Eindrücke auf den ersten Blick. Auf den zweiten Blick lassen sich ein gewisser Wohlstand, Weltoffenheit – und eine enge Verbindung zu gutem Essen und Trinken feststellen. Und letzteres liegt nicht zuletzt an der engen Verbindung zum Wein.

Ein Wiesbadener Baudenkmal aus sehr alter Zeit: Die Burgruine im Weinbauvorort Schierstein.

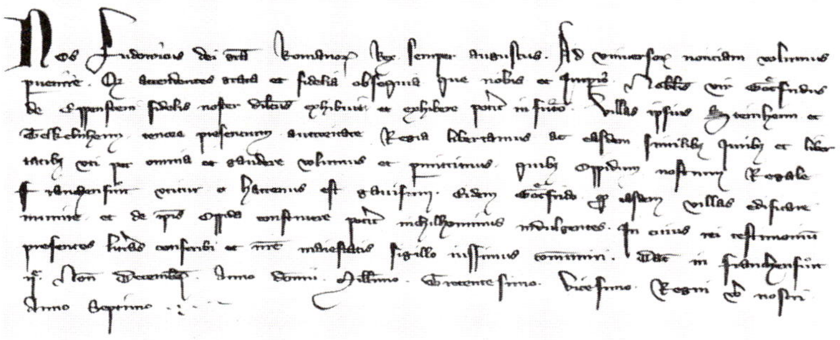

Urkunde über Delkenheim aus dem Jahre 1320.

Wiesbaden ist heute Landeshauptstadt von Hessen und war früher unter anderem Regierungssitz eines souveränen Staates namens Nassau. Rund sechs Jahrzehnte bestand dieses Herzogtum im vergangenen Jahrhundert, und einige Wiesbadener trauern ihm heute noch nach – die Preußen verteufelnd, die diesem kleinen Staatswesen ein Ende gemacht haben. Die hatten damals sehr viel Freude an dem schönen Weinbaugebiet, das sie mit Wiesbaden und dem übrigen Nassau eingliederten.

Die Rheingauer Weinberge reichen bis nach Wiesbaden hinein. In sechs Stadtteilen stehen die Reben auf mehr oder weniger großen Flächen, die insgesamt 155 Hektar ausmachen. Die Römer haben hier schon Wein angebaut und Kastelle gegründet. „Kastel" heißt heute noch ein Stadtteil, der Grund dafür ist recht anschaulich auf einer hier gefundenen römischen Münze zu bewundern, die unter anderem einen Teil des alten Kastells zeigt. Daß Kastel auch „Mainz-Kastel" heißt und diesen Zusatz ebenso wie der Wiesbadener Weinbauvorort „Mainz-Kostheim" zu Recht trägt, ist ein leicht erklärbares Kuriosum: Die beiden Gemeinden waren bis 1945 rechtsrheinische Stadtteile des gegenüber liegenden Mainz.

„Civitas Mattiacorum" und „Aquae Mattiacorum" nannten die Römer ihr Wiesbaden. Stadt und Quellen der Mattiaker bestanden zu jener Zeit schon als ein Gemeinwesen, das der berühmte Plinius immerhin einer Erwähnung für wert befand. Er schwärmte von den heißen Quellen. Sie geben heute noch täglich rund zwei Millionen Liter wertvollen Wassers und speisten schon im Jahre 1370 die stolze Zahl von 16 Badehäusern. Und ganz Wiesbaden hatte in jenem Jahr gerade 1600 Einwohner!

Damals hieß Wiesbaden übrigens schon Wiesbaden. Die Franken hatten dafür gesorgt, daß die Namen der von ihnen vertriebenen Römer langsam in Vergessenheit gerieten. Dem Einhard, des großen Kaisers Karl Biographen, ist eine erste schriftliche Erwähnung als „Wisibada" zu verdanken. Anno 829 war das und „Bad in den Wiesen" sollte damit gesagt werden. Die Römer hatten ja hier schon ihre Badekuren verbracht. Die Franken gewöhnten sich allmäh-

Die Rheingauer Weinwoche in Wiesbaden ist alljährlich die größte Weinpräsentation dieses Anbaugebietes.

lich auch an die feineren Genüsse ihrer früheren Gegner; den Weinbau hatten sie ohnehin fortgeführt.

Heute kommen alljährlich rund 300 000 Gäste nach Wiesbaden. Nicht alle baden und kuren, aber alle genießen die Bade- und Kuratmosphäre, genießen die baulichen Schönheiten, das milde Klima und die schöne Landschaft rundherum.

Wein auf der einen, Wald auf der anderen, Felder auf der dritten und Wasser auf der vierten Seite – wenn man es vergröbert sagt, ist in Wiesbaden tatsächlich das alles fein säuberlich getrennt. Ähnliches gilt übrigens auch für die Industrie-, Verwaltungs-, Kaufhaus-, (Klein-)Geschäfts- und Wohnbereiche.

Die Weinbaustadtteile gehören zu den Wohn- und Erholungsgebieten. Die größte Rebfläche hat darunter Mainz-Kostheim mit seiner Weintradition seit Römerzeiten und mit Urkunden über 600 Jahre nachgewiesenen Weinbau. 105 Hektar (83 ha bestockt) ausgewiesenes Rebland bewirtschaften die Kostheimer Winzer. Gemeinsam unterhalten sie einen Weinprobierstand an der Rheingauer Rieslingroute, gemeinsam feiern sie mit Weinfreunden aus aller Welt seit vielen Jahren ihr traditionelles Winzerfest.

Kostheim liegt an der Mainmündung. Zwei seiner Lagen sind gleichzeitig Lagen des ein wenig mainauf gelegenen Hochheim. Durch die Lagenverteilung ergibt sich auch eine recht unterschiedliche Weinart von den sehr leichten Gewächsen des „Reichestal“ bis zu den vollen und sehr gut reifenden der „Weiß Erd“. – Vom insgesamt „kostbaren Kostheimer Weinwuchs“ sprach schon eine Reisebeschreibung aus dem Jahr 1750.

Ruhm und Ehre ward auch dem Schiersteiner Wein zuteil. Am 20. Oktober 1563 beklagten sich die Bleidenstadter Stiftsherren, daß die Schiersteiner Winzer bei der Berechnung und Ablieferung ihres Weinzehnten mogelten, und sie betonten in ihrer Klage ausdrücklich, daß die Schiersteiner sehr guten und reichlich Wein hätten: 125 Hektar standen im Ertrag. – In einer Urkunde der „Straßburger Chronika“ ist ergänzend nachzulesen: „Der dasige (also Schiersteiner) Wein ist sehr gesund und gut vor das Gries und nach der gemeinen Erfahrung der allergesundeste unter allen Rheinweinen,

Der Neroberg ist der bekannte Weinberg der Kernstadt Wiesbaden.

welche doch durchgehends für die allerbesten in ganz Europa gehalten werden, daher derselbe auch weit und breit her abgeholt wird.“

Die Nachfrage nach „Schiersteiner“ überstieg das Angebot so gewaltig, daß man der Versuchung erlag, durch Verschnitt mit anderen Weinen – pauschal „Pfälzer“ genannt – mehr „Schiersteiner“ zu „erzeugen“. Das war auch andernorts üblich, wurde aber wegen der besonderen Qualität der Schiersteiner Gewächse für diesen Ort mehrfach verboten. Als Begründung gibt Kammerrat Stein am 17. Dezember 1772 an, daß durch die Einfuhr Pfälzer Weine und deren Verschnitt mit dem Schiersteiner der Ort erstens in schlimmen Verdacht komme und zweitens bald kein Mensch mehr wisse, wie echter Schiersteiner überhaupt schmecke. Erlaß am 2. November 1778: „Der Stadt Wiesbaden und den übrigen Orten des Oberamtes wird gnädigst gestattet, Pfälzer Wein einzulegen, aber dem Ort Schierstein bleibt es fernerhin streng untersagt.“

Schiersteins Schultheiß Lauth erklärte den Drang zum Schiersteiner damals ganz einfach: „Rößling (Riesling) baue mer un sonst nix, darum iss aach unser Wei so beriehmt.“

Schierstein liegt am Rhein, Frauenstein, ebenfalls Weinbau-Stadtteil Wiesbadens, hoch darüber in den Bergen. Seine Burg auf dem malerisch namensgebenden Felsen wird schon 1243 erwähnt. Ein nach seiner Gründung ähnlich altes Fachwerkhaus davor gehört zu den schönsten der Region und die knorzige Linde auf dem nahen Kirchplatz zu den ältesten Bäumen. Dieses Naturdenkmal steht seit 700 bis 1000 Jahren. Ein weiteres Denkmal ist wesentlich jünger – und Zeugnis früher Fremdenverkehrswerbung: Der „Goethestein“ wurde in Erinnerung an den Besuch des Dichterfürsten im Jahre 1815 errichtet. Goethe hatte von hier aus die „hochgesegneten Gebreiten“ des Rheingaus bewundert und seine Eindrücke später schriftlich festgehalten.

Auch Delkenheim, die früher selbständige Stadt mit langer Geschichtsvergangenheit und das immer noch ländliche Dotzheim haben ein wenig Weinbau. Auch diese Rebflächen sind durch Eingemeindung nach Wiesbaden gekommen. Im ursprünglichen Stadtgebiet gab es nur einen Weinberg, die vergleichsweise junge Lage „Neroberg“.

Im November 1525 begannen acht Arbeiter auf Anordnung des Grafen Philipp von Nassau mit der Rodung einer nach Süden geneigten Fläche des „Mersbergs“ oder „Ersbergs“, wie er auch genannt wurde. Die darauf angelegten Weinberge wurden mit einer Mauer umgeben, später zugekaufte Parzellen nachbarlicher Winzerrodungen mit einbezogen und das so gewonnene Rebenareal wiederum durch neue Mauerführung umschlossen.

Seinen Namen erhielt der Berg durch Umbenennung aus dem späteren „Nersberg“, aber unberechtigt erscheint die Namensgebung nicht mehr, nachdem man weiß, daß hier zu Römerzeiten eine Villa gestanden hat.

Da alle Rechnungen überliefert sind, weiß man heute, welche ungeheuren Kosten dieser Weinberg verursacht hat. Er hat den Aufwand jedoch schließlich gelohnt: 1842 erbrachte der Neroberg solch guten Wein, daß der gesamte Ertrag für den Privatgebrauch der herzoglichen Familie eingelagert wurde, und der 1846er „Neroberger“ schließlich schaffte den nationalen Durchbruch, als er bei einer deutschlandweiten repräsentativen Probe vor Fachleuten 1849 in Mainz von vielen Teilnehmern sogar neben den weltberühmten „Steinberger“ gestellt wurde. –

So klein seine wirtschaftliche Bedeutung auch für Wiesbaden selbst ist und war, der Wein hat im kulturellen Leben der Stadt wie im privaten Leben ihrer Bewohner immer eine große Rolle gespielt. Schon aus der Zeit nach dem Dreißigjährigen Krieg sind Besuche der Wiesbadener in den Straußwirtschaften des nachbarlichen Schiersteins überliefert. Man aß Rheinfisch und trank Rheinwein dazu – nicht anders als heute, da Wiesbaden einerseits durch Eingemeindung über mehr Rebfläche verfügt und sich andererseits in der Kerngemeinde und ihren Stadtteilen eine bundesweit – und durch die zahlreichen ausländischen Besucher (30 Prozent Anteil) auch weltweit – bekannte Spitzengastronomie entwickelt hat. So präsentiert sich die Regierungs-, Bäder- und Kongreßstadt Wiesbaden heute auch als Ziel für alle, die gern gut essen und schließlich mit der berühmten „Rheingauer Weinwoche“ und ähnlichen Veranstaltungen ebenso als eine große Weinmetropole.

Tracht im Landkreis Wiesbaden um 1840.

Hochheim

16539 Einwohner

Lagenkarte Seite 63

Der Wein

Weinbaubetriebe: 32 im Vollerwerb, 128 im Nebenerwerb

Rebland: 271 ha in den Lagen Berg (35 ha), Reichestal (27 ha), Stielweg (26 ha), Domdechaney (11 ha), Kirchenstück (15 ha), Sommerheil (22 ha), Hofmeister (34 ha), Hölle (36 ha), Königin-Viktoria-Berg (5 ha), Stein (27 ha), Herrnberg (4 ha) und Schloßgarten (29 ha)

Rebsorten: Riesling 80%, Müller-Thurgau 2%, Silvaner 2%, Spätburgunder 2%, Ruländer 1%, Gewürztraminer 2%, Morio Muskat 2%, Kerner 5%, Scheurebe 4%

Hochheim ist eine Stadt unserer Zeit. Im Ortskern sind jedoch viele ansehnliche ältere Gebäude erhalten.

Großlage/Bereich: Daubhaus/Johannisberg

Weinfest: Anfang Juli

Gästebetten/Gaststätten: 210/40

Die Stadt

Was die verkehrsgünstige Lage angeht, da brauchen die Hochheimer nicht zu klagen – eher schon über den Verkehr selber. Mit dem Bau großer Straßen haben hier schon die Römer angefangen, und heute sind es Autobahnen, die den Ort von allen Seiten „schnell erreich-

Weites Rebland über dem Main und dahinter moderne Hochhäuser – unten aus der Nähe fotografiert.

bar" machen – für Weinpilger zum Beispiel. Natürlich bringt die günstige Lage auch ein blühendes Wirtschaftsleben. Das sieht man der Stadt ebenso an, wie man eine gewisse Weltläufigkeit bei ihren Einwohnern bemerkt.

Sie konnten eigentlich gar nicht anders, die Hochheimer, konnten nicht anders, als weltoffen zu werden. Der Ort liegt eben seit 2000 Jahren an großen Straßen, liegt exponiert 30 Meter über dem Main, liegt vor mehreren großen Städten – und lag auch immer auf dem Weg, wenn große Heere zu diesen Städten wollten oder von dort kamen. Wie gut, daß es heute die Touristen sind, die auf den genannten Straßen rollen. In jedem Krieg waren es Streitmächte, und in den zeitgenössischen Erlebnisberichten klingt es mehr nach Not und Elend als nach strahlender Waffenzier. Domdechant Franz Werner, einer der berühmten Hochheimer hat solche Ereignisse in seinem Tagebuch festgehalten:

„Im Jahre 1813 fing der Herbst (die Lese) am 26. Oktober an. Wegen Mangel an Lesern, die wegen des Kriegsgeschehens ausblieben, wurden nur wenige Weinberge gelesen... Am 31. Oktober, 1., 2., 3., und 4. November zogen hunderttausend Menschen in tiefer Grabesstille durch Hochheim. Es war zum Erstaunen zu sehen, wie Dragoner, Infanteristen, Husaren, Karabinere, Fuhrknechte, Gefangene usw. in tiefer Eintracht, versunken in tiefem Hinbrüten, die Landstraße dahinzogen, um Mainz zu erreichen. Hunger und Elend habe alle Menschen gleich gemacht. Hunderte von Soldaten lagen links und rechts, teils lebend, teils schon tot..."

Der Geistliche, der ein Leben lang aufbaute, der seine Kraft der Wiederherstellung des Mainzer Doms widmete und Bücher schrieb, mußte immer wieder vom Krieg berichten. Hier war es der Durchzug von Napoleons geschlagener Armee nach der Moskauer Niederlage. Wieder gab es in Hochheim Kämpfe, Einquartierungen, Besatzungslasten, Plünderungen und Schlimmeres. Wenig später waren auch die Russen in Hochheim... Lasten wie gehabt.

Blättert man so in den Hochheimer Chroniken, dann ist es geradezu verwunderlich, daß überhaupt noch einige alte und schöne Gebäude überdauert haben, Gebäude, die mit viel Sorgfalt überholt sind oder bald restauriert werden.

Jahrhundertelang hatte Hochheim 1000 bis 2000 Einwohner, nach dem Dreißigjährigen Krieg lebten in der Gemarkung nur noch einige Dutzend Menschen. Der Aufschwung begann, als der Hochheimer Wein berühmt wurde, als man in England „Hock" sagte, wenn man Rheingauer oder Riesling meinte. („Good Hock keeps off the doc" – frei übersetzt: „Wer den guten Hochheimer hat, braucht keinen Arzt.") Der Ort erlebte

Eines der traditionsreichen Weingüter an der Hochheimer Mainfront.

eine weitere Hoch-Zeit, als er zur berühmten deutschen Sektstadt wurde. Zwischen 1837 und 1877 entstanden in der kleinen Gemeinde vier Sektkellereien, die zum Teil internationale Bedeutung hatten. Die Bevölkerungsentwicklung schnellte jedoch erst ab 1945 steil nach oben – von 4200 auf rund das Vierfache. Hochheim wuchs und prosperierte – und zuletzt gingen die Hochheimer auch daran, ihre Stadt wohnlicher zu machen.

Gassen wurden neu gepflastert und nur für die Fußgänger eingerichtet. Fachwerkhäuser entstanden in alter Pracht. Ein Bürgerhaus, in alten Mauern und mit neuen Ideen verwirklicht, zeigt den Grundgedanken des gemeinsamen Hochheimer Strebens ebenso wie der Weinwanderweg, die ungewöhnliche neue Beleuchtung einiger Gassen und die neue Dynamik, mit der die Winzer Hochheims (mit dem 1977 eingemeindeten Massenheim) für frischen Glanz ihrer großen, alten Weinnamen sorgen.

Die Mainfront der Stadt ist Stein gewordener Beweis für eine „gute alte Zeit“, die bekanntlich nicht immer so gut war und vor allem nicht für alle. Dennoch: Hier steht Solides, Sehenswertes – Häuser und Höfe, Gebäude zwischen Villen- und Schloßformat. Sie sind hier in alter Schönheit an der Grenze der örtlichen Bebauung zum Teil erhalten geblieben und zum Teil wieder aufgebaut worden. Davor liegen seit vielen Jahrhunderten die Weinberge mit solch berühmten Namen wie „Domdechaney“ und „Königin Viktoria Berg“, „Daubhaus“ und „Hölle“. Es gibt noch weitere gute Lagen in Hochheim, und es gab früher sogar noch mehr. Das wußten auch die weinbegeisterten Engländer im vergangenen Jahrhundert, als sie den Hochheimer Wein so recht für sich entdeckten. Aber sie mochten es nicht so kompliziert – und nannten den gesamten Wein aus dem Ort einfach „Hock“, und das auch nur, weil sie „Hochheim“ nicht aussprechen konnten. Und weil man mit dem Vereinfachen schon einmal dabei war, und der Name so recht zum Markenzeichen wurde, hieß schließlich so mancher deutsche Rheinwein in England (und Amerika) schlicht „Hock“.

Das änderte sich auch nicht, als sich Königin Victoria 1850 höchstpersönlich und an Ort und Stelle von der Qualität des „Hock“ überzeugen ließ. Sie tat einige Historie gewordene Schlucke an einem Platz in den Hochheimer Weinbergen, der zu jener Zeit „Dechantenruhe“ hieß. Lange bevor die Königin an dieser Stelle ihre Karosse verließ, hatte der schöne Ort mit seiner Quelle und seinen Bäumen eine gewisse geschichtliche Tradition. Die Mainzer Domdechanten nutzten ihn gern zur Rast und Meditation – natürlich auch gelegentlich zu Aufenthalten bei einem guten Schluck Wein. Und vom 1763 gewählten, beliebten und volkstümlichen Kurfürsten Emmerich Joseph ist die gleiche Vorliebe für dieses Fleckchen Natur überliefert.

Ein Zeitgenosse berichtet vom Aufenthalt einer Jagdgesellschaft an der „Dechantenruhe“: „Erfreuend und erfreut ließ Emmerich Joseph dann jung und alt mit Speise und Trank bewirten, während die Klänge fröhlicher Jagdhörner und die Melodien lustiger Volkslieder das Mahl würzten...“

Vier Jahre nach Victorias Besuch wurde an der Dechantenruhe ein sieben Meter hohes „Königin Victoria-Denkmal“ errichtet. Es hat die Kriege überdauert. Die Quelle entspringt einem Löwenmaul im Denkmal – und der Berg trägt seit damals seinen neuen Namen. Und was trank die königliche Festgesellschaft am 7. Juni 1977 in der „Guildhall“ anläßlich des silbernen Krönungsjubiläums von

Massenheim ist ein dörflicher Stadtteil Hochheims – und seit einiger Zeit auch Weinbauort mit Einzellage.

Queen Elisabeth II. zur Lachsforelle? „Hock" natürlich, und nicht irgendeinen, sondern den königlichen.

Hochheimer Weine von ähnlicher Qualität sind nicht nur Königinnen vorbehalten. Glücklicherweise gibt es dank des ausgedehnten Reblandes reichlich davon. Die Weine liegen allgemein etwas niedriger in der Säure, als die der Orte am Rhein. Einige Lagen bringen zudem vergleichsweise leichte Gewächse hervor, die im Gegensatz zu fast allen Rheingauern keine längere Reife benötigen, frisch am besten schmecken und auch früh getrunken werden sollten.

Insgesamt hat Hochheim in bestimmten Jahren auch einen anderen Reifeverlauf als die Weinorte des Rheinbogens. So etwa 1980, als in Hochheim zum Teil in normaler Ernte bemerkenswerte Spätlesen eingebracht werden konnten, während es in vielen anderen Lagen des Anbaugebietes gerade zum Qualitätswein reichte.

Der „Hochheimer" unserer Tage wird nur zum geringen Teil von einigen großen Weingütern erzeugt. Die bedeutende Weinmenge kommt aus den Kellern von kleinen und mittleren Winzerbetrieben, unter denen viele Selbstvermarkter sind.

Die beste Gelegenheit, sich durch die Wein- und Lagenvielfalt Hochheims hindurchzuprobieren, ist natürlich das alljährliche Weinfest, eines der größten der Region. Doch auch beim zweiten großen Fest der Stadt kann der Weinverbrauch nach Stückfässern gerechnet werden: Seit 1484 feiert die Gemeinde den deutschlandweit bekannten „Hochheimer Markt", ein Riesenfest an vier Tagen im November – meistens gerade zur rechten Zeit der Weinlese.

Die Geschichte von der Eheschließung im Halbstück

In den Winzerkellern ist es üblich, mit Kreide Lagenbezeichnungen auf die Weinfässer im Keller zu schreiben. Genauso tat es Dekan Klippel in seinem Kiedricher Holzfaßkeller. Eines Tages, als noch acht Halbstück-Fässer (600 l) gefüllt im Keller lagen, kam er auf die Idee, ihnen lateinische Namen zu geben – einfach so aus Spaß, weil er doch ständig mit dem schönen Latein umging als Geistlicher.

Das Halbstück „Leier" erhielt schlicht den Namen „Lyra", die anderen aber wurden nach den sieben Sakramenten genannt.

So stand da auf dem besten Faß „sacrum convivium" also „Heiliges Gastmahl". Ähnlich hatte jede lateinische Bezeichnung eine (übertragene) Beziehung zum Inhalt.

Natürlich sprach sich der Einfall des geistlichen Herrn schnell herum – unter anderem bis zu dem früheren Heimatpfarrer und späteren Limburger Domkapitular Rauch. Als der seinen Freund in Kiedrich besuchte, fragte er ihn etwa so: „Schön und gut, was du da gemacht hast, aber warum heißt denn das letzte Faß „matrimonium" („Ehe")? Antwort von Dekan Klippel: „Do drin liee zwa Reste, die hun ich do drin verheiratet."

Die Geschichte vom gefundenen Stückfaß

Es gab bekanntlich eine Zeit, in der Buchhaltung noch ganz von Hand betrieben wurde. Da hatte der Kellermeister jedes Faß säuberlich auf dem Papier und im Kopf verzeichnet. Das ist heute in vielen Fällen noch nicht anders. Diese etwas umständliche Einleitung ist nur ein Erklärungsversuch für das, was auf Schloß Reinhartshausen in Erbach geschah. Und die Frage, „Wie konnte das passieren?" haben sich 1980 alle Verantwortlichen des Weingutes gestellt. Man hatte tatsächlich ein vergessenes Stückfaß mit fünf Jahre altem Wein aus dem Jahr 1975 gefunden – und man schämte sich zunächst ob dieser Panne. Inzwischen spricht man auf Schloß Reinhartshausen recht frei darüber, denn die zunächst recht unangenehme Geschichte nahm ein überraschendes Ende.

Sie begann nach dem Abfüllen des jahrelang bei den Abfüllserien übersehenen Fasses aus dem großen Holzfaßkeller des Schlosses. Man blätterte in Kellerbüchern und fand heraus, daß zuletzt 1937 ein ähnlicher Fall eingetreten war, damals war die lange Faßlagerung jedoch gewollt. Es gab noch genügend Weintrinker, die diese lange auf dem Faß gereiften Weine bevorzugten. Heute werden Weine dieses Typs auch in Laienkreisen „oxydativ" genannt, weil sie halt lange und vergleichsweise intensiv mit Sauerstoff in Berührung waren. Und „oxydativ", das klingt nicht gut.

Man gab dem faßalten 75er vor dem Abfüllen einen Schuß jugendfrischen gleichen Gewächses dazu. Es half jedoch nicht viel, der Wein wurde von den Kommissionären bei allen Proben zurückgeschoben. Weinproben, die aus der geraden Linie der Probenreihe nach hinten geschoben werden, sind durchgefallen. Dieser fiel gleich zu Anfang der Proben durch.

So geschehen im Jahr 1980, und um die 1200 Liter des ansonsten beliebten Jahrgangs 1975 sah es schlecht aus. Dann fand man jedoch mit einiger Mühe einige ältere Weinhändler, die diesen Weintyp noch aus früherer Zeit kannten. Sie kauften kleinere Mengen des „vergessenen Weines" – und siehe, da, sie fanden sogar junge Kunden, die ihn tranken und noch trinken. Das Faß war 1981 auf diese Weise auch im übertragenen Sinne endgültig leer, und auf Schloß Reinhartshausen überlegte man nun, ob sich hier nicht der Beginn eines neuen Trends ankündigte: Man könnte ja wieder einige Fässer länger liegen lassen – vielleicht nicht gar so lange wie den 75er.

Weinerinnerungen in Hattenheim

Das Gedicht vom „von unserem“

Heinrich Heine war ein begeisterter Weintrinker, und so hätte er gegen das Werk des Weinfreundes Wipperfürth aus Duisdorf sicher nichts einzuwenden gehabt. Der dichtete nämlich im Jahre 1963 ein berühmtes Heine-Werk nach dem Genuß einer Flasche Rheingauer mit dem Namen „von unserem“ einfach – und fröhlich um. Das klingt nun so:

Ich weiß nicht, was soll es bedeuten
Daß ich so durstig bin
Ein Rheinwein aus älteren Zeiten
Der kommt mir so oft in den Sinn.

Die Luft ist so trocken, es dunkelt
Und Reben umsäumen den Rhein
Im goldenen Pokale da funkelt
Sein Wein voll Sonnenschein.

Ein holdes Mädchen noch sitzet
Daneben mit leuchtendem Haar
Ihr strahlendes Auge blitzet
Im Glase so wunderbar.

So sitzen wir eng umschlungen
Genießen den Tropfen dabei
Dazu wir ein Trinklied gesungen
Das macht die Herzen uns frei.

Den Zecher im fröhlichen Kreise
Ergreifet die Wißbegier
Er schaut nach der Flasche Preise
Und auch dem Wachstum von ihr.

Er prüfet die Zeichen des Weines
Denn das ist bei Kennern so Brauch
Und siehe, ihm fehlt keines
Naturrein ist er auch.

Es kommt auf die Lage nur an
Denn das ist des Weines Geist
Bei RESS K. G. ist alles daran
Wie das Aroma beweist.

Ich glaube, die Zecher sie singen
Am Ende noch lustig im Kahn
Das hat vor allen Dingen
Der VON UNSEREM getan!

Flörsheim/Wicker

16628 Einwohner

Lagenkarte Seite 63

Der Wein

Weinbaubetriebe: 2 im Vollerwerb, 45 im Nebenerwerb

Rebland: 66,4 ha in den Lagen König-Wilhelms-Berg (2 ha), Nonnenberg (2 ha), Wickerer Stein (20 ha), Mönchsgewann (18 ha) und Flörsheimer Herrnberg (24 ha)

Rebsorten: Riesling 60%, Müller-Thurgau 20%, Silvaner 5%, sonstige 15%

Großlage/Bereich: Daubhaus/Johannisberg

Weinfeste: Mitte August

Gästebetten/Gaststätten: 156/34

Die Stadt

Seit Wicker zu einem Stadtteil von Flörsheim am Main geworden ist, kann die Main-Stadt mit fünf Lagen und 66 Hektar Rebland ihren Besuchern insgesamt ein regeres Weinleben und eine größere Weinauswahl anbieten. Der Ortsteil Wicker hat schon urkundlich seit 970 eine lebendige Weintradition. Das liegt einerseits an der schönen Lage der Wickerer Lagen und schließlich auch der Lage des Ortes selbst: Die Großstädte Wiesbaden, Mainz und Frankfurt sind in „Ausflugsentfernungen", was hier heißen soll, daß die Großstädter ihre Ausflüge gern in das liebliche Hügelland von Flörsheim und Wicker machen. Die Ausflüge enden meist in den Straußwirtschaften und Gaststätten von Wicker und Flörsheim. Die Straußwirtschaften im alten Kern von Wicker sind seit vielen Jahrzehnten Touristenziel. Flörsheim selbst hat seine Weinaktivitäten erst in jüngerer Zeit entfaltet.

Obwohl Wicker schon im vergangenen Jahrhundert offiziell anerkannt gute Weinlagen hatte, konnte die Gemeinde neben den weltberühmten Weinorten der Rheinfront keinen großen Namen gewinnen. Daß man andererseits „höheren Orts" durchaus von der Qualität der dort wachsenden Tropfen überzeugt war, läßt sich in der Bewertung für den Grundsteuereintrag ablesen. Da war ein guter Teil der Parzellen von den Fachleuten des Großherzogtums Hessen in die erste und zweite Bewertungsklasse eingeordnet worden.

Damals, vor hundert Jahren, gab es noch Weinbau in weiter nordöstlich gelegenen Orten wie Diedenbergen, Marxheim, Hofheim, Soden und sogar in Kronberg. Auch am Main bei Flörsheim betrieb man Weinbau. Heute darf sich Flörsheim mit Wicker als „Tor zum Rheingau" bezeichnen. Hier beginnt der Rheingauer Weinbau im Osten des Anbaugebietes. Tatsächlich hat der Wein hier bereits den typischen Rheingauer Geschmack, und gerade aus Wicker sind besonders volle und ausgeprägte Gewächse bekannt.

„Spaziergang-Landschaft" bei Flörsheim und ein ungewöhnlicher Brunnen in Wicker.

Wahrscheinlich haben schon die Römer den Wickerer Wein genossen. Das ist nicht als sicher erwiesen, aber nach Funden sehr wahrscheinlich. Im Jahr 843 gab es mit Sicherheit Weinbau an dem langgestreckten Bergrücken des Vortaunus, auf dem die Gemeinde gebaut wurde. Aus diesem Jahr ist eine Weinbau-Urkunde überliefert.

In den zurückliegenden Jahrzehnten haben die Winzer dieser Region zunehmend Selbstbewußtsein gewonnen und sich entsprechend mehr auf die Erzeugung hochwertiger Weine konzentriert. 1974 gründeten sie einen Winzerverein, feierten noch im gleichen Jahr ihr erstes Weinfest und wählten im Jahr darauf ihre erste Weinkönigin. Der Zufall wollte es, daß im „Weinköniginnenjahr" 1975 die erste Eisweinlese in der Geschichte Wickers ein gutes Ergebnis brachte. – Heute reiht sich Flörsheim/Wicker ganz selbstverständlich in die Reihe der Rheingauer Qualitätsweinorte ein.

Die griechische Kapelle auf dem Wiesbadener Neroberg, dem kleinen und feinen Weinberg der Landeshauptstadt.

Frankfurt und Böddiger

Der alte Rheingau war in seiner landschaftlichen Geschlossenheit fest umrissen, genauer gesagt: „umheckt". Zur Weinlandschaft Rheingau wurden später auch die Mainorte auf der anderen Seite von Wiesbaden – ebenso wie Wiesbaden selbst – gezählt. Das Weingesetz von 1971 bestätigte diese vernünftige und – wegen der Weinart – auch selbstverständliche Regelung.

Nach diesem Weingesetz kann auch auf anderen Lagen noch Rheingauer Wein erzeugt werden, auf Rebflächen, die etwas vom Rheingau abgelegen sind: Es handelt sich um die drei Hektar des Versuchsanbaus in der Lage „Berg" des oberhessischen Böddiger bei Melsungen und um die anderthalb Hektar des „Lohrberger Hangs" in Frankfurt. Zur Orientierung: In beiden Lagen zusammen wird nicht ein Hundertstel der Weinmenge erzeugt, die aus Eltville allein kommt. Das hindert „Ur-Rheingauer" aber nicht daran, Frankfurt spaßhaft zum Rheingau zu zählen, die Großstadt gewissermaßen einzugemeinden. So abwegig ist das nicht einmal, wenn man bedenkt, wie viele Frankfurter täglich ihre Schoppen im Rheingau trinken. Mit dem Ertrag der Frankfurter Mini-Lage könnten ja nicht einmal die städtischen Beamten ihren Weindurst stillen.

Teil V

Impressionen aus Deutschlands kleinstem Weinbaugebiet – einige Geschichten rund um den Wein und Winzer – Angaben über Lagen, Rebsortenspiegel, Gästebetten – Ortsbeschreibungen mit besonderer Berücksichtigung der touristischen Bedeutung der Hessischen Bergstraße – Die geringe Zahl der Etiketten spiegelt die Tatsache, daß der Wein weitgehend genossenschaftlich vermarktet wird.

Hessische Bergstraße

Klein, fein und unbekannt: Ein Weinbaugebiet mit Namen Hessische Bergstraße gibt es erst, seit es im neuen Weingesetz von 1971 so definiert wurde. Das frühere Weinbaugebiet Bergstraße umfaßte auch einen südlichen, bis Heidelberg reichenden Teil, der heute zum Weinbaugebiet Baden gehört. Hessisch ist die heutige Bergstraße bereits seit 1803 – nachdem sie vorher zur Kurpfalz gehört hatte. Wie auch immer der politische Zufall entschieden hat, weinbaulich stimmt es heute: Pfälzer Wein ist das nicht, was hier entsteht, und ebenso vom Charakter her kein badischer. Es ist eben „Bergsträsser", und von der Art her paßt er ganz gut mit dem „Rheingauer" zusammen, mit dem er nicht nur die hessische Landeshoheit, sondern auch weinbaulich einiges gemein hat.

Die „Jugend" des Anbaugebietes ist ein Grund für den geringen Bekanntheitsgrad, die geringe Größe der andere. Es gibt halt nicht viel „Bergsträsser", und zum Vergleich ist es interessant, daß einige bekannte deutsche Weinorte allein mehr Wein erzeugen, als die Gemeinden der Hessischen Bergstraße zusammen. Tatsächlich sind es ja im wesentlichen auch nur vier Weingemeinden, die nennenswerte Mengen erzeugen: die beiden Umstadts der „Odenwälder Weininsel", Zwingenberg, Bensheim und Heppenheim.

Nun zu den Anführungsstrichen beim Wort „Jugend" im Zusammenhang mit dem Anbaugebiet: Es ist jung, was die Abgrenzung und alt, was den Weinbau angeht. Den Römern hat das heute immer noch beliebte und sprichwörtlich frühe Frühjahrsblühen schon gefallen, und die Hänge des Odenwaldes waren ihnen gerade recht für ihre Weinstöcke.

Daß es auch in der Nach-Römerzeit keine Weinbaupause gab, belegt das Kloster Lorsch, Deutschlands „Geschichtsschreiber-Kloster" schlechthin. Dieses Kloster liegt gleich westlich vor den letzten Bergsträsser Weinbergen, und dort war es schon vor weit über tausend Jahren. Da wurde also auch diese ungeheure Dokumentensammlung namens „Codex laureshamensis" zusammengeschrieben, aus der alle deutschen Geschichtsschreiber heute immer noch sehr viel Nahrung ziehen. In diesem Codex, in dem alle das reiche und mächtige Kloster betreffenden Geschehnisse festgehalten wurden, erscheint natürlich auch die nähere Umgebung – unter anderem durch Schenkungsurkunden von Weinbergen. Und so weiß man ein wenig über den

frühen Weinbau der Hessischen Bergstraße, die ursprünglich als „strata montana" von den Römern angelegt heute noch – übersetzt, aber unverändert – den alten Namen trägt.
Was das besagte Blühen angeht, so ist den Römern damals einiges entgangen, weil sie bestimmte Obstsorten noch nicht kannten und deshalb leider auch nicht anpflanzen konnten. Die Heutigen, die da kultivieren, haben sich nach einigen Jahren geringeren Obstinteresses wieder auf die Schönheit der Mischkultur von Wein und Obst besonnen – sie pflanzen auch in den Weinbergen wieder Pfirsichbäume und anderes Obst, das sowohl gute Frucht als auch prachtvolle Blüten trägt.
Kirschen, Mandeln und Pfirsiche gedeihen hier, sorgen im Frühjahr für den Reiz, der gern als die Blütenpracht der Bergstraße bezeichnet wird. Es gibt einen Weg auf halber Odenwaldhöhe, um ihn, den Reiz, zu erwandern, und – wörtlich tatsächlich der beste Weg, dieses kleine Weinbaugebiet zu erschließen. Es ist ein Weg der Ausblicke, ein Weg am Hang mit dem weiten Rheintal vor Augen, mit Städten, Dörfern, Feldern, mit Rhein und Rheinpfalz, Heidelberg und Baden – und ständig mit Wein vor der Nase.
Um den Wein auch „in der Nase" zu haben, muß man hier „eine Nase haben". Es gibt zwar viele Winzer – nahe tausend werden noch gezählt – aber nur wenige Selbstvermarkter. Die meisten sind den beiden Genossenschaften angeschlossen. Die haben natürlich ebenso wie das Staatsweingut ein breites Angebot, aber der Wunsch der Verantwortung geht eindeutig dahin, einige gesunde Winzerbetriebe wieder zum eigenen Etikett anzuregen. Vermarktungsprobleme werden sie wohl kaum haben, genausowenig wie die Genossenschaften: Der Bergsträsser Wein erfreut sich bei naturgemäß geringem Angebot einer guten Nachfrage.
Im Handel wird der „Bergsträsser" kaum angeboten, Weinfreunde fahren zum Einkauf meist an die Quelle. Das lohnt sich um so mehr, als die Bergstraße mit ihren „Bergen, Burgen, Wald und Wein" ein geeignetes Reiseland ist, ein Land mit viel Fachwerk in den alten Ortskernen von Heppenheim, Bensheim und Zwingenberg, mit viel Ruhe im Odenwald und dort zum Beispiel in Groß- und Klein-Umstadt, mit dem Riedgebiet des Altrheins und natürlich mit den Sehenswürdigkeiten wie etwa dem Kloster Lorsch. Weinfeste gibt es und Blütenfeste, die letztlich auch wieder Weinfeste sind. Da wird dann mit vielen tausend Weingästen kräftig gefeiert. Für diese Feste reicht der Wein aus Deutschlands kleinstem Weinbaugebiet allemal, und vielen wird seine Eigenart in einer solchen langen Weinnacht deutlich.

Das Kloster Lorsch an der Bergstraße hat Geschichte gemacht und für Geschichtsschreibung gesorgt.

Groß – Umstadt

1900 Einwohner

Lagenkarte Seite 68

Der Wein

Weinbaubetriebe: 4 im Vollerwerb, 175 im Nebenerwerb

Rebland: 42,5 ha in den Lagen Stachelberg (16 ha), Steingerück (11 ha) und Herrnberg (15,5 ha)

Rebsorten: Riesling 35%, Müller-Thurgau 35%, Silvaner 25%, sonstige 5%

Bereich: Umstadt

Weinfeste: Wochenende nach dem 15. September

Gästebetten/Gaststätten: 260/72

Die Stadt

Groß-Umstadt ist eine Kleinstadt mit acht Stadtteilen, die bei der kommunalen Gebietsreform mit der Stadt zusammengeschlossen wurden. Das immer noch dörfliche Leben bestimmt letztlich den Charakter der Stadtteile. Es hilft dem Fremdenverkehr für Gesamt-Groß-Umstadt. Wie sehr, das zeigen die Zahlen der Gästebetten und gastlichen Stätten. Berge, Burgen, Wald und Wein eignen sich hervorragend für einen beliebter werdenden beschaulichen Tourismus, und von diesem Vielklang hat der Ort einiges zu bieten. Die Berge liegen rundum, sanfte Berge mit Feldern und Wäldern – insgesamt „Naturpark Bergstraße/Odenwald" genannt, auch Burgen sind im Umkreis auf den Höhen auszumachen. Im Ort selbst gibt es Schlößchen und Höfe, die häufig mit den typischen Giebeln und Giebelchen Werke der Spätrenaissance sind. Daneben Fachwerkhäuser, ein Marktbrunnen, bäuerliche Anwesen und gelegentlich der Hinweis auf einen Weinbaubetrieb.

Rebhang und Felder bei Klein-Umstadt (oben) und eine der älteren Straßen in Groß-Umstadt (unten).

Zum wirtschaftlichen Wohlergehen der Groß-Umstädter kann der Wein nur gering beitragen. Es gibt hier zu wenig davon. Zum geistigen oder seelischen Wohlergehen trägt er jedoch seit Römerzeiten kräftig bei – und ebenso zum kulturellen Geschehen des Ortes. Nur wenige Gemeinden Deutschlands sind wohl (bei ähnlichen Verhältnissen) so eng mit ihrem Wein verbunden. Das liegt an der jahrtausendealten Tradition des Weinbaus in dieser „Odenwälder Weininsel". Die dokumentiert sich steinern und schriftlich. In Stein ist ein erstes Zeichen aus dem 2. Jahrhundert bekannt: ein aus einem Stück gehauenes „Weindenkmal" mit einer großen Traube, das in der Kirche zu besichtigen ist. Auf Papier wird 743 urkundlich von Weinbergen berichtet.

Im Mittelalter reichten die Rebenhänge Groß-Umstadts mit über 160 Hektar Anbaufläche weit in die Odenwaldtäler hinein. Dann kamen die Zerstörungen des Dreißigjährigen Krieges, später die Reblaus und andere Krankheiten – und schlechte Weinpreise. Der Weinbau ging zurück, und erst die Einrichtung eines Versuchsgutes in Groß-Umstadt im Jahr 1929 sowie die Gründung der Winzergenossenschaft 1959 brachten wieder eine Wende zugunsten des Weins.

Heute sorgen schon die zahlreichen Touristen dafür, daß der „Umstädter" nicht nur in den Gastwirtschaften am Ort getrunken wird. Immer mehr Gäste, die ansonsten den Wald, das Wandern und die Ruhe lieben, genießen auch den Rebensaft ihres Ferienortes. Möglichkeiten zum Kennenlernen gibt es genug. Da ist das Rathaus mit seinem Weinkeller, der Probiersaal des „Pfälzer Schlosses", und da ist vor allem das Weinfest im September, das mit

Klein-Umstadt (oben) und Groß-Umstadts großer Hauptplatz im romantischen Licht der Laternen.

seinem großen Umzug viele Veranstaltungen bedeutender Weinbaugemeinden übertrifft. An solchen Tagen probieren Tausende die Müller-Thurgauer und Silvaner, Rieslinge und Kerner sowie andere Rebsorten – und stellen fest, daß die Weine bei unterschiedlichem Sortencharakter doch etwas gemeinsam haben: Sie schmecken kernig und würzig gleichzeitig. Sie haben bei gleichem Reifegrad eine höhere Säure als vergleichbare Gewächse in anderen Bereichen. Die Säure macht sie dem gesunden Weinfreund sehr bekömmlich und gibt den Weinen dieser Gegend in guten Sonnenjahren das begehrte Rückgrat, mit dem sie über Jahre hin ihre Lebendigkeit erhalten.

Über 90 Prozent der Rebfläche des Bereichs Umstadt sind Teil der städtischen Gemarkung in den drei Lagen „Herrnberg", „Steingerück" (Groß-Umstadt) und „Stachelberg" (Klein-Umstadt). In Roßdorf und Dietzenbach wird nur noch auf kleineren Parzellen Wein angebaut. In Groß-Umstadt gibt es viele „Feierabendwinzer" und nur einige Vollerwerbsbetriebe. Der Weinbau hat dort eine so gesunde Basis, daß man mit Schrecken an die Zeit denkt, als ohne Versuchsgut und Genossenschaft die Gefahr bestand, daß rund 2000 Jahre Weinbautradition im Odenwald beinahe ein stilles Ende gefunden hätte.

Dietzenbach

Der Wein

Weinbaubetriebe: 1 im Nebenerwerb

Rebland: 0,08 ha in der Lage Wingertsberg

Rebsorten: Ruländer 80%, Spätburgunder 20%

Großlage/Bereich: großlagenfrei/Umstadt

Gästebetten/Gaststätten: 150/30

Die Stadt

Dietzenbach ist als Weinstadt ein Kuriosum: Die aufstrebende Gemeinde im Odenwald hat eine eigene Einzellage namens „Dietzenbacher Wingertsberg", in der ein einziger Nebenerwerbswinzer eine Rebfläche von der Größe eines Hausgartens bearbeitet. Daß für diese kleine Parzelle auch noch die Rebsortenverteilung angegeben ist, entspringt dem Spaß an dieser Weinminiatur. Daß es sich bei den Reben um zwei Vertreter der berühmten Pinot-Familie (Ruländer gleich Pinot gris – Spätburgunder gleich Pinot noir) handelt, ist ein freundlicher Zufall, der das Bild der Dietzenbacher Mini-Weinwelt abrundet. Der Ertrag, das muß noch gesagt sein, reicht gerade aus, um den Jahresbedarf einer Weintrinkerfamilie zu decken.

Ansonsten ist Dietzenbach keineswegs kurios, sondern eine aufstrebende Stadt mit langer Geschichte, die unter anderem durch den Fund eines Abfallgrabens der Römer belegt ist. Der enthielt sehr viel Aufschlußreiches über frühere Dietzenbacher und wurde ausgerechnet bei Ausschachtungsarbeiten für das neue Rathaus gefunden.

Seit 1970 ist Dietzenbach Stadt. Die Einwohnerzahl wächst weiter. Die Gemeinde ist beliebt; im Gegensatz zu anderen Ortsbeschreibungen dieses Buches muß man hier sagen: nicht wegen des Weines sondern wegen des Wohnens (und Lebens) allein.

Eine Weinkönigin der Bergstraße, eine Ex-Weinkönigin, eine Blumenkönigin und drei junge Mädchen in alten Bensheimer Trachten beim Weinfest.

Mitglieder des Bensheimer Trachtenvereins in Biedermeier-Tracht und einer Uniform der Bensheimer Bürgerwehr aus dem Jahre 1810.

Zwingenberg

5000 Einwohner

Lagenkarte Seite 68

Der Wein

Weinbaubetriebe: 3 im Vollerwerb, 56 im Nebenerwerb

Rebland: 16 ha in den Lagen Steingeröll (6 ha) und Alte Burg (10 ha)

Rebsorten: Riesling 54%, Müller-Thurgau 17%, Silvaner 15%, Ruländer 3%, Ehrenfelser 10%

Großlage/Bereich: Rott/Starkenburg

Gästebetten/Gaststätten: 274 (davon 128 in der Jugendherberge)/17

Die Stadt

Die tief ausgefahrenen Hohlwege, die gelegentlich kurzen aber heftigen Unwetter, die starke Zersplitterung des Reblandes mit hohem Arbeitsaufwand und keiner Möglichkeit zur Flurbereinigung, die geringe Anbaufläche, die kaum noch Möglichkeiten zur Ausdehnung läßt – die Zwingenberger haben einige Probleme. Da sie aber gleichzeitig Teil des kleinsten deutschen Anbaugebietes sind und eine sehr aktive zentrale Winzergenossenschaft haben – und dadurch keine Absatzschwierigkeiten, sind sie zufrieden: Ihr guter Wein verkauft sich gut.

Auf dem Marktplatz stehen Platanen in zwei Reihen. Pflastersteine auch auf den Straßen rundum. Selbst die neueren Dorfstraßen haben häufig Verbundpflaster. „Obergasse", „Neugasse", „Mittelgasse" oder „Alte Scheiergasse", so heißen einige dieser Straßen. In der Mitte des Marktplatzes plätschert ein Brunnen. „Linde", „Traube", „Sonne", „Löwen" und „Kornblume" sind einige der Gaststättennamen. „Eigene Weine" verkündet eines der Gasthäuser, „eigene Schlachtung" ein anderes. Viel Fachwerk, braune Balken, weiße oder beige Flächen haben die Erbauer oder Renovierer bevorzugt. An einigen der schönen, alten Häuser hängen kleine Schilder. „Herzogliche Hofapotheke" steht zum Beispiel darauf und außerdem, daß dieses Haus von 1766 sei. Das alte Rathaus schräg gegenüber ist laut Schildchen noch 63 Jahre älter.

Die Ortsverwaltung, sie heißt hier Magistrat, residiert heute in einem zum Teil noch wesentlich älteren Gemäuer. Das „Schlößchen", in dem ehemals der Ortsadel saß, ist größer als der alte Amtssitz, romantischer und repräsentativer sowieso und (Schildchen) 1779 renoviert.

Aus dem Fenster des Bürgermeisters geht der Blick auf viele blühende Bäume, auf ein Meer von Blüten im Frühjahr. Diese Bäume und diese Blüten sind neben dem Wein der zweite Reichtum des Städtchens. Einige Jahrzehnte lang sah es sogar so aus, als könnten die

Obstbäume den Reben den Rang ablaufen. 1938 erhielt Zwingenberg eine eigene Markthalle für die ungeheuren Obstmengen, die hier auch aus der dem Odenwald vorgelagerten Ebene angeliefert wurden. Es gab einen Bahnanschluß für die Halle, und im Ort feierte man einmal jährlich das „Erdbeerfest“ und zu anderer Zeit auch das „Pfirsichfest“.

Jetzt stehen die Zeichen der Zeit eher nach einem Weinfest. (Es gibt noch keins.) Der Weinanbau, der während der Blütezeit des Obstbaus stark zurückging, ist wirtschaftlich wieder interessanter geworden. In der Ebene vor Zwingenberg wird ohnehin kein Obst mehr angebaut und im Ort selbst stagnierte der Anbau oder ginge vielleicht zurück, wenn die Gemeinde ihn nicht – wegen der schönen und für die Region berühmten – Baumblüte förderte.

1862 gab es an den Hängen von Zwingenberg 27 Hektar Rebland. 1913 waren es 38 Hektar, 1927 wurden 29 bebaut, 1938 nur noch 15, und 1970 war mit 12 Hektar Rebfläche der niedrigste Stand erreicht. Jetzt steigt der Anbau wieder, obwohl die Winzer nach wie vor auf nicht flurbereinigten Terrassen anbauen müssen und keine Chance zu einer Umlegung und Flächen-Einebnung besteht. – Der Stand von 1981: 16 Hektar hochwertigen Reblands an den Berghängen über dem Ort.

Der Fremdenverkehr hilft den Winzern, ihren Wein zu vermarkten. Und für seine Gäste hat Zwingenberg einiges getan. Da gibt es neben dem schönen Erbe aus baulicher Vergangenheit und neben der extrem frühen Baumblüte (Deuschland-Rekord) einen gepflegten Stadtpark im alten Nekkarbett vor der Stadtmauer. Da sind die alten Scheuern der „Alten Scheiergass“ überholt worden. Ein Heimatmuseum ist ebenso vorgesehen wie urwüchsige Weinstuben. Eine weitere Weinstube wurde kürzlich am Marktplatz eröffnet.

Die Rebfläche des Ortes wird von 59 Winzern bewirtschaftet – zum großen Teil auf kleinen und kleinsten Parzellen im Nebenerwerb. – Weinbau macht auch hier soviel Freude, daß niemand von seinen Reben lassen mag.

Nur drei reine Winzerbetriebe gibt es in der Gemeinde, drei weitere Winzer leben auch von der Landwirtschaft, die sie gleichzeitig betreiben. Der große Rest ist „Feierabendwinzer“. Nur ein Selbstvermarkter keltert noch seine eigenen Weine – und verkauft sie weitgehend in der eigenen Gaststätte.

Die Weine aus Zwingenberg sind

recht kernig (herb-würzig). Das gilt vor allem für den Riesling, der hier 50 Prozent des Weinangebots ausmacht. Aber auch der Müller-Thurgau (17 Prozent) und auch noch der Silvaner (15 Prozent) machen den „harten" Ton des Granitverwitterungsbodens deutlich. Boden und „Ton" gelten als typisch für die Region.

Früher bauten die Zwingenberger Winzer auch den reich tragenden Veltiner und einige andere heute verschwundenen Rebsorten an. Wie sie das getan haben, berichtet zum Beispiel die „Hessische Landeszeitung" in einer Ausgabe des Jahres 1783: „Sie bauen ihr weniges Feld so emsig und klug, daß sie weit mehr von dem wenigen, als andere von ihrem weit größeren Gut ziehen. Öde und Wüsteneien, die sich hier und da gefunden und Raine, die man vorher ganz untauglich zu irgendeinem Ertrag gehalten, hat man teils zu Weinbergen, teils zu anderen nützlichen Anlagen auf eine bewundernswerte Weise geschaffen."

Den Winzern blieb gar nichts anderes übrig, als jeden nur eben geeigneten Flecken zu nutzen: Damals wie heute verfügte der Ort nur über eine außerordentlich geringe Gemarkungsfläche. Zudem war in früheren Jahrhunderten das stark versumpfte Land der Ebene kaum für den Weinbau zu nutzen.

Dieses Land konnte auch nicht für den Verkehr genutzt werden, und das war wiederum ein großer Vorteil für die Zwingenberger. Reisende mußten durch den Ort, machten hier häufig Station auf dem Weg von Süden nach Frankfurt – und tranken natürlich den Zwingenberger Wein in den zahlreichen Gaststätten der Gemeinde. 40 solcher Stätten soll es noch um 1900 in dem Städtchen gegeben haben. Und die Chronik berichtet auch, daß man durch Zolleinnahmen die Einkünfte aufbesserte. Natürlich profitierten davon vor

allem die Adeligen des Ortes, die auf den lustigen Namen Katzenelnbogen hörten. Daß zeitweise Gefangene des Ortskerkers sowohl mit einer bestimmten Zahl von Stockschlägen begrüßt als auch in die Freiheit verabschiedet wurden, soll hier zwar nur am Rande vermerkt, aber nicht verschwiegen sein.

Strenge zeigte die Ortsobrigkeit andererseits auch beim Wein – und das kam sicherlich dessen Qualität zugute. (Da hat sich nichts geändert.) Eine Weinordnung aus dem Jahr 1749 legt zum Beispiel genau fest, wann und wie gelesen werden darf. Paragraph eins daraus: „Es soll sich niemand der Vorlese bedienen, welcher nicht vermöge der am 23. September 1715 ergangenen fürstlichen Verordnung dazu berechtigt, als nur: Beamte, Pfarrer, Schulmeister, Kastenmeister, Kelterschreiber, Zehendschreiber, Kelterknechte, Vormünde und Weinzöller ..."

Zu jener Zeit hatte fast jede Familie im Ort eigenen Weinbau, die Keller in tatsächlich jedem Haus der Altstadt weisen das heute noch aus.

Nach zwischenzeitlichem Niedergang gab es zur Jahrhundertwende unseres Jahrhunderts eine weitere Blüte des Weinbaus, und nun folgt eine neue – allerdings mit einer wesentlich kleineren Fläche. Beste Zeichen dafür: Auch die jungen Leute engagieren sich wieder stärker im Wein, und auch in brachliegenden Obstgärten werden nun neue Reben angepflanzt – und immer noch wie vor Jahrhunderten auf kleinen und kleinsten Parzellen. Und sie hoffen – wie seit Jahrhunderten, daß kein großes Unwetter die Früchte ihrer Arbeit zerstört, solch ein Unwetter, wie es ihre Eltern am 29. April 1928 erlebten, als nachher die Weinberge zerstört waren und Lehm und Geröll bis zu eineinhalb Meter hoch in den Straßen lagen.

Karrenwege im Berg über Zwingenberg sind in Jahrhunderten durch die Fuhrwerke und durch die gelegentlich starken Regenfälle immer stärker ausgefahren und ausgewaschen worden. Einer dieser Wege hieß dann auch seit langer Zeit seinem Bild entsprechend „In der Hohl" – bis...
Also da gibt es einmal das starke Engagement der Zwingenberger Winzer in Sachen Wegebau und zum anderen gibt es im Ort den außerordentlich engagierten Jakob Gans. Und als „In der Hohl" zum Erneuern anstand, auf daß er nicht mehr nach jedem Regenfall lange unbefahrbar sei, da kam die Stunde des Mitbürgers Gans, der sich aller Einzelheiten und Feinheiten des Wegebaus „In der Hohl" annahm, hier korrigierte und da zusätzliche Forderungen stellte. Kurz: Es wurde ein perfekter Weg, bescheiden zwar, aber gewissermaßen ein bundesdeutsches Lehrbeispiel für Kurvenbau und Wasserabfluß und Idealneigung und...
Es gab ein Einweihungsfest, und als die Festgemeinde anrückte, da stand dort bereits ein Wegweiser mit zwei Richtungspfeilen und einem recht großen Namensschild. Das alles war a) Winzerarbeit und b) nächtliches Werk. Auf dem Namensschild prangt in großen Lettern „Jakob Weg" und in der Mitte zwischen den beiden Worten ist ein zusätzliches Schild angeschraubt, das eine gemalte Gans zeigt. Und so steht es heute noch im Weinberg über Zwingenberg – und gibt Wanderern Rätsel auf.

Bensheim

33000 Einwohner

Lagenkarte Seite 68

Der Wein

Weinbaubetriebe: 8 im Vollerwerb, 98 im Nebenerwerb

Rebland: 279 ha (davon 151 ha bestockt) in den Lagen Kalkgasse (47 ha), Hemsberg (71 ha), Steichling (115 ha), Paulus (26 ha), Schönberger Herrnwingert (11 ha) und Kirchberg (9 ha)

Rebsorten: Riesling 55%, Müller-Thurgau 20%, Silvaner 10%, Ruländer 7%, sonstige 8%

Großlage/Bereich: Wolfsmagen/Starkenburg

Weinfest: Bergsträßer Winzerfest 1. Wochenende im September 9 Tage lang

Gästebetten/Gaststätten: 700/110

Die Stadt

„Diese Stadt ... ist die vornehmste Stadt in der Bergstraß ..." Mit diesem Satz hat Matthaeus Merian seine Beschreibung Bensheims im 1642 erstmals verlegten Band „Topographia Palatinatus Rheni" begonnen. Mit dem Wort vornehm war damals auch groß, wichtig, wohlhabend und bedeutend gemeint, und wenn man im Güterverzeichnis jener Zeit nachschlägt, muß man Merian recht geben: Bensheim hatte 3000 Einwohner, sehr viel für jene Zeit, als Hamburg, Frankfurt und Nürnberg die 10000 auch noch nicht überschritten hatten. 27 Familien besaßen dort Adelshöfe, 15 Altäre wurden von Geistlichen mit eigenen Pfründen versorgt, Beamte der Stadt, des Klosters Lorsch, des Domkapitels, der pfälzischen Amtskellerei und Burgmänner der Starkenburg hatten ihren Wohnsitz in den Bensheimer Mauern. „ABC"-Stadt wurde Bensheim scherzhaft genannt. Die Bezeichnung stand für die Anfangsbuchstaben von Adel, Beamte und Clerus.

Bensheim war zu jener Zeit tatsächlich sehr bedeutend, eine lange Friedensperiode von 150 Jahren Dauer – eine ergebnislose Belagerung der gut befestigten Stadt nicht gerechnet – sorgte für Wohlstand. Begonnen hatte diese Entwicklung jedoch lange vorher, genau am 5. März des Jahres 956.

Das Staatsweingut in Bensheim gehört zur Verwaltung der Staatsweingüter in Eltville. Auch in dieser Verbindung ist die Verwandtschaft des kleinen Anbaugebietes Hessische Bergstraße mit dem Rheingau dokumentiert. Wie im Rheingau werden auch hier die Holzfässer sämtlich genutzt. Die Preistafel erinnert an alte Lagen, Jahrgänge – und niedrige Weinpreise in der Gaststätte.

Wer immer Bensheim gründete und gleichgültig wieviel die Römer zu seiner Entwicklung beigetragen haben, der Ort hat von Anfang an günstig gelegen. Die „Strata Montana" der Römer führte hier vorbei und kreuzte im Dorf den später „Nibelungenstraße" genannten Handelsweg. Wenige Kilometer entfernt hatte sich zudem ein Kloster angesiedelt, daß zu einem der reichsten und einflußreichsten in deutschen Landen wurde, das Kloster Lorsch.

Klosterbedeutung, Straßen-Lage und wohl auch eine tüchtige Bevölkerung im damals noch kleindörflichen „Basinsheim" bewogen Otto den Großen zusammen mit einer Fürsprache des Lorscher Abtes bei der Kaisergattin Adelheid, Basinsheim als erster Stadt Süddeutschlands Marktrechte zu verleihen. Damit hatte das Dorf eine hervorragende Chance zu wirtschaftlichem Erfolg. Daß diese Chance die rechten Leute traf, bewiesen die Bensheimer, als ein späterer Kaiser in einer Fehde mit seinen rheinischen Kurfürsten Bensheim nach drei Wochen Belagerung niederbrannte. Die Bewohner schafften den völligen Wiederaufbau in weniger als 20 Jahren und wurden dafür im Jahre 1320 mit den Stadtrechten belohnt.

Damit begann die erwähnte lange Friedenszeit. Später mußte Bensheim in jeder Generation Krieg und Unglück erdulden, genauso wie es überall in Deutschland geschah. Zuletzt sanken noch 1945 einige der schönsten Häuser am Marktplatz in Schutt und Asche.

Heute ist die zentrale Gemeinde der Bergstraße wiederum in Schönheit aus den Trümmern erstanden. Daß auch einige Hochhäuser in der Ebene zum Rhein hin aufragen, paßt zwar nicht zum mittelalterlichen Bild, entsprang aber den Bedürfnissen der Zeit. So bietet die Stadt mit ihren 1939 eingemeindeten Stadtteilen Auerbach, Schönberg und Zell nun drei Gesichter: Das mittelalterliche im Kern nahe dem Hang des Odenwaldes, das mittelständisch moderne zur Rheinebene hin und das dörflich-romantische in Stadtteilen, die in Odenwald-Tälern auch nach der Eingemeindung Dörfer geblieben sind. Bensheim-Auerbach erhielt dadurch sogar die staatliche Anerkennung als Erholungsort.

Der Wein spielt im Leben der Stadt immer noch eine große Rolle – genauso wie die uralten Märkte, die nun Alltags- und Festtagsgeschehen gleichermaßen sind. Das größte Fest der Stadt ist alljährlich im September ein zentrales Weinfest für die Bergstraße, das „Bergsträßer Winzerfest". Zu dieser Gelegenheit, Weine aus dem ganzen Anbaugebiet zu probieren, zu Musik, Tanz, Darbietungen und Geselligkeit kommen viele tausend Weinfreunde – unter anderem auch aus den ausländischen Partnergemeinden – nach Bensheim.

Im übrigen hat die Stadt jedoch von der Baumblüte, der frühesten in Deutschland, bis zur späten Weinlese im Herbst Saison.

Die Ferien- und Wochenendgäste haben Freude an den schönen Häusern der Innenstadt, an der Parkanlage des „Fürstenlagers" mit dem höchsten Mammutbaum Europas, am Auerbacher Schloß und am Schloß Schönberg. Sie wandern zum „Bismarckturm" und zum Melibokus, dem höchsten Berg der Region. Sie besuchen die nahe Starkenburg und das ebenso nahe Kloster Lorsch, die Riedebene mit dem Altrhein und die mächtigen Steine im Odenwald, die aus hartem Granit bestehen, und von denen Merian schon mutmaßte, daß sie von römischen Steinmetzen behauen worden seien.

Das romantische und das moderne Bensheim – letzteres von den Heppenheimer Weinbergen aus im Morgendunst fotografiert.

Dieser Merian-Stich zeigt, wie Bensheim im 17. Jahrhundert etwa zur Zeit des Dreißigjährigen Krieges ausgesehen ha

Die Weinreben an den Berghängen des Vordergrundes beweisen, daß die Stadt auch zu jener Zeit weinbaufreudig war.

Stahltanks und Holzfässer liegen im Keller der Gebietswinzergenossenschaft in Heppenheim nebeneinander. Schöne Bilder ergeben die einen und die anderen, es kommt halt auf den Blickwinkel an – genauso wie bei der Abfüllanlage und dem Verkaufsraum (kleine Fotos), die ein Stockwerk höher angesiedelt sind.

Farbige Netze gegen die Vögel und einige vom Fotografen bemerkte – und

zum Nach-Schauen festgehaltene Details in und um Zwingenberg.

Bensheim-Gronau: Weinbau zwischen den Häusern – Idylle im Seitental.

Die Geschichte von dem gedachten Zusammenschluß der Städte Bensheim und Heppenheim

Zur Hoch-Zeit der Verwaltungsreformen (auf dem Wege über Eingemeindungen und Zusammenlegungen) stand auch kurzfristig die Frage einer Zusammenlegung von Bensheim und Heppenheim „im Raume“, wie es im Verwaltungsdeutsch so unschön heißt. Sehr voreilig und rein theoretisch machten sich dann einige Leute Gedanken über die Frage, wie man die neue Zwei-Städte-Stadt dann wohl benennen könne. Aus Heppenheim kam dabei der schlitzohrige Vorschlag, die ersten beiden Silben des eigenen mit der letzten Silbe des Bensheimer Ortsnamens zu kombinieren. – Da sich die Heppenheimer und Bensheimer sehr häufig beim Wein begegnen, blieb es natürlich nicht aus, daß es sich die Bensheimer nicht nehmen ließen, ein noch „günstigeres“ Angebot zu machen: die erste Silbe von Bensheim und die letzte von Heppenheim solle der neue Stadtname sein!

Wie sagt man's im Bürodeutsch: „Die Sache ist vom Tisch.“ Über die Zusammenlegung spricht heute niemand mehr, die Namensspielerei ist dagegen noch häufig im Weingespräch.

Heppenheim

24000 Einwohner

Lagenkarte Seite 68

Der Wein

Weinbaubetriebe: 15 im Vollerwerb, 50 im Nebenerwerb

Rebland: insgesamt 401 ha ausgewiesen, davon zur Zeit 173 ha bestockt in den Lagen Eckweg (115 ha), Maiberg (111 ha), Stemmler (105 ha), Steinkopf (34 ha), Guldenzoll (19 ha) und Centgericht (17 ha)

Rebsorten: Riesling 52%, Müller-Thurgau 18%, Silvaner 9%, Ruländer 11%, Spätburgunder 1%, Gewürztraminer 1%, Kerner 3%, Scheurebe 3%, sonstige 2%

Großlage/Bereich: Schloßberg/Starkenburg

Weinfest: Bergsträßer Weinmarkt Ende Juni

Gästebetten/Gaststätten: 600/50

Die Stadt

Ein Bericht über Heppenheim läßt sich mit verschiedenen Daten beginnen, mit dem 10. Juni 1958 zum Beispiel, als das gerade in Teilen erneuerte wunderschöne Rathaus brannte und beinahe völlig zerstört worden wäre. Oder mit dem Jahr 1065, als die Starkenburg über Heppenheim gebaut wurde, deren attraktiven Reste heute noch zu besichtigen sind. Oder mit dem 17. Juli 755, an dem ein Mann namens Marcharius aus dem Dorf Botzheim bei Ladenburg der Basilika St. Peter in Heppenheim einiges Besitztum in Weinheim schenkte.

Der Marktplatz (oben) und eine der ebenso romantischen Gassen, die von diesem berühmten Marktplatz abzweigen.

Oder mit der Römerzeit kurz nach Christus, als die Männer aus dem Süden ihre hohe Kultur – und die Weinkultur in diesen Raum brachten. Oder mit der Zeit um 1800 vor Christus, als Töpfer zu den Bestattungen auf der Lee bei Heppenheim schön geformte und mit Bändern und Punkten verzierte Tongefäße lieferten.

Man kann Matthäus Merian, den weitgereisten Stichemacher mit der Stadtbeschreibung beginnen lassen: Anno 1643 im Junio haben die Hessen-Casselischen dieses Städtlein ausgeplündert. An 1645, den 22. Juno ergab es sich den Franzosen auf Discretion, die solches ausplünderten…" Merian reiht die Berichte über Missetaten und Kriege in seiner Heppenheim-Beschreibung aus dem Jahr 1672 aneinander. Den Grund für die kriegerische Vergangenheit nennt er auch: „Das besagte ob dem Städtlein am Berg über den Weingarten gelegene Schloß, Castel oder Festung wird Starckenburg genannt…"

Die Geschicke der Heppenheimer waren seit dem Burgbau sehr mit der Starkenburg verknüpft, und da immer wieder Herren und Heere versuchten, die Burg in ihren Besitz zu bringen, erlitt die Stadt darunter viel Kriegsleid. Wer heute von der Burg in's Tal schaut hinüber zum wenige Kilometer entfernten Kloster Lorsch, das ebenfalls Heppenheimer Schicksal und Schicksale bestimmte, hinunter auf den Ort mit seinem kleinen See in der Riedebene und auf seinen berühmten Marktplatz mit den Fachwerkhäusern… Wer heute hinunterschaut, sieht ein friedliches Panorama, sieht neue Zeit und Mittelalter nebeneinander, freut sich an der Geometrie des Fachwerks und an der anderen der Weinberge.

Mit dem Blick von oben kann man seine Heppenheim-Erkundung ebenso beginnen wie mit dem Blick von eben diesem Marktplatz auf die malerischen Fassaden, auf den Rathausturm mit seinen 33 Glokken, die von Hand über Tasten gespielt oder nach der Vorgabe bekannter Melodien automatisch geläutet werden können. Wenn man dort steht, abends zumal, dann steht man im romantischen Mittelalter vor einer so gut erhaltenen Kulisse, wie sie sich während ihrer Entstehung in den Jahrhunderten nach dem 15. Jahrhundert wohl niemals präsentieren konnte.

Die alten Gassen um den Marktplatz mit den Fachwerkhäusern sind einer der Reize des staatlich anerkannten Luftkurortes mit einer reichen Geschichte, die allenthalben in eine lebendige Gegenwart hineinreicht. Beispiel dafür ist der Kurmainzer Amtshof, ein Gebäudekomplex, über dessen Lehensträger der Mainzer Kurfürst die Geschicke von Ort und Umgebung bestimmte. Hier wurden auch die Abgaben der Bürger gesammelt, im Keller des Hauses fanden zum Beispiel 113 000 Liter Wein in 60 Fässern Platz. Über dem Weinkeller liegt ein großer Saal, der damals unter anderem dem Kurfürsten für seine Amtshandlungen und Feste diente. Heute wird der hervorragend restaurierte Raum für die Belange der Bevölkerung genutzt, und im Keller kehren Einheimische und weinfreudige Besucher zum fröhlichen Trinken ein.

Als der Amtshof noch seinem ursprünglichen Zweck diente, gab es Zeiten, während der in Heppenheim viel mehr Rebland bestellt war, als heute. 1680 zum Beispiel sind rund 260 Hektar bestockter Rebfläche nachgewiesen.

Es gab jedoch Jahre und Jahrzehnte, in denen der Weinbau ganz darniederlag – sogar noch in unserem Jahrhundert: Nach einer Rekordernte im Jahr 1904 sah es so aus, als sollte der Weinbau in Heppenheim wieder Auftrieb bekommen, nachdem die Rebflächen angesichts der Reblaus und insgesamt schlechter Erträge stark geschrumpft waren. Schon 1850, also vor dem Auftreten der Reblaus, war die Rebfläche Heppenheims auf 91 Hektar zurückgegangen. Dann jedoch kam 1904 mit einer unglaublichen Erntemenge, die sich nur mit dem Riesenertrag des Jahres 1970 vergleichen läßt.

In jenem Jahr gründeten die Heppenheimer ihre Winzergenossenschaft – und mußten dann im folgenden feuchten Jahr eine furchtbare Enttäuschung erfahren. Die Peronaspera (echter Mehltau) vernichtete fast die gesamte Ernte. Als sich die Katastrophe im nächsten Jahr wiederholte, gaben viele Winzer den Weinbau auf, ließen Weinberge brach liegen oder hauten die Reben aus, um Obstbäume anzupflanzen. Nur die schöne, sehr frühe und sehr bekannte Baumblüte der Mandel- und Pfirsichbäume gab damals dem zerrissenen Weinbergsgelände einige Schönheit.

Romantisches Heppenheim – die Fotos dieser Doppelseite geben einen Eindruck von der aus der Vergangenheit überkommenen Schönheit des Ortes.

Die Bäume blühen immer noch, auch in den jetzt geschlossenen Rebenarealen werden wieder neue Bäume angepflanzt, einfach um der landschaftlichen Schönheit willen. Der Weinbau ist jetzt sicherer Broterwerb. Die Zentralkellerei der Bergsträßer Gebietswinzergenossenschaft in der Stadt, der „Weinmarkt" Ende Juni/Anfang Juli bringt viele Weinfreunde in die Stadt, ebenso kommen die Besucher zu den Festspielen oder dem großen Feuerwerk. Dann steht die „Starkenburg in Flammen" (so der Festtitel) – aber friedlich und zur Freude aller Beteiligten.

Die Starkenburg (die beiden oberen Fotos) hat über viele Jahrhunderte das Schicksal Heppenheims entscheidend mitbestimmt. Heute ist sie nur noch touristische Attraktion, ein beliebtes Ausflugsziel für Wanderungen und Spaziergänge. – Nebenstehend eine von Heppenheims Weingaststätten, wenn man so will: auch ein Ausflugsziel.

Harmlos sind beide Kristallarten: Weinstein ist ausgefällte Säure, die sich gelegentlich in körniger Form auch in Flaschen zeigt und auf die Weinqualität keinen Einfluß hat.

Schneekristalle am winterlichen Rebholz und Weinsteinkristalle in Blättchen, die aus einem Rieslingfaß entfernt wurden. Bei Wasser und Wein hat Kälteeinfluß zur Kristallbildung geführt.

Teil VI

Genossenschaften der beiden Anbaugebiete – Portrait der Lehr- und Forschungsanstalt in Geisenheim – Kommentar des Autors zum uralten Thema »Wein und Gesundheit« – Gedichte von zwei bekannten Rheingauer Persönlichkeiten – Hilfen zum Nachschlagen – Register und nach verschiedenen Gesichtspunkten gegliederte Inhaltsverzeichnisse – Auskunftsadressen – Nachweis der Illustrationen dieses Buches

Bergsträßer Gebiets-Winzergenossenschaft

Als die Winzer der Bergstraße 1904 einmal mehr in Not waren, weil sie ihre Trauben und Weine nicht absetzen konnten, da fanden sich einige Männer aus Heppenheim, Hambach und Erbach zusammen und gründeten eine Winzergenossenschaft. Tatkräftige Hilfe kam unter anderem vom Fehlheimer Pfarrer Mauer. Man nannte die Organisation nach der Starkenburg und erhielt im Herbst des gleichen Jahres bereits großes öffentliches Lob in den „Wormser Nachrichten":

„Das ist eine Leistung! Hut ab vor dem eifrigen Vorstand und Aufsichtsrat und den wackeren Mitgliedern des jungen Raiffeisenkindes. Kaum vor sechs Wochen gegründet, trat der Verein im Herbste schon in volle Aktion. Wie ist den Winzern so wohl. Sie sind ihre Trauben zum reellen Preis los und haben das ganze Geld in der Tasche und die schöne Aussicht auf nochmalige Rückvergütung. War neulich drüben und hab' mir alles angesehen. Nicht zu sagen, wie alles vorzüglich ist: Der geräumige Keller des Amtshauses beherbergt nicht weniger als 89 Stück Wein, reines Naturprodukt. Jedes Faß ist ausgezeichnet auf Lage und Qualität..."

Damals war der Silvaner die Traubensorte Nummer eins an der Bergstraße. Die Winzer erhielten für diese Sorte 24 Pfennig bei einem Mostgewicht bis 70 Grad Öchsle, für Moste zwischen 70 und 75 Grad wurde ein Pfennig mehr gezahlt, desgleichen noch einmal für 75 bis 80 Grad und dann über achtzig Grad. Zum Vergleich: Der Kellermeister verdiente damals 33 Pfennig Stundenlohn.

Gleich zu Anfang inserierten die Genossenschafter in mehreren Zeitungen, beschickten Ausstellungen – und drängten auf eine Verschärfung der Gesetze, um Weinfälschungen zu unterbinden. Neben dem Kampf gegen die Billigweine der Fälscher hatte die Genossenschaft 1906 und 1910 auch gegen die Unbilden der Natur zu kämpfen: Die Peronospera (falscher Mehltau) führte zu einem fast völligen Ernteausfall.

Viele Weinberge wurden in jener Zeit aufgegeben. Rebflächen lagen brach oder wurden als Obstgärten genutzt. Das Sonnenjahr 1911 kam für viele Betriebe zu spät.

Von den 108000 Kilogramm angelieferten Trauben im Jahr 1904 bis zu den weit über zwei Millionen Kilogramm, die heute in einem Normaljahr von den mehr als 500 Mitgliedern angeliefert werden, galt es, noch weitere Krisen zu überstehen. 1910, 1924 und 1942 wurde nicht ein Kilo Trauben geerntet. Es gab viele Jahre mit sehr geringen Mengen, und die Ausbeute des Gründungsjahres wurde erst 1954 wieder erreicht. 1958 begann dann endlich der Aufschwung und 1973 schließlich eine Zeit vergleichsweise stabiler Leseergebnisse auf einem hohen Niveau.

Heute bewirtschaften die Mitglieder der Gebiets-Winzergenossenschaft 260 Hektar Rebland. Im Rebsortenspiegel führt der Riesling (52 Prozent) mit weitem Abstand vor dem Müller-Thurgau (21 Prozent) und den Sorten Ruländer und Silvaner, die mit jeweils etwa 10 Prozent am Gesamtergebnis beteiligt sind. Der Rest von rund 5 Prozent verteilt sich auf mehrere Rebsorten.

Gründungsvorstand der Odenwälder WG.

Odenwälder Winzergenossenschaft

Von der Betriebsstruktur her – die meisten Winzer haben weniger als 1 Hektar Rebland – hätte Groß-Umstadt schon lange eine Winzergenossenschaft gebraucht. Die Gründung kam jedoch erst 1959 und der Mitgliederaufschwung erst, nachdem die Winzergenossenschaft nach dem Mengenjahr 1960 ihren Mitgliedern bis zu zweieinhalbmal soviel für das abgelieferte Kilo Trauben zahlen konnte wie der freie Markt, auf dem die anderen Winzer ihre Trauben verkaufen mußten. Da begann der Mitgliederzustrom, der die Genossenschaft auf einen heutigen Stand von rund 150 Mitgliedern kommen ließ.

Wie gesagt, die Rebflächen sind klein, und insgesamt liegen nur etwa 45 Hektar Weinberge auf der Gemarkung Groß-Umstadts. 27 davon sind jetzt „Genossenschaftsland". Zu jeweils etwa einem Drittel werden hier Müller-Thurgau und Silvaner angebaut. Der Riesling ist mit rund einem Fünftel vertreten, und in die restliche Rebfläche teilen sich Portugieser, Kerner, Bacchus und andere Rebsorten.

Zehn Jahre lang konnte die Genossenschaft nach dem Start im Jahre 1959 die schönen Kellergewölbe des „Pfälzer Schlosses" bewirtschaften, dann mußte man aus Platzmangel an den Stadtrand ziehen. Inzwischen werden die alten Kellerräume wieder weingerecht weiterverwendet: Sie dienen als romantischer Probenraum. Hier stellt sich auch die Genossenschaft dem vergleichenden Urteil der Weinfreunde.

Gebietswinzergenossenschaft Eltville

Als 1959 abzusehen war, wieviel Wein bester Qualität dieser Jahrgang bringen würde, da machte man sich in Genossenschafterkreisen Gedanken über Kapazitäten der einzelnen Winzergenossenschaften des Rheingaus – und über ihre Weinvermarktung. Das geschah nicht zum erstenmal, aber nun wurde die Frage „brennend", und der Jahrgang bot gute Aussichten, etwas Neues zu versuchen. Das Neue war dann die Gründung der Gebietswinzergenossenschaft „Rheingau", die von vornherein die Aufgabe hatte, großen Abnehmern mit entsprechendem Mengenangebot ein leistungsfähiger Partner zu sein.

Bis 1963 arbeitete die Genossenschaft in gemieteten Räumen in Geisenheim. 1964 wurde das eigene Gebäude zwischen Eltville und Erbach gebaut. Gleich darauf hatte man mit dem 64er und seinem großen Herbst eine gewaltige Erntemenge zu bewältigen. Die finanziellen Probleme durch die Neubaubelastung blieben bis 1970.

Dann folgten in rascher Folge einige gute Jahrgänge – fette Weinjahre gewissermaßen. 1971, 1973, 1974 und 1976 natürlich brachten die wirtschaftliche Gesundung.

Stahl und glänzende Kacheln – Voraussetzungen für rationelle und hygienische Kellerwirtschaft.

1979 konnte man mit dem bisher letzten Bauabschnitt beginnen, der ein neues Verwaltungsgebäude und auch eine moderne Traubenannahme brachte. Heute kann die gesamte Jahresanlieferung von 300 Mitgliedern (120 Hektar) von der Kapazität her in Flaschen gelagert werden, so daß man theoretisch auch bei Absatzengpässen noch keine Raumsorgen hätte. Aber das ist wirklich nur Theorie, denn der Absatz ist gut. Vom Spätburgunder könnte die Gebietswinzergenossenschaft größere Mengen gebrauchen, so daß sie ihren Mitgliedern angeraten hat, den Rotweinanbau zu verstärken.

Heute ist der Anbau auf die beiden Hauptrebsorten Riesling (75%) und Müller-Thurgau (zusammen mit kleineren Anteilen anderer Rebsorten ein Viertel) ausgerichtet.

Die Mitglieder der Gebietswinzergenossenschaft sind über den ganzen Rheingau verteilt. Durch Fusionen wurden alle Mitglieder der Ortsgenossenschaften von Lorchhausen, Rüdesheim, Winkel, Martinsthal und Hochheim (dort zwei Genossenschaften) übernommen. In Lorchhausen unterhält die Gebietswinzergenossenschaft noch eine Kelterstation, ansonsten wird das Traubengut von den Winzern in die Eltviller Kelterzentrale geliefert.

Winzergenossenschaft Lorch

Ein Drittel der Ernte geht als Most an die Gebietswinzergenossenschaft. Die verbleibenden zwei Drittel werden zu 100 Prozent „auf der Flasche vermarktet“, wie es in der Fachsprache heißt.

Was im eigenen Genossenschaftsgebäude auf Flaschen gefüllt wird, ist bei den Qualitäts und Prädikatsweinen fast ausschließlich Riesling in 0,7-l- beziehungsweise 0,75-l-Flaschen.

So ist der mit 50 Prozent auf den 60 Hektar Genossenschaftsland vergleichsweise wenig angebaute Riesling auf der Weinkarte doch hervorragend vertreten. Die anderen Rebsorten – vorwiegend Silvaner (rund 30 Prozent Anteil) und Müller-Thurgau – kommen als „Ausschankwein“ in den Geschmacksrichtungen „trocken“, „halbtrocken“ und „mild“ in den Handel.

Bleibt noch zu sagen, daß die Genossenschaft 1934 gegründet wurde und heute 70 Mitglieder hat, die sämtlich Nebenerwerbswinzer sind.

Winzergenossenschaft Johannisberg

Die Johannisberger haben bei ihrer Genossenschaft einige Besonderheiten: Erstens ist sie zwar erst 1970 gegründet, aber Tochter des Winzervereins, den es bereits seit 1897 gibt.

Zweitens gehört sie mit 40 Mitgliedern zu den Kleinsten im Lande – aber auch zu den Genossenschaften, die den Riesling besonders pflegen – (fast 90%). (Interessant in diesem Zusammenhang: Der Rieslinganteil der Genossenschaften ist insgesamt wesentlich höher als der des Durchschnitts im Anbaugebiet.)

Drittens arbeiten alle Mitarbeiter nebenberuflich – einschließlich des geschäftsführenden Vorstandsmitglieds und des Kellermeisters.

Viertens hat sie besondere Vermarktungswege: Flaschen für Endverbraucher – Ausschank in der eigenen Gastwirtschaft „Winzerhaus" – Faßweinverkauf – Versteigerung für Kommissionäre.

Für die Mitglieder der Genossenschaft besteht Vollablieferungspflicht. Welche Weinqualität die von ihnen gelesenen Trauben erbringen, kann man im ersten Überblick in der eigenen Gastwirtschaft erfahren: Sie bietet zehn (!) Ausschankweine an.

Winzergenossenschaft Hallgarten

Hallgarten ist ein ganz besonderes Genossenschaftspflaster. Das Dorf hat innerhalb vier Jahren um die vergangene Jahrhundertwende die Gründung von drei Genossenschaften erlebt. Zwei davon haben sich inzwischen (1970) zur Winzergenossenschaft Hallgarten zusammengeschlossen: die „Deutschen" (Gründungsjahr 1898) und die „Buren" (Gründungsjahr 1902). Daß die Genossenschaften solch originelle Namen getragen haben, hängt wiederum mit einer anderen Hallgartener Eigenschaft zusammen: Man neckt und foppt gern. Spitznamen gehören zu Hallgarten wie die Genossenschaftsfreudigkeit.

Die neue, vergleichsweise große Gemeinschafts-Genossenschaft hat 210 Mitglieder mit 200 Hektar Rebland. Für 110 Hektar dieser Fläche besteht Vollablieferungspflicht. Absatzsorgen gibt es nicht. Die gesamte Weinmenge wird auf der Flasche vermarktet, und man ist zuversichtlich, auch die merkbar größere Ertragsmenge nach Abschluß der jetzt laufenden Weinbergsumlegung gut vermarkten zu können. Schon heute ist der durchschnittliche Jahresertrag eine Million Liter – vorwiegend Rieslingwein.

Neben 80 Prozent Riesling bauen die Mitglieder 15 Prozent Müller-Thurgau und zusammen etwa 5 Prozent Ehrenfelser, Silvaner und Kerner an. Wenn alles nach Plan verläuft, wird die Genossenschaft bald auch Rotwein anbieten können. Dahingehend lautet nämlich die Anbauempfehlung an die Mitglieder.

Das wäre dann der Beginn eines neuen Abschnittes in der langen und farbigen Geschichte dieser Winzergenossen – und natürlich ein Anlaß zum Fest in der eigenen Winzerhalle, in der auch die Weinfreunde des Hauses jederzeit zum Probieren willkommen sind.

Moderne Einrichtung und Gewölbekeller haben beide Hallgartener Genossenschaften. die WG Hallgarten (ehemals „Die Buren" und „Die Deutschen" – links) und die „Vereinigten" („Die Engländer").

Winzergenossenschaft Vereinigte Weingutsbesitzer „Die Engländer“

Als diese Genossenschaft gegründet wurde – das war 1902 – da galten die Engländer als der Inbegriff von nationalem Wohlstand und vornehmer Art. Der feine Gründungsname „Vereinigte Weingutsbesitzer“ und die Auflage, daß nur Mitglied werden konnte, wer mindestens 3 Morgen einbrachte, führten im Dorf Hallgarten zu dem Spitznamen „Die Engländer“. Es war dies einer von drei Nationalitäts-Spitznamen für eine von drei Hallgartener Genossenschaften. „Die Engländer“ freuen sich heute noch über den ihren, den sie in großen Lettern an ihr Haus geschrieben haben.

Bis 1963 durften die Mitglieder ihrer Genossenschaft übrigens nur Rieslingtrauben abliefern. Vielleicht paßt auch das noch in das eben gezeichnete Bild. Inzwischen werden neben 90 Prozent Riesling auch Müller-Thurgau, Ehrenfelser, Kerner und Reichensteiner gekeltert, aber es besteht weiterhin die Auflage, daß bei einer generellen Vollablieferung nur die geringste Parzelle jedes Besitzes zu Eigenzwecken genutzt werden darf.

1980 hat die Genossenschaft mit der systematischen Anpflanzung von Spätburgunderreben begonnen. Man will Rotwein anbieten können – und zunächst mit einem Weißherbst auf den Markt gehen. Das ist die eine Entwicklung. Die andere liegt im steigenden Anteil der herben (trockenen und halbtrockenen) Weine. Die dritte Entwicklung ist ein sicherer Mehrertrag von rund 30 Prozent nach Abschluß der Flurbereinigung. Die Zahlen von heute: 90 Mitglieder mit 65 Hektar Rebland.

Winzergenossenschaft Hattenheim

Die Hattenheimer haben noch keine solch lange Genossenschaftsgeschichte wie umliegende Orte, aber sie hatten in ihrem verstorbenen Geschäftsführer Josef „Seppl“ Leis einen originellen Mitgründer und Vorstandsvorsitzenden, der sich ebenso engagiert für den Aufbau der Genossenschaft einsetzte, wie er andererseits für nacherzählenswerte, lustige Geschichten sorgte, die ihn unvergeßlich machen. Er packte kräftig mit an, als sich die 1936 gegründete Genossenschaft 1969 ein neues Gebäude leistete. Man hatte zunächst im sogenannten „Wilhelmy-Haus“ gearbeitet und war dann in den Neubau am Rhein umgezogen.

Die rund 90 Genossenschafter bearbeiten 35 Hektar Rebland. 80 Prozent Riesling, 15 Prozent Müller-Thurgau sowie 5 Prozent Ehrenfelser und Silvaner wachsen auf genossenschaftlichem Boden.

350 000 Flaschen passen in das klimatisierte Flaschenlager, 600 000 Liter Faßraum steht für den Ausbau der Weine bereit. Man achtet darauf, den Weinkunden immer eine variationsreiche Palette Hattenheimer Weine anbieten zu können.

Moderne Kunststoff-Tanks und alte Holzfässer – viele Genossenschaften verfügen über beides. (Hier Hattenheim l. und Kiedrich). Ebenso sind in den Kellern Stahl- und emaillierte Betontanks zu finden.

Winzergenossenschaft Kiedrich

1893 gegründet, hat diese Genossenschaft inzwischen eine lange Tradition. Da paßt es auch, daß man heute noch in einem alten Fachwerkhaus arbeitet, das schon von den Gründungsmitgliedern erworben wurde und das Baujahr 1480 hat. Und da man damals in diesem ehemaligen Adelshof auch den Keller großzügig mitgebaut hatte, verfügt die Genossenschaft heute über einen der ganz alten und – was die Bedingungen für den Wein angeht – gut geeigneten Rheingau-Keller.

Rund 100 Mitglieder mit 30 Hektar Rebland liefern ihre Trauben hier ab. Es sind – mit einem kleinen Müller-Thurgau- und einem noch kleineren Ehrenfelser-Anteil – Rieslingtrauben. Bei 95 Prozent Riesling im Rebsortenspiegel ist es erlaubt, von einer „Riesling-Genossenschaft" zu sprechen.

Die Weine werden zum großen Teil auf der Flasche – und überwiegend an die Endverbraucher vermarktet. Und die sind wiederum zu einem guten Teil Selbstabholer.

Nachdem man in den alten Mauern sehr moderne Einrichtungen installiert hat, nimmt die Genossenschaft gerne neue Mitglieder auf, die sich hier zur Vollablieferung ihrer Ernte verpflichten müssen.

Bleibt noch zu sagen, daß es auch die traditionelle Hausgaststätte gibt – die traditionell „Winzerhaus" heißt.

Winzergenossenschaft Rauenthal

Wenn in Rauenthal ein neuer Genossenschafter um Aufnahme bittet, dann fragt man ihn zuerst: „Wieviel Rieslinganteil hast du?" Daß diese Frage hier zur „Gretchenfrage" werden mußte, ist logisch: Die Genossenschaft hat einen so verschwindend geringen Anteil anderer Rebsorten (2 Prozent), daß sie sich – gewissermaßen als „Riesling-Purist" qualifizieren konnte.

Das hat hier in der 1898 gegründeten Genossenschaft eine lange Tradition, und die über 90 Mitglieder haben sich mit dem Rebenanpflanzen auf ihren 22 Hektar darauf eingestellt.

Vier Jahre nach der Gründung bauten sie ihr erstes Gebäude. Als der Jahrgang 1959 auch ihnen reichlich Segen brachte, kam ein neuer Keller hinzu, und 1968 erfolgte schließlich die großzügige Erweiterung auf das heutige Maß. Dabei entstand die Gaststätte in der – zum guten Teil auch bei den Festen in ihrem großen Saal – fast ein Drittel des Genossenschaftsweines vertrunken wird. Der Weinabsatz ist insgesamt gut, die Mitglieder haben Grund zur Zufriedenheit.

Versteigerung
von
1928er Naturweinen
der
Vereinigten
Weingutsbesitzer
zu
Rauenthal i. Rhg.
am
Montag, den 24. Juni 1929,
nachmittags 2 Uhr
in der
„Stadthalle" zu Eltville im Rheingau.

Die Weine entstammen größtenteils aus den besten Lagen in Privatbesitz befindlicher Güter der Gemarkung Rauenthal und befinden sich darunter hochfeine Auslesen.

Probetag:
für die Herren Kommissionäre am Freitag, den 24. Mai in der „Stadthalle" zu Eltville; allgemeiner Probetag am Montag, den 10. Juni im „Rheingauer Hof" zu Rauenthal, sowie am Tage der Versteigerung vormittags in der „Stadthalle" zu Eltville (Versteigerungslokal).

Brief-Adresse: Anton Albus, Rauenthal im Rheingau.
Telefon Amt Eltville Nr. 1.

Ständige Kleinbahn-Verbindung Eltville – Rauenthal.

Druck der „Rheingauer Weinzeitung", Otto Etienne, Oestrich i. Rhg.

Versteigerung
von
1925er Naturweinen
des
Neudorfer
Winzer-Vereins
e. G. m. u. H.
in seinem
Winzerhause zu Neudorf i. Rhg.
am
Montag, den 21. Juni 1926
mittags 1½ Uhr.

Probe-Tage:
für die Herren Commissionäre am Mittwoch, den 26. Mai, allgemeine Probe am Mittwoch, den 9. Juni, sowie am Vormittag des Versteigerungstages.

Probenahme an den Fässern bei vorheriger Anmeldung.

Ständiger Auto-Verkehr zwischen Eltville und Neudorf.

Druck der „Rheingauer Weinzeitung" (Otto Etienne), Oestrich.

Holz, Stahl und Kunststoff – auf diesem Foto aus dem Weinkeller der Winzergenossenschaft Erbach sind alle drei Materialien zu finden. Auch dies ein Beispiel für andere Genossenschaftskeller sowie für Einrichtungen anderer Großbetriebe.

Winzergenossenschaft Erbach

Die Lagen Erbacher Hohenrain und Erbacher Michelmark sind bei vielen Kunden der Genossenschaft inzwischen zu einem Begriff für trockene Weine geworden. Der „Trocken-Anteil" steigt, und die Identifizierung einer bestimmten Lage mit einer bestimmten Geschmacksrichtung hat sich offenbar bei den Kunden bewährt. Dabei handelt es sich – wohlgemerkt – um Riesling, denn diese Genossenschaft baut fast ausschließlich diese Edelrebe an. Müller-Thurgau, Ruländer, Reichensteiner und Ehrenfelser haben hier zusammen nur einen Anteil von 4 Prozent!

1903 erstmals gegründet und nach Auflösung wegen Liquiditätsschwierigkeiten genau 50 Jahre später noch einmal entstanden, hat die Genossenschaft heute 130 Mitglieder. Sie bewirtschaften 55 Hektar, liefern von dieser Fläche alle Trauben ab, haben aber die Möglichkeit, von nicht eingebrachten Flächen für den eigenen Bedarf zu ernten.

Über die Jahre gerechnet, verkauft man etwa ein Fünftel der Weinmenge im Faß – vorwiegend als Sektgrundwein. Beim Flaschenweinverkauf sind Fachhandel, Gastronomie und private Endverbraucher die Hauptabnehmer. Die meisten holen sich ihre Weinkartons in Erbach selbst ab.

Wie es in Erbach weitergeht? Ganz einfach: Weiterhin mit Riesling – und noch mehr trockenen und halbtrockenen Weinen.

Genossenschaftskellerei Wiesbaden-Frauenstein

Die Genossenschaftskellerei ist jung und klein. Sie wurde 1970 gegründet und hat heute rund 40 Mitglieder. Die Gebäude hat sie von ihrer Vorläuferin, der Winzergenossenschaft gepachtet. Diese wurde 1898 gegründet und hat heute Halterfunktion nur noch für die Gebäude sowie für die örtliche Winzergaststätte, das Winzerhaus. Die vierzig bewirtschaften 17 Hektar Weinbergsfläche, auf denen vorwiegend Riesling steht (90 Prozent). Neben den Weißweinsorten Müller-Thurgau, Silvaner und Ehrenfelser wird jedoch auch der rote Spätburgunder angebaut. Man hat mit ihm in Qualität und Preis gute Erfolge und bemüht sich hier besonders, auch hohen Ansprüchen eingefleischter Rotweintrinker gerecht zu werden.

Die Geschäftsführung der Genossenschaft wird rationell von der Genossenschaftsbank „nebenbei" betrieben. Dort ist man stolz darauf, seit einigen Jahren die gesamte Weinmenge in der Flasche vermarkten zu können.

Als Pferde noch die besten Helfer des Winzers waren, entstand die untenstehende Aufnahme in der Kelterhalle des Neudorfer (heute: Martinsthal) Winzervereins.

Sie hatten Spaß am Spaß: Weinausflug Martinsthaler Winzer.

Die Geschichte vom Rind mit dem besonderen „Gesichtsausdruck"

Den Hallgartenern wird so etwas „Ostfriesisches" nachgesagt. Vielleicht paßt diese mit Namen von Bauer und Kuh überlieferte Geschichte in das Ostfriesen-Bild:

Da geht ein Bauer mit Rind und Wagen durch Hallgarten. Das schwer ziehende Tier bleibt plötzlich unlustig stehen und wendet den Kopf zum nebenhergehenden Bauern und guckt, wie Kühe eben zu gucken pflegen. Der Bauer knallt mit der Peitsche, sagt „Hü!" – und lenkt dann gewissermaßen ein: „Na ja, wenn ich so vor dem Wagen gehen müßte, tät ich auch eine Schnute ziehen."

Die Geschichte von der „Trockenbeerenauslese-Sauce"

Schloß Vollrads hatte einen sehr guten Weinkunden in den Vereinigten Staaten von Amerika – bis...

Der Herr kam eines Tages zu Besuch. Er war nach der weiten Reise auf dem Schloß eingeladen, saß mit Richard Graf Matuschka-Greiffenclau zusammen, aß und trank. Ihm war wohl, und er erzählte von anderen kulinarischen und weinlichen Erlebnissen. Ganz besonders angenehm könne er sich an eine 1937er Schloß Vollrads Riesling Trockenbeerenauslese erinnern, die er einmal zur Saucenverfeinerung benutzt habe...

Graf Matuschka komplimentierte den Gast hinaus. Ein rechter Rausschmiß war das und heute noch wird – nicht nur im Hause Vollrads – darüber diskutiert, ob man den Grundsatz, daß nur ein wirklich guter Wein eine wirklich gute Sauce mache bis zur Verwendung einer Trockenbeerenauslese treiben dürfe. – Darf man?

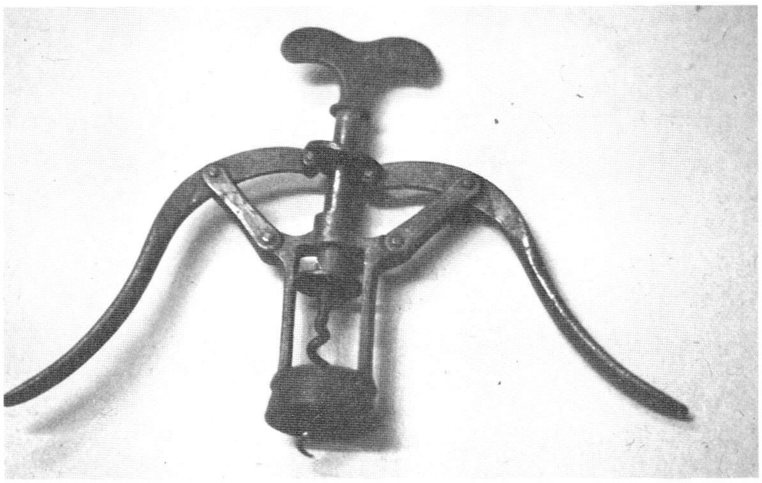

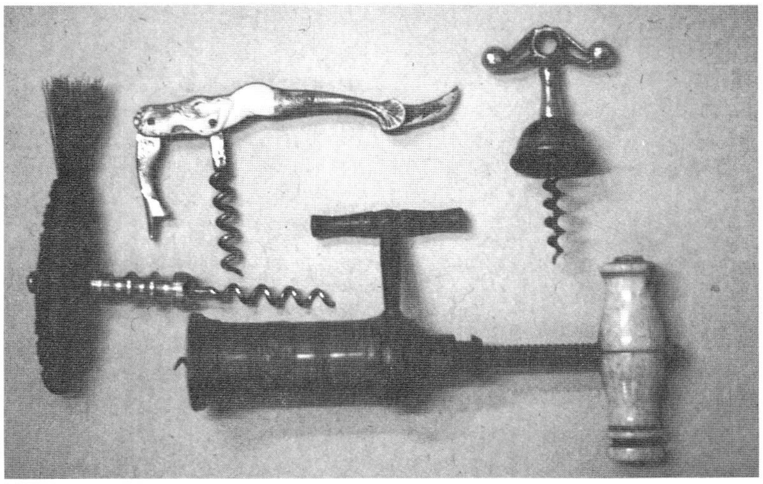

Sie waren praktisch, einfach nur schön, aufwendig und mit wertvollem Material oder aus einfachem Stahl und mit dem Aussehen eines schlichten Werkzeuges. Sie hatten phantastische und erotische Darstellungen. Die schönsten und originellsten werden heute gesammelt: Korkenzieher aus vielen Epochen gibt es in Weinmuseen wie der „Brömserburg", aber zum Beispiel auch in der Martinsthaler Privatsammlung Kopp, aus der alle hier abgebildeten Exemplare stammen.

Rheingauer Weinzeitung

Fachblatt für Weinbau, Weinhandel und Kellerwirtschaft.

Herausgegeben unter Mitwirkung hervorragender Fachinteressenten.

Tel.-Adr.: **Weinzeitung Oestrich.** Expedition: **Oestrich** im Rheingau, Marktstraße 9. **Fernsprecher Nr. 6.**

Erscheint Sonntags. Bestellungen bei allen Postanstalten (Postzeitungsliste Nr. 6658a.) und der Expedition. Post-Bezugspreis **Mk. 1.50** pro Quartal excl. Bestellgeld; durch die Expedition gegen portofreie Einsendung von **M. 1.50** in Deutschland, **M. 1.80** im Ausl.

Inserate die 4-gespaltene Petitzeile **25 Pfg.** Reklamen **50 Pfg. Beilagen-Gebühr:** 3000 Exemplare 20 Mk. **Anzeigen-Annahme:** die Expedition zu Oestrich, sowie alle Annoncen-Expeditionen. — **Beiträge** werden jederzeit angenommen u. honoriert. Einzelne Nr. **10 Pf.**

Nr. 32. **Oestrich,** Sonntag, den 6. August 1905. **III. Jahrg.**

* Aus der Werkstatt des Weinstockes.

Wohl die meisten unserer Winzer verrichten ihre Arbeiten am Weinstock, ohne eigentlich darüber nachzudenken, welchen Zweck sie damit im Auge haben und inwiefern sie das Wachstum der Reben und Reife der Trauben unterstützen können. Die Art der Erziehung des Weinstockes, der Schnitt, die Laubarbeiten, beruhen auf Jahrhundert langen Beobachtungen, und sind das Resultat vieler praktischer Versuche; man war zufrieden damit, festzustellen, daß die auf empirischen Wege entstandene Behandlung des Weinstockes am vorteilhaftesten erschien. Der stets vorwärtsstrebenden Wissenschaft genügte dies nicht, sie mußte das Wie und Warum ergründen. Vielleicht gelingt es mir, im Rahmen eines kürzeren Artikels den Leser hinein zu führen in das Innere des Weinstockes und ihm zu zeigen und zu erklären, wie alles in ihm arbeitet, wie er wächst und wie er den Zucker für die Trauben bildet.

Sobald es im Frühjahr wärmer wird, fängt der Saft in der Rebe an zu steigen. Es schwellen zunächst die Knospen, und wenn es noch wärmer wird, erscheint aus der wolligen Hülle ein ganz fertig vorgebildeter Trieb, an welchem nicht nur die Blätter, sondern auch die Gescheine in vollkommener Gestalt sichtbar sind. Der ganze Trieb hat in der Knospe geschlummert, seine Zellen füllen sich mit dem zuströmenden Wasser, er wächst und wird größer. Allein das Wachstum würde nicht lange dauern, die Säfte, aus welchen sich der junge Trieb bildet, erschöpfen sich bald und das Wachstum hätte ein Ende, wenn nicht andere Kräfte und Organe den Bildungssaft ergänzten.

Sobald das Blatt eine grüne Fläche entwickelt hat, so fängt es an zu arbeiten und gerade die Tätigkeit des Blattes ist es, welcher wir für dies Mal unser besonderes Augenmerk widmen möchten. Die Wurzeln saugen aus dem Erdboden das Wasser auf in welchem auch die vielen mineralischen Nährstoffe aufgelöst sind, welche die Rebe zu ihrem Aufbau nötig hat und in der Hauptsache aus Kalk, Phosphor, Kali, Eisen, Schwefel und Stickstoff bestehen. Alle diese Stoffe steigen in den Splintschichten der Wurzeln, Schenkeln und Fruchtruten aufwärts und verteilen sich in alle Blätter. Die Blätter sind gar fein ausgestattete Organe, sie bestehen aus vielen einzelnen Zellen und jede einzelne Zelle ist eine einzelne Werkstatt, ein fein ausgestattetes Labatorium für sich. Jede Zelle ist von einer Haut umschlossen, das Innere besteht aus dem Zellkerne und dem Zellsaft. Der Zellkern ist ein kleines eiweißhaltiges Partikelchen, der Zellsaft eine etwas salz- und säurehaltige wässerige Lösung. In diesem Saft schwimmen kleine eisenhaltige Körperchen, sie bestehen zumeist aus Eisen; sie sind lebhaft grün gefärbt, wodurch das Blatt auch seine grüne Farbe erhält. Diese grünen Körperchen werden Chlorophil genannt.

Diese Chlorophilkörnchen haben im Blatt zuerst zu arbeiten. Das Blatt saugt durch seine vielen kleinen Oeffnungen aus der Luft die Kohlensäure ein und führt sie den kleinen Chlorophilkörpern zu. Diese zerlegen zunächst die Kohlensäure in ihre Elemente, Kohle und Sauerstoff. Der Sauerstoff tritt wieder aus dem Blatt heraus, die Kohle wird festgehalten und mit dem aus den Wurzeln zugeführten Wasser in Stärke umgewandelt. Dies ist noch ein so geheimnisvoller Vorgang, in welchem das „Wie" noch nicht ergründet wurde, kein Chemiker konnte aus diesen Urstoffen Stärke bereiten und bleibt die Lösung dieser Frage noch ein wissenschaftliches Problem. Die Stärkebildung findet nur unter der Einwirkung des Lichtes und bei gewissen Wärmegraden statt, welche je nach Art der Pflanzen verschieden sind; im Weinblatt bildet sich Stärke schon bei 6 Grad Wärme, am meisten bei 28 Grad und bei 45 Grad nicht mehr. Während sich in den Clorophilkörnern die Stärke bildet, ist der Zellkern nicht untätig, er hat die mit dem Wasser zugeführten Mineralstoffe an sich gezogen und ebenfalls zerteilt und scheidet sie wieder in den Zellsaft aus. Im Zellsaft, in welchem sich bereits auch ausgeschiedene Stärke vorfindet, vereinigen sich die beiden Produkte des Zellkerns und des Chlorophils zum sogenannten Bildungssaft. In den meisten Pflanzen macht aber die

Stärke eine Verwandlung durch, in welcher sie sich in Zucker umsetzt. Dieser Vorgang ist vollständig erforscht und findet in vielen gährungstechnischen Gewerben Anwendung und wird technisch die Diastase genannt. Der Bildungssaft oder das Campium besteht nun im Weinstock in der Hauptsache aus Wasser und Zucker und in den mancherlei oben genannten Mineralstoffen. Er tritt aus der Zelle heraus und wandert durch den Blattstiel in den Trieb zurück. In den Blattwinkeln findet der Bildungssaft die erste praktische Verwendung, er bildet hier vermehrte Zellen, im Winkel entsteht eine Verdickung, welche sich bald zu einem Knoten verdickt und an welchem sich auch bald ein sichtbares Auge entwickelt, in welchem sich der Trieb vorbildet für das nächste Jahr. Ein anderer Teil wandert in die Trauben, um sie zunächst zu verdicken, dann Samen zu bilden und schließlich den Zucker darin abzulagern. Ein weiterer Teil des Saftes steigt bis in die Triebspitzen hinauf und bildet dort die Verlängerung des neuen Triebes, es formen sich immer neue Zellen, sie schließen sich einander an und so entstehen stetig neue Blätter und neue Pflanzenteile. Aber auch in die Wurzeln hinab geht der Bildungssaft, bis hinunter in die tiefsten Enden. Hier entstehen stets neue kleine Wurzelfasern, welche immer weiter ins Erdreich eindringen und sich besonders da reichlich bilden, wo sich Nahrung und Feuchtigkeit im Boden angesammelt haben. Wenn uns nun der oben beschriebene Vorgang klar geworden ist, dann wissen wir auch, von welch eminenter Wichtigkeit das Blatt für den Weinstock ist. Die Blätter sind nicht nur die Lungen der Pflanzen, sie sind auch gleichsam der Magen, in welchem die aus der Atmosphäre und dem Erdboden entnommenen Rohstoffe verdaut und in Zucker umgewandelt werden.

Die Winzer waren wohl die ersten, welche die Arbeit der Blätter in Bezug auf Zuckerbildung erkannten, denn in der Weinkultur wurden zuerst die eigentlichen Laubarbeiten gepflegt. Durch eine bestimmte Erziehungsart suchen wir die Hauptfaktoren, welche den Zuckerbildungsprozeß beschleunigen, Licht und Wärme, voll auszunutzen. Der Weinstock wird an einer sonnigen Wand oder niedrig am Boden gezogen, weil es da am wärmsten ist. Die Triebe werden aufgeheftet, damit sich die Blätter nicht gegenseitig beschatten, ein beschattetes Blatt arbeitet nicht, es ist für den Weinstock ein Schmarotzer. Deshalb werden auch die Nebenzweige und Wasserschossen ausgebrochen um den Vorteil von Licht und Wärme nur diesen Blättern zu sichern, welche für den Stock und für die Traube von Vorteil sind. Zu einer bestimmten Zeit werden die Gipfeln abgeschnitten. Der Zweck dieser Arbeit ist ein mehrfacher. Zunächst soll durch das Gipfeln erreicht werden, die Zeilen licht und luftig zu gestalten, damit die Sonne den Boden unbehindert bescheinen und erwärmen kann. Dann wird durch das Gipfeln dem Bestreben des Weinstockes entgegen gearbeitet, die besten Nährstoffe nach der Spitze zu treiben und dorten abzulagern. Wir brauchen zu jeder Erziehungsart mehr den unteren Teil der Triebe zum Fruchtholz, folglich muß auch dahin gestrebt werden, den Bildungssaft auf die unteren Augen zu konzentrieren. Auf die Traube selbst hat das Gipfeln weniger Einfluß, da es in der Natur einer jeden Pflanze liegt, ihre beste Kraft auf die natürliche Fortbildungsart, beim Weinstock also die Samenkerne und ihre Hülle, die Weinbeere, zu kräftigen, und so haben vereinzelte Versuche dargetan, daß unter Umständen in ungegipfelten Weinbergen die Trauben früher reiften und zuckerreicher waren als in gegipfelten. Wir sagen unter Umständen; wenn wir uns darüber vollkommen klar werden wollen, müssen wir noch eine weitere Tätigkeit der Blätter in Betracht ziehen, das ist die Wasserverdunstung. Bei weitem nicht alles Wasser, was von den Wurzeln zugeführt wurde, wird zur Stärke verbraucht, der größere Teil des Wassers verdunstet wieder durch die Blätter. Die Pflanze braucht das Wasser zu drei Zwecken, zur Herstellung der Stärke, zum Zuführen der mineralischen Nährstoffe und um sich unter Umständen gegen zu hohe Temperaturen zu schützen. Wir haben erwähnt, daß die Stärkebildung bei 28 Grad am schnellsten vor sich geht, bei höheren Graden langsamer wird und bei 45 Grad ganz aufhört. Wenn die Mittagssonne grell auf die Blätter und Trauben scheint, erwärmen sich diese weit höher als 28 Grad, mit steigender Wärme setzt aber auch eine stärkere Verdunstung ein, und diese verbreitet Kühlung und hält das Blatt in günsteriger Temperatur. Fehlt es nun an Wasser im Boden, so stockt die Verdunstung und die Trauben verbrennen. Diese Verdunstung der Blätter wird Transpiration genannt. Da im Nachsommer der Wasservorrat im Boden meist erschöpft ist, wird durch das Gipfeln die Transpirationsfläche die Zahl der Blätter vermindert. Fehlt es an Wasser, so sterben zuerst die unteren Blätter ab, da diese uns aber wertvoller sind, entfernen wir die Spitzen, um die unteren Blätter gesund zu erhalten und vermindern durch diesen Eingriff den Gesamtwasserverbrauch des Stockes.

Interessant ist es nun, zu beobachten, wie sehr der Weinstock bestrebt ist, während des Sommers seine Blätter zu ergänzen, wenn dieselben durch eine Krankheit oder sonstig schädigenden Einfluß absterben. Da treibt aus den Knoten neben dem gebildeten Auge ein Seitentrieb heraus, welche Geize genannt werden. Im Auge selbst hat sich die Knospe gebildet, welche den Trieb und die Frucht für das kommende Jahr in sich birgt, er bedarf noch der Ernährung, und auch einen ganzen Vorrat verdauter Nährstoffe zum nächsten Frühjahr. Diese zu schaffen, bildet sich der Geiztrieb, welcher mit seinen jungen Blättern den schlummernden Trieb gleich einem Säugling ernährt und auch noch viel Zucker an die Traube abgiebt. Darum bricht der Winzer im Nachsommer die Geiztriebe nicht aus, er kürzt dieselben nur ein, damit er nicht zum selbständigen Triebe werde, in welchem Fall er seine gebildeten Nährstoffe aufbrauchen würde.

Die Bildung von Tauwurzeln geht mit den Geiztrieben fast Hand in Hand, der Stock verjüngt somit im Nachsommer seine Ernährungsorgane. Je besser diese bis zum Herbst arbeiten können, um so früher reifen die Trauben, darum wünscht der Winzer einen warmen sonnigen Nachsommer, weil da der Stock fast einzig für die Trauben arbeitet.

Nun wir die Tätigkeit des Blattes kennen gelernt haben, ist es auch nicht schwer, den Wert gut durchgeführter Laubarbeiten zu erkennen. Nicht minder werden wir auch mit allem Ernst bestrebt sein, die Blätter gesund zu erhalten, sie gegen Schaden und Krankheiten zu schützen. Die Pilze, Peronospora, Oidium, Blakrot und wie sie alle heißen, sind Schmarotzer auf der Rebe, sie ziehen zunächst den Bildungssaft, welcher doch für die Trauben bestimmt ist, an sich und zersprengen mit ihrem Wurzelgewebe die Zellen und töten somit das Blatt. Die Entschuldigung, nichts gegen diese Feinde zu tun, so lange sie nur auf den Blättern nisten, wird hinfällig, denn ein Weinstock ist nur dann gesund und kann Zucker bilden, wenn die Blätter gesund und arbeitsfähig sind.

Die beschriebenen Vorgänge sind nur ein kleines Bruchstück aus den inneren Vorgängen im Weinstock. Vielleicht ist es uns einmal vergönnt, noch tiefer hineinzublicken, um alle die Kräfte zu beobachten, welche gleichsam als treibende Maschinen in der Werkstatt arbeiten. Die Pflanzenphysiologie, das ist die Lehre vom Pflanzenleben, ist eine noch junge Wissenschaft, und ihre Forschungen werden erst dann die rechten günstigen Folgen zeigen, wenn sie in der großen Praxis den rechten Eingang gefunden und verstanden werden, dann erst wird die Theorie nicht mehr so grau erscheinen, sondern wird die Praxis fördernd befruchten. Schl.

Forschungsanstalt für Wein-, Obst- und Gartenbau in Geisenheim

Im Napa-Valley Kaliforniens und im Barossa-Valley Australiens, in den Weingärten am Kap der Guten Hoffnung, in Österreich, der Schweiz und in allen deutschen Weinlandschaften weiß man, was ein „Geisenheimer" ist. Die Forschungsanstalt für Wein-, Obst- und Gartenbau in Geisenheim ist über 100 Jahre alt und seit über 100 Jahren ebenso berühmt für ihre Leistungen auf dem Gebiet der Forschung wie auch für ihre Absolventen. Die heutigen Studenten sind Hörer der Fachbereiche Weinbau und Getränketechnologie oder Gartenbau und Landespflege. Diese Bereiche sind Teil der Fachhochschule Wiesbaden, aber in Geisenheim bei der Forschungsanstalt angesiedelt. Die Studenten erreichen hier ihren „Dipl.-Ing. (FH)". Sie sind nach wie vor „Geisenheimer" – und stolz darauf, dort studiert zu haben.

Fachhochschule und Forschungsanstalt existieren neben-, mit- und füreinander. Das wird schon durch eine Aufzählung einiger zur Forschungsanstalt gehörender Institute deutlich: Institute für Weinbau, Institut für Rebenzüchtung und Rebenveredlung, Institut für Kellerwirtschaft, Institut für Mikrobiologie und Biochemie, Institut für Weinchemie und Getränkeforschung. Nicht zu vergessen, daß die Forschungsanstalt über 37 Hektar Weinberge verfügt.

Geisenheim hat in den mehr als 100 Jahren seines Bestehens außerordentlich viel für den deutschen Weinbau geleistet. Berühmte Männer wie der aus der Schweiz stammende Prof. Dr. Hermann Müller-Thurgau haben hier gewirkt. Die von ihm gezüchtete und nach ihm benannte Müller-Thurgau-Rebe ist heute die meist verbreitete in Deutschland. Er hat auch nachgewiesen, daß es im Wein außer durch Weinsteinausfall auch einen Säureabbau durch Bakterien gibt. Ebenso sind diesem Mann grundlegende Erkenntnisse über die Edelfäule (Botrytis cynera) zu verdanken. (Der heutige Leiter des Instituts für Mikrobiologie ist gleichzeitig Leiter der gesamten Forschungsanstalt.)

Erkenntnisse über Pflanzenkrankheiten sind ebenso „Produkte" der Forschungsanstalt wie solche, die dem Winzer die Weinbereitung erleichtern. Auch neue Rebsorten wie Ehrenfelser und Reichensteiner kommen aus Geisenheim, und alles Wissen und Streben der „Geisenheimer" zusammengenommen soll letztlich dem Winzer ein besseres Leben und dem Konsumenten einen noch besseren Wein bescheren.

Zweimal Gründerzeit: Das Bild oben zeigt die gesamte Anstalt, wie sie im Jahr der Gründung aussah, das Gebäude unten ist das Mikrobiologische Institut, das heute modernste Geräte in den nahezu unverändert alten Mauern (Aufnahme zu Beginn unseres Jahrhunderts) beherbergt. – Der abgebildete Faßboden gehört zum bekannten „Russischen Faß“ aus dem großen Weinkeller der Geisenheimer Forschungsanstalt, die ja unter eigenem Etikett viel Wein vermarktet. Im Faßkeller liegen viele schöne Fässer wie dieses, die von den Absolventen gestiftet worden sind. Für die 71er stand ein Moskau-Ausflug auf dem Programm – und so kam es zum „Freundschafts-Faß Moskau/Geisenheim“.

Wein ist mittelbar und unmittelbar sehr gesund!

Gesundheit ist etwas Feines, und nie hat man sich mit dieser großen und seltenen Kostbarkeit mehr beschäftigt als heute. Nie wurden mehr Wege aufgezeigt, sie zu erreichen. Kein Zufall also, daß nun auch die älteste umfassende Medizin und damit der älteste seligmachende Weg zum Gesundheitsglück wieder heiß diskutiert wird: der Wein. Das Tollste an dieser Geschichte sind für mich als Weinautor „sensationelle“ Agenturmeldungen folgender Art: An der Universität Boston ist festgestellt worden, daß Wein über die Herzkranzgefäße positiv auf den Kreislauf wirkt und bei regelmäßigem und mäßigem Genuß eine kreislaufstabilisierende Wirkung hat. Oder die Erkenntnis vom Wein als Bakterientöter. Ersteres wußten die Weintrinker wohl schon seit einigen tausend Jahren, letzteres ist bereits um 1890 in Berlin und Wien veröffentlicht worden.

„Der Wein ist unter den Arzneien die schmackhafteste.“ Das hat der griechische Philosoph Plutarch vor fast 2000 Jahren gesagt. Die Römer schrieben schlicht auf ihre Krüge „Vinum Vires“ – „Wein gibt Kraft“, und sie meinten in jener stark auf die Nahrung orientierten Zeit eher die nährende und aufbauende Langzeitwirkung als das unmittelbare Empfinden.

Die Griechen, die Römer, Goethe selbstverständlich, auch Catharina Rebartin hat 1571 in der von ihr gedruckten „Koch- und Kellermeisterei“ über die guten Weinwirkungen berichtet. Im Originaltext klingt das so: „Wein messiglich genützt/ macht lebendig/ und erquickt Natürliche werme/ verdewt die Speiß/ treibt all uberflüssigkeit zum Stulgang/ reinigt die Natur von allen bösen dünsten und unreinigkeiten und Cholera/ Adelt das Blut/ sterckt das Hirn/ erkleret die augen/ scherfft die sin und vernunfft des Menschen/ macht schön lauter farb. Diese Krafft hat der Wein/ so man ihn zimlich braucht. So man ihn aber unordentlich braucht/ so tut er viel schaden/ als viel er sonst nütz ist.“

Bleibt noch der Schwefel! Auch da gibt es eine Menge Untersuchungen, aber ich finde die Statistiken verschiedener Länder und Zeiten interessanter, die da behaupten, daß Weintrinker länger leben als Abstinenzler. Einerseits können die Enthaltsamen ja schlecht am Schwefel gestorben sein, und andererseits ist bekannt, daß solche „Ein- bis Zwei-Liter-Männer“ wie Goethe und Co. als „Schwefelkonsumenten“ bis zur Todeszeit recht munter waren.

Natürlich kann man mit Statistiken und Einzelbeispielen herrlich spielen und beweisen – ich habe hiermit halt genau das sagen wollen, was auch in den voraufgegangenen Zeilen zu lesen ist: Das jahrhunderte- und jahrtausendealte Wissen um die Wirkungen des Weins sollte vernünftigerweise vor die voll Stolz vorgewiesenen Forschererkenntnisse unserer Tage gesetzt werden. Ich spreche hier von jenem Wissen durch Erfahrung, an dem alle pauschale Weinkritik scheitert. Differenzierte Kritik, die auf die Erzeugung ehrlichen und guten Weins zielt, ist dagegen wichtig und willkommen, denn diesen ehrlichen und guten Wein benötigen wir zu Genuß und Gesundheit. Er sorgt – vernünftig genossen – für die Gesundheit und außerdem für die Lebensfreude, die sich ja psychosomatisch wieder in Gesundheit umsetzt.

Das also ist die Medizin, bei der schon das Einnehmen Genuß bringt, die den Alltag farbiger, die Mitmenschen angenehmer, das Alter lebendiger macht. Nein! Jetzt kommen keine neuen Beweise mit Hinweisen auf Arterienerweiterung, Cholesterinumsetzung... Diese Beweise sind nachzulesen. Wer sie jedoch unmittelbar erfahren will, der trinke mit Freude, und wer das nicht kann, weil sein Verdauungsapparat so krank ist, daß er ein gesundes Getränk nicht mehr verträgt, der kehre zunächst zu einer normalen und vollwertigen Ernährung zurück und komme dann zum Wein, um ohne Reue genießen zu können. Und nur derjenige, der den Genuß mit dem Wein und durch den Wein nicht zu erlernen vermag, der lasse die Finger davon. Das ist ein armer Hund, der wohl oder übel einen weniger freudvollen Weg zur Gesundheit finden muß.

Johann Wolfgang Goethe schrieb sehr viel über die geistig-körperlichen Wirkungen des Weins, am bündigsten wohl in den zwei Zeilen: „Für Sorgen sorgt das liebe Leben/ und Sorgenbrecher sind die Reben." Der Dichterfürst war weinbegeistert, und mit Begeisterung fängt es ja an beim Weingenuß – und mit der Begeisterung fängt auch die Gesundheit an, wenn es stimmt, daß zwei Drittel der Patienten heute psychosomatische Störungen, also „seelische" Ursachen für ihre Krankheiten haben.

Seele, Gemüt, Herz, Geist, wie immer man dies Zuständliche des Menschen nennen mag, da setzt er an, der Geist des Weines, oder besser: da wirken sie, jene vielleicht tausend nachgewiesenen und jene weiteren tausend vermuteten Inhaltsstoffe dieser edlen Flüssigkeit. Da lösen sie und erleichtern, machen Mut, bringen zueinander... Wer Wein genossen hat, kann hier leicht ergänzen, und wer da meint, das sei schlicht Alkohol, der so wirkt, dem muß man erklären, daß es chemisch viele verschiedene Alkohole gibt, und daß diese keineswegs alle die gleichen Wirkungen auf den Menschen haben.

Es gibt Untersuchungen darüber – noch und noch. Beweise und Vermutungen, chemische, biologische, physikalische und psychologische Erklärungen, und am Ende steht dann eine Erkenntnis wie etwa die, daß Wein den Appetit anregt und die Verdauung fördert. Gewußt haben wir Weintrinker das immer schon und geahnt, daß nur die kranken Mägen vieler Zeitgenossen mit den an sich gesunden Säuren nicht recht fertig werden. Nun wissen wir einige klangvolle Namen für diese Säuren im Wein, solche wie Volsäure, Pantotensäure oder gar Paraaminobenzoesäure. Und wir wissen vielleicht auch, daß diese Säuren zusammen mit Hexaoxyzyklohexan, Kolin und Riboflavin unter anderem zu den Vitaminen aus der Gruppe B gehören, die erstens im Wein zahlreich vorhanden und zweitens dem Körper sehr willkommen sind.

Wir können heute nachweisen, daß die Säure von Wein mit ihrem pH-Wert eher in der Nähe der Magensäfte liegt als die anderer natürlicher Getränke. Das ist angenehm für den Körper. Ebenso angenehm ist auch der leichte Stoffwechsel beim Wein – ohne die Hilfe von Insulin, was ja für alle Diabetiker wichtig ist. – Ob viele Diabetiker von jener Untersuchung in den USA wissen, bei der festgestellt wurde, daß Weintrinker viel weniger unter Diabetes leiden als andere Bevölkerungsgruppen? Ob Diabetiker wissen, daß sie getrost die sehr süßen Trockenbeerenauslesen trinken könnten, weil ihnen diese Art von Zucker in den hochreifen Trauben nicht schadet?

Ob die Forscher, die kürzlich nach langen Reihentests die bakterienhemmende oder -vernichtende Wirkung des Weins festgestellt und veröffentlicht haben, von den Forschungen der Herren Gruber und Baber wissen? Der erste, Chef des „Hygienischen Instituts" in Wien, der zweite beim Berliner Gesundheitsamt konnten nachweisen, daß der Wein mit den sehr stark durch Wasser verbreiteten Erregern von Typhus und Cholera „kurzen Prozeß macht". Die beiden haben mit Cholera-Erregern infiziertes Wasser mit Wein vermischt und nach fünf Minuten getrunken. Sie sind gesund geblieben. Das ist schon fast hundert Jahre her, aber neu war dieses Wissen auch damals nicht, es wurde lediglich in Versuchen bewiesen. Schon Jahrhunderte vorher wurde hier und da empfohlen, bei Seuchengefahr viel Wein zu trinken.

Bleibt noch die Leberzirrhose. Neuerdings weiß man „plötzlich", daß diese Krankheit viel eher von schlechter Ernährung, von übermäßigem Zuckergenuß und durch Virus- und Parasiteninfektionen hervorgerufen werden kann als durch den Weingenuß. – Geahnt haben wir es ja immer schon, weil uns Weintrinker mit Zirrhose kaum bekannt waren. Und nun wenden so bekannte Krankenhäuser wie das Bellevue in New York und das San Francisco General sogar Wein bei der Behandlung von Zirrhose an!

Wie wirkt Wein?

Inhaltsstoffe:

Ein Liter deutscher Wein enthält je nach Reifegrad der Trauben und Kellerbehandlung:
55 bis 120 g verschiedener Alkohole; 1 bis 100 g Zucker (bei durchgegorenen und bei Spitzenweinen fast nur Fructose, bei „Süßreserve-Weinen" auch zu 50 Prozent Glucose); 4 bis 30 g Säuren (vorwiegend Wein-, Apfel- und Bernsteinsäure); 6 bis 35 g Glycerin; 2 bis 5 g Stickstoffverbindungen wie Aminosäuren und Proteine; 1 bis 5 g Mineralstoffe wie Kalium, Calcium, Magnesium, Sulfat, Phosphat, Natrium, Chlorid.
In Grammbruchteilen oder Milligramm können unter anderem Gerb- und Farbstoffe, höhere Alkohole, Bukett- und Aromastoffe, Kohlensäure und Vitamine nachgewiesen werden. Man nimmt heute an, daß der Wein über seine nachzuweisenden Bestandteile hinaus viele Spurenelemente enthält, deren Zahl sicher über 1000 liegt.

Wirkungen:

Verdauung
Wein, der während des Essens getrunken wird, fördert die Fett- und Eiweißaufspaltung im Körper und damit die Verdauung. (Wichtig besonders für ältere Menschen, bei denen dieser Vorgang bei mangelnder Funktion der Verdauungsdrüsen nicht mehr zufriedenstellend abläuft.)
Wein wirkt appetitfördernd (wichtig z. B. bei Magersucht).

Herz/Kreislauf
Wein erweitert die Gefäße und fördert die Durchblutung. Das wirkt sich auch bei einer Verkrampfung der Herzkranzgefäße (angina pectoris) positiv aus. Es ist nachgewiesen, daß die Blutgefäße von Weintrinkern weit weniger verkalkt sind als die von Abstinenzlern. Ebenso gilt, daß Menschen mit vegetativen Störungen (Wetterfühligkeit z. B.) ihre Beschwerden durch ein Glas Wein – und damit über den Kreislauf – beheben können.

Leber/Nieren
Die Leber baut Alkohol ab. Ein Glas leichten Schoppenweines kann durch die Leber in etwa zwei Stunden „entalkoholisiert" sein. Wer den Konsum dieser Menge auf die genannte Zeit verteilt, hat nur wenig Alkohol im Blut. Schnelles und anhaltendes Trinken überlastet die Leber und kann zu Schäden führen. Andererseits wird Wein in kleinen Mengen von vielen Ärzten bei der Behandlung der Leberzirrhose eingesetzt – eben wegen seiner auch hier „anregenden" Wirkung. Angeregt durch Wein beschleunigen auch die Nieren ihre Tätigkeit und so die Entschlackung des Körpers.
Weitere Wirkungen: Wein ist bakterientötend und regt die Körperfunktionen an. Er wirkt daher in kleinen Mengen gegen Erkältungskrankheiten – und auch gegen Verdauungsstörungen wie etwa gegen den gefürchteten Durchfall im Urlaub.
Die positive, vorbeugende Wirkung des Weins gegen die Arteriosklerose hat die US-Wissenschaftlerin Fay Morgan 1957 nachgewiesen: Weingenuß senkt deutlich den Anteil von schädlichem Cholesterin im Blut.
Zahlreiche weitere positive Wirkungen des Weins – insbesondere im psychosomatischen Bereich – sind inzwischen nachgewiesen oder werden – zum Teil seit Jahrhunderten – vermutet. Voraussetzung ist jedoch, daß der Wein nicht unmäßig genossen wird. Man geht heute davon aus, daß ein gesunder Erwachsener täglich ohne Gefahr für seinen Körper einen Liter leichten deutschen Wein („Kabinett" z. B.) trinken kann.

Nach der Sprache geschrieben
oder:
Wie Hedwig Witte de Schnawwel steht

An der Straße von Eltville nach Kiedrich liegen rechter Hand vier Mühlen. In der ersten, der Klostermühle, ist ein Weingut, das ländliche Ruhe und weinländliche Romantik der Tatsache verdankt, daß irgendein früherer Müller sein Anwesen weit genug von einem damals sicherlich wachsenden Ortskern bachaufwärts in die Weinberge gebaut hat. Das ist heute ein Platz, wie ihn sich viele durch Lärm und Enge geplagte Großstädter für ihre Mußestunden erträumen. Hedwig Witte hat ihn, den Platz, und sie hat auch sie, die Muße, die sie zum Schreiben nutzen kann.
Hedwig Witte ist Rheingauerin, Winzertochter – und Autorin. Ihr Buch „Wie uns de Schnawwel steht..." (Haag und Herchen Verlag, Frankfurt) weist die Richtung ihrer Dichtung: Sie schreibt und reimt mundartlich. Das „Rheingau-Nassauerische" ist ihr zur Aufgabe geworden, eine lebendige Mundart, die immer noch von fast allen Bewohnern der Region gesprochen wird.
So lebendig wie die Mundart, so fröhlich und originell sind auch die meisten der von Hedwig Witte niedergeschriebenen Gedichte und Geschichten, Redensarten und „Verzeehlcher". Vieles ist davon inzwischen veröffentlicht, und die Öffentlichkeit hat sich bei der Dichterin mit zahlreichen Ehrungen bedankt. Ein Aussichtsplatz ist nach ihr benannt, und das Bundesverdienstkreuz wurde ihr auch schon verliehen für die Verdienste um die heimische Mundart.
Nachstehend zwei Gedichte von Hedwig Witte. Das eine ist nach eigenem Erleben in der Mundart geschrieben, das andere nach einem Vorwurf, den schon Cervantes benutzt hat, in Hochdeutsch – für diejenigen, die mit Hedwig Wittes „Originalton" noch Schwierigkeiten haben. Ihnen sei ihr mundartliches Wörterbuch „Wie uns de Schnawwel steht..." empfohlen.

Was lang nicht gährt, wird endlich gut!

Sache gibst – ich sags Euch offe,
die mer nit for meechlich hält,
hätt' der Fachmann, den's betroffe,
mir das Ding nit selbst verzeehlt.

Neunzehnhunnertfünfunddreißig
kam er an von üwwerm Rhein
als Verwalter, jung un fleißig
in des Mumme Gut enei.

All sein Ehrgeiz daht drin lieje
mol en Trockebeer-Auslees'
in sein Keller ninzukrieje
un er lest uff Nickelees
zwei Jahr später derre Rappe,
zuckersüß von Mostgewicht,
daß die Sach deht endlich klappe
un er voll sei Fäßje kricht.

Alle Owend rast er nunner,
legt verliebt ans Faß sei Ohr,
ob sei Nickeloose-Wunner
babbelt mit im große Chor.

Bald die Faß' hun ausgesunge
un der Keller lieht in Ruh,
nur aa Spätles von de junge
gluckert emol ab und zu.

Weihnachtsabend – himmlisch Schweiche
un der Keller kerchestill.
Aus dem Faß kei Lebenszeiche...
„Daß das als nit komme will!“

„Nemm der Zeit – Du bist was Feines!“
pischbert er dem Fäßje zu.
„Nix so Grienes un Gemeins –
Sauern Knoche gär'n im Nu.“

Neujahr kam un aach Dreikönig
Immer warsch noch nit so weit.
„Lieb gut Weinche, horch, so meen ich
allweil wärsch langsam Zeit!“

Doch es wollt badduh nix nitze,
geebt er gute Worte auch.
„Alleweil jetz mußte schwitze!
Warme Deckel uff de Bauch!“

Heiße Dücher un en Dippe
Wein eraus un unner's Bett –
brachte's Fäßje nit zum Hippe.
„Wann das Oos die Kränk nur hätt'!“

Laie muß mer korz berichte,
wann en Faß nit recht will gärn,
sin's die hohe Mostgewichte,
die die Gärung ihm erschwer'n.

Doch – redur zu dem Verwalter.
Der kreechtst mit de Engst zu duhn
Als en prima Fachmann galt er:
„Warum stößt mir so was zu?“

Holt sich Rat bei de Experte,
Doch die saate: „Loss en nur!
Mancher Winzer schon sich errte.
Hinnenach helft die Nadur!“

Fassenacht wollt er nit danze,
weil das sackerlotse Faß,
das de Deuwelt hatt' im Ranze,
hot verpuscht sein ganze Spass.

Aschermittwoch duht er feuern,
macht den ganze Keller heiß.
„Ei, ich glaab, Du willst mich eiern!,
petzt Dein Spunde zu mit Fleiß!

Schwitztes noch nit dorch die Rippe,
narrisch Fass un willst nit hörn...
Wann die Osterhase hippe,
duhste wahrscheins noch nit gärn!“

Himmelfahrt war schont vorüwwer.
„Alleweil gibts nur noch Ein'
seet er – michst Dich mol enüwwer
bei Dein Lehrer üwwer'm Rhein.“

„Dummer Bub“ hot der gesproche:
„Fahr' en in de Sonn erum!
Wann er Traubeblüt' geroche,
fällt de faulste Borsch der um.“

Fröhlich is er haamgeloffe
die Johannisberch enuff.
Endlich konnt' er widder hoffe
un das Herz das ging em uff.

Welchem Winzer gings nit ähnlich
mitte in de Traubeblüt,
wem werds da nit for geweehnlich
aadächtich in seim Gemüt?

Haam un schnell eruffgeschrote
war das Fäßje uff die Roll'
daß es in de Sonn sollt broote
um un dumm un doll un voll.

„Ei was sind denn das für Sachen?“
fragt erstaunt die Frau von Mumm.
'n alter Hofmann daht nur lache.
„Ei Madamm – der waaß warum!“

Korz druff kam er aageloffe
hot gekrische un gelacht
'S Wunner is grad ingetroffe...
Alleweil hots „Blubb“ gemacht!“

„Blubb, blubb, blubb“
schallts aus dem Spunde
„blubb, blubb, blubb“
's war werklich wahr
un von dieser großen Stunde
an war alles sunneklar.

„Ei, mei goldich Schlutzfäßje,
gell ich hawwe's doch gewißt,
daß de zwar'n Gewitter-Esje
doch ein große Treffer bist!“

Ja, das warsch un sovill weiß ich.
Es ward ein Jahrhundertwein.
Neunzehnhunertsiwwendreißig
edel, duftich, voll und fein.

Heute noch is er die Krone,
reif und blumig voller Glut,
daht die Sorche mehr als lohne.

Was lang währt, wird endlich gut!

Eberbacher Klosterlegende

*In Eberbach beim großen Faß
der Prior sprach zum Abte:
„Gelobt sei Gott ohn' Unterlaß,
der uns stets reichlich labte*

*mit Gnaden und mit edlem Wein,
Steinberger so gehießen
und der in Erbach an dem Rhein
den Markobrunn läßt fließen.*

*Um Gott in seiner Vaterhut
mit Herz und Zung' zu loben,
geziemt sich's, daß dies teure Gut
wir öfters sorgsam proben.“*

*Sie nahmen's beide sehr genau
wohl mit dem Saft der Trauben,
denn wer in seinen Werken lau,
der ist es auch im Glauben.*

*So kamen sie auf ihrem Gang
auch an ein Fäßlein Weines,
Das lag dort schon viel' Jahre lang.
(Ich glaub', es war was Feines.)*

*Es sprach der Abt: „Sieh hier, mein Sohn,
probier's – es dünkt mich heute,
als schwänge da ein falscher Ton
in dieses Wein's Geläute.*

*Nach Eisen möcht mir scheinen sehr,
will der Geschmack mich dünken.
Doch Gott schuf Eisen wohl zur Wehr,
gewißlich nicht zum Trinken!“*

*Der Pater Prior spitzt den Mund
mit Schlürfen, Schmatzen, Proben,
falt' fromm die Händ um's Bäuchlein rund:
„Der Wein ist hoch zu loben.*

*Ein Mund voll Blume, rund und schwer,
ein Hauptwein, das schmeckt jeder,
jedoch der Abtrunk hinterher
bedeucht mich fast wie Leder.“*

*Sie ließen zu dem Richteramt,
zur Wahrheit Nutz und Frommen
die braven Mönche allesamt
jetzt in den Keller kommen.*

*Die probten hin und probten her.
Der Fall ließ keinen schlafen.
Ob's Leder oder Eisen wär?
Wen sollt man Lügen strafen?*

*Und als das Glöcklein rief ins Land
die Mönche all zur Mette,
probt brav die Bruderschaft selband
das Faß noch um die Wette.*

*Sie tranken's aus bis auf den Grund,
(weil halbe Arbeit Sünde)
und schauten oben durch den Spund,
ob sich die Ursach finde.*

*Am Lederband ein Schlüsselpaar
von Eisen lag inmitten,
das dort dem Abt vor einem Jahr
war aus der Hand geglitten.*

*„Ei wahrlich! Gottes Gütigkeit
meint's gut mit seinen Knechten!“
Der Prior sprach's und sonder Streit
probt Jeglicher zum Rechten.*

*„Gott gab uns Zungen“, sprach der Abt,
nicht nur, um ihn zu preisen…
„Auch um dem Wein, der uns erlabt,
die Ehre zu erweisen.“*

Josef Staab und eine Journalistengruppe in Kiedrich.

Von Sonne und Regen, Arbeit und Lohn

Auf Schloß Johannisberg ist es Tradition, den Herbstschluß, das Ende der Lese also, mit einem Fest zu begehen – in guten und schlechten Jahren.
Bei diesem Fest wird traditionell ein Gedicht vorgetragen, das den Jahresverlauf und das Ernteergebnis beschreibt. Hier sind drei ausgewählte Gedichte über zwei schlechte Weinjahre und ein weit herausragendes Weinjahr. Sie wurden von Domänerat Josef Staab verfaßt.

Herbstschluß 1965

Ich kann Euch leider nicht berichten
Von schönen, hohen Mostgewichten.
Nur der Eiswein akkurat
Schaffte es bis 100 Grad.

Auch die Menge war sehr schmal:
Klein nur blieb die Halbstückzahl
Wie seit Jahren nicht gewohnt.
Diesmal hat sich's kaum gelohnt:

Unser Hoffen, unser Harren –
Alles mußt' im Frost erstarren,
Mußt' im Regen schier ertrinken;
Unter Null der Mut wollt' sinken.

Wir bitten vor des Himmels Thron:
Herr Gott, in Zukunft uns verschon'
Vor solch von Grund auf schlechten Jahren!

Doch haben wir zuvor erfahren
Dein Gnad' und Güt' in vielen Jahren:
Des wolln wir heut' noch dankbar sein
Und beten um künftigen Sonnenschein!

Herbstschluß 1976

Heiß war des Sommers Pracht,
Ewig die Sonne lacht:
Ein Schaltjahr, wie keines vordem,
Voller Müh' und nicht eben bequem!

Frage von Tag zu Tag: Halt' ihr's noch aus,
Du Rebstock, du Winzer – und was kommt nach Haus?
Heut nun hat alles sich glücklich gelöst.
Drum feiern voll Freude und Stolz wir ein Fest!

Denn zum erstenmal just seit 200 Jahr
Trug St. Michel die Butte, wie's ehedem war,
Und fast setzt St. Gallus sie nieder:
Wann wächst ein solcher Jahrgang uns wieder?

Dreistellige Zahlen das Mostgewicht zeigt,
Die Säure harmonisch sich rundet.
Gott gebe, daß lang uns noch mundet,
Was dieses Jahr in Fülle uns reicht!

Wir danken dir, Herr, der all dies gegeben,
Der über Menschen und Reben
Ließ freundlich scheinen seine Sonne und Güte.
Uns auch ferner behüte!

Herbstschluß 1980

Wenn heut uns hier einer fragt:
Was fällt zu diesem Herbst euch ein?
Dann dies: Es sind Weinbau und Wein
Nach dem Wort, das ein Dichter uns sagt.

Des mühevollsten Fleißes
Zweifelhaft Gelingen!
Bedarf es des Beweises?
Seht, was heut wir bringen:

Die Trauben sind klein,
Der Frost sie schlug.
Und was gabs an Wein?
'Sist wenig genug…

Die Blüte verregnet,
Der Sommer war naß…
So ward nicht gesegnet
Uns Weinberg und Faß.

Gar schwer fällt das Danken
Für den arg kleinen Lohn.
So fliehn die Gedanken
Zum nächsten Herbst schon:

Gib, Herr, deinen Segen,
An dem alles gelegen,
Damit, wenn dann wir wieder lesen,
Die Müh' sei nicht umsonst gewesen!

Hilfen zum Nachschlagen

Die folgenden neun Seiten enthalten Hilfen zum Nachschlagen. Um dem Leser das Auffinden bestimmter Stellen im Buche zu erleichtern, ist der Inhalt nach unterschiedlichen Gesichtspunkten in mehreren Verzeichnissen geordnet.

*

Im Verzeichnis der Geschichten sind alle im Buch verstreuten Erzählungen und Wiedergaben von Possen und Schwänken zusammengefaßt. Sie beginnen im Buch jeweils mit der Überschrift „Die Geschichte ...“

*

Im Verzeichnis nach Seitenzahlen ist jeweils die erste Seite eines Informationsabschnittes aufgeführt.

*

Im Verzeichnis nach Stichworten (Register) sind Begriffe zusammengefaßt, die an einer Stelle oder an mehreren Stellen des Buches erläutert werden.

*

Im Verzeichnis der Lagenkarten sind die Kartenausschnitte wiedergegeben. Zu jedem Kartenausschnitt werden die darin gezeigten Weinbaugemeinden genannt.

*

Im Verzeichnis der Weinbaugemeinden sind zu den Gemeindenamen die zugehörigen Kartenausschnitte genannt. Die dabeistehende Seitenzahl sagt, auf welcher Seite des Buches der betreffende Kartenausschnitt abgebildet ist.

*

Im alphabetischen Ortsverzeichnis sind auch die Ortsteile aufgeführt. Die zugehörige Zahl nennt die Seite, auf der die genannte Gemeinde vorgestellt wird.

Register

(Ohne Ortsteil)

Verzeichnis der Geschichten

Inhalt nach Seitenzahlen

(Ortsnamen siehe besonderes Verzeichnis)

Lagenkarten und Weinbaugemeinden

Auf welcher Karte finde ich...?

Alphabetisches Verzeichnis der Weinbaugemeinden

Mit Archivaufnahmen, Grafiken, Urkunden und Etiketten, die insbesondere bei der Jahrhundertpost verwendet wurden, halfen die Weingüter:
Fritz Allendorf, Winkel
J. B. Becker, Walluf
von Brentano, Winkel
G. Breuer, Rüdesheim
Doufrain, Hattenheim
August Eser, Oestrich
Fendel, Rüdesheim
J. Jung Söhne, Assmannshausen
Graf Kanitz, Lorch
Adam Naß, Winkel
Balthasar Ress, Hattenheim
Richter-Boltendahl, Eltville
Schloß Groenesteyn, Kiedrich
Schloß Johannisberg, Johannisberg
Schloß Reinhartshausen, Erbach
Schloß Schönborn, Hattenheim
Schloß Vollrads, Winkel
Staatsweingüter, Eltville
Otto Troitsch, Lorch
Dr. Weil, Kiedrich

außerdem:
Ria M. Becker, Walluf
Wolfgang Eckhardt, Wiesbaden
W. Eschborn, Hochheim
Gemeinde Heppenheim
Gemeinde Zwingenberg
Rheingauer Weinwerbung, Johannisberg
Josef Staab, Johannisberg
Hedwig Witte, Eltville

Die Gläser für die Aufnahmen auf den Seiten 46/47 wurden von der Schott Zwiesel-Glaswerke AG zur Verfügung gestellt.

Auskunft in allen Rheingauer Weinfragen:

Rheingauer Weinwerbung
Im alten Rathaus
6225 Johannisberg
Ruf 06722/8177

Der Rheingau bietet zahlreiche Möglichkeiten zur Information über den Wein – theoretisch und praktisch. Es gibt Weinseminare und die berühmte German Wine Academy sowie den Rheingauer Weinkonvent, dem Fachleute und solche Weinfreunde angehören, die die Rheingauseminare absolviert haben.

Einzelheiten auch über Weinfeste, Kellerbesichtigungen und Sehenswürdigkeiten sind unter der oben genannten Adresse zu erfahren.

Über die Möglichkeiten, sich an der Hessischen Bergstraße mit den Weinen dieses kleinsten deutschen Anbaugebietes bekannt zu machen, informiert der Weinbauverband. Adresse:

Weinbauverband Hessische Bergstraße e.V.
Königsberger Straße 4
6148 Heppenheim/Bergstraße
Ruf 06252/2101 oder 1247